庭　のびやかな建築の思考

NIWA / THINKING OF LIVELY ARCHITECTURE

竹山聖 ＋ 京都大学竹山研究室　編

KIYOSHI SEY TAKEYAMA
+KYOTO UNIVERSITY TAKEYAMA LAB.

A&F

庭に種が飛んできて、
花を咲かせ、実を結ぶ。
そんな研究室にしたいと思った。

原広司 × 隈研吾 × 竹山聖

庭をめぐる想像力

Talk —— *The imagination over "Niwa"*

司会＝平田晃久・大西麻貴

竹山　僕は原研究室に行ってすごくのびやかになったと思っています。原研は本当に空っぽで何もなかったんです。僕が東大の大学院に入って、最初に研究室に行ったときには誰もいなくて、「みんなインドとネパールに調査に行っているから、6月まで帰ってこないよ」と言われて。でも、「空っぽ」ということの、のびやかさや自由さがありましたね。

隈　原研ではゼミというものをまったくやっていなかったし、活動と呼べるものもなかった。でも突然、アトリエ・ファイ（原広司の事務所）から電話があって、「模型をつくりに今晩来い」とかいうブラックな呼び出しはありました（笑）。

原　手伝いで呼び出したことはあるけれど、ほかのことでは、これやれ、なんて口は出さないですね。

隈　だから、自分で動かないと何もやってこないんだということがよくわかった。人生ではじめてそれを教わった気がします。それが原研での最大の収穫（笑）。

——当時の原先生の言葉で覚えているものはありますか？［大西］

竹山　いっぱいありますね、言葉というか姿勢というか。文章はものすごく論理的に見えるでしょう。でも日常接していたら、その向こうにいろんなことを読み取れる。たとえば、アフリカに集落調査に行ったときも、僕と隈くんとでユーミンのカセットテープを持っていったら、原先生はほとんどユーミンの専門家になってしまうくらいのものすごい集中力で聴くんです。それから勝負師という感じがあるんですね。それは言葉の端々にもあるんだけど、麻雀でも勝負している。アフリカにいたときはテントで寝ているから、麻雀なんて当然できないので、先生は代わりに詰将棋の本を読んでいた。人生すべて勝負の中で生きているという感じがありました。

隈　アフリカの時は24時間一緒にいて、夜は隣に寝袋で寝ているわけですよ。原さんは毎晩いろんなことつぶやいていて、僕はそのときの言葉を一番覚えています。たとえば、アフリカの住居は外はなんでもない普通の日干し煉瓦なんだけど、中に入ると途端にグチャグチャしているのが多かったんですね。それを見て先生が「内部に癖《へき》がある」と一言言うわけです。その言葉の選び方がかっこいいなと。僕はその後、「内部の癖」を突き詰めていきました（笑）。

あとは、意外に丹下健三さんの話もされていた。丹下さんはすごい変な格好をしていて、一目でこの人はすごいとわからせるような服を着ていたんだと。原さんも変なサングラスをかけていて、それを僕も見習った（笑）。原さんの名言は、「建築家になるためには建築家が近くにいることが大事だ」と。そのとき僕は、原さんは丹下さんの近くにいたんだということを知って、その言葉がすごく響いたんです。

新しい幾何学から庭を定義してみる

竹山　原研ではトポロジー（位相幾何学）の勉強会があって、数学の本を読みましたね。

原　あれは今も僕の中では続いているんだけど、皆さんの反応はよかった気がするね。

竹山　一生懸命考えましたね。原先生は、数学者になるというわけじゃないけれど、数学的な論理の世界やメタファーの世界と、それが開く空間論的な世界との関係をつねに対照させながら話されていて。離散位相とか密着位相の話の中で数学の記号が出てきたとき、僕はその記号の数学的なイメージをつかもうとしていたんだけど、原先生はそこから自分なりの空間把握にすっとすべらせて、空間論を豊かにするという感じでしたね。

原　僕は数学者を尊敬しているんですよ。なぜかというと、彼らはこの200年ほど、資本主義の荒波と関係なしに保って、みんなでこそこそと秘密結社みたいにやっている。そのこと自体が、今の時代にものすごい意味をもっているんじゃないかと。自分は数学の発展も証明もできないけど、おそらく僕が考えていることなんか、数学者はすでにわかりきっていることとして共有しているんじゃないかと思います。均質空間の論者が言うとおかしいのかもしれないけど、建築やアーバンデザインを違ったかたちで近代化するためには、新しい幾何学を導入しないといけない。コルビュジエやグロピウスやミースは偉大だったけれども、近代化という意味では、非常に狭い意味でしか図れなかった。それに対して、いま数学者たちが開いた世界を、もし建築家がちゃんと理解できれば、それが「建築とは何か」に直接影響するだろうし、少なくとも建築計画論みたいなものの近代化にはかなり有効ではないかと思っているんです。

今回のテーマである「庭」に関していうと、数学者の広中平祐がフィールズ賞をもらったときに、何回も挑戦して失敗するんだ、という話の中で、「あるときに京都の庭をいろいろ思い出しているうちにできた」と言ったんです。広中さんの百数十ページにわたる証明については、僕は何を証明したのかも理解することはできないけど、その庭の話はすぐ理解できたわけですよ。庭をつくることを思ったら、すごく複雑な証明の方法を思いついたんだと。それが今みんなで話そうとしている庭のもっている特性なんじゃないか。それは建築ではなく、きっと庭なんですよ。

竹山　昔、原先生が、自分が考えている空間というのは、「自由に運動する個体の秩序」なんだと言われていました。つまり「自由」であることと、「個体」であること、その先に「秩序」という言葉がついている。いま先生の話を伺っていて、僕のイメージする庭って、そういうものだったんじゃないかと思ったんです。

今回「庭」というテーマをあげたのは、うちの研究室では学生がわりと自由にしていて、みんなバラバラで、きちんとした畑で均質なトマトをつくっているのではなく、場所を用意したら、どこからかタネが飛んできたり、あるいは鳥が運んできて、それぞれが思い思いに実をならしたり、花を咲かしたりということが結果的にあったからなんですが、「庭」という言葉に「自由に運動する個体の秩序」というようなことを思っていたのかもしれないな、と。

原　去年、大江健三郎の〈世界モデル〉について説明しようと思って、大江さんのことをいろいろ分析したんです。僕は大江さんの小説のことを〈世界モデル〉と言っていて、それはロシア・フォルマリズムとか、芸術作品が〈世界モデル〉でなくてはならないみたいな、そういうところからきているんですけどね。ジェイムズ・ジョイスが、ホメロスが20年かけた『オデュッセイア』をダブリンの1日に写すという仕組みを出したときに、それはすごいモデルだと思っていたんだけど、大江さんに対しても、理解できる限りにおいてですが、〈世界モデル〉というものはこういうモデルのことなんだと、新しい幾何学を使うことで言うことが

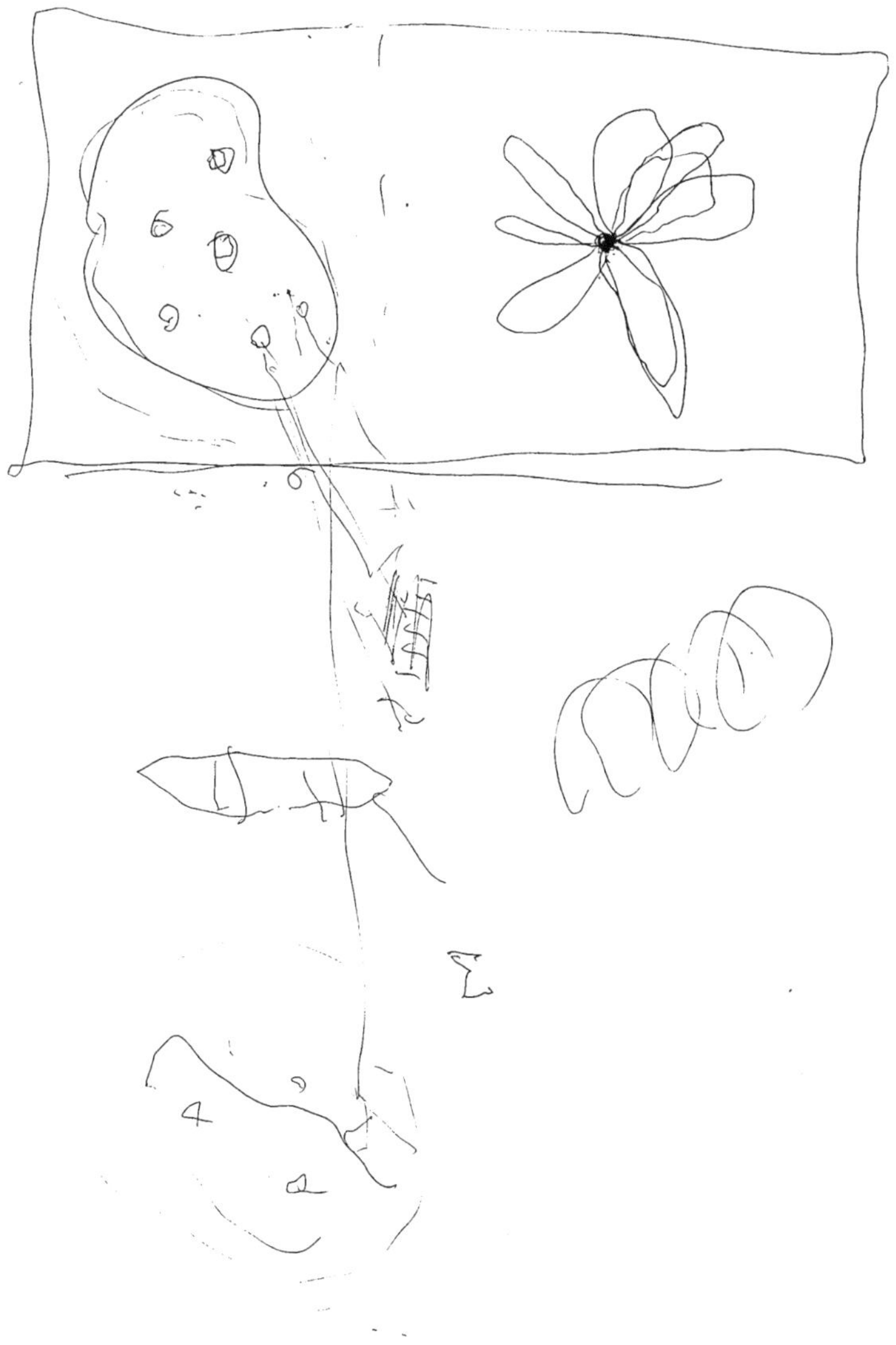

原広司によるスケッチ（文中では左上がＡ・右上がＢ）

できたんですよ。トポロジーに基本群という考え方があって、ちょうど僕が生まれたところくらいまでしか理解できないんだけど……。

そのとき言えたのはものすごく単純なことです。つまり僕は長い間、こういうことを考えていたわけですよ。ある場所があって、そこにいくつかの穴があいている（モデルA）。そういう世界を追っていたつもりなんです。有孔体から始まっているから穴がすべてなんだけどね……。ところが、もう一つこういう図形もある（モデルB）。これ（B）は庭としてはどうかな?って感じがするんだけど、たとえば、それを住宅だと思ってみれば、誰もがそういう動き（Bのループ）を日々繰り返しているわけ。地球においてわれわれは円運動のような動きをしていて、厳密にいえば違うのかもしれないけど、そのスパイラルみたいな動きは基本群になっている。そういう人間の基本的な動き方がある。そこで、今度わかったことは、ホモトピーという考え方からいくと、実は二つ（A・B）は同じ図形なんだということです。

僕は長い間こっち（A）ばかりを考えていた。その上に様々な経路が発生するんじゃないかと。だけどホモトピーというのは動いているわけよ。さっきの話のように、点は止まっているんじゃない。ここ（Bの中心）に点が存在するということは、動いているんです、つねに。動いているものと空間とが別々だと思っているところに僕の理解の限界があるんだけど、空間というのは点が動いているということとまったく同じなんだという解釈から、ホモトピーという概念を使ってみると、二つは同じになる（A＝B）。

隈　空間＝容器だという考え方があって、その器の中でものが動いているというのが、今までの空間の理解ですよね。移動といっても、容器の中を自由に移動しているだけなんだと。でも実は、止まっていても時間は動いていると考えると、いわゆる時間と空間を全然違ったかたちで定義できる。僕は原さんから大栗博司さんの本を勧められて、全部買って読んだんですよ。今の量子力学以降の物理学は、時間と運動とを切り離している。モダニズム建築は「時間=運動」というニュートン力学を素朴に空間化したもので、アインシュタインにも到達していない。ましてや、量子力学以降にはまったく届いていない。僕は『点・線・面』という本をいま書いてるんだけれど、そこで量子力学以降の物理学としっくりくる空間理論を探しています。

——それは、いま私たちが見ている建築もそういうふうに見れるということですか?［大西］

原 そうではない。もちろんそういうふうに理解することもできます。だけれども、そういうふうにつくれるんじゃないか、ということです。今日の庭の話は、庭がまずあって人がそこで動いている、というものではない。庭をつくるときに、もう動いているんですよ。それがどういうことを意味するのか。

僕は、外から内へ入るとまた外へ出てしまうような空間をつくろうと思っていたんです。それをいろんなところでやってきた。大江さんの話でいえば、外部世界というか、外国をずっと回って、舞台である大瀬の里の谷間に帰ってくると、実は外国と同じようなことを行う場所がそこに待っていたんだと。つまり僕たちは知らないうちに動いている。止まっていても、動いているんだよね。

さて、〈大江健三郎の世界モデル〉に戻ろう。大江健三郎がノーベル文学賞に輝いたのは、『個人的な体験』や『万延元年のフットボール』の頃までの作品が対象となったはずである。実は、この2つの作品の間には、大きな差異がある。前者までの作品は、それまでの日本文学には見られない表現の切れ味があり、その鋭角度は、カフカやカミュのそれに匹敵した。しかし、後者以降、大江健三郎は、決意をもって、光君と共に生きる世界モデルを構築しようとしたのである。その形式は、単純化すれば、次のようになるだろう。すなわち、登場人物の成員は、大瀬の谷を出て、ふたたび大瀬の谷に還る。これは、ネオプラトニズムの流出（プロオドス）と帰還（エピストロペー）の図式である。これを世界モデルの〈外部世界〉としよう。これを、位相幾何学でいうと、閉じた経路すなわち閉じた道（サーキット・ループ）であり、一つ作品が書かれると実はブーケの花びらが一枚増えるのである。すなわち、B_r。

さて一方に、大瀬の谷に入ると出来事が待っている。その物語は、大瀬の〈内部世界〉であるが、〈記号場〉での物語である。これは道ではなく、領域の特性で空間の形態であると、私は有孔体以来、すなわち半世紀の間、かく信じ込んできたのである。これは、〈記号場の場所〉すなわちｋ個の孔をともなう図形σ_k。

昨年、松本幸夫の著作で学んでいたのは、ホモトピーという概念、より具体的に閉路からすると、もし、ｒとｋが同じ数なら、ブーケとσは、まったく位相幾何学の上では、同じなのである。この幾何学では、図形を説明するときに形そのものでは難しいので、比較しないで代数的に群（グループ）の表現の力を借りる。この群は、最も単純な一例で、通常Ｚと言われて、$Z = \{0, \pm 1, \pm 2, \cdots\}$と表記され、ブーケとσは、$Z \oplus Z \oplus \cdots \oplus Z$（ｒ回の直和）と書いてもよいし、ｒ階の自由群（フリー・グループ）と書くこともできる。

大江健三郎は、毎日散歩する。家を出て、樹やポストをめぐって、また家に戻る。散歩は、同じ道の時もあれば、異なる道の時もあるだろう。これらは、〈外部世界〉の体験である。ところが、家に帰ってくると、光君がいたりして（つまりところどころ孔が空いていて）、〈内部世界〉を体験する。

私は、〈建築の内へ入ると、また外に出る〉ことを目標として建築を設計してきた。自邸もそうであるし、JR京都駅ビルもまたしかりである。

ネオプラトニズムは、例えばプロティノスのように、何故〈一〉と〈多〉があるかを説明しようとして、閉路を活用した。それは、ひとつの世界モデルである。大江文学は、さまざまに解釈することができる。ここで述べた事項は、大江文学の私流の解釈、ひとつの解釈に過ぎない。さらにいえば、大江文学についての解釈を描出しようと心がけてきたところ、それは、自分のつくった建築に関する解釈でもあったのだ。［原広司］

［原広司による注釈①］

大江健三郎の世界モデル

大江健三郎が学んだ愛知県の〈大瀬中学校〉の改築を内子町から要請されたとき、『万延元年のフットボール』『同時代ゲーム』『懐かしい年への手紙』の3作品を読んで、3作品が共有している小説の舞台であり、〈大瀬中学校〉の立地でもある大瀬の谷、すなわち「四国の森の谷」が、32の〈記号的な場所〉によって描出されていると私は解釈した（『建築文化』1992年11月号、彰国社）。この〈記号的な場所〉は、『GA』に連載した〈空間の文法〉の中では〈記号場〉に展開したが、〈情景図式〉を記号とするあたりで、位相幾何学の応用をすることができず、大江健三郎には、中途半端で申し訳ないような気分になって、20年以上が過ぎた。数学者の松本幸夫の諸著作が、私のような独学者にとっては、最高の恩恵なのであるが、昨年の夏、突然『トポロジー入門』（1985年、岩波書店）の何度目かの読み返しの折り、演習問題に、円形のなかにr個の小さな円の孔があいている図形（私は小文字のσ_rと呼んでいる）の基本群が、r個の花びらをもつブーケ（花束と、数学者は呼んでいるらしいが、岩波書店の『数学辞典』には出ていない）と、同じであることを見つけた。

このあたりの位相幾何学は、ポアンカレの死（1912年）の頃にあたるので、比較的安定している。σ_rの図形は、2次元の有孔体の最も純粋な図形であるのに、なぜ数学者はこれに触れないのか、私には長い間疑問であった。実はΣ_rと呼ばれる形態があり、その代表がドーナツ型のトーラスでTと表記され、シグマで書けばΣ_1である。Σ_rは、数学者たちは、〈r人乗り浮き輪〉と呼んでいる。これらは、球Sと並べられる立体つまり閉曲面であるので明確であるのに対し、小文字のシグマは、なかなかめんどうなのである。

建築でいえば、〈梅田スカイビル〉の頂部を切り離せば、角張っているがトーラスTである。このトーラスTの表面の丸窓をr個切り取ると、小文字のσ_rとなる。

トポロジーのあれこれを説明するのは、私のような素人は、不適当である。なぜかというと、トポロジーについて説明しようとすれば、私自身はなにひとつ発見していないし、体系のなりゆきも把握しているどころか、独りで学習しているだけなので、例えば、松本幸夫の著作の丸写しになるし、もっと基本に戻れば、例えば、矢野公一の『距離空間と位相構造』の丸写しとなる。実は、この本には、小文字のσ_rに似た問題が書かれている。ただ、σ_rと異なるのは、円から孔をr個切り取った話題ではなく、R^2（2次元の無限に広がる平面）から針の孔の集合{pi}を取り除いた図形が単連結ではない、としているところである。実は、この小文字のσ_rについては、加藤十吉が『組合せ位相幾何学』（1976、岩波書店）などで、ホモロジーと呼ばれる分野でまとめているから、私は説明するより、学習に追われているのである。

庭は最初から流れている

竹山　穴にしても、さっきの中心に戻ってくるところ（B）にしても、吸引力があるでしょう。そこで地場が変わる気がするんですね。昔、《原邸》に行ったときや、そのあとも原先生がシンメトリーをあえて採用しながらそれを解体するような設計をされているのを見て思っていたのは、そこに光や風をくっと吸引する力をもった、ある種の特異点をつくっているという意識が、原先生にはあるんじゃないかな、と。アメリカでの講演会から戻ってこられたときに、すごく良い質問があって「あなたは三次元の穴をつくっていますね」と言われたとおっしゃっていましたが、原先生の建築では、たいてい、穴や、穴に代わる何かにしても、ほかとは違う吸引力がある。

それが、もしこないだ原先生に伺ったダークマターの話と関係するとすれば、あまりに特異な何かというのは、物事や建築にも起きていて、そういう場所をめぐって渦ができるんじゃないか。機械的な世界観じゃなく、電磁気的な世界では離れたところで放電現象みたいなのがあって、そういう空間と意識とが自分の中では重なっているんだと、先生はおっしゃられていましたね。

原　竹山先生はきっと、そういう人だと思うよ（笑）。でもさっき描いた図形（A＝B）はすごく空っぽの世界というのかな。本当は、大江さんも穴を開けているだけじゃなく、意味のある場所をちゃんと指定しているんですよ。意味が、あるいは地場のような何かが発生するためには、もう一つ違った論理が必要なんだと思う。だから竹山先生の意識は、それ（A＝B）とはもうちょっと違った、均質ではない何かをつくろうとしている感じがするけどね。隈先生の意識はそれ（A＝B）に近いかな。器ではないんだけど、隙間とか、穴とか、そういうものだけで完結しているような世界じゃないですか。

竹山 僕は容器というよりも、川みたいに流れているんですよね。

原 そうそう。そこにベクトル場が発生しているんですね。つまり、なにか変な図形をつくると、図形自体がベクトル場をもっている、ということがありうるんです。たとえば西沢立衛はすごくうまく穴を使っているけれど、意味をそこに付与しなくても、つくった形態そのものが場を誘起するということがある。はじめからグニャグニャと曲がっていたり、穴があいていたりすると、途端になにかベクトル場の話がはじまっているんですよ、そこで。

竹山 アクティビティ・コンター（活動等高線）みたいですね。

原 そう。そういうものがつくり上げる世界です。でも、そういう場をつくればいいんですよ、と言ったときに、人はもうそこで動いていないといけない。そこに後から来て動くんじゃなしに。

隈 だから石を置くということ自身が、そこに動きをつくっているわけですね。特に日本の庭はそういう意識をもっているけど、ヨーロッパ的な庭にはそういう意識がないから、今回の題は日本の庭なんですよね。

竹山 何かを置くと流れができる。それは抵抗物だから。最初から流れているところに建築物を置くということは、流れている空間に渦をつくるとか、整流するということ。もしこれ（目の前にあるカップ）を穴だとしたら、そういうものは動きを触発するんだと、僕はそう理解していたんです。原研で芦川（智）さんや藤井（明）さんがアクティビティ・コンターをやっていたときも、そうだなと。地面に立った途端に傾いていて、運動を誘起するんだって感じかな。

――先生の昔の本で、ニュートンとライプニッツを対比するなかで、ライプニッツは「空間とは同時存在の秩序である」と言い、関係性が空間なんだと、だから先に器があるんじゃないという話があって。さっき隈さんがおっしゃっていた話を、ライプニッツは17世紀にしているんですよね。つまり全部が動いているから、先に空間を定義することはできない。でも建築をつくろうとするときにいつも矛盾を感じるのは、先に場を定義しないと、そこに乗っかってくるエージェントを想起できない。それをどういうふうに解決すればいいのかと。［平田］

原　そうなんだよね。たいてい建築家は裏切られている。人はこういう動きをするはずだと思ってつくるけど、実際には違った動きをするから、その都度空間を定義し直している、ということなのかもしれない。僕もそう思っていたんだけど、新しく考え方を展開したほうがいいのかもしれない。そういう発想から、新しい建築の発想へと展開することもできるはず。だからすごく面白いと思うんですよ、庭ひとつつくるにしてもね。

隈　僕は庭がすごく面白いと思っていたから、竹山が今回のテーマに庭を選んで、それが原さんと結びついたのは面白かったんだけど、最初からそんなふうに思っていたの？

竹山　今のようなレベルで出てきた言葉ではないですね。

原　場の話をしているから、同じことだと思うんだけどね。

――原先生が「庭」と言うときに、たとえば京都の修学院離宮とか、桂離宮のような、具体的に思

い浮かべる庭もあるんですか？［大西］

原 僕は放り出してある庭というか、なんにもしてないところが庭に見えるわけよ。地球のね。それは田舎育ちのせいかもしれないとも思うけれど、山の中に行ったりすると、庭に来たか、という感じがするんです。

弁証法を超える庭的な思考法

原 竹山先生に言われて、僕はプラトンを全部読んだよ。彼のイデアという考え方自体は〈非ず非ず〉ですね。どう思う？ 全否定の世界というか、あの世界は単に偽ディオニシウスという新プラトン主義なんだけど……。でもそれだけじゃなしに、全般的にあるよね。『知ある無知』を書いたニコラウス・クザーヌスが、「だけど、肯定神学じゃなくちゃいけない」と、「だけど」と言って、彼は否定神学的なところに近づいているわけですよ。T・S・エリオットもやっぱり近づくんですね。

隈 〈非ず非ず〉に？

原 そう、東洋的な世界にね。だけども最後は結局カトリックになるとか……。庭とすごく関係するんじゃないかと思うんだけどね。

隈 プラトンのような西欧の原点みたいな人を〈非ず非ず〉として読むというのが、原さんの面白いところですね。普通の理解だと、モダニズムを純粋化していくとプラトニズムになって、純粋幾何学形態になって、磯崎さんの考え方のほうにいって、煮詰まってしまう。僕が磯崎さんから自由になれたのは原さんのおかげです。磯崎さんは、器の世界すなわちニュートンを純粋化することをやって、僕らの年代では学生たちにも圧倒的に影響力があった。そのときに磯崎さんに染まらずに、それがある種古臭く見えたのは、原さんの近くにいたからです。磯崎さんが器的に考えていたのに対して、原さんが庭的に考えていたので、相対化できたんですね。

竹山　器の方が言葉と同じで論理的ですよね。ヨーロッパでは、ヘブライズムとか、ヘレニズムも含めて、言葉というものでどこまで世界をきちんと捉えるかというのがあるわけでしょう。二項対立も、弁証法も、三段論法も。それに対して、東洋の思想は言葉の意味の中にいくのではなく、言葉をおいたときにそこに広がる虚とでもいうような世界をどのように認識するかというところにある。それは庭的だなと思っているんです。

原　ジョン・ケージもそのことをわかっているから、庭的だよね。それもさっきの広中さんの話と同じだと思う。庭を思ったときに、なんだかわからないんだけれど、きっとそこに関係している何かがわかったんじゃないかな。

隈　ジョン・ケージはイタリアにいるときにずっとキノコの研究をしてたんだよね。キノコは庭の生き物の中でも一番面白いと思う。

原　武満徹さんもそうなんだよね。僕は彼に武満論を書くと約束したんだよ。50年くらい前に（笑）。

資料を送ってもらったにも関わらず、僕は書けなかったけど。

――武満さんは「イメージの源泉が日本の庭だ」とおっしゃっていますよね。［大西］

原　そう思う。彼は音楽の本も出しているけど、「私は庭の番人をしています」と言っているんだよね。

隈　『音、沈黙と測りあえるほどに』ですね。

原　しかし〈非ず非ず〉というのは難しい世界ですよね。アドルノが死ぬ前に『否定弁証法』という本を書いたけど、同じことを繰り返しているだけですよね。弁証法はゆとりがあって、徹底論じゃなしに幅をもっているんだ、と盛んに言おうとしているんだけど、あまりうまく言えていない。

僕は弁証法をこの何年かかけてはじめから勉強し直したんですが、やはりちょっと誤りがあったんじゃないかと思う。よく言われることで、その通りだと思うのは、自然というものを弁証法的に捉えること自体が誤りではないかと。自然を〈非ず非ず〉で捉えるのは無理がないような気がするけれど、弁証法で捉えるのはインチキっぽいよね。

隈　自然対人工の弁証法とよく言われるのは、嘘っぽい感じがしますよね。丹下さんの基本構造は弁証法だと言われているじゃないですか。磯崎さんも弁証法ですが、原さんはその弁証法を超えようとしているところが面白い。

原　超えられるかどうかは難しいところですね。ダークマターとか発見しないと難しいかもしれない。仏教もすごいと思うし、そこから展開できないはずはないのだけれど、お経は絶対に同じことを繰り返してしまうわけでしょう。想像力の限界かなという気がする。道元みたいに想像力のある人が、その後の日いては、〈非ず非ず〉の全否定に通じる。一例として、ボルヘスの記述法をあげると、「タンゴは、プラトン的イデアである」と書かれる。すなわち、これ以上タンゴらしい曲はないと思われるほどの理念的なタンゴは、その都度出現するが、結局のところ、それは理念そのものではなく、永遠に追求される対象である、という意味なのである。

ヨーロッパにおける弁証法については、これまでに膨大な資料があるので、哲学者たちの系譜を学習すれば相互の差異が明らかになる。これは、ほとんど哲学史と同じだから、およそ建築を専門とする人がやるべき仕事ではない。また科学についても同様である。

〈非ず非ず〉を神秘主義と決めつけている人にとっては、〈非ず非ず〉それ自体さえ理解することはできないから、単なる無意味なトートロジーでしかない。がしかし、仏教など日本の文化の歴史に魅力を感じる人は、いくつかの教典や日本の美学の古典から始めたらよいかもしれない。

例えば私は、弁証法と〈非ず非ず〉を二つの多様性が湧き出る源泉であると考える。わかりやすく図式でいえば、私は科学の信奉者であり、かつ純粋な仏教徒ではないかもしれないが、限定的な事例ではあるが、1200年あたりの定家・長明・道元を否定するなど考えてみることもできない。つまり、弁証法と〈非ず非ず〉は、私にとって、不可欠な契機でありながら、相互に矛盾している。それを承知でいながら、両者ともに信じている私は確かに分裂症、狂気、無分別に相当しているかもしれない。が、この間違った判断に人は陥りがちであるので、私はこの注記を、存在は矛盾そのものであるとの荘子の認識から始めたのである。人間の意識にとって、生と死が矛盾であれば、否（not）にかかわる弁証法と〈非ず非ず〉を同時に受け入れるのは、錯覚ではなく、むしろ理性的なのだ。そして、このような思考の軌跡は、ほとんど全ての人がすでに辿ってきたのである。［原広司］

［原広司による注釈②］

非ず非ず

〈非ず非ず〉については、「〈非ず非ず〉と日本の空間的伝統」（『空間〈機能から様相へ〉』1987 年、岩波書店）を参照していただきたい。

私は、常に弁証法との対比関係において、〈非ず非ず〉を把握しようとしている。両者に共通するのは、言葉や記号あるいは命題に作用する否定の演算子 not（否、非など）である。

まず弁証法であるが、アリストテレスの『自然学』などに従えば、存在 A に対して not A なる状態がある。ここで、A とは何かが論議されるが、スピノザによれば本質（英語の substance）は神の創造によって変わることがないものである。not A は、見かけ（仮象）の様相である。アリストテレスの『自然学』では、not A は、A が本来あるべき場所（トポス）にない状態を指す。プラトンのイデアは、本質とも言えるし、理念である。それは表現することはできない。そうした意味で、イデアは、弁証法というより〈非ず非ず〉に近いのかもしれない。

さまざまな哲学が、弁証法に言及しているが、A と not A（あるいは not A のみでも差し支えないかもしれないが）は、矛盾の現れである。弁証法は、この矛盾を乗り越えようとする確信であるのに対して、例えば荘子は、矛盾には関わりあうな、とする態度である。なぜなら、この世界は混沌（カオス）であり、それが本来の在り方であるから。関わりを持たないためには、それなりの修業を要する。〈非ず非ず〉も、A と not A を弁証法と共有するところ、まず矛盾を認める、としよう。

ここで、再び否定の演算子を掛けるところあたりから、ふたつの否定形式は、大きな差異を招く。弁証法の信者は、正しい A あるいは、ヘーゲルのように乗り越えられた A' の誘導を確信する。実証的態度をともなう自然科学は、法則を導く。しかし、実は、ある物理学的法則が説明できたからといって、自然が全て解明されるわけではない。むしろ逆で、ひとつの法則の誘導とともに、より深淵な問いが出現してくる。つまり、単純な決定論ではなく、荘子が古くから示したように、新しい矛盾が浮上してくるのである。

一方、〈非ず非ず〉は、例えばナーガールジュナのように、A と not A は、同じであるとする。弁証法の論旨からすると、従って、この段階で神秘思想であるとする。『摩訶止観』や偽ディオニシウス・アレオパギタのような記述になると、二重の否定をも否定する。（『摩訶止観』では、〈非ず非ず〉は、「A 非 A、非 A 非非 A」という形になり、否定神学では、not A1,not A2,…となり、not(not A1,not A2,…)という形がとられる。）つまり、全否定である。先述のプラトンのイデアも、〈非ず非ず〉のような神秘主義的な記述をともなわないにせよ、決して実現されない点にお本の文化になかなか出ない。だけども、世阿弥なんかは華があってすごくかっこいいし、トートロジーから抜け出しているものはあるんだよね。それが何なのかを言えれば、新しい時代を迎えられるのかもしれない。

われわれは生命という限界の中に条件づけられて生きているから、〈非ず非ず〉とか、必然的に運命づけられているような幻想があるけれども、それについてなにかわかりたいよね。どうなっているのかと。プリゴジンがやった作業を読んでみても、ニュートン的な、機械的な世界観とは違うものがある、ということはよくわかったけれども、その行方はわからない。生物学がやったことの延長線上に、はたして新しい世界が開いていくのかどうか。だから庭の設計は面白いんですかね、きっと。

竹山　プリゴジンとか複雑系には局所の面白さがありますよね。局所に様々な力の平衡と、動的なものがある。そういう局所の輝きみたいなものを僕は原研で感じていました。原先生の言葉からも感じたし、あと隈くんと一緒に一緒にコンペをやったときも。

隈　唯一の共作だね。

竹山　隈くんは、「とにかく部分でいい」と言うんですよ。僕もどちらかいえば全体を志向しているのではない方だと思うんだけど、隈くんの場合はもっと部分。何のコンペかは忘れたんだけど（笑）。

隈　覚えているのは落ちたことだけ（笑）。

竹山　歪んだ空間にスーッと天から滝の白糸みたいに水が降ってくるのを、金属の角棒と針金みたいなのでつくって写真を撮って、それがとてもきれいだと感動した。でもそれは局所の輝きで、だから建築的じゃないよね。それで落とされたのかもしれないんだけど、そのまんま今日まで隈くんの建築はきているなと思っているんです。

原 似ているじゃないですか、今の建築に。

隈 そうですね。

竹山 場面だけが先に出来て、そこから建築までまとめていければいいなと思うけど……。でも全体から考えることはないよね、基本的には。

隈 あらゆる部分が自動的にまわりから決まってきて、それがなんとなく全体をつくっている感じですね。

竹山 僕らが学生だったときの原先生の作品は、まずシンメトリーを借りてくるんですね。古典的な、ボザール的なシンメトリー至上主義とはまったく逆で、近代建築が捨て去ったシンメトリーをとりあえず借りてきて、局所の輝きをつくるという感じだった。それを割って、《伊豆の夢舞台》とか《ヤマトインターナショナル》とかができている。今は全部が割れて、それが逆転して谷ができたり。そういう局所の輝きみたいなものを僕は学んだと思う。隈くんはそれとはちょっと違う方向で、局所的なインターフェイスを……。

隈 僕は原さんが見つけた局所の面白さの倍率をさらに上げていった感じを探している気がする。

未知なる位相へと飛翔する

――今日、「庭」というテーマを竹山先生がポンと出したら、原先生は、庭はこんなもんじゃない、もっと面白いんだ、と広げてくださりました。本当は私たちは「原研ってなんだろうか?」ということを聞こうと思っていたんですけれど……。でもそうではなく、「庭ってなんだろう?」ということを展開しても面白いし、原研からそれぞれの研究室に引き継いでいることや、大学の教育について展開をしていってもいいですね。［大西］

竹山　原研では実体験をいっぱいさせてもらって、でもその実体験と理論とは距離があればあるほど面白いということを感じ続けていたのだと思います。つねに固定しないでベクトル場なんだと。隈くんはどうですか?

隈　自分の教育法に引き継いだことがあるとすると、たとえば今日も、庭というテーマから論理が次々と妙なところにジャンプしていくじゃないですか。それは原研的な思考法で、同一平面の中で細々と詰めるのではなく、位相を変えていく。どんなことでも、庭に限らず。

竹山　それがすごいよね。

隈　そういうふうにジャンプしながら自由に話をしているおかげで、いざ集落調査に行くと、リアルなものが目の前にあるから、そのリアルなものを違うレベルで見てみようという元気が出てくるわけ。僕は、論理のジャンプのようなことも引き継いでいるけれど、隈研では集落調査じゃなくて、様々な現実的な材料を使ってパヴィリオンをつくっています。そこでリアルなものに触れていく。このパヴィリオンにはどういう意味があって、それが器なのか、モノなのか、粒子なのか、と考えながら、一方でトンカチを使って手を動かしている。

リアリティとジャンプの、その両立ができる人って、残念ながらアカデミーの世界にはあんまりいない。それは一番原さんから僕が習ったことだと思う。内田祥哉先生なんかも、納まりみたいな小さくて具体的なことを論じながら、その枠を超えてジャンプしているけれど、それでも内田流の枠がある。原さんは内田先生からそれを教わったかもしれないけれど、基本的に枠がない。だからユーミンですらサハラの集落とつながっちゃう（笑）。

竹山 その次は松田聖子だったよね。

隈 松田聖子は宇宙に届いていると。

原 それは重大な問題だね（笑）。でもやっぱり気になるのはダークマターなんですよ。あれは宇宙の庭なんじゃないかな。皆さん知っていますか？ 要するに、力には4種類あると。その一つが重力なんだけども、その重力の過不足を宇宙で計算してみると、ニュートン的な発想で、質量というものだけでみると、だいたい5％くらいしか計れない。そのバランスをとっているのが得体のしれないダークマターやダークエナジーではないかと言う人がいる。僕はものすごくダークマターに憧れているんですよ。だから「庭」って言われたらダークマターかなって。

大栗さんに、ダークマターの発見にどのくらいの意味があるのか聞いたことがあるんです。「ケプラーによる発見くらいですか？　天動説から地動説へくらいですか？」と。そしたら「それほどではない、だけどアメリカ大陸発見くらいは……」と言うんですよ。

全員　（笑）

原　アメリカ大陸発見ならやりたいよね。それは到底無理な話だろうけど、でも誰もそれに対して発言できていないんですよ。もし間違っていたら物理学者としては存続できないから踏み切らないんだろうけど。ここらにあるのかもしれない、そのダークマターが。ニュートリノなんかはあるわけでしょう。体を突き抜けていってるわけだよね、地球の反対側まで。ダークマターもそういう不思議な何かで、どうも物質ではないとすると一体なんなんだろうかと……。でも庭ってそういうものだよね、きっと。若い人たちは大発見できるチャンスがある。庭の話をしているんだけど実はダークマターを解明している、みたいになったらすごい。それは想像力の問題だと思うんだけど。

竹山　ススキが揺れたり、コスモスが揺れたりすると、「あ、ダークマターが動いている」という感じじゃないですかね（笑）。ススキとかコスモスはダークマターのセンサーであると。

原　昔っから言われているけどね。でも冗談ではなしに、そうかもしれない。

竹山　エネルギーという概念も、教科書的には運動エネルギーとか位置エネルギーとか言われるけど、エネルギーを物質として見た人はいないわけだし。だからそこらにあるのがダークマターなわけでしょう。僕はちゃんと理解できていないと思いますけど。

原　いや、誰も理解できていないから（笑）。

竹山　よく言われることですが、「建築とは何か」と問わずに、原先生が「建築に何が可能か」と、エネルギーの位相で問いかけることと、今のダークマターの話は通じるような感じがしますね。

隈　「建築に何が可能か」というその設定自体がアカデミーを超えていますよね。アカデミズムって、建築論を真面目にやればやるほど「建築とは何か」という罠にハマって貧しくなっていく。それに対して、原さんが「建築に何が可能か」と言った途端に、さっと青空が晴れたみたいな感じがしましたよね。

竹山　建築が自由になるよね。

隈　そこが原研の本質だなと思います。

プロセスをイメージする力

――竹山研では、よく何かのトピックに関して竹山先生がバーっとしゃべるときがあったんですが、また3日後に会うと、先生はその話を忘れたかのように「そんな話したっけ?」と。［平田］

竹山　風が吹いたんだね。

――そういう手がかりみたいなものが竹山研にはいつもあって、今回「庭」というテーマが設定されたときに、すごくぴったりだなと思ったんです。竹山先生の建築自体は構築的なところもあると思うのですが、実は庭的な感性がすごいんじゃないかと。［平田］

隈　人間自身は構築的じゃなくて、取っ散らかってるよね（笑）。

竹山　平田くんの話を聞いていて、「場とイメージ」という話を思い出しました。平田くんが竹山研に在籍した頃には、研究室でフランシス・イエイツの『記憶術』という本を読んでいたんです。それは昔キケロが演説するときに、円形劇場という場をつくって、そこにどんなイメージをおくかということを覚えて、そのイメージを追いかけながら演説をしていく、という話なんです。そのとき、建築家がつくるのは場だから、そこにはイメージを立ちあがらせる力がある、だから場をつくってそこに生成するイメージはフリーにしておくというのが建築では有効なんじゃないか、と話していたんです。庭とその話はつながっているかもしれないですね。

——そうですね。あるいは、場をつくった瞬間にそれが支配的になってしまうけれど、適当に何かを置いていくみたいに建築がつくれないかということに、僕は興味があるんです。今の若い建築家は、建築を庭のようにつくることができたらすごいんじゃないかと、きっとどこかで思っている。先に場をつくるんじゃなくて、投げかけたものに、また別のものを投げかけていくような方法でつくると、最終的には場として機能するんじゃないかと。［平田］

竹山　両方向から言えますよね、たしかに。

原　場を先天的に与えようとするんじゃなくて、加算的に足していって、知らず知らずのうちに何かが出来ているほうが、庭っぽいね。そういう意味では、場からも自由になっていけたらいいなと思います。

——庭師は最初に石を置くらしいですね。その後に、その石に絡む苔みたいなものを置いて、その後に生えたり生えなかったりするものを置く。庭をつくるときにも、つくる過程の時間性みたいなものを意識して重ねていっているんだと。どういうふうにすれば建築も庭のように自由につくれるのか……。［平田］

竹山　時間の概念があって、完成がないのがいいと思うんですよね、庭って。目的がないというか。

――たとえば「尾形光琳の庭」といっても、作者がいた頃とまったく同じ樹形の木が今でも生えているわけではない。おそらく最初に石を据えたときくらいにその庭のアイデンティティを決定づける何かが生まれて、その先の自由度を担保する抽象的な枠組みになるのかもしれないのですが。なんだかよくわからない世界がそこにある感じがしていて……。さっき原先生がおっしゃっていたのは、つくられた庭というよりも、もっとなんでもない場所ですね。何かを投げかけようと思ったら投げかけられなくもないけど、ほとんどなんだかわからないと。そういうことをおっしゃっているようにも聞こえて、謎が深まっていたんですけど（笑）。［平田］

原　謎は深まると思いますよ。でも、平田くんの問いに対してなにか言えたらいいと思う。われわれは自然のもっている現象自体を前提として生きているけれど、その中でこうだと断定できるようなことが言えたら素晴らしいと思う。みんなそう思いながら死んでいったのかな（笑）。生命は食い止めることはできないが、十分知識として、問題としてもっているので、なにか食い止めることはできるはず。庭の話でいえば、庭はつくれるはずではないかと思うし、つくりたい。

隈　そろそろジャンプを止めてまとめようか（笑）。

原　まとめようとするとまとまらない、そういう世界なんですね（笑）。

竹山　僕は、原先生の姿勢とか語り口から、つねに理論を、物と物との関係にある何かを考え続けるんだということを態度で示されていると思っていて。当時みんなで三宅島に行ったときに、海の向こうの岩場に缶を置いて、石投げをしたんです。みんなその缶に向けてまっすぐ投げるんですよ。野球みたいにストライクがあって、それを目指して投げる。ところが原先生は、放物線のようにいったら当たるはずだと、軌道をあたかも計算したように大きく上に向かってポーンと投げたら、カツーンと当たったんだよね。このようにプロセスを考えることですね。原先生は運動とか地球の力とか、いろんなことを考えておられた。そのことをいま思い出していました。

隈　いいまとめでしたね。僕もあのとき当たって驚いたんだよ。なんで先生当たったんだろう、と。でもそれはアカデミズムの極意だと思います。

竹山　隈研にとっての極意はなんですか？

隈　違うところに向けて投げるやつを否定しない。寛容の精神ですね。たとえばアメリカの建築のアカデミズムでは、教師がいて、その一つのドグマでやっているから、その通りでなきゃダメだと結構厳しいわけですよ。でも原さんにはある種のおおらかさがあって、そこが一番学んでいるところかもしれないですね。

2020年1月9日、アトリエ・ファイ建築研究所にて

原広司（はら・ひろし）
建築家、東京大学名誉教授。１９３６年川崎生まれ。１９５９年東京大学工学部建築学科卒業。１９６４年博士過程修了。１９６９年より東京大学生産技術研究所助教授。１９８２〜１９９７年同教授。１９７０年よりアトリエ・ファイ建築研究所と協同（１９９９年原広司＋アトリエ・ファイ建築研究所に改名）。主な作品に《梅田スカイビル》《ＪＲ京都駅ビル》《札幌ドーム》など。『空間〈機能から様相へ〉』『集落への旅』など著作多数。

隈研吾（くま・けんご）
建築家、東京大学教授（２０２０年退職）。１９５４年横浜生まれ。１９７９年東京大学大学院工学部建築学科修了、大学院で原広司に師事。コロンビア大学客員研究員を経て、１９９０年隈研吾建築都市設計事務所設立。２００１年より慶應義塾大学教授、２００９年より現職。作品に《浅草文化観光センター》《アオーレ長岡》《国立競技場》など。『負ける建築』『ひとの住処』『点・線・面』など著作多数。

ほうき星

ほうき星は宇宙を渡って旅をする。
いつ現れるのか、どこから現れるのか。
やってきたと思ったら飛び去っていく。

それは宇宙の秩序を逸脱している。
大きな摂理に従っているかもしれないが、現象としては驚きの位相にある。同心円の、規則正しい円軌道をなす、球形の物体たちとはズレている。

もし確たる体系というものがあって、学びがそのシステムに沿ってなされなければならないとしたら、竹山研の学びはそこから外れている。

それは戸惑いに満ちているかもしれない。
少なくとも、地道な積み重ねとは異なる軌跡を取る事だろう。

つねに不連続で未完結で、いきなりで突拍子もなく、そしてハラハラして愉快でもある体験を重ねながら、竹山研の実験は続く。宇宙船の乗員たちは、どこに目的地があるかも知らないままに、操縦桿をゆだねられる。そう、自ら操縦桿を握らないと、乗員とは見なされない。

それは28年にわたる壮大な実験の軌跡であり、着々と進む研究の軌跡とは、おそらくは形状を異にしている。不連続点と微分不能点に満ちていて、いわばシンギュラリティーの不均質な分布に近い。

それは首尾一貫性を欠いている。分裂している。破綻している。しかしその中に、理を、論理と倫理を、そして根拠を求めようとしている。つねに。

不合理な形に惹かれ、理不尽な出来事に心躍らせ、無意識の闇をくぐり、月の満ち欠けを愛で、太陽を憧れながら、でも決してまっすぐに見つめたりはしない。曲がった事を嫌いながら、まっすぐな物に疑いのまなざしを向ける。

といって、シニカルな態度とは違う。それは全く、違う。世の中をハスに見たりしない。世界を信じている。未来を信じている。人間を信じている。批評的である事と、否定的である事とは違う。

流れ星には流れ星の論理がある。流れていく物ならではの世界観がある。昨日の淵も今日は瀬となる。一晩眠れば明るい未来がある。消滅したって美が残る。

一筋の怪しい光を残してほうき星は去ってゆく。運命を予感したり、夢を賭けたり、祈りを捧げたり、大宇宙や遠い過去に思いを馳せたり、失った者を想ったりもする。

やがて時がすぎて、そんな光のかけらが心のどこかに残っていて、未来を夢見た記憶が甦る。竹山研がそんな記憶の培養器であってくれたとしたなら、こんなうれしいことはない。

やがてほうき星の落ちたあたりから、新しい芽が出て、見た事もない世界が開けていく。茫洋としていまだ形のない、宇宙の庭から。

竹山聖　2020年2月13日

Talk
異領域とのレスポンス

Interview
建築家からの証言

Letter
海外からの手紙

本書は京都大学の建築学科で28年間教鞭をとった建築家・竹山聖とその研究室をめぐる様々な言葉をまとめたものである。「竹山研ってなんだろう?」という問いかけに卒業生が応えた座談会や寄稿文にはじまり、関わりの深い建築家へのインタビュー「建築家からの証言」、竹山がこれまで協働した異分野のプロフェッショナルとの対談「異領域とのレスポンス」、海外の友人たちからの手紙、あるいは留学生から届いたメッセージ、そして大学における講義やスタジオ課題といった活動記録からなる。2020年3月をもって竹山は京都大学を退職する。それを記念する「大収穫祭」と題された一連の企画の中で、本書は卒業生らによって編集された。装幀は竹山香奈による。

竹山研ってなんだろう?

Discussion & Essay

Wondering "What is Takeyama Lab."

屈性（トロピズム）　トーマス・ダニエル

はたして教師というものは学生に対して一体どのようなスタンスを取るべきなのだろう。後ろに立って背中を押す（それとも鞭で打つ）のか。前を歩きながら追いついてこいよと促す（あるいは駆り立てる）のか。すぐそばに立って（おそらくは肩に腕を回して）道を示すのか。どんどん進みながら（ときおりちらっと後ろを振り返りつつ）ついてくるはずだと決めてかかるのか。たとえば厳密かつ衒学的な指導によって道を示してやるのか、それともインスピレーションによって導いていくのか。

竹山聖は28年にわたって京都大学で研究室を率いてきた。その研究室は一貫して全国的な称賛を享受し、仙台デザインリーグ（卒業設計日本一を競う建築学生コンクール）でも受賞を重ね、幾人もの日本を代表する建築家を育て上げてきた。たとえば平田晃久や大西麻貴のように国際的な評価を受ける人材をも含めて。にもかかわらず、竹山は教師としての成功に戸惑いを隠さない。彼自身がシステマチックな教育方法をもっているなどと思っておらず、ただ学びの場を創り上げてきただけで、きちんと教えてなどいないと主張するのである。

竹山は1992年に、川崎教授の研究室に加わるというかたちで、京都大学で教え始めた。研究室ではともに教えるようになっていたのだったが、学生たちは自ずと二つの派に分かれた。すなわち、川崎の合理的で正統的なアプローチを好む人々と、竹山に代表される直観的で叙情的な自由に魅了された人々とに。研究室をめぐるこんな面白い例え話がある。タケヤマの出現はあたかも紀元前と紀元後を分けるかのような画期的な事件だった、というのである。ちなみに彼はクリスマスイブに生まれ、名前の漢字の意味は「聖人」だ。草創期の学生の中には、元の信仰を守るあまり、タケヤマを偽預言者として非難した者もあったが、ダマスカスへの道で特別な光を見、改宗した者もいた、という。[*1] あとから入ってきた学生たちはすでに神の言葉、ロゴスを聞いており、しかるのちに受肉、顕現したロゴスに出会ったのだった。いずれにせよ、いかなる天罰も受難もなかった。そんなふたつの流れが数年の間、調和しながら共存し、1996年にカワサキは引退した。若き異端者タケヤマは、研究室外からの懐疑と疑念にさらされつつこれに耐え、しかしながら最終的には彼の教えが生き延び、弟子たちに引き継がれた。とまあそういう話である。

とはいえ、「弟子 disciple」[*2]という名は実はふさわしくない。竹山は自分の研究室を庭に、そして自分自身を庭師に例えている。つまり、肥沃な土壌を提供し、十分な水、日光、日陰を与えているだけなのだ、と。大気中を漂い大地に落ちた種子は、その潜在力に応じて芽が出、花が開く。たしかに竹山は、時折植物を刈り込んだり、生育を促したりするかもしれない、しかし基本的には植物が育つに十分なスペースを提供するだけだ。しかし、この比喩における、土壌、水、日光、日陰というのは、本当は何なのだろう。抜かねばならぬ雑草、除去すべき汚染物質、刈り込みの必要などはあるのだろうか。ていねいに耕す農業に近いのだろうか、はたまた野生の自然に近いのだろうか。毎年の規則正しいサイクルを繰り返す農場のように維持されるのだろうか、あるいは森林の動的平衡のように持続していくのだろうか。その庭には囲いがあるのだろうか。それは年を経るごとに面積を広げてきたのだろうか。あるいは縮小してしまったのか。

もし縮小しているように見えるとしたら、実はそれはより自立し自足してきたということだ。竹山が教え始めたとき、彼は学生たちとさほど年が変わらなかったから、議論も協働も異常なほどの強度をもち、攻撃的で、熱を帯びていた。長い歳月を経るにつれ、彼は自ずと情け深い叔父のような──祖父とまでは言わないにせよ──あたたかく見守る境地に到達したのだ。

囲いに関して言うなら、竹山が京大に着任してほどなく、京都大学が自らに課した誇り高き制度的障壁が開放され、海外からの多大な影響が、そして多くの外国人学生が入ってくることになったのは、決して偶然ではない。あまり外国人学生が集中するので、他の教授から、受け入れをしばらく控えるようにと圧力をかけられたほどだ。たしかに、これは囲いのない庭だ。しかしながら、柔らかく曖昧な境界があって、だからこそ、周囲に触角を伸ばし、より広い世界からの侵入するものたちを優しく受け入れることを許すのだった。

竹山スクールの魅力と影響力の本質とは何だろう。近代日本建築を構成する家系図にあって、他のおおかたの有名な「スクール」（丹下、篠原、原、そして伊東、隈、妹島、その他に至るまで）と異なり、竹山スクールは形態学や方法論によって定義することはできない。むしろ、それはあるアティテュードである。すなわち、合理的なものと非合理なもの、散文的なものと詩的なものとのバランスであり、新たにやってくる一つひとつの植物が、はたして育てられるべきか根こそぎにされるべきかどうかについて、ゆっくりと時間をかける心優しさである。言語的寛容の面においても同様で、学生たちは皆、文学、詩、哲学、寓話、歌詞などの断片を、様々な言語で絶えず繰り出す竹山のやり方に励まされている。ちなみに彼は英語も流暢で、フランス語もまずまず、日本と中国の文学的遺産にも造詣が深い。これらの言葉が学生によって「正しく」理解される必要はない。それらの価値は、学生たちを挑発し、いまだ生成段階にある印象やら情動に刺激を与え、どんどん広がっていく世界の存在を暗示する、そうした可能性の中にこそあるのである。

竹山はいとも簡単なふうにそれをやってのける。もし彼の言葉を真に受けるなら、教えるというのは、ほとんどただ単に、学生たちが勉強したり遊んだりする部屋を与えるということに過ぎない。もちろん、もしそうだとすれば誰でも素晴らしい教師になれるはずだ。しかし明らかにそうではない。竹山の指導は、ただ間接的な事例と、心からの最小限の直接の注意による。彼は建築における創造性をかき立てる触媒として働き、彼の教えは一種のトロピズム（植物における屈性、動物における向性）のようなものだ。つまり植物が日光などの環境刺激に向かって変化または成長する生物学的現象である。太陽はその自然の運行に従っているだけなのに、知らず知らずに直接に、あるいは間接に、植物に成長のエネルギーを与え、生育をもたらし、創発性を促しながら潜在的な能力を存分に発揮させるのである。そしてもし夕べに太陽が沈んでも、朝になればまた陽は昇ることを、われわれは知っている。

［訳注］

＊1　当初イエスの弟子たちを迫害していた一人のユダヤ人は、ダマスカスに向かう途中、空からやってきた特別な光を見て失明したが、ダマスカスでイエスの奇跡により再び視力を回復し、改宗して使徒パウロとなる。

＊2　弟子 disciple は discipline に通じ、規律、しつけ、訓練、といったニュアンスがある。

京大建築に吹いた新しい風

平尾和洋

1990年代初めの京大建築意匠系は、建築設計学講座の名のもと、プロジェクトベースの川崎研究室と、建築論ベースの加藤研究室からなっていました。川崎研は大学キャンパス・美術館など、川崎清先生が外からもってくる案件の基本計画・設計を、助手・院生チームが担当するという実務型ラボの典型のようなところで、就職先はスーパーゼネコン設計部や組織設計事務所が主流。先輩後輩の序列も強く、よく組織された体育会の如き雰囲気。そこに竹山先生が助教授として着任されたのが1992年の春です。当時の若手にとって「竹山聖」「設計組織アモルフ」といえば、『SD』誌上の「聖吾評」、80年代の数々のコンペ入賞（湘南台文化センターが私にとっては強烈な印象）、OXY乃木坂やTERRAZZA青山などの実作、アンドレア・パラディオ賞……文字通り若手建築家のスター的な存在であることは間違いなく、ともすれば保守的・閉塞的になりがちだった京大建築にやっと新しい風が吹くのではないか？　そんな期待感を抱いた人も多かったと思います。

一方、私はといえば、89年（修士1年時）に福井県立大学キャンパスの基本設計を終え、1年間の川崎研方式に疲れ果てた挙句、「このままでは殺される」という危機感のもと90年秋にパリのラ・ヴィレット建築大学に脱出留学。もとより片道キップの覚悟で出国したものの、91年秋にはボス（川崎清先生）の直接のお誘いでドクター進学することとなり帰国したばかりでした。

はじめて竹山先生にご挨拶したときのことは正確な記憶ではないかもしれませんが「君が平尾くんね。話は川崎先生から聞いているよ。よろしく!」と、これまでの京大建築の先生では絶対あり得ないような気さくな対応をいただいたように記憶しています（正直驚きました……）。その後も折にふれ、「建築家ってのはね、教えて育つものじゃなくて、背中を見てなるもんなんだよ」など、肩に力の入った私にとっては印象深い言葉の数々。飲み会でも、それまでは先生の前で気など抜けるはずもない、という状態だったのが、竹山先生の軽妙なトーク（たとえば東京の同世代建築家である隈研吾さんや團紀彦さんなどの学生時代の話など）に学生共々こぞって耳を傾けるようになっていきました。京大建築では、この時期に布野修司先生が来られたこともあわせ、著名建築家のレクチャーや親睦飲み会が定期的に開かれるようになり、積極的な有志若手には『建築文化』をはじめとする雑誌への投稿などの機会が与えられるようになります。さらには、今から考えると以前が何だったのだろう、とも思えるネタですが、卒業設計作品のオープン・ディスカッション形式のジュリー会もこの時期に初めて導入されました。まさに、淀んだ空気の部屋の窓が開け放たれて、リベラルで清々しい風が吹きこんできた、という感覚。90年代前半は京大建築にとって、学科の新旧のパラダイムが少しずつ変わっていく、あるいはそうした芽吹きが生まれつつある、そうした時代だったように思います。

1992~96年の「川崎・竹山研究室」は、旧来型の川崎研型プロジェクト・メンバーと、竹山先生の明るいキャラクターの下に集まった第0世代の面々が研究室の空間を共有し、各国からの留学生も混ざって、これまでとは異なり多様な活動が行われる場へと変容していった時期です。竹山先生がもたらした新しい風は、古代都市をめぐる旅、学生を巻き込んだ国内・海外コンペ出品、マックス・ヤンマーの『空間の概念』やM・フーコー『言葉と物』の自主討論ゼミなど、様々な展開を見せますが、その詳細は第0世代の頁を参照いただければと思います。

一言で振り返れば、建築の様々な可能態、多様な価値観について、竹山先生はわれわれに「考える水」を向けてくださったのかと。今や多くの卒業生が活躍されている状況を鑑みるに、京大建築の平成期を支えられた竹山先生には「お疲れさまでした」とともに、今後の益々のご活躍を祈念したいと感じています。

3rd　2nd　1st　0th

2005

[スタジオ] ポエジーと建築
[展覧会] RESPONSE展(東京)
[映画美術] KAMATAKI(窯焚)
[コンペ] SDL2007 卒業設計日本一決定戦(日本三・大西麻貴)

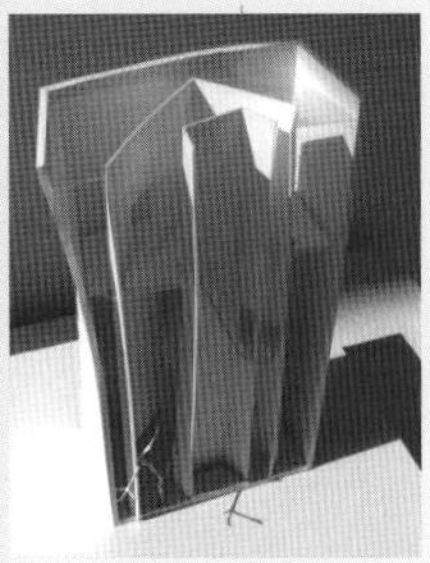

2004

[スタジオ] マンガミュージアム京都

2003

[スタジオ] フローティング・シアター
[プロジェクト]
梅田北ヤード/Live Love Lab Osaka

2002

[スタジオ] 独身者の住まい2002
[展覧会] 独身者の住まい展(京都・東京)

2001

[スタジオ] 独身者の住まい2001
[コンペ] 佐世保旅客ターミナルコンペ

2000

[スタジオ] THE SCHOOL OF ARCHITECTURE
[プロジェクト] 水郷都市プロジェクト
[編集・出版] traverse創刊

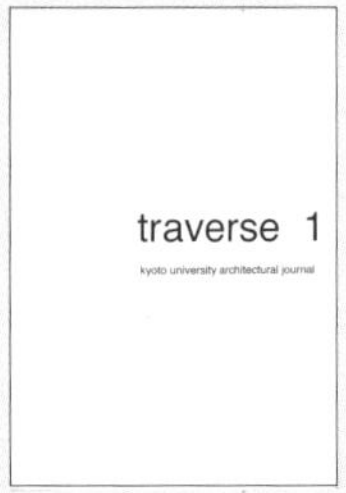

1999

[スタジオ] KYOTO MEDIA STATION
[プロジェクト] 泉佐野駅
[プロジェクト] 大川フォーラム・プロジェクト
[ワークショップ] ラ・ヴィレット大学合同(パリ)
[ワークショップ] ヴァレンシア大学合同(京都)
[ワークショップ] KASNET(京都)
[国際コンペ] 京都グランドビジョン

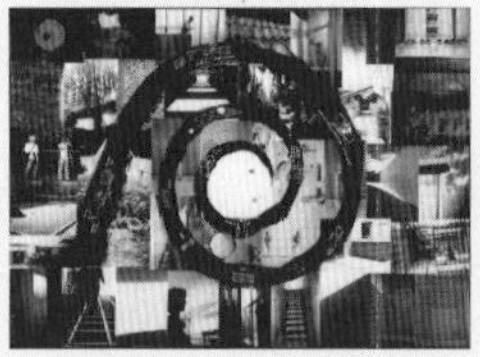

1998

[スタジオ] 守山エコ・ロード
[プロジェクト] 世界陶芸村 SETO

1997

[スタジオ] ゼロの建築

1996

[スタジオ] ビル・ゲイツの家
[プロジェクト] 前橋駅北口
[プロジェクト] 神戸外国人倶楽部
[プロジェクト] 幕張新都心住宅地
[コンペ] 太田市休泊地域センター
[展覧会] ミラノ・トリエンナーレ(イタリア)

1995

[古代都市調査] スペイン東部
[プロジェクト] 神戸新首都計画
[スタジオ] UNITÉ D'HABITATION1995
[国際コンペ] ミッドウェールズ・センター・フォー・ジ・アーツ
(イギリス・6位)

1994

[古代都市調査] イタリア南部
[プロジェクト] 京都高速道路(KYOTO PROJECT)
[プロジェクト] 琵琶湖フローティング・シティコア構想
[展覧会]京都未来空間美術館

1993

[古代都市調査] ヨルダン・シリア
[プロジェクト] 神戸三宮計画

1992

[古代都市調査] ギリシャ・キプロス・トルコ
[プロジェクト] 御池通シンボルロード
[国際コンペ]
スプリーボーゲン・アーバンデザイン(ドイツ)
[コンペ] 中原中也記念館

Prologue

研究室出身のメンバーがこれだけ集まってくれて、とても感激しています。ありがとう。

さて、トークイベントを始めるにあたって、少しお話ししておきたいことがあります。

今朝、ちょっとした図を描きました。竹山研ってなんだろう、というテーマを、僕自身も振り返ってみたのです。そして、ひょっとしたらこういうことなんじゃないかな、と思ったのが、いま皆さんにお配りしたこの図です。（次々頁参照）

庭、というのが、今回の竹山研を振り返る展覧会と書籍のテーマですが、それはかなりダイナミックな庭なんじゃないかな、と。

たとえば、陳腐なたとえですが、教えの庭、というのがあるとしましょう。それはこんな、上の図のようなイメージではないでしょうか。なにか絶対の真理のようなものがあって、それを師が知っており、それを弟子に伝える。スタティックな庭、あるいは、工業製品のように、優秀なコピーの拡大再生産の現場です。社会に役に立つパーツのような、そんな弟子を育てる。型にはめた製品です。それがこれまでの教育がめざしてきたひとつの方向でしょう。だから試験をして学習到達度をチェックし、採点する。

僕がめざしてきた、というより、結果的に竹山研が行ってきたことは、それとまったく違う。この図のようなイメージなんじゃないか。竹山研が生み出してきた場は、つまり今回テーマにしている庭は、もっと生き生きと生きる個を育ててきたんじゃないかと思います。師と弟子という体裁は取るにしても、それはもっとダイナミックな場、レスポンスの庭であって、刺激に満ちた対話が交わされ、何が生み出されるかわからない、

2020
[イベント]〈大収穫祭〉最終講義
[展覧会] 庭／竹山研究室(東京)

2019
[スタジオ] オブジェ／アイコン／モニュメント
[編集・出版] traverse20(特集:欠落)
[大学院講義]『茶の本』岡倉覚三
[イベント]〈大収穫祭〉竹山研ってなんだろう?(東京)

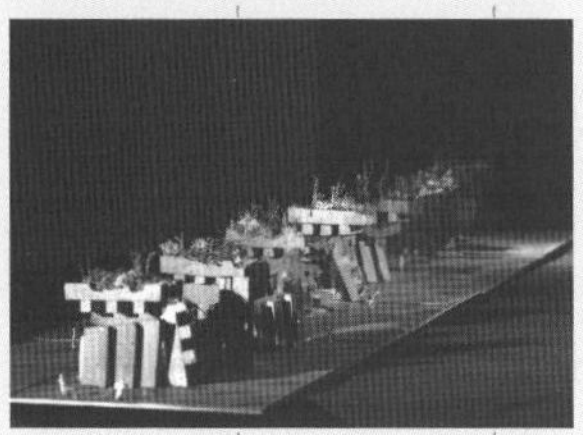

2018
[スタジオ] 驚きと喜びの場の構想
[編集・出版] traverse19(特集:顔)
[大学院講義]『建築の多様性と対立性』R.ヴェンチューリ

2017
[スタジオ] シュプレマティズム／脱色する空間
[編集・出版] traverse18(特集:壁)
[大学院講義]『モナドロジー』G.ライプニッツ

2016
[スタジオ] 無何有の郷
[編集・出版] traverse17
[大学院講義]
『襞:ライプニッツとバロック』G.ドゥルーズ

2015
[スタジオ] コーラス／コーラ
[編集・出版] traverse16
[大学院講義]「Collage City」C.Rowe

2014
[スタジオ] ダイアグラムによる建築の構想
[国際コンペ] 金門港フェリーターミナル(台湾)
[編集・出版] traverse15(特集:建築を生成するイメージ)
[大学院講義]『From Irrationality』J.キプニス
[研究室旅行] 尾道・岡山
[イベント] 竹山聖還暦パーティ

2013
[スタジオ] アートと空間
[展覧会] RESPONSE展(京都)
[シンポジウム]アートと空間(京都)
[編集・出版] traverse14(特集:アートと空間)
[大学院講義]『Chora L Works』P.アイゼンマン
[研究室旅行] 四国地方

5th

2012
[スタジオ] 世界を望む家／ネパールのホテル
[国際コンペ]「第3回LIXIL国際大学建築コンペ」
[編集・出版] traverse13
[研究室旅行] 長崎・佐世保

2011
[スタジオ] ブックス/サードプレイス
[編集・出版] traverse12
[研究室旅行] 中国地方一周

2010
[スタジオ] ランドスケープ／ユートピア
[展覧会]ユートピア
[編集・出版] traverse11 (学生主体による編集)
[研究室旅行] 屋久島

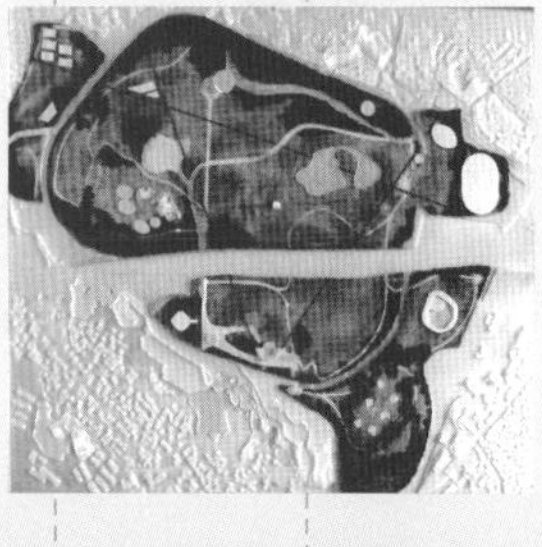

2009
[スタジオ] 空間の音楽化

2008
[スタジオ] 学びのミュージアム

4th

2007
[スタジオ] パフォーマンスの空間
[国際コンペ] 高雄国立芸術文化センター(台湾・3位)
[コンペ] ヴェネチア・ビエンナーレ展示計画
[コンペ] SDL2008 卒業設計日本一決定戦(日本一・橋本尚樹)

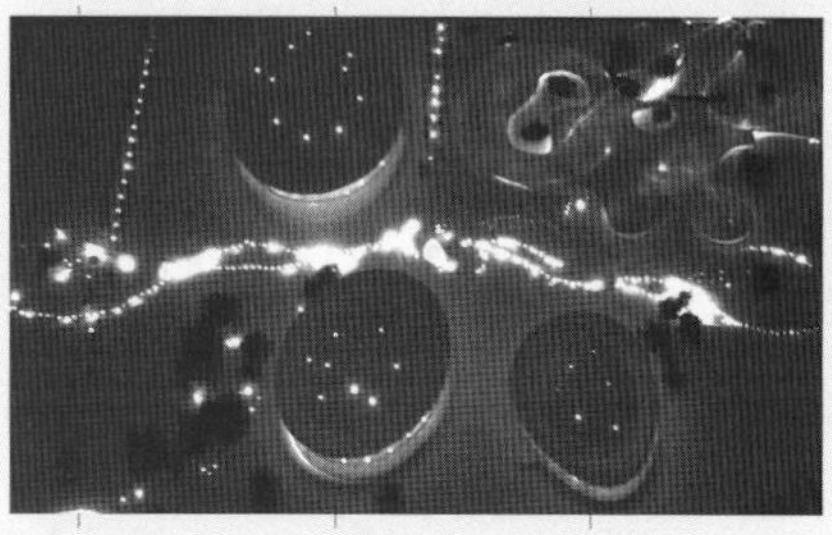

2006
[スタジオ] シネマ+アーキテクチュア
[コンペ] 中之島コンペ
[コンペ] SDL2007 卒業設計日本一決定戦
(日本一・藤田桃子)
[国際コンペ] 台南億載金城歴史公園コンペ
(台湾・2位)

比喩的にいうなら、どんな作物ができるかわからない、工業でなく農業、それもかなり非システマティックな実験室ではなかったか、と。均質で優秀な工業製品をつくるのでなく、ばらばらで、出来不出来もあって、不揃いで、でも愛すべき、美味しくて栄養のある、そんな作物が出来上がる、可能性に満ちた庭だったのではないかと。

ぼくはそんな場所を用意し、耕したり肥料をまいたり、庭師のようにちょこちょこと手を入れたり、でも基本的には育つがままに任せ、その生育を楽しんできた。そんな気がするのです。庭に勝手に風が種子を運んできて、芽が出て葉が出て花が開き実を結ぶ。何ができるか予想もつかない。でも僕なりの栄養を与えながら、育った作物と悪戦苦闘しながら、そしてこちらも成長しながら、レスポンスを楽しんだ。

スタティックな庭でなくダイナミックな庭、あるいはカオスの庭。その庭から巣立った生命体である個たちは、外の世界に広がり、おそらく、喜びと驚きをもたらしているはずです。竹山研が庭だったとしたら、外の世界には原野が、ことによると荒野が広がっています。庭はさしあたり守られている。これが大学という場所の価値でしょう。おかげで、守られて、僕も、皆さんも過ごしてきた。僕は僕で、一方で原野を駆け荒野を切り開いて、そしてその経験を持ち帰って皆さんと共有してきたわけです。この庭は、僕自身にとっても安らぎの場でした。大いに刺激に満ちた安らぎの庭だったのです。

それはどんなところだったのか。28年に渡る歴史の証人の皆さんたちから、これからいっぱい話してもらいたいと思っています。それでは開会です。［竹山聖］

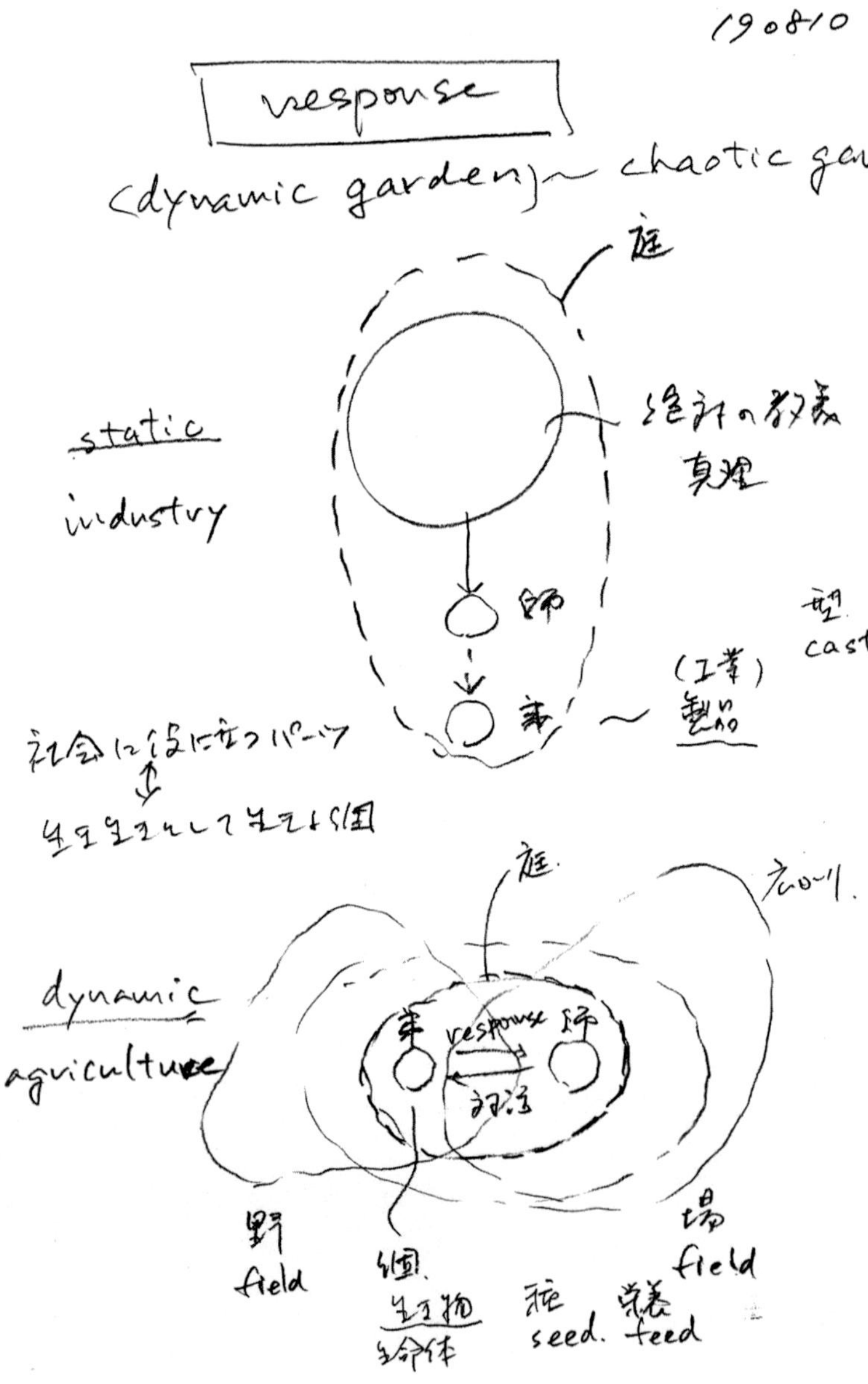

第０世代

「旧約聖書」の頃

0th generation / The age of “The Old Testament”

1992 → 1993

京大着任は1992年3月1日のこと。だからその年の卒業設計審査にも追い出しコンパにも参加することができた。

学生の頃、川崎清先生は週一度の建築設計論のみ京大に教えにこられていたけれど、直接の面識はなかった。それがいきなり助教授就任の打診である。青天の霹靂だった。

川崎研究室は吉田キャンパスの新館二階にあり、教授室は本館という武田五一設計の重々しい建物にあって、中庭で隔てられている。だから教授と学生たちの距離は、心理的にも物理的にも、とても遠い。東大の原研では学生たちとほぼ一緒の部屋に、本郷の芦原香山研では学生たちの部屋の隣にあったから距離も近かった。そこで、レジーム・チェンジという話題にあるように「帰っていくのを追いすがる」というドラマが生まれる。

川崎ゼミとは別に竹山ゼミをやりましょう、と提案を持ってきてくれたのは平尾和洋くんで、六耀社から出たばかりの作品集の文章を皆で読みながら僕が解説する、というものだった。僕は言下に断った。一つは恥ずかしかったせいだが、今一つは僕のこだわりにあった。それは、偉そうな言葉を使わない、ということだ。

かつて東工大の篠原研究室のゼミに潜りこませてもらったことがある。篠原一男先生は自身の著書をテキストにして、学生たちはそれを聖書のように読む。質問には、毅然と、テキストの文章を繰り返す。それはまさに師弟の幸福な関係であって、僕は戦慄した。その光景が蘇ったのだ。

今となっては平尾くんに申し訳ないことをしたと思う。しかし、『SD』誌のコラムのグルッポ・スペッキオの終焉の際にも書き記した偉そうな言葉への忌避。これがその頃も、そして今でも僕の基本的な態度だ。だから学生たちは兄貴のように思ってくれたのではないか。

川崎先生の暖かい気遣いとともに、この第0世代の学生たちからも、心からのウェルカムというもてなしを受けたと感じている。だからその感謝も込めて、あえて旧約聖書の世代、という称号を捧げたい。［竹山聖］

座談会
［登壇者］

小幡剛也（竹中工務店）　河井敏明（河井事務所）
吉田晋（高知工科大学）　中村潔（中村潔建築設計事務所）
辻芳人（大林組）

システムの世界にもたらされた言葉

河井　第0世代は、「旧約聖書」なんて言われていますが、それぐらい竹山研というものが、まだなにも、かたちが定まっていない時代です。37歳の竹山先生は、先生という感じではなく、若く見えますし、実際、非常に若い人だった。なので、僕らにとっては兄貴みたいな存在でした。最初はまだスタジオ課題もなく、旅行と飲み会ばかりしていましたね。

研究室には川崎清先生が教授でいて、そこに竹山先生が助教授で入ったので、かたちとしては川崎・竹山研になりました。竹山先生が来られるまでの川崎研は、一般的にいえばよくできる、ある種サイボーグ的な人がいっぱいいて、それが私にはちょっと息苦しい感じだったのですが、私が修士2回の時に竹山先生が来られて、非常に楽しくなりました。楽しくなり過ぎてしまったんですが（笑）。

川崎先生は大先生という感じで、ちょっと話しかけるのも怖かった。研究室のみんなで飲みに

37歳の竹山聖。ギリシャ旅行中のフェリーで

行くのは、年に夏と冬の2回くらいで、そのときも最後には祇園に行くみたいな、昔ながらの雰囲気のある飲み会でした。ところが、竹山先生が来てからは、毎回ゼミが終わると飲むカルチャーができた。

そんなある日、ゼミが終わって川崎先生が教授室に帰っていくのを、中村潔くんが追いすがって、「川崎先生も飲み行きましょうよ」とお誘いしたんです。全員が凍りついているなか、先生も意外と嬉しかったみたいで、「僕も行きたいけど、まあ行けないから」と言って、一万円わたしてくださった。そんなことは初めてで、レジーム・チェンジ（体制転換）が起こっているのが可視化されたような瞬間でした。

小幡　僕は河井さんと同級生で、でもどちらかというと、サイボーグ的な、前世代的なところがあるんですけれども、大丈夫ですかね（笑）。

竹山先生は初めてのゼミで、学生に「千文字ぐらいで書評を書いてこい」と言って、僕らは毎週のように書いていました。そのとき僕は柄谷行人の『隠喩としての建築』について書いたのが印象に残っていて、もしかしたら、いまだに引きずっているのかもしれません。建築を言葉で、あるいは哲学で言語化することが、それまでの川崎研にはなかったので、すごく刺激的な経験でした。もう一つは、先生が来られて「海外に行ってもいいんだ」という風土が生まれつつあった。僕は古代都市調査の旅には行っていないのですが、修士論文はウィーンについて書こうと思って、一人でウィーンに3か月ほど逃亡しました。なにか自由を手に入れた感じがして、自分のやりたいことだけをやれたような気がします。

辻　修論でいえば、僕はジュゼッペ・テラーニについて書いたんですよ。当時の研究室では個人の作家を取り上げるということは珍しかった。それで吉田さんと一緒にイタリアへ1か月に及ぶ調査に行ったり。

——吉田くんがアダルベルト・リベラをやったんですよね。イタリアのファシズム建築だね。［竹山］

辻　そうでしたね。僕にとって竹山先生が京大に来たというのは、大都会東京から京都の田舎の市民会館に竹山さんというロックスターが来て建築のコンサートを開いた、みたいな感じでした。先生はギターを弾くように建築論をさらっと語って帰っていく。すると、みんなそれを真似してジャカジャカと自分なりに建築論をやる。小幡さんから話があったように、建築を語るということ自体が、その当時の研究室にはあまりなかった。だから新しい文化ができたんですよ。京大にいよいよキリストが生まれそうだ（笑）、という状態になってきた。

小幡　先生は何かを見た印象として、「ひどいよね」とか「すごいよね」って言われますよね。そのどちらも、全否定でも全肯定でもない。そこから、モノの価値というのは、両方を飲み込む論理みたいなものがあってこそなんだと勝手に解釈しています。建築でも、「ひどいよね」と「すごいよね」が両方あるということが面白い。二元論的に白黒つけない得体のしれないものに興味が生まれたのがこの頃で、僕にとっては竹山研から今にもつながる建築のテーマかもしれません。竹山先生とのお付き合いは、学生としては修士2回の1年間だけではあるんですけど、その後も毎年のようにご自宅に伺って、飲んだり、騒いだり、いろんな刺激をずっと与えていただいています。

〈ものごとを飲み込む論理〉

「ひどい」と「すごい」ですべてが言えてしまうというのは、もちろん暴論だが、たしかに言ってきたような気がする。ひょっとしたら世の中には「ひどい」ものと「すごい」ものしかないのかもしれない。「ひどい」の中にもすごいがあったり、「すごい」の中にもひどいがあったり、でも「ひどいよね」と「すごいよね」なのだ。ただこの思想（思想というほどのものじゃないけれども）の中には排除しない、という論理が入っていて、ぼくはすべてのものにあるポジティブな価値を認めたいと思っている。Exclusiveな考え方をしたくない。だから〈非ず非ず〉なのかもしれない。「ひどい」に非ず、「すごい」に非ず、「ひどいでもすごいでもない」にも非ず。設計は「ひどいよね」と「すごいよね」の繰り返しである。［竹山聖・以降欄外すべて］

古代都市をめぐる破天荒な旅路

河井　僕らは、竹山先生が京大に来たその年から4年間、地中海沿岸のいろいろな都市をめぐる旅をしていました。いろんなことを実際の体験から学んでいったんじゃないかなと思います。最初の年は、ギリシャのアテネから始まり、神託で有名なデルフォイに行き、ペロポネソス半島を回って、主に海岸沿いの古代都市を訪ねました。それからキプロスに行き、ロドス経由でトルコに入って、ミレトスやエフェソス、ペルガモン、そしてトロイを見て、最後はイスタンブールまで行きました。
　この写真で車を運転しているのが中村くんです。ものすごい緊張感が伝わってきますけど、それまでミッションも左ハンドルも運転したことない彼が運転していたんです。この道、右側が崖なのにガードレールがないんですよ。なのに中村くんが運転席のある左側の山に近づくのを怖がって、どんどん右へ寄るんです。ついにある時点で崖にほぼタイヤが乗ってる状態になって……。

中村　ルパン三世じゃないんだから。

河井　僕は止まってほしかったんですけど、声を出したら本当に落ちるかも、と思って、しばらく無言でいたんです。それである段差を乗り越えるのに、ちょっと止まった瞬間に後ろからハンドルに手を伸ばして、「中村、停めろ、降りろっ！」と。そんなこともありましたが、それにしても、地中海は本当にきれいでしたね。

——モネンバシアでは海に入りましたね。［竹山］

吉田　入りましたね。

旅行中の車内

〈集落調査から古代都市調査へ〉

原研究室の海外集落調査の5回目、西アフリカ地域調査に参加して、世界を見る目が変わった、と思う。砂漠は輝き、生活は多様で、住居は暗示に満ちていた。まずは旅。旅によって目を鍛えよう。そして足腰を鍛えよう、建築は体力だから。その対象として、都市、それも電気も自動車もない、人が自分の声で語り、自分の目で見、自分の足で移動する、そんなスケールと形を持つ都市を見てみたいと思った。地中海沿岸の古代都市を選んだのはそのためだ。もうすでに発掘調査がなされていて、実はわれわれはそうした遺跡と文化の痕跡を辿ってきただけだ。でも遺跡そのものが想像力を膨らませてくれたし、復元された石造の神殿や列柱街路、そして円形劇場は、人類の空間構想力を存分に感じさせてくれた。僕らは旅によって育てられる。世界は輝きに満ち、異質の文化が共存し、人々は皆違うけれど、でも皆同じ、優しさや暖かさに満ちている。

河井　僕は入ってない組なんですよ。吉田くんは裏切ったんです。

中村　僕と河井さんは山側の道を行ったんですが、先生と吉田くんたちは海側を行ったんですよね。

――海がきれいで、これは泳ぎたいなと。ロイス・パパドプロスという、ギリシャで僕らの旅を案内してくれた先生に、「飛び込んでもいいかな?」って聞いてみたら、「ホワイノット?」って。つまり、「なんで飛び込まないんだよ」と言うから、みんなパンツ一丁になって飛び込んだ。［竹山］

中村　「先生、なかなか来ないな」って、ずっと待ってたんですよ。

河井　僕らにも建物の隙間なんかからとんでもなくきれいな海が見えてたんですね。トップレスの女性も泳いでいるし、いいなあと眺めて……。先生たちが泳いでいるなんて知らずに、途中にオレンジジュースを売っているスタンドがあったから、罪悪感をもちながらも、魅力的だし、暑いし、「こっそり飲んでしまおう」と言って、二人で悪だくみをしたつもりでいた。でも、合流地点に行ったら、濡れたパンツを手にもって髪から水を滴らせた先生たちがやってきたんです。だから、吉田くんにはいまだに恨みを覚えています（笑）。

中村　ギリシャに行った次の年には、ヨルダンとシリアに行っています。ペトラの遺跡の写真もありますが、『インディ・ジョーンズ』のロケ地ですね。現地の人と一緒に撮ったり。このときラクダにも乗ったんですね。

――乗りました。背が高かったよね。ラクダは馬よりも高いんです。［竹山］

中村　旅行の時は、毎度レンタカーを借りていて、それも一つの楽しみだったんですよ。ヨルダンの

上 / デルフォイ
下 / ペルガモン

ギリシャ・キプロス・トルコへの旅

竹山聖が京都大学に着任した1992年からの4年間、研究室では有志メンバーが地中海域の古代都市をめぐる旅を続けた。これは、竹山がかつて学生として参加した東京大学原研究室での集落調査の旅に続く展開として発案された都市について考える旅だった。最初の年は、ギリシャ、キプロス、トルコにあるギリシャ古典期からヘレニズム期の都市遺構を訪ねた。

行程はまずギリシャのアテネから入り、デルフォイを経てパトラからペロポンネソス半島入り、半島を基本的には海岸沿いに回りながら、途中何度か内陸部へ入ってオリンピアなどにも立ち寄った。カラマタやモネンバシアを通り、古代最大のエピダウロスの円形劇場を見て再度アテネへ戻った。このギリシャ・ペロポンネソス編はテサロニキ大学のロイス・パパドプロス教授の同行案内のもと、同氏の車で2000キロほどの旅程を走破した。

その後、飛行機で向かったキプロスでは、川崎研究室出身であるヨルゴス・ハジクリストゥに同行してもらい、島内南半分のギリシャ系キプロスであるパフォス、レフカラ、グリーンラインで分断された首都ニコシアを回った。当時キプロスから直接トルコへは入れなかったため、一旦飛行機でアテネに戻り、今度はロドス島へ。そこではリンドスの古代遺跡を訪ねて中世都市に宿泊した。ロドス島から船でトルコに渡り、エーゲ海沿いをミレトス、エフェソス、ペルガモンと北上して、最後イスタンブールへたどり着いた。

いくつもの古代都市をめぐるなかで、どちらも人が集まって住まう形式である集落と都市を区分する点は、外部との交流の存否にあるとわかった。つまり都市は閉じた系ではなく外部とつながっていることで都市たりえていること、そして外部と交流するためにアイデンティティが必要となること、そのアイデンティティの確立と交信を担うのが神殿と劇場であること、といったことが感得されていく日々であった。

古代ギリシャの演劇は神と人が入り交じるものであり、必然として劇場は求心的な円形劇場である。ギリシャの円形劇場は多くのローマのものとは異なり、自然の地形を活かしてつくられている。そのような地形に寄り添う姿勢は都市のつくり方にも多く見られる。一方で、格子状プランをヒポダモス方式というぐらい、ギリシャ、特にヘレニズム期には格子状都市も多い。ペルガモンの小高い岡にある円形劇場の観客席からは、この一見相反する二つの原理が見事に融合した都市の姿を見はらすことができた。［河井敏明］

時は、日本人だからとホンダ車を用意してもらったり。その次のシリアでは、レンタカー屋自体があまりなくて、ダマスカスのフォーシーズンズにあった店で出てきたのが、プジョーの605でした。

――プジョーだっけ？〔竹山〕

中村 そうです。高級車だったんですが、結構トラブルがあって。まずシリアのアレッポで止まってしまったんです。すると自然に人だかりができた。でもみんな親切な人で、タクシーの運ちゃんがボンネットを開けて、「オイルが詰まってるから」と、ストローでオイルを吸って、パッと吐いたら、それで車が動いた。次の日にもまた同じ状況になったので、今度は僕がストローで（笑）。さらに次の日にも止まって、崖沿いの下り坂で押しがけしたらエンジンがかかって、カーブを寸前でなんとかかわした。なかなかインディ・ジョーンズのような旅でした。

――パルミラまで行ったね。ダマスカスから、200キロぐらいの道のりでした。〔竹山〕

中村 ヨルダンからシリアに渡る直前に、ヒッチハイカーがいたので、乗せてあげたんです。僕らが「どこどこに行くんだ」と言ったら、彼が「その町はホテルがない」と。その当時は、インターネットがなく、情報もほとんどない状況で、行き帰りの飛行機だけ取ったら、あとは行きあたりばったりだった。ホテルがあるかないかもわからず回ってたんです。どうしようか、となっていたら、その彼が、ほとんど言葉は通じなかったのですが、「家に泊めてやる」と言ってくれた。いざ行ってみると、そこは大家族で、30人ぐらい出てきましたね。

――本当に大家族でした。「みんなブラザーだ」と言って紹介してくれるんだけど、本当かな、従兄弟だろうな、とか思いながら聞いていました。たぶん、みんな親戚なんだよね。〔竹山〕

中村　家というより、一つの集落みたいな感じでしたね。真っ暗闇の中に、そこだけ明かりが灯っているような場所で、まったく異なる世界を身近なものとして経験できました。それまで訪れた古代都市は、すでに廃墟となっていて、そこから往時の生活を想像するのは難しかったのですが、現在のそれとはいえ、そのときは異文化の生活に触れることができた。この旅を含め、竹山先生や研究室の仲間との旅行は、あのときに訪れていなかったら生涯行くことがなかったかもしれないところに行けた、貴重な機会でした。

詩的な形が生まれるとき

吉田　プロジェクトとしては、これは第1世代の方でも出てきますが、《神戸新首都計画》というのを1995年にやっています。その年の1月に震災があって、3月末頃には提案としてまとめた記憶があるんです。その速度は、僕にとっては驚異的でしたし、研究室のみんなで協力して一つのことをやったというのも、経験として大きかったなと思っています。

辻　その1年前に研究室でやっていた《神戸三宮計画》という中心市街地再開発のプロジェクトがあります。そのときは夜な夜な竹山さんがやってきてフリーハンドのスケッチを描くもんですから、みんな徹夜して、そのスケッチを三角スケールや雲形定規でなぞって図面化したり、三次元曲面の模型をスタイロから紙やすりで削り出したりしました。当時はCADや、3Dプリンターもないですからね。

ヨルダン・シリアへの旅

1993 年 9 月に約 2 週間にわたりシリア・ヨルダンの古代都市を調査した。主にレンタカーを用い、総移動距離は 2000 キロにも及んだ。対象都市はヨルダンのペトラ、ジェラシュ、そしてシリアのボスラ、パルミラ、デュラエウロポスなど、メソポタミアにおいてヘレニズムの王侯により築かれた既存のギリシア風都市をローマが道路の拡幅や、建物の建替え、装飾を追加するなどして発展させた、古代ローマ都市である。

これらの都市は必ずしも直交系の都市プランではないが、中央を貫く大通りが、全体に秩序と調和をもたらしている。ほとんどの大通りは、ポルティコがそなえられ、彫像で装飾が施されている。また、パルミラではテトラピュロン（四面門）、ジェラシュでは楕円形のフォーラムが中央軸の屈曲点に設けられ、軸の連続性を保っている。ジェラシュのフォーラムは街の南端にあり凱旋門や円形劇場、神殿などが周囲に配置され、この都市を訪れる人を迎え入れるとともに都市の威光を示す空間となっている。

オリエントの多くの都市が街道を往来する物品にそこを通過する際に課税することで潤っていた隊商都市としての性格をもっていたことを示している。［中村潔］

左 / ジュラシュ
上 / パルミラ

模型写真

03　プロジェクト ｜ 1993

神戸三宮計画

1993 年初春から始まった中心市街地再開発のプロジェクトであり、震災後に展開された《神戸新首都計画》につづく序章でもある。

三ノ宮駅から海まで伸びる新たな都市軸は、海・海岸・街・丘陵・山が東西方向にストライプ状に配置されている神戸の原風景を景観軸とみなして、それを南北方向に回転して既存市街地にオーバーレイしたものである。その都市軸にそって、鉄道や地下鉄、ポートライナー、建設予定であった空港などの交通機関と、公園や文化・商業施設が集積した立体的な都市広場を統合することで、複合交通拠点開発を目指した。

ストライプ状の都市公園（《スプリーボーゲン》のコンペでも試された）に浮かぶように配置された文化施設は神戸の都市活動の象徴でもあるポートアイランドや六甲アイランドなどの島を、スカイラインを特徴づける連続するタワーは神戸の山並みを表している。相互に貫入するスリットやブリッジなどのインターフェイスによってそれらの各機能を結び、人々のアクティビティが流動的につながっていくダイナミックな都市空間―今日の渋谷駅前に現れつつある―を意図した。

新たな都市軸を表徴する積層アクリルのタワーの中には様々な形のインターフェイスが浮遊している。当時の学生たちはそれらがオフィスの機能としてありうるのだろうかと思いながら模型をつくったが、その仕上がりはカッコよかった。［辻芳人］

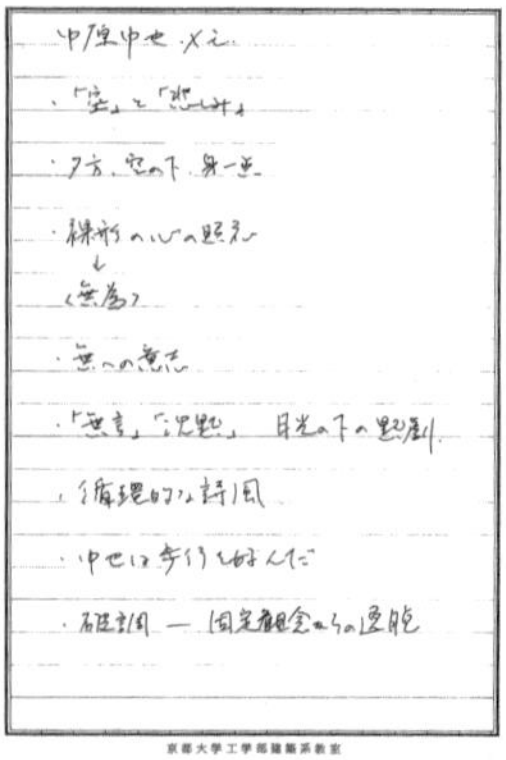
《中原中也記念館》のメモ書き

いま思うと、当時の京大生の模型のつくり方はダサくて、竹山さんの求めるイメージに追いついていなかったように思います。神戸の海から山までレイヤー状に重なっている原風景をメタファーに、新たな都市軸とスカイラインを提案するというアイデアが、頭や言葉ではわかるんですが、京大生はまあ哲学好きですから、じゃあ具体的な形はどうするのか、と固まってしまうわけです。それを竹山さんはさらっとやっちゃう。特に、積層のアクリルを使ったタワーの中にいろんな形が浮遊していますが、当時僕らにはそれが何の機能を表象しているのかわからなかった。でも出来上がりはカッコよくて、竹山さんも「すごいね」とおっしゃったのが思い出深いですね。

河井　その頃、いくつかコンペもやっていますね。ベルリンの《スプリーボーゲン・アーバンデザイン》という国際コンペと、山口の《中原中也記念館》がありました。

それまでの川崎研ではいろんなことがすごくシステマティックに進んでいて、設計もテクニカルに解いていく感じでした。ところが、その《中原中也記念館》は詩人の記念館だったので、詩的な世界観をどうやって空間化するかがテーマだった。僕は建築体験によって物語を紡ぐようなことをやりたかったし、やるのが設計だと思っていたんだけど、当時大学でそういう話を評価してくれる感じもなくて、本当にやっていいのか、大学で認めてもらえるのかと悩んでいて。そのとき、竹山先生と一緒に設計して、やっていいんだと実感できたのはよかったです。

――川崎研はまずグリッドから考えるんだよね。［竹山］

河井　そうですね。まずグリッドで、そこからプログラムとかをつめていく。

――川崎先生は「まだデザインの段階じゃないんだよ」って言うんです。でも、こっちは最初から

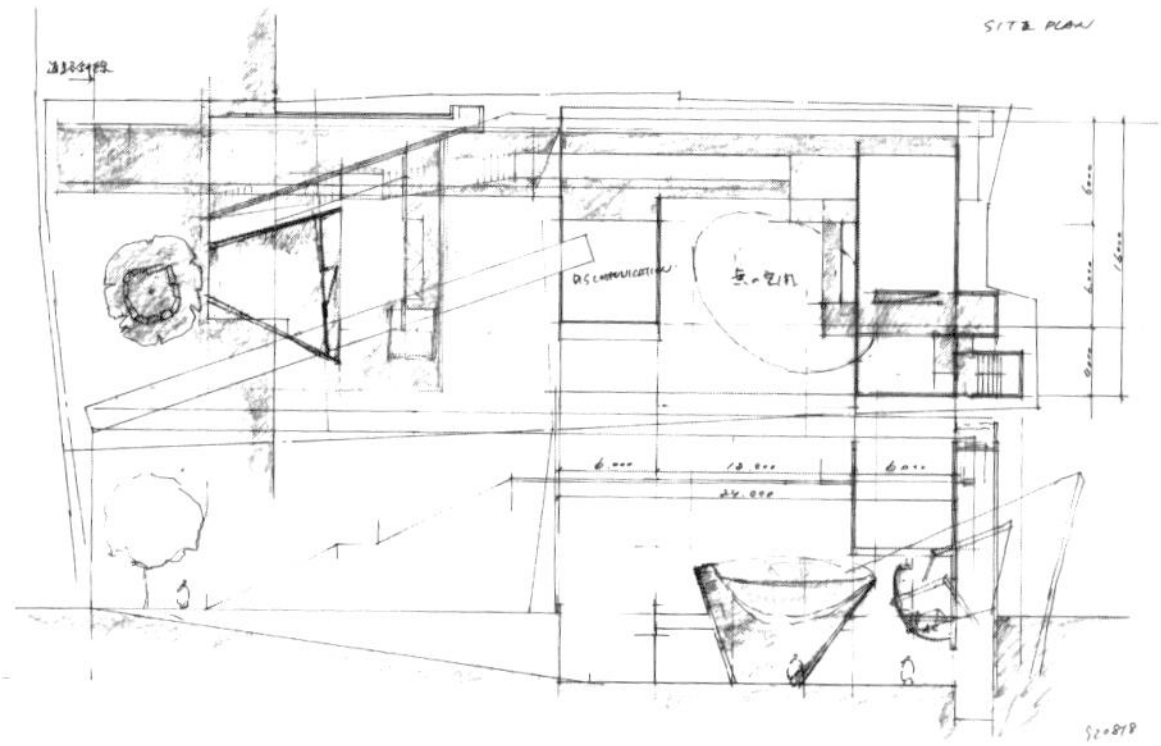

《中原中也記念館》のスケッチ

デザインしてますからね（笑）。［竹山］

河井　直観でこうなるとか、ここは無の空間なので、とかですね。

――なんであの井戸みたいな形が入ってんだ、とかね。［竹山］

河井　四角錐台をひっくり返した井戸底みたいな空間をつくって、空に向かって切り取って。このコンペは結構ハマって、一生懸命やりましたね。

開拓者たちが耕した土壌で

――京大では、4回生になるときに研究室配属のセレクションがあるんです。それに僕が参加した最初の学年からが、第1世代。だから第0世代の皆さんは、僕が選んだんじゃないんですね。［竹山］

河井　でも僕の学年は実は6人いて、そのうち3人は主に竹山先生のプロジェクトをやっていました。残りの3人はなんとなくカラーが違って川崎先生のプロジェクトをやっていましたね。だから結局、われわれも自然淘汰的に選ばれているということになっていますね。

――設計課題の締め切りや講評会は、第1世代から始まったんですよね。［平田晃久（第1世代）］

河井　僕はその頃にはもう卒業していたんだけど、行くところがなかったので、研究室にいたんです。あるとき、先生が設計課題のエスキスを終えて研究室に戻ってきて、「『何をやったらいいかわかんない』とか言ってきたやつがいるんだ」と。僕たちは、「そんなやわな野郎は（建築を）やめればいいんだ」なんて散々悪口を言っていたら、次の週に先生がまた戻ってこられて、「彼ね、すご

中原中也記念館

詩人・中原中也の記念館のための設計競技。敷地は山口市の中原中也生家隣の中原医院跡。延べ床面積550㎡程度の小規模建築ながら、応募総数は479点と話題の設計競技であった。

詩人の記念館として、単なる資料展示スペースではなく、詩が（時として極限まで）切り詰めた言葉によって豊かな情感を読む者の中に想起させるように、ミニマルな空間言語を用いながらも訪れた人に豊かな情動を喚起させる建築の創出を目指した。言うなれば「Provocative Minimalism」（挑発／喚起するミニマリズム）である。

設計スタイルは学生の出した案に竹山聖が主にスケッチと言葉で返す形式だった。学生側は初めて見る竹山聖のアイデア展開のスピード感に驚かされることになる。比較的早い段階で二つの方向性の異なる案に収斂していったことから、学生は2チームに分かれてそれぞれの案を展開していくことに。一つは動きを生み出す細長い空間をつないでいくいわば「道行きの建築」、もう一つは静的な空間となる正方形に近いような空間をもつ「お堂のような建築」。最終的には変化のあるリズムをもった「空間の物語」を生成するために、いくつかの細長い空間を特異点となる結節空間をはさんでつなぐような形式にたどり着いた。［河井敏明］

模型写真

スプリーボーゲン・アーバンデザイン

1989 年 11 月 9 日のベルリンの壁崩壊は、今に続くグローバルな時代の幕開けを象徴する歴史的イベントであった。3 年後の 1992 年に開催されたこのアーバンデザインコンペでは、統一ドイツの首都ベルリンのシンボルとなる連邦議会議事堂と議員会館、透明性をアピールするメディア施設、開かれた新たな市民広場のあり方を問うものであった。

われわれの提案は、エリアの中央を貫く人工地盤の「Urban Plaza」を設置し、その広場を東西に貫く「Linking Wall」を人々をつなげる情報の壁―情報と人々を遮断したベルリンの壁の逆説―として機能させ、そこに集う人々の現代的なフォーラムとして規定するものだった。

スカイラインのシンボルとして、人類の歴史―過去の過ちから現在の繁栄まで―をすべてアーカイブする高さ 300 m の「Documentation Center」のタワーは、連邦議会議事堂に向かって傾斜するデザインとした。人々に歴史の記憶を呼び覚まし、政治における緊張感をもたらすことを意図したものだ。

案がまとまり、徹夜でつくった模型をみんなで撮影し現地に送付した。これ本当に届くのだろうかと思いながら、半年後に届いたカタログに模型写真が無事掲載されていたことは、コンペに入選できなかった残念さよりも、感動が湧き上がってきたことを今でも覚えている。［辻芳人］

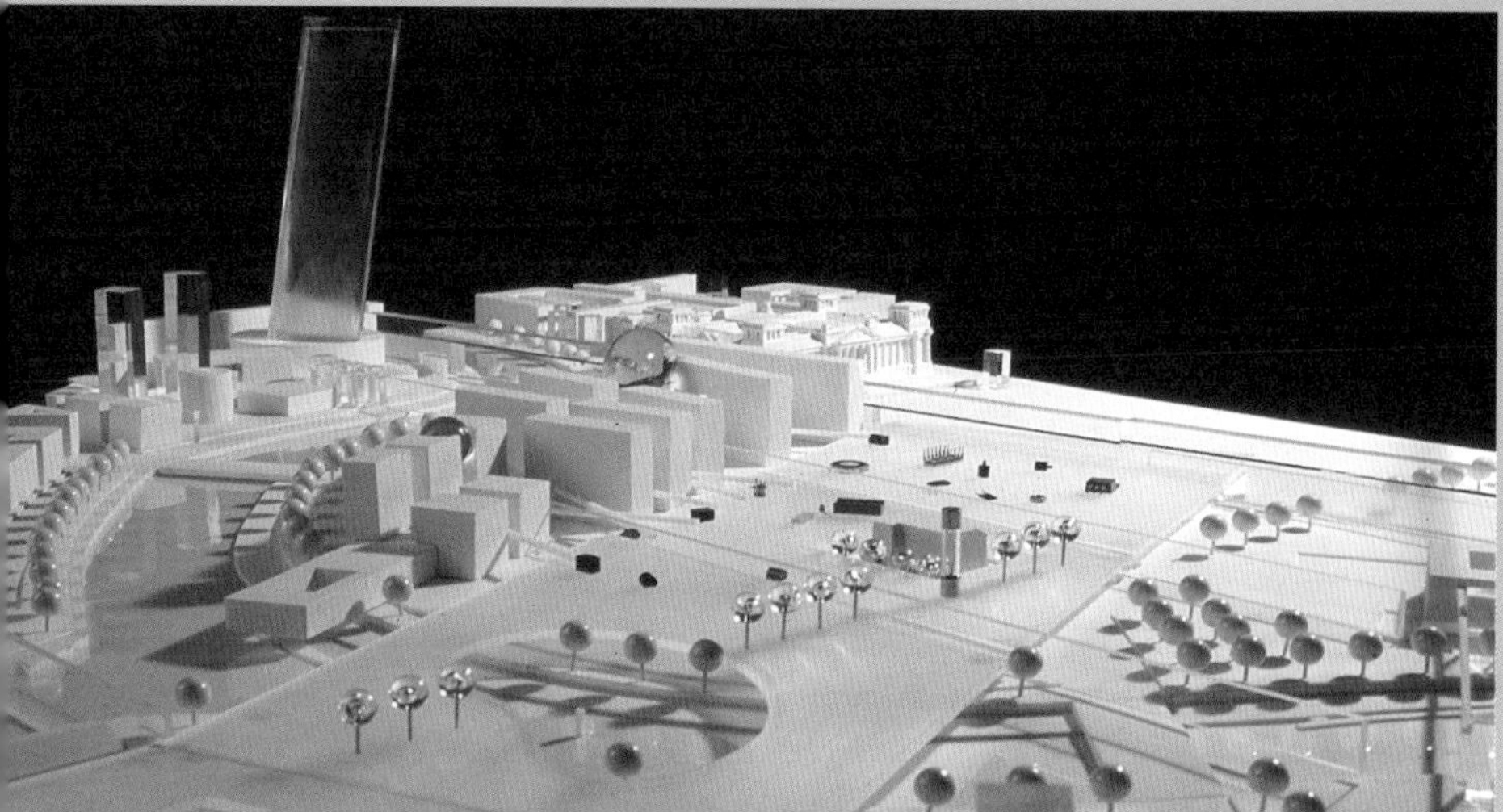

模型写真

いの出してきたよ」と。それが平田晃久の、最初の設計課題でした。

——その頃は、河井さんたちは建築少年をやってましたよね。［平田］

河井　僕は学生の頃から一年下の中村くんや植南草一郎くんと一緒に、自分たちで設計をやっていました。修士の後は、ロンドンのAAスクールに留学したんですが、帰ってきてからは、彼らとあともう一年下の馬場徹くんも加えて事務所を始めてしまいました。それが建築少年というユニットです。当時ほかのメンバーは学生でしたが、バンドみたいなノリですね。実はこのバンドには裏メンバーもいて、小幡くんは竹中工務店勤務、吉田くんともう一人、大窪健之くんは大学の助手だったけど、一緒に仕事をしていました。

竹山先生が東大でアモルフとして自分たちで設計を始めたのも、そんな感じなのかなと思っています。どこかのアトリエに丁稚奉公して、型を習うのではなくて、最初からフリーに、自分たちの表現としてデザインをやっていく。そういうやり方でいいんだと思ってはいたけど、確信がもてなかった。そのときに竹山先生が京大に来られたわけです。高倉健じゃないですけど、先生のやってる背中を見てはじめて、本当に信じられた。

もちろん僕は、その前から、アモルフやシーラカンスのことを見ていて、憧れてもいたし、自分もそのようにやろうと思っていたけれど、実際に見たことがないものは実感が湧かない。関西にいると、実際に見る建築家といえば、同じホモ・サピエンスとは思えない安藤忠雄さんや、高松伸さんですから。

——ちょっと違いますよね。［平田］

〈自分なりにやってみる〉

始まりは誰も不安だ。でも期待に満ちている。僕らが学生だった頃のスターアーキテクトは、磯崎新も黒川紀章も原広司も、川崎清も槇文彦も、どこにも勤めないで自分の事務所で設計を始めている。丹下研などの大学の設計チームも事務所だろう、と言われてしまえばそれまでだが、そして時代が違う、と言われればなおその通りだが、最終的に個人でやるなら最初から始める手もあっていい、そんなふうに思った。そして原広司がRASという仲間で設計を始めたのが、僕らアモルフのモデルとなった。そう、モデルが身近にあったのだ。アモルフがモデルになってシーラカンスができた。同じ研究室の先輩後輩だ。建築少年もアモルフやシーラカンスの京都版だと考えていいだろう。習うべき手本が身近にある「憧れの最近接領域」がそこにあった。時代は変わるし、社会も変わる。でも個人の夢というのは案外変わらない。原広司は、時代は必ずスターを求めるものだよ、と語った。スターをぼくは個人と読み替え、いまも深く頷いている。どんな世界にも、だ。それが人類の性《さが》だから。

〈高松伸〉

高松伸も、大高正人の事務所を2週間でやめて京都に戻り、川崎清のアトリエを経て独立した。安藤忠雄もどこにも正式に勤めたことはない。宮本武蔵が人気があるのは、佐々木小次郎のように仕官をしていなかったせいでもある。高松伸は僕の6年先輩で、僕が学部学生だった頃、博士課程に籍を置きすでに独立していた。堀内研の小林正美助手（高松伸と同級生で、二人とも川崎研の残党と呼ばれていた）と同じ部屋に名前があった。ある日設計課題のエスキスをしてくれていた小林助手が、君、高松伸に会いたい？と聞き、もちろん会いたいです、と答えた僕を、二条の小さく暗い事務所に連れて行ってくれた。そこにいた小柄で凄みのある男が高松伸だった。のちに川崎先生からの誘いを僕に伝え、京大着任へのきっかけをつくってくれたのも小林正美だ。高松伸と小林正美は、東大と京大とどちらに行こうか迷っていた僕の背中を押して、東大に行け、原広司の研究室に行け、そして、デザインを諦めるな、と檄を飛ばしてくれた。

河井　まったく違うよ（笑）。スターウォーズに出てくるクリーチャーのジャバ・ザ・ハットみたいな人たちしかいなかった。だから、ああいうふうじゃないと建築家になってはいけないんだと、思い知らされる日々だった。

辻　鉄人って感じでしたよね。

河井　僕は、高松さんが非常勤で京大に来られたときにはじめてエスキスを受けた学生でもあるんです。あのときは本当に、頭のてっぺんからオーラの炎が出てた。

辻　それは盛り過ぎでしょう（笑）。

河井　いやいや本当。紫色のスーツを着ていて、手には紫の色鉛筆。自分が将来建築家をやっていいとは、どうしても思えなかった。

辻　高松さんは、雰囲気があって、すごい建築家ですけど、そこに行くまでがいばらの道という感じだった。それに対して竹山さんは世代も近くて、憧れる兄貴みたいだったから、近づきやすかったんです。

河井　同じことをやってもいいかなってね。第0世代の僕らが、そういう先生を見ながら好き勝手にやってきたので、竹山研には好き勝手にやるような人たちが入ってきて、それが研究室のカルチャーになり、だんだんと収集つかない感じになっていったんでしょうね。型がないので、外から見ると、建築家として有名になっている人もいますけど、同じ竹山研出身だというのはあまり知られていない。そういう土壌があったことは、すごい特徴かなと思います。

――僕は2017年から竹山研の助教なのですが、もとは東大の出身で、難波和彦さんの研究室の第1期生なんです。難波研って竹山研とは逆で、「難波研っぽいね」って言われちゃうんですよ。僕の時に、たまたま男臭いのが3人も入っちゃったら、そこから全然女の子が行かなくなってしまって（笑）。最初のメンバーで研究室の雰囲気って決まってしまうのかもしれません。話を伺っていて、第0世代の方々は竹山先生がセレクションされたわけではない、とおっしゃっていましたけれど、その後に影響を与えた部分がきっとあるんだろうなと思いました。［小見山陽介（司会）］

辻　私は卒業後大林組に入りましたが、もう少し勉強したくてハーバード大学GSDでアーバンデザインを勉強しました。研究室で《スプリーボーゲン・アーバンデザイン》のコンペや《神戸三宮計画》なんかに取り組んだ影響です。アメリカでは多様な価値観やカルチャーがあることに驚かされましたが、竹山研にはギリシャやニュージーランドからの留学生もいたので、予習ができたおかげか、わりとすんなり入っていけました。おかげで今は外国企業が日本に進出するプロジェクトへの切り込み隊長を毎度やってます（笑）。

河井　僕は、2018年から1年半、メキシコのモンテレイ工科大学のプエブラ校というところで、客員の教員をやって、先月帰ってきたところです。今は京都でも、メキシコシティでもやってるプロジェクトがあって、いろんなところを行ったり来たりしていますが、もともとの気質もあったんでしょうが、竹山先生と旅行に行ったりしたことで、免罪符もらったように勝手に感じて、臆面もなくうろうろするようになったのかもしれないですね。竹山研って、もともと学生のもっていたものが顕になるというか、より強調されたり、強化されるような場所なんじゃないかと思っています。

〈土壌〉
好き勝手にやる土壌があったという話は、聞いてみればなるほどだが、それはたぶん学生が自ら開墾した土壌だったような気がする。自由に自らをのばしていくことを心から応援した。ただ好き勝手というのとはちょっとニュアンスが違う。そこを流れる思想や倫理のようなものはあったはずだから。原研からの建築家は、山本理顕も隈研吾も小嶋一浩もみんな違うけれど、原イズムのようなものを共有している。竹山イズムのようなものが、もしそのうち滲み出てくるなら、とても嬉しい。マイケル・グレイブス・スタイルとか、フランク・ロイド・ライト・スタイルとか、そういう一発で形でわかってしまうような強制的なイデオロギーではなしに。

現在へのつながり

触媒

河井敏明

1986年、大学へ入学して初めて読んだ建築の本は磯崎新の『建築の解体』だった。雛鳥の刷り込みのように何事も初めては大きな影響をもつもの、それが私の場合、建築の世界に足を踏み入れたその瞬間、未だ何かを構築する前に、まず解体することを刷り込まれたわけだ。教養課程の英語のクラスでは若島正先生がジェイ・マキナニーの『Bright Lights, Big City』を取り上げていて、マキナニーやブレット・イーストン・エリス達のことを、ジェネレーションXあるいはスコット・フィッツジェラルドらの「Lost generation」になぞらえて「New lost generation」(あらかじめ失われた世代)と呼ばれていると紹介していたが、その伝でいくと、私はさしずめ建築家としては「あらかじめ脱構築された世代」に属するということになろうか。

磯崎新の言葉には、「解体」や「廃墟」に限らず、いつも共通してある種のよるべなさのようなものが、時にはあからさまに、時には密やかに漂っているように思う。おそらくそこがバブルの浮かれ気分と、そこはかとない不安感の中で泳ぐように漂っていた若者にぴったりフィットしたわけだ。そしてその磯崎にもう一つ一貫して見られるのがそんなよるべなさとは一見対照的な、非常に堅固な建築に対する信頼感、言葉もしくはメディアとしての建築への盲目的とも呼べるレベルの信頼感である。私はこの信頼感をも刷り込まれて、詩や映画、音楽、小説、絵画そして彫刻のような人の情動に働きかけるメディアとして建築を捉え、そしてそのメディアを使って物語を紡いだり社会への批評を行うことが建築の設計であると信じていたわけだ。しかしながら、当時の京大の設計演習はといえば、いくつかの定式的ビルディングタイプを過不足なく設計するようなもので（半分以上は熱心な学生ではなかった自分のせいだが）刺激が少なかった。講評会で私が空間でおこる物語について説明していると、ある先生に「ここの基礎は布基礎？ベタ基礎？」と聞かれて絶句する、そんな日々だった。そんな薄曇りの日常を変えた最初の一撃は高松伸の登場だった。高松伸が京大で（非常勤講師として）初めて設計演習を受け持ったのが我々の学年である。シンボリズムの建築家高松伸の設計演習は「物語としての建築」という私の思いを確かに裏付けてくれたが、一方で高松伸の紡ぐ物語の濃さ、そして本人のあまりの超人ぶりを目の当たりにして私が建築がつくる物語の「語り部」、すなわち建築家には到底なりえないと思い知らされることにもなった。

そんな中、雑誌などを通してではあるが、ほぼ私の思い描く建築家像を体現していたのが竹山聖だった。メディアを通したバイアスや誤解もあったとは思うが、小気味のよい批評性をもち（『SD』のバックナンバーを探してグルッポ・スペッキオの論考を読んでいた）、記号論の安っぽい戯れではない物語性を建築に与え、伝統に敬意がありながら時代性もあり、民主的（建築界にありがちな徒弟制度の匂いはないし、意思決定の主体がグループなのも民主的に思えた。後のことではあるが東京の事務所を訪ねたときに皆がヒエラルキーなく「さん」付けで呼び合っていたのは印象的だった）な建築家像をそこに見ていたのである。そして悩み多き学部時代がたたり一年の学部留年したあとの修士の2年生（つまり本来はないはずの学生最後の一年）にその竹山聖が「竹山先生」として私の目の前に現れたわけだ。こうして1992年の4月からの一年間は、ほかにも父親が亡くなるという人生の中での大きな事件もあり、その後の人生に決定的な一年となった。どのように決定的であったか？　この一年によって私自身の根本的な考え方が変わってしまったというような意味で決定的であったわけではない。ただ、竹山先生とともに設計をし、食べ、飲み、旅をし、建築やそれ以外の事ごとについて語らい過ごしたこの一年は「自分を信じて進んでいってよいのだ」と、自分で自分に（つまり勝手にではあるが）、お墨付きを与えていったようなそんな時間だった。そういう覚悟のようなものをもてたという意味で決定的な一年であったのであり、その覚悟をもって、今でも、この頃考えていたとおり、建築を言葉もしくはメディアとして信頼して、物語を紡ぐように、時には社会的な批評の言葉として建築をつくり続けられているのである。こうしてみると、どうやら私にとって竹山先生との関係は、教師／学生の単純な直接教えを与える／与えられるというものでなく、竹山聖の存在はむしろ私自身が自分の考えを確認して進んで行くときにそこにいることで推進力を与えてくれる触媒のようなものであるようだ。

では、私の1992年と今はどうつながっているのだろう？　実際のところ、目に見えるかたちではほとんどつながってはいないと思うが、いくらかでもつながっているとすれば「上京のデイケアセンター」であろうか。敷地内の（明治期から昭和の初めにかけて建てられた）6棟の建物のうち1棟だけを建て替えて施設全体の空間体験のシークエンスを編みなおすという、新築と改修の中間のようなこのプロジェクトには、1992年に研究室で参加した中原中也記念館のコンペ時に考えていたこと、すなわち建築を情景のシークエンスとして考えて全体を物語としてかたちづくること、そのための一つの手法として動線の結節点となる場所には特異点としての個性を与えること等を見出すことができる。ただ中原中也記念館のコンペでは特異点は空間形状によってのみつくられていたのに対して、上京のデイケアセンターでは空間形状による特異点に加えて、築百年以上の土蔵の存在によってつくられた特異点も存在していることが異なる。そしてこのプロジェクトから生まれた、「異なるタイムゾーンの物語を折衷することによって物語を時間的に重層化あるいは豊富化する」という手法は、京都が拠点であり主戦場である私にとっては特徴的な手法の一つとなったのだが、ここで重要なことはそれが手法の一つであり、あくまでも設計の目指すゴールは建築体験の創り出す物語を豊かにすることであった点である。その文脈でこのプロジェクトは1992年とつながっているし、そういう視点で今までのプロジェクトを見なおしてみると、その場で体験することが豊かな、その場で体験しなければわからない建築をつくろうとしてきたことは一貫していることがわかる。私の1992年と現在はこのほとんど目に見えない、しかし強靭な一本の糸でつながっているのである。偶然だが、教職のために昨年（2019年）夏まで一年半をメキシコで過ごしたことで繰り返し訪ねじっくりと体験することができたルイス・バラガンの建築は、まさしく体験しなければわからない建築だった。いくら写真で見ても（写真で見ても美しいのだが）決してわからない豊かな空間体験の物語がそこにはあった。もちろんバラガンを目的に教職を引き受けたわけではなく偶然の出会いなのだが、私のメキシコ滞在中に竹山先生も訪ねてこられ、一緒にバラガンの建築を訪ねて回ったこともさらにあわせて、私にとってはある意味必然であったのだろう。

上京のデイケアセンター
写真＝平井広行

第1世代

新時代の到来

1st generation / The dawn of a new era

1994 → 1996

世代的には第0世代と紙一重だが、あえて第1、とナンバーリングをここから始めているのは、この世代から僕が4回生のゼミ配属のセレクションに参加しているからだ。

話題にもなっているが、川崎・竹山研には志望学生が殺到して、セレクションは悲喜こもごものドラマにあふれた。今でもこのセレクションが苦手である。昔は誰でも志望すれば入れた。しかしすでに定員制が導入されていた。4回生進学時は図面でのセレクション、それが大学院では入試の点数のみの選抜となる。入れ替わりも激しい。他大学への転出もある。4回生、修士1、2回生を通して竹山研で過ごした学生がすべてではない。ただ少しの時間でも過ごしてくれた学生たちのことなら、僕はよく覚えている。

1991年秋に着任していた布野修司から、京大から建築家を育てよう、という使命を言い渡された。京大はそれまで組織に人材を供給してきたが、東大や早稲田に比べると、建築家をあまり輩出していない、と。そこで、課題にも工夫を凝らし、建築設計が楽しいと思ってくれる学生を、ともに育てようとした。

たとえば、教え始めたとき3回生だった平田晃久の学年からは、伊東豊雄、山本理顕、妹島和世、長谷川逸子、仙田満、といった個人事務所に就職する学生が多く出た。それまでの京大にはなかった現象だ。その後も、原広司、北川原温、隈研吾、團紀彦、シーラカンス、坂茂、内藤廣、飯田善彦、手塚由晴、などの事務所に京大出身者が次々入ることになる。どこにも勤めないで自分で始める人間も出た。僕自身もそうだったように。

たとえ組織に行こうと、個人事務所に行こうと、基本は個人としていかに生きるかだ、と語りかけてきた。だから組織に行っても、個人として責任ある仕事をしてくれている。プロローグにも書いたように、システムに埋没して歯車となる工業製品生産でなく、のびのびと自由に人生を描いていく生命体としての個人を磨く場だ、と竹山研を位置づけてきたからだ。そして僕自身が、そう心がけてきたし、そのように志してきたからだ。[竹山聖]

座談会

［登壇者］

森吉直剛（森吉直剛アトリエ） 吉田周一郎（shushi architects）

亀井暁子（静岡文化芸術大学） 桑田豪（桑田豪建築設計事務所）

平田晃久（平田晃久建築設計事務所）

［コメント］

近藤秀和（日産自動車） 大影佳史（関西大学） 山内彩子（東風意匠計画）

小平弥史（昭和設計） 吉原美比古（吉原美比古建築設計事務所）

丹羽哲矢（clublab.） 鈴木健一郎（SOM）

急加速ではじまる都市スケールの構想

平田 第0世代の方々は、そのときすでに川崎研に入っておられたので、「京大が竹山先生によって開放された」とおっしゃっていましたが、まだ大学に入ったばかりだったわれわれの世代にとっては、「旧約聖書」に対する「新約聖書」の世界というか、ほとんど最初から開放されていました（笑）。世代としては近いのですが、やっぱりそこが違うかなと思います。

実は今日、僕らの世代の人が大勢来てくれていているんです。というのも、その頃には、4回生の研究室配属で竹山研に20人くらい一気に応募があったんです。そのときに入れたメンバーもいるし、落ちた人の中には、大学院入試でリベンジして入った人もいる。学部と大学院でメンバーが完全に入れ替わったりしています。要はそれだけ、竹山先生のまわりには人が集まっていたんですね。その頃の先生は、若くて、ものすごい血気盛んで、エネルギーにあふれていましたね。

吉田　前の世代の先輩方が、地中海沿岸の古代都市に旅行されていましたが、われわれもスペインやイタリアの調査旅行に行っていますね。1994年は南イタリア・プーリア州の多様な都市と中部トスカーナ州からウンブリア州にかけての丘陵地の都市調査でした。当時インターネットもなく、行きたい都市を地図にマッピングし、レンタカーで一日数都市を駆け抜け、最後にたどり着いた街で全員が泊まれる宿を直訪問で探して、やっと落ち着いたら近くのレストランを見つけ、ワインで乾杯し一日が終わる。そんな感じでした。人の集まる広場や街路とそれを構成する教会、庁舎といった都市要素の資料収集や実測、運転とナビゲーション、宿やレストラン探しとやること満載でしたが、研究室メンバーのそれぞれが得意なことをアドリブで担当し、その場でダイナミックに調査旅行が動いていきました。

そのときの写真を探したんですが、田舎の蔵かどこかにしまい込んで見つからず、代わりに出てきたのがこのドローイングです。《京都高速道路計画（KYOTO PROJECT）》というプロジェクトのものです。京都の南に市が新しい都市軸をつくるという構想があり、その都市軸に沿ったまちづくりを考えるというものでした。そのとき先生は、車に乗る速度とか、人が歩く速度から見える建築、その関係性のことをずっとおっしゃっていて、その意味を自分なりに一生懸命に解釈しようとした記憶があります。

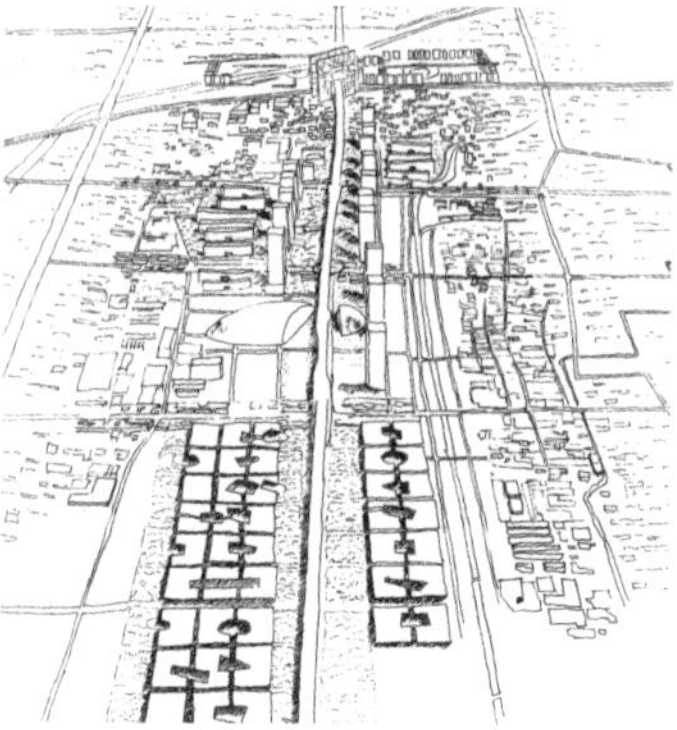

《京都高速道路計画》のドローイング

京都高速道路計画（KYOTO PROJECT）

京都高速道路油小路線と周辺の都市デザインの提案。歴史都市としての京都、さらには伏見から八条付近の油小路通の地域性を踏まえ、未来都市のヴィジョン、偏心都市・軸性都市・横断都市・対比都市・鏡像都市といった概念を示した。高速道路に沿って健康・歴史・未来・祭り・創造といった都市プログラムがゾーニングされ、車での移動はこれらを縦断する一方、歩行者は各々のプログラムを横断する空間体験をもつ。歴史都市・京都という概念の拡張を提案した。［吉田周一郎］

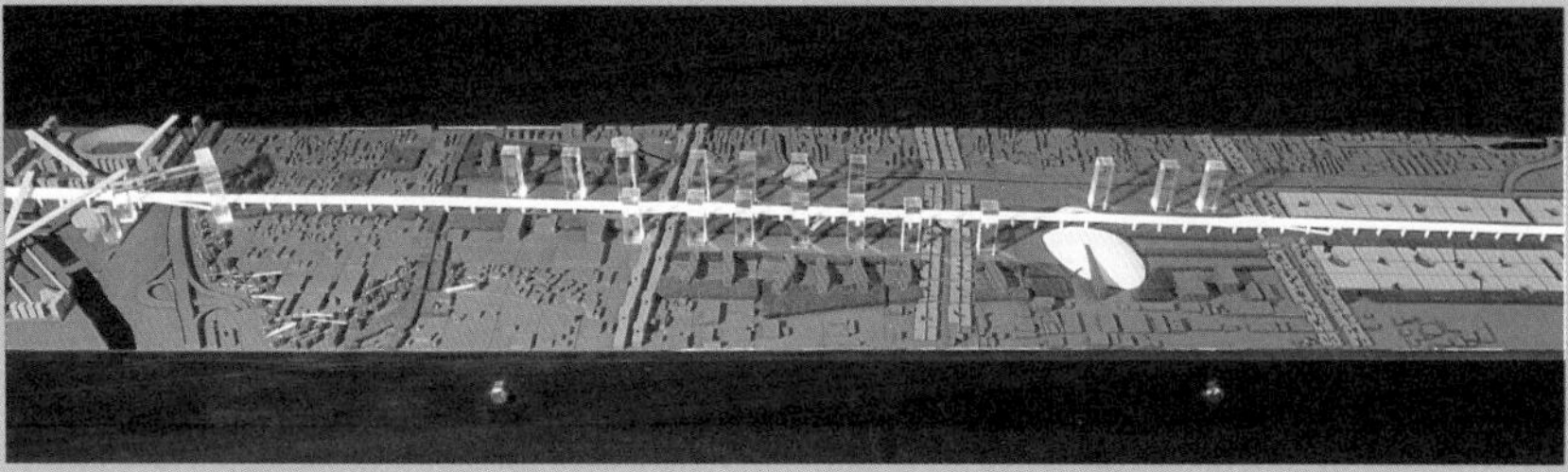

模型写真

07　展覧会（京都）｜1994

京都未来空間美術館

平安建都1200年記念の、京都の未来をテーマとする展示とトークショー。様々な文化人が参加するなか、竹山聖の「京都高速道路」のほか、隈研吾、若林広幸ら5人の建築家が作品を展示。また、喜多俊之や黒川雅之らが、文化人を亭主とした茶室を考案し、実物展示を行った。学生による展示もあり、京都の4大学が参加。京都大学の作品「ピンボールシティ」は、京都の地図を下敷きに、既存の経路性を再現したピンや、その動きを活性化するピンを付加した装置。鑑賞者はみずから装置を傾けてボールを操作し、その動きによって京都の未来を想像することができる。

［森吉直剛］

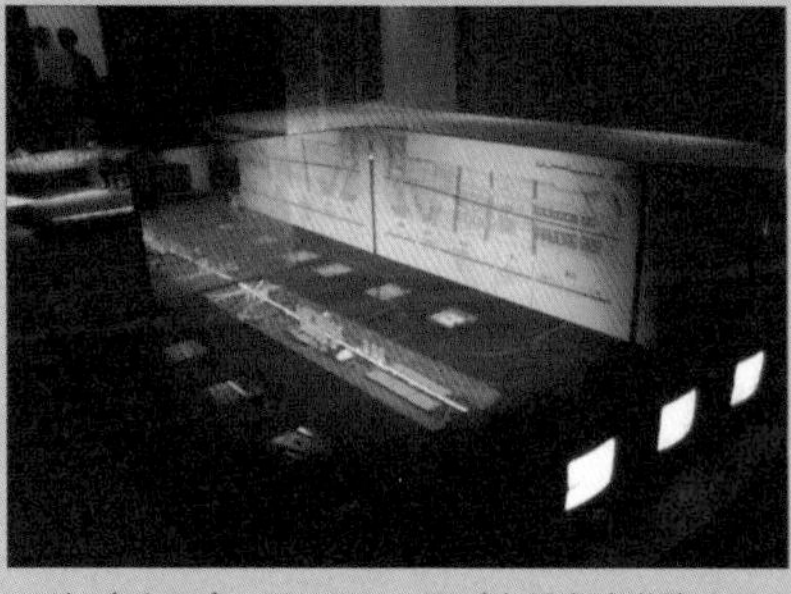

上／ピンボールシティ　下／京都高速道路の展示

〈都市を計画する〉

古代都市をめぐる旅を続けながら、都市を、正確にはその一部を、計画する試みを行った。京都の南に通る高速道路の景観検討委員になったのをきっかけに、道路沿いの街を考え、神戸のポートライナーと三宮駅、そして神戸新聞社の建て替えの話から、神戸三宮駅前を考え、それが震災後の《新首都計画》につながり、大阪北ヤードの《Live Love Lab Osaka》プロジェクトへと展開していく。都市に関心があるのは、そこにパブリックな場所が展開されるからだ。パブリックな場所をもつものが都市であり、ただ住宅の連続するニュータウンは都市ではない。ヒポダモスも、グリッドプランが彼の発明なのではなく、そこにどのようにパブリックな場所を構想するかに、ヒポダモスのアイディアが込められた。日本経済新聞に「都市／交の場」と題したコラムを連載したのもこの頃だ。どんなに情報通信機器が進歩しても、人と人が出会う都市の喜びは消え失せない。パブリックな場所は出会いの場所である。ぼくは建築でも、住宅でも、パブリックな場所の構想こそがそのデザインの射程を決定すると思っている。

亀井　私たちの世代は本当にたくさんのプロジェクトに関わっていましたね。その中で私としては、前の世代でも話に出ていた《神戸新首都計画》が一番記憶に残っています。当時はひたすらスタディ模型をつくっていました。先生が見に来られるとなると、みんなでワーっと模型を完成させるんです。でも、「これで大丈夫だな」と待っていると、先生がいらして、「これはちょっと大きいね」と言って、クシュクシュっとスタイロをちぎり、それをふっと戻されて、「あ、これでバランスよくなったね」と、にこっと笑って帰られる。その風景がすごく印象的でした。

私、実はこの最近まで、社会人ドクターとして、竹山先生のところに戻って論文を書いていたので、現役世代のゼミに参加して懐かしい思いをさせてもらったのですが、今も《新首都計画》の模型が研究室に残っていましたね。

丹羽　この《新首都計画》の前に、《神戸三宮計画》というのをやっています。僕らが4回生の時で、院試が終わり、竹山研に入れることが決まって、最初に関わったプロジェクトでした。

──《三宮計画》は１９９３年だから震災の前なんです。その頃、三宮からポートアイランドに向けてのモノレールの駅をつくり直すとか、まちを変えるという話があったので、それに対応して提案をしたんですね。展覧会も三宮のセンターでやって、市の人たちもみんな喜んでくれました。でもそのとき、本当にしゃれにならない話だけど、「地震でもこない限り、こんなものできませんね」と言われたんですよ。そしたら本当に地震がきてしまった。

《新首都計画》は、１９９５年の1月17日に地震が起きて、即座に、《三宮計画》を出発点として取りかかりましたね。3月にはかたちにして、5月号の『GA JAPAN』に出したんです。

ものすごい勢いで、僕もほとんど寝ないで、ずっと大学に泊まり込んでいました。［竹山］

丹羽　先生が目の前でロールトレペ紙にゆっくりとスケッチを描き進めていく様子を見ながら、「建築家が構想を練りながら絵を描くのはこういうことなんだ！」と学びましたね。この時期は僕らの同級生だけでも10人近くのメンバーがいたので、首都構想の各パートを少人数のグループで分担して先生のスケッチや構想を膨らませていきました。先生がキースケッチを描いたり、全体構想のディレクションをしているのですが、3つに分かれた各ゾーンの具体的なデザインは学生に任せてくれていたので、研究室のメンバー全員でつくりあげた実感があります。

ただ、日曜日の深夜になると、先生はドクターの先輩たちと一緒にテレビでF1の番組を見始めるんですよ。テレビからエンジンの唸る爆音がブォーンとなり続けるその横で、僕らは一所懸命に作業しているという状態でした（笑）。

瞬間の発想でイメージをつかむ

森吉　僕にとっては卒業設計のエスキスがすごく刺激的でした。「こんな直線や直角ばっかりやったらダメ」とか。その意味もよくわからないまま僕の卒業設計は終わってしまったのですが、その作品が『近代建築』に掲載されたんです。竹山先生が推薦の言葉を書かれているのですが、そこには「これは関係を建築化したものである」とあります。この言葉が僕に突き刺さって、その後の人生ですごく大事なものになっています。

神戸新首都計画

神戸三宮の東、大手製鉄会社の工場が立地していた臨海部および埠頭周辺地域への、約500haにおよぶ計画。1993年末に提案の《神戸三宮計画》の感触が研究室にまだ残るなか、1995年1月17日に阪神・淡路大震災が起きた。それを受けて始まった神戸に新首都を建設するこの計画は、同時に神戸の復興プランであり、都市における生活モデルの提案である。1995年5月に発表、『GA JAPAN』に掲載された。

《神戸三宮計画》で考案されたストライプ、トラヴァース、ゼロの概念を受け継ぎ、不均質で偶発性に満ちた都市空間を志向しながら、首都機能や交通機能を織り込み展開させている。神戸の地形的特性がもたらす、南北の河川の流れと河川に沿う緑、北から南への緩やかな傾斜に従い東西方向に形成されるエリア。これらを強調するように緑・水を再編成し、東西方向のストライプとしてのおおらかな自然と、南北方向に行為を誘発するトラヴァースとしての細やかな自然を配置し、東西・南北の国内外と繋がる交通軸と絡め、神戸の典型的風景を増幅させた。

計画は中核ゾーン、国際・文化・交流ゾーン、居住ゾーンから構成され、ゾーンごとのチームを組んで取り組んだ。中核ゾーンでは国会関連施設や行政機関本省等の行政機能を内包する棟 -BIG SHIP- が浮遊する。そしてそれらに隣接する幅100メートル・長さ3キロの森 -BLANKET- が人々を包み穏やかに流れる時間と空間を提供する。沿岸部および埠頭周辺は国際・文化・交流ゾーンとして、神戸独自の文化創出への願いを込めて「SEED」と名付けられた文化施設・スポーツ施設・マリーナが並ぶ。居住ゾーンは場所に根差した固定的コミュニティを想定する定住型の低層住宅、場所を超えたアクティビティによるコミュニティを志向する非定住型の高層住宅に加えてアーティスト・ヴィレッジ、商業施設やオフィスも含んでいる。

この《新首都計画》に先立ち、研究室では一連の都市的プロジェクト（京都高速道路計画・三宮計画など）に取り組んでおり、研究室内自主ゼミである都市景観研究会を立ち上げ、新たな都市居住像と都市景観についてのディスカッションを重ね、考察を継続的に深めていた。そのような中にあって研究室一丸となって取り組んだプロジェクトであり、新首都移転計画というかたちをとりながら、管理空間から自発空間への移行という21世紀の都市課題に挑み、都市生活における意識と身体の関係のあり方を問い直した計画であった。［亀井暁子］

右頁／模型写真

桑田　僕は学部の設計課題では、頑張ってもあまり手応えがないなと感じていて、その頃に、はじめて竹山先生に課題を見ていただく機会がありました。そのエスキスの時に、先生は30分もかけて僕が何をやろうとしてるのかを分析してくださったんです。そこで「そういうことだったのか！」と自分でもわかって。それが建築家としてやっていこうと思った原体験的な出来事でした。

もう一つ、竹山研に入ってからやった《ミッドウェールズ・センター・フォー・ジ・アーツ（MWCA）》のコンペも大きかった。この設計は、平田くんと一緒にやったのも刺激的だったのですが、ファイナリストに選ばれて、ウェールズに行くことができたんです。それまで大学では、なかなか社会との接点をもち得なかったんですが、実際に地球の裏側まで行って、建物の実施をかけて委員会の人たちに直接プレゼンテーションできる機会をもてたことには、ものすごく興奮しましたね。

平田　《ミッドウェールズ》では、一次審査の段階で詳細な図面を描くのをやめよう、という話になったんです。「ここに場所が出来るということは、まっすぐな矢印がクルっとなる感じだよね」と言って、竹山先生が赤いボールペンでキュッと線を描いたときに、みんな「面白い！」となって。要するに、建築が生まれるとき、みたいなものだけをプレゼンテーションしたらいいんじゃないかと。それで、パラパラマンガみたいな絵だけのプレゼンシートを2枚、ペラっと送ったんです。そんなのが一次に残ったというのは、衝撃的な事件でした。それで桑田くんと一緒にウエールズまで行かせてもらえたんです。

ところが、現地の空港でもう一つ事件が起こりました。僕らは、二次のプレゼンの時には真面目に建築を設計していたので、出発前日まで徹夜して、そのまま寝ずに飛行機に乗ってしまったんです。移動中は爆睡で、起きても朦朧としていた。でも降りるや否や、先生から「桑田は両替、

〈建築が生まれるとき〉

建築は、しっかりと目覚めてコンテクストやプログラムを分析する作業と、夢の中のように無意識をくぐって空間加工のイメージを追い求める作業が並行して行われる。そのことを、深くて暗い谷を越えるとか川を渡るという比喩で語ったりもするのだが、フォームやコンフィギュレーションにはそのようにしてしか行き着かない。フォームは形というより形の底に潜む原理のようなものだ。コンフィギュレーションは関係、あるいは配列。ゲシュタルトの訳語でもある。大学でエスキスを行うときでも、その学生がどのような空間加工のイメージをもってフォームやコンフィギュレーションに至ろうとしているかを一緒に探ることにしている。もしそうした意図がない場合は、さしあたり「目覚め」たところだけを批評する。コンフィギュレーションへ至る頭脳の運動神経のトレーニングとして、ポエジーや、無為の時間の空間化や、ダイアグラムや、コーラなどといった言葉が頻繁に交わされる。

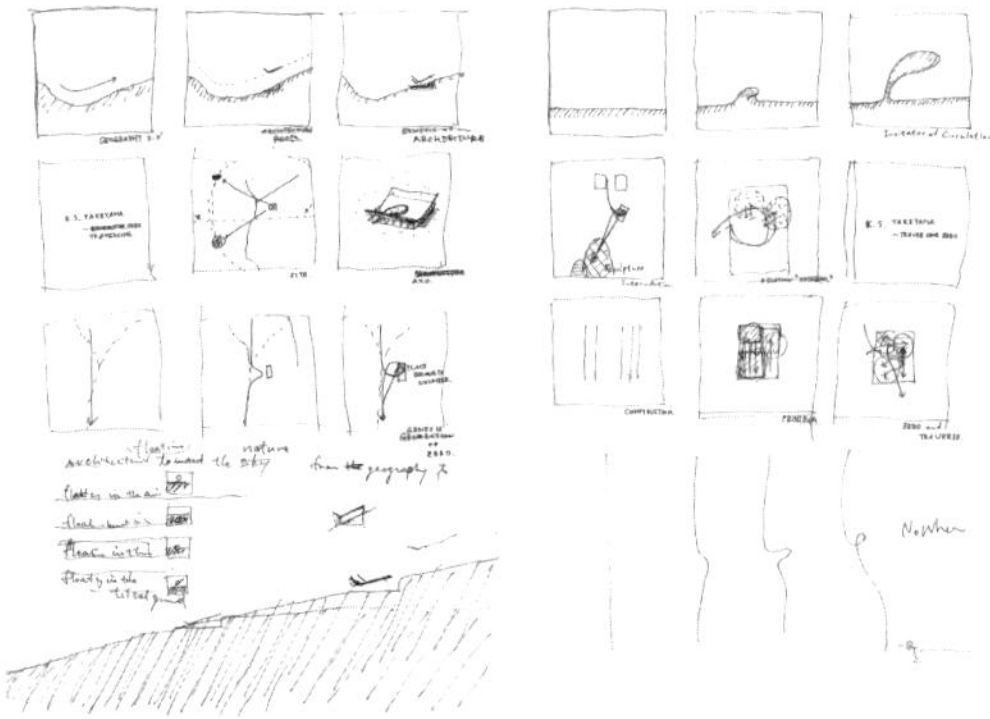

《ミッドウェールズ》のプレゼンテーションの検討

僕は電話で、平田はバゲッジクレイムだ！」みたいなすごくシステマチックな指示が出た。ところが、まず僕がバゲッジクレイムを通り過ぎて税関を出てしまい、戻れなくなったんです。その後、先生の指示で様子を見に来た桑田くんに僕が声をかけたら、その勢いで彼の足が出口のラインを越えてしまった。必死に戻ろうとしても、黒人の守衛にピッと笛を吹かれてアウト。しばらくして先生がカンカンになって出てきて、「アホか！」という声がヒースロー空港に響きわたりました（笑）。

その後、気を取り直して構造家のオヴ・アラップの事務所に行くと、サンドイッチ・ミーティングがあって、「建築の事務所でもこんな豊かなミーティングができるんだな」と思いました。このコンペの一連の出来事で、僕は建築家という仕事のイメージが変わりましたね。

――敷地はウェルシュプールという、ローラ・アシュレイが本拠地を置いているので有名な街で、昔から羊の取引で知られている場所です。だから、羊毛をサンドイッチしたガラス屋根を考えてもいました。インタビューでそれを伝えようとして、「シープをサンドイッチする」と言ってしまい、審査員一同爆笑でした。羊が屋根にガラスでサンドイッチされて浮いてたら、そりゃシュールだよね（笑）。「ウール」と言わなければならなかった、たぶん。

《ミッドウェールズ》のすぐ後には、《太田市休泊地域センター》のコンペがありました。その担当も平田くんと桑田くんのコンビです。［竹山］

平田　地域のコミュニティセンターみたいな施設でしたね。太田はスバルで有名ですが、もともとは中島飛行機があった敷地でした。

――だから、飛行機をぶった切ったような形なんです。［竹山］

ミッドウェールズ・センター・フォー・ジ・アーツ（MWCA）

ウェールズ地方中部、ウェルシュプールという小さな街のはずれ、一面に牧草が茂る美しい丘の斜面に 3000 ㎡のアートギャラリーをデザインするコンペ。170 の応募案の中から竹山聖＋竹山研究室はファイナリスト6チームに選ばれ、現地でプレゼンテーションを行った。

ゆるやかな斜面に沿って半ば埋設されたギャラリー（地）の上空に地形をなぞるような半透明の屋根（天）が軽やかに浮かぶ断面構成（天と地の対位法）をとることで、ランドスケープと一体化しながらもそれを際立たせるような建築を追求した。

屋根に穿たれたシンボリックな開口は傾斜して宙に浮かんだ中庭となっていて、通りがかりの人も傾斜をたどってふらっと通り抜けできるようになっている。ギャラリーとレストラン、エデュケーシナルエリアに囲まれて階下のエントランスホールにも接続し、内部からも外部からも自由にアクセスできるこのオープンな広場は、すべてにつながった場所でありながらどこにも属さない場所であり、地域の人々と外からやってくるものが出会う象徴的な庭として構想された。［桑田豪］

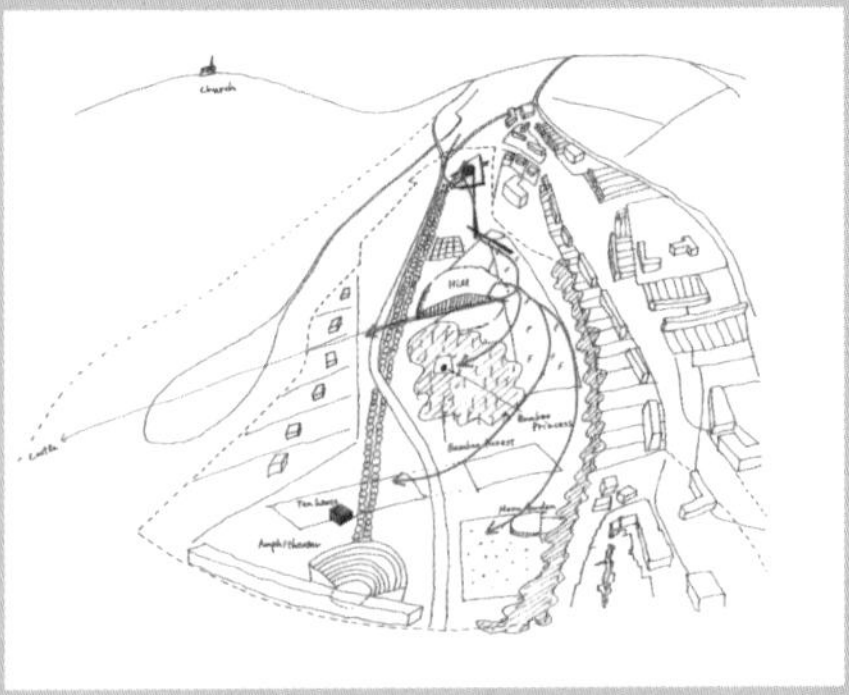

上 / コンセプトドローイング　下 / 模型写真

10　プロジェクト | 1996

前橋駅北口プロジェクト

前橋駅北口に巨大な空中提案を浮かべるという構想。プロジェクト開始時には、敷地範囲、プログラムとも不確定で、設計しながらその両者を次第に規定していくというプロセスを経た。最終的には、日比野克彦とのコラボレーションを予定したスパのほか、シネマコンプレックス、キッズミュージアムなどのプログラムが含まれ、ダイアグラムに近いシンプルな図面と模型との組み合わせでアイデアを示すことになった。それまでに経験した建築設計のスケールを超えたプロジェクトでの竹山聖との一対一での協働は、得難い経験となった。

［鈴木健一郎］

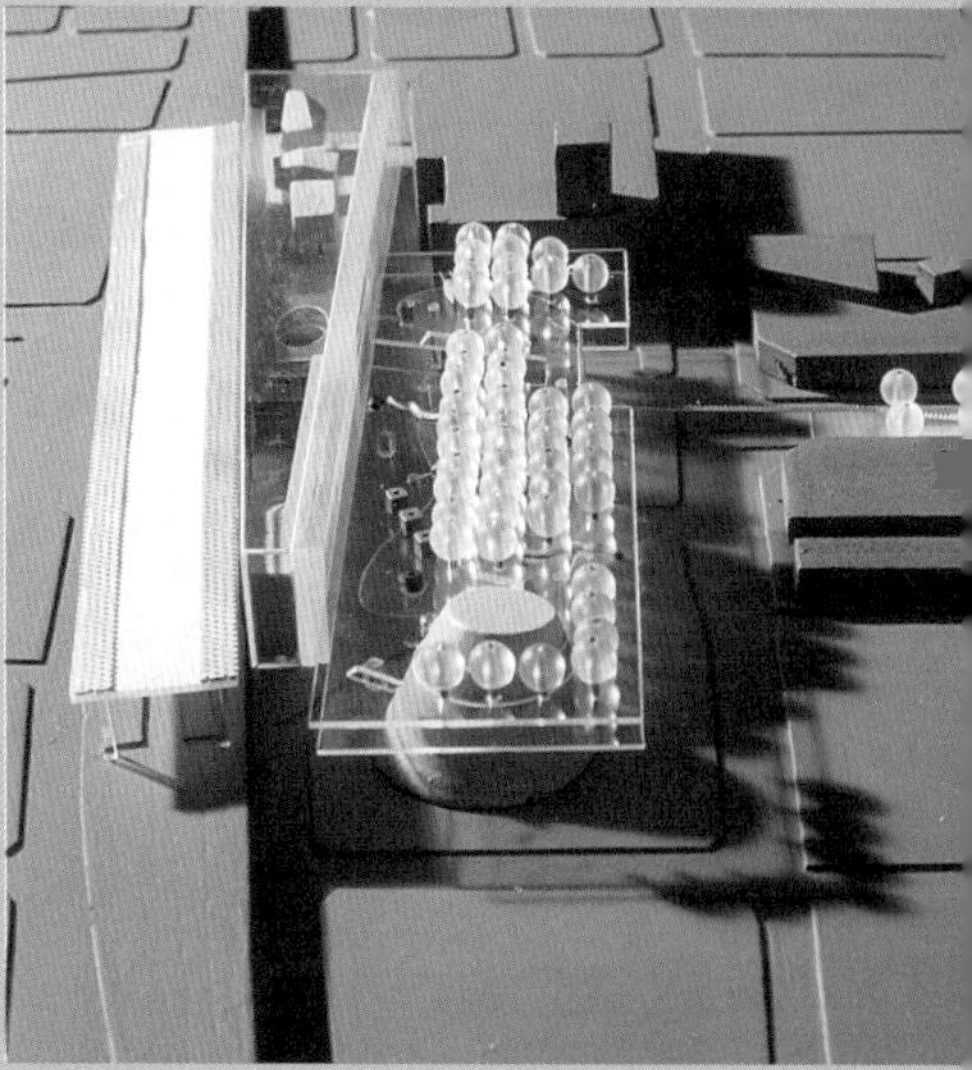

模型写真

11　設計コンペティション | 1996

太田市休泊地域センター

群馬県太田市に建つコミュニティ施設のコンペ案。かつてこの地あった中島飛行機の機体を思わせる楕円断面のカルバート構造で、リニアなボリュームを提案した。ボリュームはアプローチ広場で二つに折れ、一方は細長い研修・会議機能のウイング、もう一方は温泉などのコミュニティ機能を担う空中に浮かぶウイングである。竹山聖が一瞬にして機能分析を終わらせた手捌きに驚く。作業は締め切りに遅れかけ、最後はアモルフのスタッフ全員に手伝ってもらう羽目に。実施コンペの難しさと面白さを知った。［平田晃久］

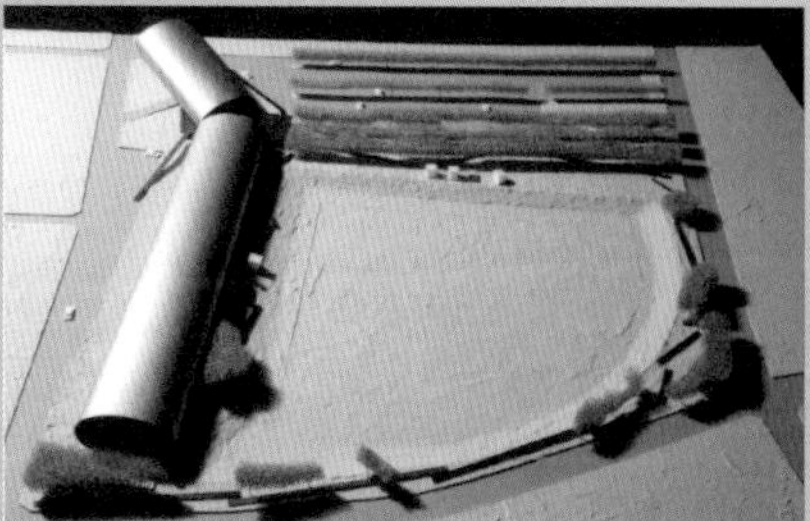

模型写真

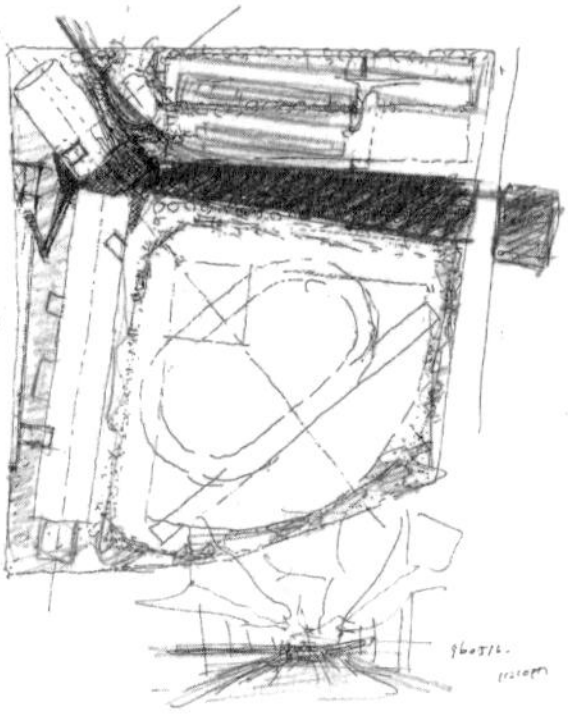

《太田》のスケッチ

〈鏡像反転〉

1993年に始めた母校北野高校の設計で、元々の校舎のP字型を回転移動させて拡大し、新たな配置とする案を構想した。点対称、線対称、反転や回転、反射などの操作は、記憶に似て、真実の痕跡を残しながら、微妙に改変されていく。記憶を継承し、なお「新しい皮袋」を生み出すには、そうした操作が有効に思える。地形と呼応したり、歴史的文脈に応答したりする場合も同様。中島飛行機の記憶の中で、機体が折れて、そこから新しいプログラムがはみ出してくる。夢の中の屈折やズ

桑田　構造的にも、飛行機の胴体のように考えていました。

平田　パカッと割れている部分でプログラムが分かれて、そこが訪れる人のインターフェイスになっているという考え方ですね。実は最初、別の方向に流れをつくるような配置だったんですよ。ところがあるとき、竹山先生がそれを鏡像反転させたスケッチを持ってきた。「こういう発想があるのか」と驚いたのを覚えています。実は最近、僕も鏡像反転を使ってるんです。そういうところにルーツがあったりするんですよね。

——このコンペについて、後になって元倉眞琴さんに「ミッドウェールズみたいな案だったら、絶対勝つだろうなと思った」と言われたことがあります。だけど、《ミッドウエールズ》のような広がりのあるものじゃなくて、「これは飛行機だ！」と思い込んでやっちゃったのが、面白かったね。同じ頃にやった《前橋駅北口プロジェクト》は鈴木健一郎くんの担当でしたね。［竹山］

鈴木　先生と二人で一緒にやらせていただきましたね。前橋駅前に商業複合施設と空中庭園をつくるという計画でした。私が案を出すのに苦戦して、徹夜した成果を先生に見せたら、「なんだ、それしかスケッチないのか。徹夜したら、これくらいスケッチするものだ！」と、指で5センチくらいの厚みを示しながら言われたことを覚えています。その後、設計案がまとまり、完成模型のつもりで黒とダークグレーを基調とした模型をつくったところ、先生がそれをジーと見たあと、白いスプレーペイントをサーっとかけ、「前橋に雪が降った、ってストーリーはどうだ？」と言われ、呆然としてしまいました（笑）。

レを、現実に向けて解いてゆくと、新しい発見の場が生まれる。意識下で生まれた形に、意識の場で責任を取っていく。鏡像反転は意識下でも、意識に乗せても、面白い操作だと思う。重要なのは、それが動きをはらんでいる点だ。動くものに、人間は、反応する。

〈パブリックボディ〉

パブリック・ボディというのは、普通は自治体のことである。けれど、このときは「社会化された身体」という意味で使っている。つまり、人間というのはコンピュータ的にいえば初期化されて出てくるものだけれど、成長するにつれて社会化されていく。それぞれの時代にある「パブリック」が刷り込まれて、ある社会化された身体になる。この頃はちょうどみんなが携帯電話を持ち始め、メールも使い始めたので、待ち合わせの仕方や集まり方、公共の場の使い方が変わってきた時期だった。すると、新しい社会的身体が出てくるんじゃないか。そういう意識がテーマに反映された。

ミラノで名だたる建築家と並びたつ

近藤　1996年には《ミラノ・トリエンナーレ》に研究室で参加することになったんです。

平田　当時はヴェネチア・ビエンナーレに建築展がまだなかったんですよね。ミラノが3年ごとに行われていて、そこに日本代表チームの展示として、竹山先生をはじめ、隈研吾さんや妹島和世さん、シーラカンスなど、名だたる建築家が10組ほど参加していました。

大影　そのときの日本パヴィリオンの全体テーマは「パブリック・ボディ・イン・クライシス」でした。そこで、それに該当するような写真を撮りにみんなで京都中を歩いたんです。八坂神社のまわりで携帯電話を持っている人や、ゲームセンターでドライブゲームの前に座ってる人たちの。

平田　様々な「パブリック・ボディ」の採集をしてたんですね。

大影　そう。その後、人の居方みたいな話がいろいろ出てきて。当時からそんなことを考えてたんだと思って、今にもつながりを感じるところがあります。

大影　僕らは「アーバンスキン」という概念を提示して、その三つのバージョンを提案しましたね。

——京大チームのテーマを「アーバンスキン」にしたのは、みんなでいろいろな案を出していたのが三つぐらいに収束していったんですよ。一つは祇園の上に屋根、一つは河原町にファサード、もう一つは西陣の裏町に包み込むようなものが走ると。これらはそれぞれ都市に対する新しいファサードのようなもの。それをつなぐ概念として、ドミニカの留学生のサチ・ホシカワさんが言った「アーバンスキン」という言葉が、なるほどいいんじゃないか、となった。［竹山］

ミラノ・トリエンナーレ 日本チーム展示計画

第19回ミラノ・トリエンナーレは1996年2月27日から5月12日の間、パラッツォ・デラルテを会場に「アイデンティティとディファレンス」をテーマとして開催された。

各国の展示は「都市と社会」「建築と都市」「親密な空間」「横断的反響」のゾーンに分けられ、日本チームはその2番目のゾーンにおいて「PUBLIC BODY IN CRISIS・現代都市におけるコミュニケーションの危機」をテーマとする展示を行った。黒川紀章・中村敏男がステアリング・コミッショナー、竹山聖・隈研吾がアクティング・コミッショナーを担当。竹山・隈に加え、日本の各地に活動拠点を置く阿部仁史・小川晋一・片木篤・シーラカンス・妹島和世・團紀彦・トム・ヘネガン・松岡恭子+王大君の10組が参加した。

前年の阪神淡路大震災により露呈された現代都市に対する問題意識を出発点に、間接的なコミュニケーションの飛躍的発展による、生の直接性、自然としての身体の存在を社会化する場の存在の希薄化に対し、未来の都市のパブリックスペースを成立させるであろう、新たなパブリック・ボディのあり方の提案を行った。10組がそれぞれストライプ状に並べられた幅1m・長さ6mのスペースと1台のモニター（映像表現）を用いて展示を行い、鑑賞者はそれをトラヴァースしていくという会場構成。入口では震災の映像も映された。［小平弥史］

上／アーバン・スキン（祇園）の模型　下／展示風景（パラッツォ・デラルテ）

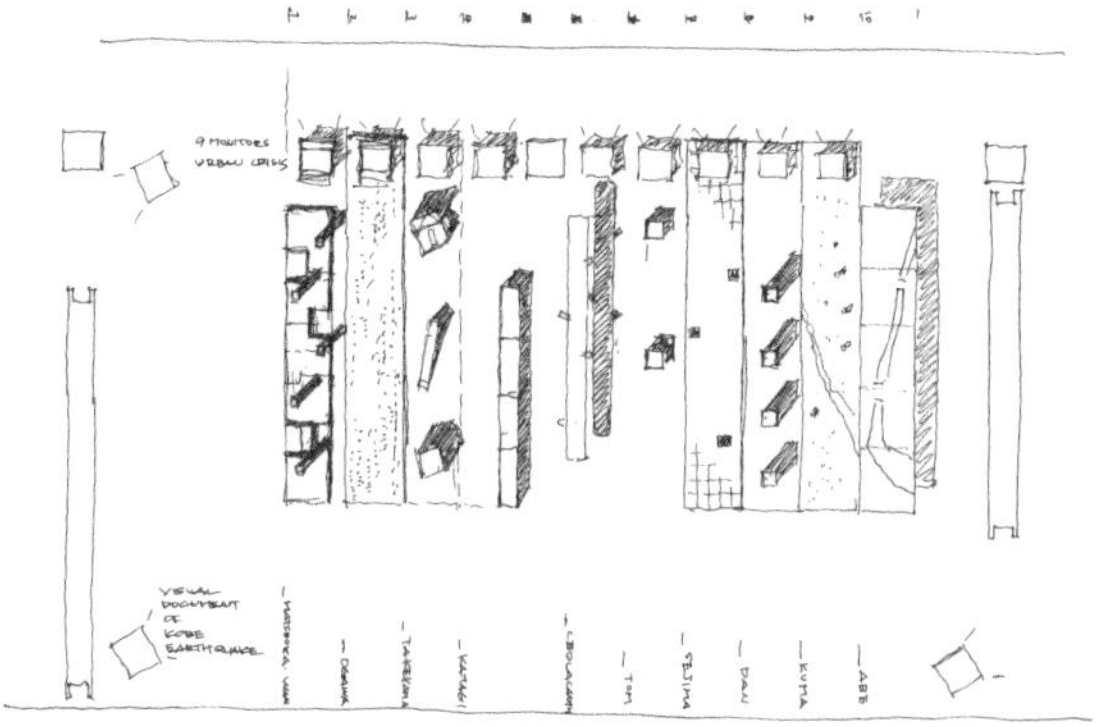

《ミラノ・トリエンナーレ》会場構成のスケッチ

近藤　私は吉原美比古さん、トーマス・ダニエルさんらと一緒に、祇園の街並みにルーフをかける案を担当しました。四条通りの北側、お茶屋が並ぶ伝統的な祇園のエリアではなくカラフルなネオンで彩られた歓楽街、その上に街区全体を覆うルーフをかけてしまう。ルーフは人車分離を行う機能をもつだけでなく、地上とルーフをつなぐスロープや階段を人々が移動することによって、偶発的な視線の交錯や身体感覚を通じた空間認識を生み出す場をつくり出すんだと。

展示した模型は街区全体を俯瞰してルーフの形状を透明アクリルの塊で表現したものと、ルーフの下の街の様子をスロープ・階段を移動する人々やルーフに反射するネオンの光などとともに表わしたものをつくりました。ルーフの下の模型はあえて不自然なパースペクティブで表現し、その違和感を通して視覚的な空間と実際の空間とのズレを表現しようと考えましたね。

小平　このとき、日本チームの設営スタッフということで、竹山研の学生も10人ぐらいイタリアに行ったんですよね。手荷物で展示品を持っていったら、案の定税関で引っ掛かり、「この黒い箱に入った怪しいものは?」となって。ドミニカ人のサチさんやブラジル人のサチコ・タカシマさんが、スペイン語とポルトガル語でイタリア人に説明してくれて、それで通してもらえたんです。

会場はミラノのパラッツォ・デラルテで、スフォルツェスコ城の側、サンピオーネ公園にありました。1週間ほどみんなでホテルに泊まり込んで、トラムに乗って通いました。自分たちのものではない各建築家の展示物も、空輸されてきた作品キットを開封して、指示書をもとに手分けして組み立てていきました。道具を買い足しに走ったものの日曜で手に入らずあたふたしたり、夕方には会場を追い出されるので、宿に未完の模型を持ち帰って夜なべもしましたね。遅くにサン・シーロ

（フットボール用のスタジアム）まで出かけたりもしました。

作業から解放されてからは広大な会場を観て回ったのですが、招待作家のピーター・アイゼンマンの作品に目を惹かれた以外は、ほかの展示は数が多くて単調にすら感じられるなか、先ほどまでつついていた手作り品が艶かしく見えました。

平田　オープニングの日には、写真でしか見たことないような建築家が一堂に集まって、レストランテで一緒に食事したのが、一番記憶としては残ってます。展示が終わったあとは、そのままイタリア旅行に突入して、パドヴァやベローナに行きました。毎日いい建築を見て、おいしいものを食べて、ワインを飲みましたね。

持続する思考の先で、もう一度出会う言葉

吉原　当時ゼミでは、竹山先生が、ラカンやドゥルーズなどを建築の問題に引き寄せながら魅力的に解釈して、よく語ってくださったんです。でも、いつも最後の大事なところに近づくにつれ、「光がフワっと」とか、擬態語がどんどん増えてきてごまかされるんですね（笑）。でもそれが言葉と空間の翻訳不可能性を表しているようにも思えて……。一番重要なところは空間の論理で考えなさい、という大切な教えでした。

平田　原広司さんもそういう語り方をされますよね。竹山先生のルーツは原さんにあって、僕らは竹山先生を通して原さんを感じることができた。その頃、よく読書会もしていましたよね。

〈擬音語〉

空間加工のイメージには擬態語のようなものが伴う。シャープなナイフで加工するのと、鉈のようなものでぶった切るのとでは、現れる空間効果が違う。道具だけでなく、身体の運動のイメージも擬態語を伴う。スポーツと同じだ。フワッとゴールにボールを投げ入れるのと、バシッとサービスを叩き込むのでは、イメージが違う。スピード感がある形と、ゆっくりほのぼの歩く場所と、揺らぐ空気に触れる場は皆違う。空間には、意図が込められなければならない。そこに立ち現れる空間現象を、人々は味わい、楽しむ。もちろん、これ見よがしの空間現象を消す、という意図もありだ。日常のふとした動作にオノマトペを感じることもあるだろう。のちに仲間と開いた展覧会は、タイトルそのものがオノマトペ。そのとき出版された本に寄せた「オノマトペ試論」には、こうある。「建築という行為をあえて言葉で表そう。そのとき、われわれは、身体運動のイメージを重ね合わせる。空間加工のイメージを重ね合わせる。空間の響きに耳をすませながら」。

〈千文字で書く〉

大学院で東大に移った1977年の春から、『SD』誌のコラムでグルッポ・スペッキオという名前で連載をもたせてもらった。東大での同級生たちと一緒に、原則一人1ページ、これを毎月。そのときの文字数が千文字だった。これはとてもいい文章のトレーニングになったと思う。千文字という長さは、ある程度の内容を盛り込むのにちょうど適当な分量だ。長すぎもせず、短すぎもしない。そして、しっかりした内容が込められて、すぐ読める。初期の学生たちには、毎月ゼミで発表するように求めた。途中からHPが作成されて、そちらに掲載されることになった。そしてHPにリレー形式が、途中でタスキが途切れることも多くなり、やがて停止してしまう。毎年春にはスタートさせてきたのだったが、そんなことが多く、ここ数年滞ってしまっているのが、やや残念。文章は日々、磨く必要があるし、なにより書くことに慣れる必要がある。言葉にならないものを建築は表現できる。しかし、言葉もまた建築だからだ。

森吉　バーナード・チュミの『Questions of Space : Lectures on Architecture』を原文で読んだのを覚えています。4回生のゼミだったのですが、先生の裁量でまだ竹山研に配属していない3回生にも門戸を開いていましたね。その本にはチュミの空間に関する問いかけの箇条書きリスト（Questions of Space）があって、その言葉に込められた意味や言葉の背景を、みんなで議論しながら最終的に和訳しました。その問いかけはとても哲学的でポエティックな言葉だったので、多様に解釈できて、一つのセンテンスを訳すのに2週にわたってディスカッションをすることもありました。先生には、たとえば「これはアリストテレス、これはデカルト空間のことを言ってるんだよ」と教えていただいて、なんとか解釈につなげていきました。この経験のおかげで、実務で設計しているときにも、ふと立ち止まって、もっと深く考えないといけないと、ときどき思わされます。

亀井　私の時には、ちょうどチュミの『Architecture and Disjunction』が発表された頃で、原文を読み、それを話題の起点にゼミをしていました。先生のお話は音楽や文学、そのほか様々な世界へと展開し、それらの世界のつながりを実感できました。このくらい思考が自由に行き来するなかで空間は生まれるのかと驚きましたね。

山内　私としては、第0世代でも話が出ましたが、千文字で自分の建築について表現するという課題がすごく印象に残っています。私はランドスケープ的思考に惹かれていて、いかにして建築を建てないか、みたいなことを一生懸命に考えていたのですが、一方で思ってることを言葉にするのを難解なものに感じていた。千文字なんてそんなに大変じゃないはずだと思いながら、でもすごく時間をかけて書いた記憶があります。

〈建築と時代精神〉

近代建築のパイオニアたちが、建築は時代精神を表現する、と語ったのはつとに有名である。新しい酒は新しい皮袋に入れるべし。鉄とコンクリートの建築が当たり前になり、機能性合理性も当然の要求となって、モダニズムからの脱却や超克が語られたのはちょうど僕が学生だった頃。それから40年以上が経過して、相変わらず建築には新しさが求められている。音楽や演劇や映画や絵画も同様、やはり人間の性《さが》だ。ただ、長い歴史を眺めると大きな変曲点があって、フーコーは18世紀にエピステーメーの転換を見出した。当時竹山研では、そうした認識に立ったいくつもの修士論文が書かれた。それは歴史を勉強しろ、ということではなくて（もちろん勉強する必要がある）、大きなスパンで物事を考えろ、ということだ。5年10年でなく、もっと長い、１００年、２００年、あるいは５００年、１０００年という大きな時間の流れの中で、人類の営みを考えてみよう、と。そして今われわれがどこにいるのか、見定めるまなざしをもとう。「歴史は喚問する」、これは原広司の『建築に何が可能か』の章のタイトルである。

吉田　研究室では、多様性を認めるってことと、批評はちゃんとしてもいいんだと学びましたね。僕は学校を卒業してからは、ヨーロッパの田舎の設計事務所で修行したあと、東京に戻って設計事務所をやっているのですが、最近つくったサウナ小屋は四国の山奥にあって、重機が入らない場所なので、全部自分たちで材料を持ってきて、村人や移住者と一緒につくりました。そんなふうに、どうやって建築家の職能を広げていけるかということを日頃ずっと考えています。

平田　僕個人の近況としては、さっきコンペの話に出てきた太田市で、《太田市美術館・図書館》というのを設計しました。人口22万のまちの駅前が誰も歩いてない状態だったのに対して、そこに人の流れをよみがえらせるような建築を目指して、いろんな人と話し合いながらつくったものです。設計過程をオープンにするということをやったのですが、《ミッドウェールズ》のドローイングに表れているような、建築の原点みたいな部分は、専門家でなくとも意外にいろんな人に共有できると感じていて、それを公共建築で試したいという思いがありました。

もう一つ、その建築に関係する話があります。当時、ミシェル・フーコーの『言葉と物』を、竹山先生に「だまされたと思って読め」と言われて読みました。それは、フーコーが提唱するエピステーメー、つまり時代ごとに変わっていく人間の思考みたいなものが、時代を画する建築空間と関係し合っているという話なんです。図書館のような空間は、人間がものを考える頭の中の構造とすごく関係していて、その時代の思考形式みたいなものとつながっている。そういうことを、今も自分の中では意識しながら設計に取り組んでいます。あの頃の空気感が、自分の中に残っているんだと思いますね。そのとき考えたことは、いまだに自分の中では財産だと感じています。

現在へのつながり

ブルースクリーンハウスをめぐって　桑田豪

今から3年ほど前、宇都宮で戸建ての住宅を設計する機会をいただいた。敷地は郊外に向けて拡張を続ける街の周縁部、造成された宅地と取り残された農地がパッチワーク状に入り組むエリアにある。お施主さんの要望は、家族や友人が集まってくつろげる開放的なエリアと、対照的に閉じたプライベートなエリアが隔てられつつも一体的につながる家、ということだった。そこでみんなが集まれる場所として天井高が9メートルを超える大きな方形屋根の棟を設ける一方、プライベートな空間にはハイサイドライトで空だけに開いた片流れ屋根の棟を用意し、対比的な二つの棟を無造作に重ねることによって変化に富んだ内外空間の構築を目指した。

その住宅のお施主さんは竹山冬人くん、先生のご長男である。初めて会った20数年前はまだ小学生で一緒にボール遊びをしていたのに、久しぶりに会うと当時の僕の年齢を超えてしっかりと家庭を築いている。そんな現実を前にいつのまにそんなに時が経ったのかと戸惑いを覚えたが、ともあれ冬人くんが家を建てることとなってプライベートなコンペが開催された。待ってましたとばかりにゆかりの深い建築家のみなさん、さらには先生までもが参加して行われた結果、冬人くんと由美さん（竹山先生の奥さまであり、設計組織アモルフの代表でもある）、二人の審査委員による厳正な審査を経て、僕が設計させていただくこととなった。

この話をもう一歩遡るとブルースクリーンハウスに行き着く。竹山家では毎年ゴールデンウィークになると恒例のバーベキューパーティーが開催され、先生と由美さんのご友人、アモルフのみなさん、最近では三兄弟のお友達もふくめて、何十人ものゲストが集まるなか、竹山研究室の学生、ＯＢたちもこの恒例行事にお招きいただいている。会場はもちろんご自邸の「ブルースクリーンハウス」。大阪の郊外にある、ヴォールト屋根が印象的なその家は、庭に向かって斜めに伸びる外壁が庭を建築に取り込んでいる。学生たちは到着するやいなやその庭の一角にある自家製のコンロに火を起こし、次から次へとやってくるゲストたちを横目に、煙にまみれながら肉を焼く。5月の爽やかな気候の中、昼過ぎから翌朝まで宴はやむことなく続く。僕が学生だった頃は小学生だった冬人くん、真人くん、香奈ちゃんの三兄弟も一緒で、なんとなく子供係となっていた僕は、同級生の丹羽哲矢くんとともに息をきらせながら三兄弟の相手をしていた。様々なバックグラウンドをもつ人が入れ替わり立ち替わり集まるこのパーティーのオープンで自由な雰囲気が心地よく、誰も彼もがとても楽しそうにひとときを過ごしていた。

そんな環境で育った冬人くんが家族や友人たちが集まる家を望んだのはとても自然な流れだった。ブルースクリーンハウスは階段をのぼって玄関を入ると広くて天井の高い空間がドーンと広がり、斜めに立ち上がった大きな壁がピアノの音を響かせるヴォールト天井の優雅さを強調している。このリビングダイニングがホームパーティーのメインアリーナだ。キッチンの前には「ブルースクリーン」。それ以外に壁らしい壁はなく、こどもたちは広々とした空間を走りまわる。一方で螺旋階段を降りた半地下のグラウンドフロアには落ち着いたスケールの個室がならび、思い思いの時間を過ごす場所が用意されている。リビングと個室が同じ庭につながっていることもあって、オープンな2階とプライベートな1階はスラブによって「隔てられつつも一体的につながる」。冬人くんにとって「家」の原点はこのブルースクリーンハウスなのだ。そしてこのブルースクリーンハウスは僕にとっても思い入れの深い家だ。

同期の多くがそうであったように、僕が建築家を目指そうと決心するにあたっては、颯爽と京大に現れた竹山先生から大きな影響を受けた。学部の設計演習ではそれまでにはなかったような核心をつくアドバイスや示唆に富んだコメントをいただくなかで、設計の楽しさをあらためて認識した。研究室に加わってからは先輩が中心となって進められた神戸三宮計画を皮切りに、震災を受けて始まった神戸新首都計画、ミッドウェールズや太田市のコンペと力のこもったプロジェクトに参加させていただき、特にミッドウェールズのコンペではファイナリストに選出されて現地でプレゼンテーションを行うという貴重な経験を得て、結局実現には至らなかったものの、設計に対する夢は否応にも膨らんだ。

設計を行う上での具体的な考え方や進め方といったところは、やはり研究室を出てから6年間にわたってお世話になったSANAA勤務時代に確立したものだと思っている。妹島和世さんと西沢立衛さんのもとで過ごした時間の長さや濃密さ、そこでこなした膨大なスタディや様々な経験を経て、僕の中のオペレーションシステムができている。が、建築家としてこう生きたいというところでは先生の後ろ姿をみて感化されたところが大きい。美しく詩的な建築をデザインし、鋭い洞察力をもって建築をはじめとする森羅万象を語る一方で、設計を介して、あるいはお酒を飲みながら、僕ら学生に対してもまるで同級生のように興味をもって向き合う。そんな人柄を慕って先生のまわりには魅力的な人々が自然と集まり、いつも華やいでいる。自分の中でどこかそんな建築家像を追って今日に至っているように思えるのだが、その原風景というか、それを端的に象徴する出来事の一つが竹山家のバーベキューパーティーであり、そういった意味では、僕にとってもブルースクリーンハウスには特別な思いをもっている。

立地もデザインもまったく異なり、一見してそれとわかる感じでは決してないものの、冬人くんの家である「サンカクヤネノイエ」はブルースクリーンハウスへのオマージュである。アーチの大屋根と方形屋根、庭に面した1階の個室群と片流れ屋根の個室群、それらの関係性といったところでの違いはあるものの、根本的な構成といった意味ではブルースクリーンハウスのそれを踏襲している。サンカクヤネノイエはお施主さんである冬人くんの家の原点であり、同時に設計者の出発点でもあるブルースクリーンハウスに対する、それぞれの思いを投影して生まれた家なのである。

サンカクヤネノイエ
写真＝桑田豪

Interview
Takeyama Lab. through the eyes of architects

建築家からの証言

01. 妹島和世 + 西沢立衛
Kazuyo Sejima + Ryue Nishizawa

「竹山さんは明るい。あのように前向きな人が師だったら、それはみんな建築家になろうと思うよね」と西沢さんは言った。本当にその通りである。アモルフで、あるいは研究室で、風にように軽やかに、時には口笛を吹きながら設計をしている竹山先生を見て、このように生きていけたらいいなときっとみんな思った。そしてその背中を見て、私たちは建築家になった。［聞き手＝大西麻貴·山雄和真］

他者をエンカレッジする本能

大西　竹山研究室の出身者には、卒業後にアトリエに就職し、そこから独立した建築家がたくさんいます。そこには何か秘密があるのではないだろうかということで、実際に竹山研出身者を受け入れた建築家の方々にインタビューをすることになりました。

妹島　竹山さんは私のちょっとだけ上で、ほとんど同世代ですが、学生時代からメディアに出ていらして、私たちの世代にとっては東大の原研にいた竹山さんを中心とするグループは、注目の人たちでした。

当時『都市住宅』でいろんな方々にインタビューをされていましたよね。私が伊東豊雄さんのところで働いていたときに、竹山さんが来られたことがありました。私、そのときお茶をお出ししたと思います（笑）。伊東さんもまだ30代で、若手のスターという感じでしたが、竹山さんたちはさらに若くて。伊東さんもある程度リスペクトしていらしたと思います。それがあるとき突然京大に行ったと聞いて、驚きました。京大がこれからどうなるのだろうかと。伊東さんは先生になられなかったので。

西沢　なぜ竹山研卒の人々が建築家になるかという話でいえば、やっぱり竹山さんが明るいからじゃないでしょうか。太陽のように明るくて、開かれていますよね。先生が暗かったら学生も設計に行くのはやめようかなと思うでしょう。竹山さんのおおらかさを見て、建築ってありかもなって、それを学生は感じるんじゃないかと思います。

妹島　桑田豪くん（1997年修了）も、面接したときから明るかった。そのとき彼から竹山さんのことを聞いて、すごいカリスマなんだなと思いました。学生がみんな竹山さんに憧れて、同じようにやりたいって竹山さんを見るだけで思えるんだろうなって。

西沢　竹山さんの明るさやおおらかさ、開放感というのは、他者への信頼なのかなと思います。相手を疑わしいものとして見るのか、信頼するのかは全然違う。はじめて会ったのに、「いいね！」と言われると、「いいのかも」と思ってしまう。

実は僕は《十和田市現代美術館》を設計したときに、途中でいろいろ困難があったのですが、実施設計が終わって現場に入ろうという時に、自分たちで監理をやれないという状況になって、たいへん困っていたのです。そのときに竹山さんに助けてもらったことがあるんです。竹山さんが「建築家に監理を任せないというのは、ピカソに下絵だけ描いてもらって、あとの仕上げをペンキ屋に頼むようなものだ」っておっしゃって、たしかにそうだなと。僕はその当時は竹山さんに名前を覚えてもらえるような間柄じゃなかったし、関係ない人間の窮地を手助けするというのはよくよくのことだと思うのですが、竹山さんにはそういう感じがまったくなくて、当たり前のことをやっているだけという感じでした。分け隔てがないのです。それは今も感謝しています。あの感じは学生にはダイレクトに伝わるだろうなと思います。

大西　かつて原広司さんが竹山先生に「お前は明るいな」とおっしゃったことがあるそうです。

西沢　原さんに言われたら間違いないですね（笑）。原さんから学んだことなのか、たぶん竹山さんが生まれながらおもちのものでもあると思うのですが、竹山さんはお人柄もさることながら、建築の根本に明るさがあって、輝いていますよね。あの輝きは、まわりを救うのだろうなと思います。

妹島　それと肯定的なんでしょうね。私が伊東事務所をやめて、最初の作品が出来たかどうかぐらいのときに、竹山さんが私を記事で取り上げてくれたんです。「彼女たち」というタイトルだったと思います。インタビューで、伊東さんの事務所に勤めていたときのことを聞いてくれたのですが、いかに伊東事務所というのが楽しい時間だったか、その創作過程を羨ましく思う、というようにまとめてくれて。当時はそんなに仲良しってわけでもなかったのだけれど、励ましてくれたと感じました。

感性と言葉に対する共感

大西　竹山先生は「いる」と「ある」の違いについてよくお話しされるのですが、そのときにいつも妹島さんの建築を引き合いに出されます。建築が意思をもって存在して「いる」か、ただ「ある」かは違う。「妹島さんの建築は、そこに『いる』って感じでしょう？　だから僕は妹島さんの建築が好きなんだ」と。

妹島　そういう話は聞いたことなかったですね（笑）。

大西　竹山先生は、西沢さんにシンパシーを感じている、ともおっしゃっています。近いところがあると思うと。

西沢　それは光栄ですね。竹山さんにそう言われるとうれしいな。ただ僕は根暗ですが。あと思うのは、竹山さんは言葉の選び方が洗練されていて、共感します。やっぱり東京の人とは違う。関西のことはよく知らないのですが、関西っていいなと思うのは、歴史的に洗練されている感じがするんですよね。竹山さんにもそれは感じるな。

妹島　やっぱりオシャレじゃないですか。

大西　かつては全然違ったと、奥さまの由美さんから伺ったことがあります（笑）。

西沢　僕が竹山さんを知った『都市住宅』の頃は、オシャレだな、かっこいいなと思いました。

妹島　オシャレで、勉強もできて、論も立つ。そういうグループが出てきたっていうイメージでした。

西沢　やはり、若手建築家の地位をあげたと思います。

妹島　あと当時活躍していた近しい人の中だと、なにか竹山さんは昔から土的という感じがするのです。建築のつくり方は人それぞれ違うのだけれど、竹山さんはさっとつくるタイプではない。そうやって粘り強くつくり続けてきて、今年大学をやめてから、5年、10年後にむけて、どのように建築をつくっていかれるかは、面白いところですね。

大西　山本理顕さんが、竹山先生は倫理観がある、とおっしゃっていて、それはつまり、私の解釈ですけれど、建築は素晴らしいという、その一念だけでつくり続けているのではないかと。それはきっと今後もっとすごい建築へとつながっていくのかなと思います。

妹島　倫理観があるというのは、私もそのように思います。そういう竹山さんの存在自体が学生を勇気づけてきたのでしょうし、その結果いろんな人が育って、そうした全体の力みたいなものが生まれて、今度は逆に竹山さんが勇気づけられるということが起こるのではと思います。だから新しい環境の中で、竹山さんがこれからどんな建築をつくっていかれることになるのか興味深いです。

西沢　建築への愛がありますよね。

山雄　先日、赤松佳珠子さんにインタビューしたときに、小嶋一浩さんと竹山先生は全然違うという話がありました。あるイベントから帰ってきたときに、小嶋さんが「俺はあの人の言っていることが本当にわからない」と言っていた、と。竹山先生はすごく自己の内面的なところから建築を話すけれど、小嶋さんからするとそれがわからない。この先もずっとずっとそのままいかれるのか、違うことをされるのかはわからないところですね。先生自身の変化がわりと素直に建築に反応されていくという感じはありますが。

西沢　小嶋さんとはまったく真逆ですよね。その話を聞いて思い出しましたが、実は僕は若い頃、小嶋さんの話が全然わからなかった。いま思うとすごくシンプルなこと言っていたのでしょうけれど。

愛される力がプロジェクトを切り拓く

大西　桑田さんは、どんなふうにSANAAに入ってきたんですか？

西沢　英語ですね。竹山研時代にヨーロッパのコンペ（ミッドウェールズ）に通って、面接に出て英語でやりとりしたって話を聞いて、驚いちゃって。インタビューを全部英語でやるなんてすごいなと。そのプロジェクトは竹山研で平田晃久さんと一緒にやっていたのかな？

妹島　そのときは平田さんのことはまだ知らなかったのですけれどね。

西沢　桑田くんが妹島事務所に入って、最初の担当は《MCA》というシドニー湾に面する美術館の増築のプロジェクトでした。初めての海外コンペで、当時われわれは全然英語がしゃべれないから、現地で通訳についてもらっていたのですが、桑田くんだけは自分で直接やりとりしていました。

妹島　すでに一次審査は終わっていて、まさか通ると思っていなかったのに、何組かのインタビューに残ってしまって、「どうしよう？」となっているところに、桑田くんが来て。私も、当時は全然英語はしゃべれなかったから。「ハワユー？」ですら（笑）。それで彼が英語を話せるならば一緒に行こうとなったんです。そうしたら現地でいきなりスマートに挨拶が始まって、「僕はゴウという名前ですが、実はシドニーで生まれたから、豪と言うんです。オーストラリアの子という意味なんです」って。本当に事務所に入ってすぐの時だから、私もそんなことはまったく知らなかったのだけど、それで館長も驚いてしまって。それで選ばれました。でも敷地から遺跡が出てきて、結局プロジェクトは半年後くらいにキャンセルになってしまったんですけれどね。

西沢　桑田くんってすごい男だなって思ったのは、シドニーで一緒にレストラン入って、いろんな料理があるなかで、妹島さんは当然牛肉を注文して、僕もなにかそんな感じの普通のものを注文して、そしたら桑田くんが、「カンガルーください」と（笑）。勇敢な男だと思いました。そういえばときどき、竹山さんが憧れの的なんだと言っていましたね。

大西　桑田さんは、竹山先生が京大に行って、研究室の学生を自分で選び始めて2学年目なのです。平田さんと同級生で、本当に最初のメンバーが妹島事務所に行ったことになります。

西沢　その頃の妹島事務所はカオスで、みんな崖っぷちでしたから、よくケンカがあったのですが、桑田くんもケンカして、相手がなんと、年下の若い女の子で。ただその女が普通じゃないというか、とんでもない女で……桑田くんが彼女の胸ぐらを掴んで右手を上にあげて頬を叩く寸前で、その子が自分の頬を突き出して、「叩いてごらんなさいよ！　ほら！」って威嚇して、桑田くんはブルブル震えた結果、やめた。で、まわりが、桑田くんジェントルマンだな、と……。僕だったら絶対ひっぱたいてると思ったシーンでした。事務所の問題人物でも、彼は最後まで「君は間違ってる」と向き合ってましたね。優しい男ですよね。

妹島　桑田くんはその後、《古河総合公園飲食施設》を担当してくれて、それは本当に小さい現場だったんだけど、それを経験しただけで、英語もできるからと次はオランダの《スタッドシアター・アルメラ》の担当になったんです。最初の小さな経験をもとに、今度は巨大なところでそれを応用していって。それは80％くらい正しいんだけど、さすがにそこからそれを言うのは無理があるんじゃないか、と思うときもありましたが。一方で、なんとか自分の経験から大きなものに挑んで行こうとするところに感心したのをよく覚えています。

西沢　上昇志向があって、開かれていますよね。あのプロジェクトも結構しんどいものだったのですが、彼は全然へこたれなかった。オランダに乗り込んでいって、みんなと仲良くなって、また明るくて積極的だから、オランダ人にも愛されていました。

妹島　桑田くんは海外で向こうのクライアントやエンジニアにすごく気に入られるんですよね。彼の解放的なところをみんな感じるのだと思います。シドニーでも、アルメラでも。アルメラに一人で出張に行っては、プロジェクトマネージャーの家に呼ばれて、ご飯食べさせてもらっていたり。私たちも呼ばれたことないのに……。《トレド美術館》の時も、最初のインタビューから一緒に行きました。

西沢　いつ事務所を辞めたんでしたっけ？

妹島　《トレド》の設計がまとまったくらいかな。並行して《アルメラ》が進んでいて、それがちょうど終わったんですよ。中途半端には辞めていないですね。

西沢　有能だし、サービス精神旺盛だし、英語もしゃべれるし。われわれにとって、なくてはならない、一家に一台みたいな存在でした。桑田くんとの出会いは今でも覚えています。彼が妹島事務所に面接に来たときに、スーパーの角の交差点ですれ違ったんです。僕はまだ独立もしていないし、お互いに知るわけはないのだけれど、あの人は道で声をかけるんだよね。「西沢さん、面接よろしくお願いします！」って。明るい男だなと思いました。

大西　竹山先生と共通するのは、明るいところなのでしょうか。違う種類の明るさかもしれませんが。

西沢　彼は生まれながらにして明るいと思うけど、でも竹山さんを見て勇気づけられたっていうのは絶対あると思うな。竹山研から若い建築家が出てくるのは、やっぱり竹山さんの他者への信頼というものを学生が身をもって感じているのではないでしょうか。大学で「建築家っていうのは、お施主さんに訴えられるから大変だよ」なんてことばっかり語ってたら、なりたい人いなくなっちゃうもんね。

妹島　今は本当に難しい時代ですからね。

西沢　竹山さんってやっぱりO型なんだろうな。原研はO型じゃないといけないって聞いたことあります。昔、小嶋さんに「血液型何ですか？」って聞いたら「Oになりたい Aです」って言っていました（笑）。竹山さんは、まさに王道を歩んでいらっしゃると思います。

2019年12月9日、横浜国立大学Y‐GSAにて

妹島和世（せじま・かずよ）
建築家。1956年茨城県生まれ。1981年日本女子大学大学院修了。伊東豊雄建築設計事務所を経て、1987年妹島和世建築設計事務所設立。1995年西沢立衛とSANAAを設立。現在、横浜国立大学大学院Y‐GSA教授。個人としての作品に、《梅林の家》《日立駅自由通路及び橋上駅舎》《大阪芸術大学アートサイエンス学科棟》など。

西沢立衛（にしざわ・りゅうえ）
建築家。1966年神奈川県生まれ。1990年横浜国立大学大学院修了。妹島和世建築設計事務所を経て、1995年妹島和世とSANAA設立。1997年西沢立衛建築設計事務所設立。現在、横浜国立大学大学院Y‐GSA教授。個人としての作品に、《森山邸》《十和田市現代美術館》《豊島美術館》など。
SANAAとしての作品に、《金沢21世紀美術館》《ロレックス・ラーニングセンター》《ルーヴル・ランス》《荘銀タクト鶴岡（鶴岡市文化会館）》など。

Interview
Takeyama Lab. through the eyes of architects

建築家からの証言

02. 伊東豊雄 / *Toyo Ito*

伊東さんは私たちが京都大学にいた頃に非常勤講師としていらして、その存在や言葉から皆大きな影響を受けた。“私”という個人から出発し、それがともに目指すべき大きな夢へと育っていく建築の素晴らしさを、私たちは伊東さんから学んだ。竹山研究室もそうであったように、伊東さんの近くにいて、その言葉や姿勢に触れることで、たくさんの人がそれぞれのかたちで育ってきたのだと感じる。［聞き手＝大西麻貴・百田有希］

ストレートな建築

大西　伊東さんの事務所には、竹山研究室から平田晃久さん（1997年修了）、高塚章夫さん（1998年卒業）のお二人が行っておられます。そこで、竹山研出身の印象などを、竹山先生についてのお話も交えながら、お伺いしたいと思っています。

伊東　竹山さんについて一番印象に残っているのは、アモルフが始まったばかりの頃、『都市住宅』で「MEDIA REVIEW」というコラム連載をやっていたことです。そのときに一度、僕の《東京遊牧少女の包（パオ）》について文章を書いてくれたんです。どういうふうに書いていたかは覚えていないのだけれど、それを読んだときに、「この人たちの感覚すごくいいな、ちゃんとわかって書いてくれているな」と思って。

大西　はじめてお会いになったのはいつですか？

伊東　いつ頃だろう……。結構古い付き合いだと思う。竹山さんとは相性が良かった気がしますね。竹山さんが経済学者か誰かと対談しているときに、建築界では西に安藤（忠雄）、東に伊東というのがいて、二人は全然タイプが違うんだけれどすごい人たちなんだ、ということを、一生懸命に話してくれていたのを覚えています。

大西　そういえば、あるとき竹山先生が伊東さんに、「安藤さんはベートーヴェン、伊東さんはモーツァルトだ」と言ったことがあるそうですね。そしたら伊東さんから「なんで僕はモーツァルトなんだ？」と聞かれたので、「モーツァルトは天才なんですよ！」と答えたんだ、と。

伊東　本当に？　まあ竹山さんは建築を非常にストレートに捉えているというか、思ったことがそのまま空間に出てくるタイプの人ですよね。曲がったところがない。《強羅花壇》には何度か泊まったことがあるのだけど、あの直線の廊下というのは、旅館でこんなことやってしまっていいのかなというくらいストレートですね（笑）。あとは外苑西通りの《TERRAZZA 青山》を見たときにも、非常にきれいなモダンな建築をつくる人だという印象がありました。同じ京大でも、高松伸さんなんかとはまったく違うセンスですよね。

素直さを受け継いで

大西　竹山研出身者についてはどんな印象をおもちですか？

伊東　僕は基本的に、東大より京大出身の人の方が、建築家のセンスをもった人が多いと思っているんです。

大西　いや、さすがにそんなことはないのではと思います（笑）。

伊東　本当にそう思っているの。京大ではやはり、竹山さんが建築家を育ててきたと思います。弟子でいえば、平田くんのように、格別優秀な人を輩出している。

大西　平田さんは学生時代に伊東さんが審査するコンペに案を出されたそうですね。コンタクトレンズが水面に浮かんだようなとてもきれいな案でした。それが伊東事務所に入るきっかけだったのでしょうか?

伊東　それも記憶しているんだけれど、彼が事務所に入るきっかけは、そのあとに竹山さんからもらった推薦文でした。コンペ案と平田くんが一致したのは、事務所で彼に会ったときですね。彼自身は、伊東事務所に入りたいと思ったきっかけは《せんだいメディアテーク》だと言っていました。

大西　平田さんを見て、竹山研らしさ、あるいは竹山先生から受け継がれているものを感じるところはありますか?

伊東　いや、平田くんの方がもうちょっと創造力があるんじゃないかな。論理的だし、数学的にも考えていますね。ただ平田くんも非常に素直です。チーフの人たちに平気で逆らうようなところはあるけれども、でもここまでしかダメだということがわかると、素直に人の意見を聞き入れるところがある。そういう素直さは、僕は建築家にとってはすごく重要なことだと思います。本人には直接言わないけれども、つくる建築がもうちょっと美しいものになってもいいんじゃないかという気がしています。《太田市美術館・図書館》なんかでも、論理的にはすごく面白いし、設計のプロセスも面白いんだけれども、全体としてはもう少し違う形もあったんじゃないかと思うところがあって。

大西　先ほどのレンズの案のように、平田さんが竹山研の頃に取り組んでいた設計案を見ると、すごくきれいなものをつくろうとしているイメージがあるので、今はあえて荒々しいものに向かおうとしているのかなという気もするのですが。

伊東　そうかもしれない。でも、たとえば同世代でいうと、藤本壮介さんがきれいなものをつくるじゃない?　だから、それに逆らっているというのもあるのかな。

大西　平田さんは事務所の中ではどういう存在でしたか?

伊東　いや、抜群に優秀でしたよ。とんでもないアイデアを出してくる人だなと思っていました。僕なんか考えもつかないような。それと、たとえば《TOD'S表参道ビル》にしたって、普通であれば、樹木のシルエットを連続させるようなアイデアがうまくまとまるとは思えないのに、強引にまとめてくるからね。また、スタッフの中には何かをつくったら、「これは俺がやったんだ!」ということをすぐ言いたがる人もいるけれど、平田くんは《台中国家歌劇院》にしても、《TOD'S》

にしても、自分が出したアイデアだと主張しない。だから逆にこちらが言ってしまうようなところがあって……。そういう点では、やっぱり素直な人だと思いますね。それは竹山さんの素直さを受け継いでいるんじゃないかな。

大西　素直であることは建築家にとって重要なことだと思いますか?

伊東　そうですね。やっぱり僕自身が、人から何かを言われたときに、一度受け止めて、それに対して解答を出していくようなタイプなので。だから事務所のスタッフで、「これはこうじゃないの?」と僕が言ったときに、「いや、そうじゃないです」とすぐに否定するようなことを言い続ける人は、ちょっとコミュニケーションが取りづらいですね。

大西　高塚章夫さんについては印象に残っていることなどありますか?

伊東　高塚くんは、たしか建築をやる前に物理か何かを勉強していたのではなかったかな。だから論理的にものを考えるのは非常に得意で、システムを提案するのですよね。彼も優秀だったのだけれど、もう少しそれをオープンに、開けっぴろげにするようなところがあるといいと思います。ちょっと籠ってしまうところがある。

大西　高塚さんはほとんどパリにいらっしゃったんですよね。

伊東　パリの《コニャック・ジェイの病院》の現場では頑張ってくれました。印象に残っているのは、パリのレ・アールの再開発のコンペティションです。（観葉）植物のカラーのような半開きの柱がたくさん立っているアイデアを考え出してくれて、とても良い案だったのですが、実現はしませんでした。

人の考えを受け止めることからはじまる

大西　伊東さんは私が学生の頃に京大に3年間ほど非常勤でいらしていたと思うのですが、京大で教えてみていかがでしたか?

伊東　すごく面白かったですね、あの頃は。その後、いろんな大学で教えたけれど、全然面白くなかったです（笑）。京大ではまず学生たちがくらいついてくるというか、みんなすごく熱心だったし、頑張ってやっていたと思う。もう最近の大学は、本当にお嬢様が絵を描いているようなもので、一体これからどうするんだ、と思ってしまいます。東京藝大なんかは優秀は優秀なんだけど、京大のように人の言うことに対して反応してくるようなタイプではなくて、みんな勝手にやっていますよね（笑）。最近はうちの事務所も藝大出身の人が多くて、教育の仕方がこれでいいのかなというところがあるけれど、伝統なんだろうな。
大西　伊東さんは大学の先生にはなられませんでしたが、非常勤などで学生たちに触れることをどう感じておられますか?
伊東　僕は会議が大嫌いなので常勤の先生にはならなかったのですが、学生と接することには興味がありました。たとえば大西さんのいた頃の京大は、学生が毎週新鮮なアイデアを提案をしてくれるので、こちらも引き込まれてついつい対話の時間が長引いてしまう。最近はひと目見ただけで、もう話す価値もないものがほとんどで、興味を失ってしまいました。
百田　伊東事務所からは自然といろんな建築家が育っています。建築って、はじめは自分一人でできるものかもしれないですけれど、どこかのタイミングでいろいろな人とともにつくるものになっていくと思います。伊東さんにとっては、事務所を進めていく上で、考えが大きく変わったタイミングというのはあるのでしょうか?
伊東　70年代は一人でやらざるを得ないと思っていました。しかし80年代になって、妹島(和世)さんたちが事務所に入った頃から、グループで設計するようになりました。やっぱり相手とコミュニケーションが成立しないと仕事が成り立たないからね。妹島さんはいつでも「これは好き」とか、「こっちは嫌い」とか言っていて、そんなことばかり言われても困るんだけど、言われればこちらも一緒に考えますよね。

一番事務所が楽しかったのは90年代です。柳澤潤や曽我部昌史、ヨコミゾマコトなんかがいた頃は、いつもみんなで議論していたし、そこから案も出てきた。ヨコミゾなんかは、僕がアイデアを出す前に、自分のアイデアを僕の机の上に置いていくんだよ。それくらい、俺の案でやりたいという気持ちが強かったと思います。そういうときは楽しかった。

その後、平田の時代になると、彼のアイデアだけが突出してしまっていたから、それでかえってまわりの元気がなくなったりしていたけど、「平田はこう言っているけど、やっぱりここはどうかな」みたいなことを言って、みんなで考えるようにしていました。

言葉がリードする共有の場

大西　「なぜ建築家になりたいと思ったのですか?」と問われることが時々ありますが、私にとってその大きな理由の一つは、大学で伊東さんと出会ったことだと思っています。伊東さんが言葉を発すると、その夢をみんなで追いかけてみたいという気持ちになります。建築家はそういうことができる存在なのだと感じたのです。言葉によって、まだわからないところに向かって遠くにボールを投げて、それをみんなで探しにいったり、掘り下げていったりすることによって建築を考えていくのだなと。

百田　僕も、人生を変えてくれたのは、自分が大学院生の時に伊東さんが開かれていた《地層のフォリー》のワークショップに参加したときの言葉でした。伊東さんがスタイロフォームのボコボコ穴があいた模型を見て一言「浮かんだ洞窟かもしれないね」とおっしゃって、その瞬間にいろんなイメージが湧いてきたんです。これは土でつくったらいいかなとか、屋根に草が生えている方がいいかなと。ものを生み出す言葉ってこういうことなんだと思って、伊東さんのところに働きに行きたいと思ったんです。

伊東　やっぱり、何かを引き出してくる言語と、ただの言語に終わってしまうような言葉がある。事務所でチームでみんなで考えているときに、「こういうことがテーマじゃないですか?」と言われても、その言葉が何かを生み出して行けそうだ、というときもあるし、そこからは何も出てこない言葉というのも結構多い。そのことには、いつも神経を使っているつもりです。

大西　伊東さんの言葉は、ものを生み出していく言葉だと思います。

伊東　こちらから反対に聞きたいのだけれど、なぜ優秀な建築家が竹山研から出てくるの?

大西　なぜでしょう(笑)。大学の研究室ではあるのですが、先生がやることを学生が引き継いだり、押し付けられたりするようなことはなくて、その人にあわせて先生が応援してくださるというところがあります。よくわからないことをやっていても、「面白いね」と言ってくださるんです。放ったらかしというところもあるけれど、みんなで自主的に勉強会をやったりして、自分で考えることを学んでいく文化があると思います。

もう一つは、先ほど伊東さんがおっしゃったように、先生ご自身がひょうひょうとしていて、まっすぐなところがあります。アモルフにオープンデスクに行くと、先生が鼻歌を歌いながら設計をしていて、竹山先生を見ていると、こういう生き方もできるのだなと。

伊東　まあ自由なんでしょうね。それが重要なことです。あとは、竹山さん自身が研究者ではなく、設計をやっているということが大きいのでしょう。研究となると、大学院生ってどうしても先生の研究のアシスタントとして使われてしまうところがありますね。そうなるとまずい。

大西　京都大学って、あらためて感覚や直観をすごく重要だと思っているところがあると思って、それは竹山先生もそうですし、高松先生もそうだったと思います。西田幾多郎のような京都学派と呼ばれる哲学者たちが、自分たちが理性的だと思っていることも実は感覚的なことで、感覚と論理はそもそも一体だと説いています。そういった学校の雰囲気というか、感覚というものを応援するところが京大にはあるのかなと。

伊東　そうでしょうね。ノーベル賞もらうというのも、同じようなところがあるのかもしれませんね。頭で考える論理だけではダメだと思います。その論理を引き出す身体感覚がすごく大事だと思うのです。すなわち、その身体感覚が存在してはじめて思想があると言えるのだと思います。京大にはおそらく個人の思想を生み出す伝統があるのでしょうね。

２０１９年11月7日、伊東豊雄の自宅にて

伊東豊雄　（いとう・とよお）
１９４１年京城市（現・ソウル市）生まれ。１９６５年東京大学工学部建築学科卒業。菊竹清訓建築設計事務所勤務を経て、１９７１年アーバンロボット（URBOT）設立。１９７９年伊東豊雄建築設計事務所に改称。２０１０年には《今治市伊東豊雄建築ミュージアム》を設置。伊東建築塾の塾長を務める。《せんだいメディアテーク》《多摩美術大学図書館（八王子）》《みんなの森 ぎふメディアコスモス》《台中国家歌劇院》などがある。２０１１年に私塾「伊東建築塾」を設立。これからのまちや建築を考える場として様々な活動を行っている。

Interview
Takeyama Lab. through the eyes of architects

建築家からの証言

03. 赤松佳珠子 / *Kazuko Akamatsu*

事務所に到着した瞬間に、ワインと美しく盛られたサラダが登場。赤松さん、シーラカンスOBの山雄さんと、ざっくばらんにかつての事務所の様子を振り返る時間となった。一番大切なのは「自分で考える」こと。誰かに指示されてやるのでも、条件を与えられて解くのでもない、自分で考え、切り開いていく者こそが建築家だ。その精神をあらためて強く感じながら事務所を後にした。［聞き手＝大西麻貴・山雄和真］

根底にある空間への意識

山雄　赤松さんが竹山先生に出会ったのはアモルフが東京にあった時代ですね？

赤松　そうですね。私が友達と旅行でヨーロッパに行ったときに、スペインでばったり会ったんです。「竹山さんじゃないですか！」って。当時、すでに面識はあったので、「じゃあ食事でも一緒にしよう」と言っていただいて、私たちからすると「竹山さんと一緒にレストラン！　ワクワク！」みたいな感じです（笑）。私が当時大学3年生か4年生だから、竹山さんは30代ですかね。

大西　竹山先生の印象はどんな感じでしたか？

赤松　有名でかっこいい建築家で、若手のスターみたいな感じがあったよね。具体的な接点はあまりないので、メディアの中の人のような感じだったかな。とは言っても、何かの会などでお会いすると、学生のわれわれに対してもとても気さくに話をしてくださったり、フランクな雰囲気をもちつつも、同時にめちゃくちゃ頭が切れる人、という感じでしょうか。もともと、アモルフという、パートナーシップで事務所を立ち上げた先駆けとして、小嶋（一浩）さんも兄貴的な感じをもっていたんだと思います。

山雄　シーラカンスと竹山聖の絡みは、あまり聞いたことがないですね。

赤松　プロジェクトとか仕事での絡みはないかな。小嶋さんとの会話ではよく名前は出ていたと思うけれど。竹山さんの言語って、シーラカンスが使っている語り口とはだいぶ違いますよね。だから建築的な部分では別のカテゴリーみたいな、私もなんとなくそういう感覚がありました。

山雄　今の話はよくわかります。僕は、学生の頃に建築ってどうやってつくるんだろうと悩んだ時期があって。京都って狭い世界だから、そこにいると建築に没頭できると同時に、外の環境を知らない人になる。僕はそこから出たいと思って東京に来たのですが、その頃に小嶋さんの文章を読みはじめて、自分がどこに建築を届けたいかということに対する語り口が、すごく広がりがあるように感じたんです。

赤松　そもそも使う言語体系が違うよね。竹山さんの場合は自分の中に世界観があって、それをきちんと構築するんだけど、シーラカンスの方が即物的というか現実的。竹山さんの方がもう少し概念的・観念的というのかな。

山雄　内面から言葉をつくるかどうかの違いでしょうか。シーラカンスは外にある言葉を選んできて論を組み立てている。一方で小嶋さんもすごく空間を信じている人だから、どこかで非論理的な部分があるんだけど、語り口は決してそうではない。

大西　たしかに、京都から東京に出てくると、大学でも課題の質が全然違うと感じました。私はどちらかというと京都から地続きで、詩的な言葉を身近に使いながら建築を考えてきたので、その部分をなくしたら、自分の大事なところが半分ぐらいになってしまうように思います。

山雄　でも小嶋さんは、竹山研出身の平田晃久さんや大西さんのことを買っていて、よくお二人の話をされていました。だから語り口はともかく、空間そのものを信じていて、それを表現しようとしている人たちのことは、やっぱり好きだったんじゃないですか。シーラカンスの人には、その両面がありますね。

大西　たしかに、シーラカンスの言葉に出会ったときの、「ああ、これは建築にすることができる」という感覚はわかりますね。

人はいつまでも成長できる

山雄　シーラカンスの面白さは、言葉と建築にある種の矛盾があることですね。この語り口はよくわかるし、社会に対する射程距離みたいなものがあって、でも一方で、それだけだとこの空間はできないというギャップがある。僕はそこに興味があったんです。面接の時にそう言ったら、小嶋さんは「ふーん」みたいな感じで、小泉（雅生）さんだけ「そうだろ？　そうなんだよ」みたいに話してくれたのを覚えています。

赤松　まだ小泉さんと一緒にやっていたときだね。山雄くんは最初、何を担当したんだっけ？

山雄　カタールです。《リベラル・アーツ&サイエンス・カレッジ》が現場中で、発表してない続きのプロジェクトが二つあったんです。僕が来たときには「2週間後に締め切りだから」と言われて、なのに白紙なんです（笑）。そのとき一緒にいた先輩は今うちのドバイ事務所でパートナーをやっていますが、当時の事務所の雰囲気は本当に研究室みたいでしたね。

赤松　15年前か。小嶋さんはまだ40代ですね。

山雄　その頃、2004年から2008年頃までは、シーラカンスはよく海外の仕事をしていて、僕が入ったあともすぐに《UCA（中央アジア大学）》というプロジェクトが始まったんです。

赤松　海外の打ち合わせにはよく行ってたよね。

山雄　赤松さんと二人でウィーンに行ったときに、磯崎新さんと三人で食事することになりましたね。磯崎さんにウィーンの街を解説付きで案内してもらうという、すごい経験でした。

赤松　それ、ビデオでも撮っておけばよかったなって。「磯崎新とゆく、日曜日のウィーン」みたいな（笑）。

大西　山雄さんの第一印象はいかがでしたか？

赤松　最初の頃はそんなにコミュニケーションが取れるタイプの人じゃないという印象でしたね。それに最初はそんなに英語がペラペラでもなかったでしょう？　でも海外のプロジェクトに放り込まれて、いつの間にかしゃべれるようになった。その順応力はすごいね。

山雄　だいぶ経ってから、「お前がそんなに人としゃべれるとは思わなかった」って（笑）。

大西　山雄さんのエピソードで記憶に残っていることはありますか？

赤松　《宇土小学校》をやっていたときに、たとえば先生方と打ち合わせをしていると、小嶋さんはいかにも機嫌が悪くなるわけね。納得いかない、みたいな感じ。で、山雄くんも当時はそうだった。私と二人で打ち合わせに行くと、先生方が言うことに対して、理路整然とダーっと説明しようとするから、先生は固まっちゃうので、私の方がフォローにまわる（笑）。打ち合わせ相手から感情論的に「でもやっぱりなんか、私はこっちなのよね」みたいなことを正面から言われると、むっとくるみたいなのはあった（笑）。でもそれから随分と変わったよね。事務所にいる間から含めて、「ちょっと、ちょっと！」というところをどんどん克服していっているなと思う。本人はあんまりそういうふうに思ってないと思うけどね。たしかに懐が深くなったという感じはする。

山雄　小嶋さんにも「お前はなんかタフになったな」と言われたことがあります。

放り出されて、はじめて考える

大西　シーラカンスのスタッフに共通していることは何かありますか？

赤松　シーラカンスのやり方は、とにかくスタッフがバーっと案を出すという感じだから、指示される状態でないとやれない人は、あんまり続けられないだろうな。

大西　私もY-GSAで小嶋さんの助手をやっていたときに、震災後まもない時期に牡鹿半島にはじめて行くことがあったんです。どうやって行くのかとか、どこで誰に会うのかとか、小嶋さんに尋ねたら、一言で「自分で考えろ」と（笑）。それで目が覚めて、そんなこと誰もわからないんだから自分で考えるしかないと。

山雄　竹山先生も、小嶋さんたちも、「まあいいんじゃない。やってみたら?」みたいに、放り出す懐の深さはありますね。

大西　たしかに、それは共通しているかもしれませんね。

山雄　そこで「じゃあ自分で考えなきゃ」となる人は、何かしら自分の道を見つけられるのかもしれないですね。

大西　山雄さんがシーラカンスで一番学んだことはなんですか?

山雄　「タフであれ」ということでしょうね。現実の世界において、ここまで自分の意思を通してもいいんだということ。もう一つは、小嶋さんも、赤松さんも、ある瞬間においてはものすごく現実的、即物的で、その判断の切れ味みたいなものがあって、ものをつくることに対する意志の力がある。実現させるためにここまでするか、みたいな。

大西　それはスタディの時ですか?

山雄　スタディの時もそう。でもすごく難しいのは、即物的な判断と美的な判断が混ざるんですよ。だからそれを判別して、「なぜこれを言ってるのか?」を咀嚼できないと、次の一手を間違える。いまドバイにいるパートナーとはそういうセンスが合っていたから、「赤松さんはこう言ってたけど、こういう意味だよね」と話をよくしていました。

大西　面白そうですね。

山雄　僕らはスタッフ同士でミーティングをよくやっていたんです。小嶋さん、赤松さんとの打ち合わせを受けて、次にスタッフとしてどういう手を打つか、と。「こう言ってたけど、これだと納まらない。でも一番譲れないところはこれだから」みたいに。でも「これ絶対無理じゃない?」となったら、「じゃあ小嶋さんがタバコ吸ってるときに話しに行くか!」みたいなことも含めて。

大西　すごくいいチームですね。

山雄　でも赤松さんも、小嶋さんも、そういう感じで違う提案をしにいくとちょっと嬉しそうにするんですよ。

赤松　山雄くんがいたときは、一つのプロジェクトが大きくて、複数人でチームを組んでいたからね。そこそこの規模のプロジェクトがあるというのは、事務所にとっては重要なんだね。一つのチームに先輩と後輩がいて、3、4人もいれば継続的に伝わっていく。一人でプロジェクトが動いちゃうと、「先輩に相談しなさいよ」とか言っても、その先輩が実質的なところがわかってないほかのプロジェクトの担当者だと、言えることが限られちゃうしね。

大西　私が竹山研でいいなと思ったのも、先生はずっと研究室にいらっしゃるわけではなく、むしろ博士課程の人から学部4回生まで、学生同士で一緒に議論したり、知らない本を教えてもらったりしながら建築を考えているところでした。そういうところは大切ですよね。

竹山研からシーラカンスへ

山雄　赤松さんがスタッフを見て、出身大学による毛色の違いみたいなものを感じることはありますか?

赤松　大学よりは人によるけど、たしかに大学によって教育傾向は違うでしょうね。でも京大からシーラカンスに来たのが4人って、結構多いよね。

大西　竹山研出身でいうと、隈研吾さんの事務所に次いで多いのではないでしょうか。

山雄　シーラカンスに来たのは、僕(2001年卒業)の次が原祥子さん(2004年修了)ですね。彼女は留学していたので、ちょっと間が空いていたかもしれないですが。

大西　原さんはマドンナみたいな感じだったんじゃないですか?

赤松　すごくきれいな子なんだけど、華やかというより、おとなしめ、でも芯は強くてしなやかっていう感じかな。

山雄　泥にまみれることをいとわない人って感じですね。

赤松　そうそう。だから普通にみんなフラットな中でやっていたよね。《UCA》のプロジェクトで、すごい辺境の地への出張なんかも、嫌がるかと思いきや、結構タフにこなしてくれていたよね。下山祥靖くん(2008年修了)が入ってきたのは原さんと入れ替わりぐらいかな。

大西　下山くんは私と同級生です。

赤松　その話を聞いたときに、「同級生?」と、同じ年齢にしては印象が違うなって、ちょっと驚いたけど(笑)。下山くんは4、5年くらい在籍していたのかな。プロジェクトでいうと《宇土小学校》とか、《流山市立おおたかの森小・中学校》も担当してる。彼はすごく自分の世界をもっているという感じ。最初の頃の山雄くんとも違うタイプ。普段は話していても淡々と「はい、はい」とか言いながら、なにかツボに入ったときにニヤって笑うんだよね。

大西　実はすごく心優しい人だというイメージがあります。

赤松　たしかに、気を遣うタイプだね。ちゃんと人の言うことを受け止める。積極的にコミュニケーションをとるタイプではないし、打ち合わせ以外であまり雑談をしている印象もないけど、自分の興味のスイッチが入ると急によくしゃべる。それも京大っぽいのかな(笑)。

大西　黒田弘毅くん(2012年修了)はどうでしたか?

赤松　のんびりしているというか、マイペース。最初の頃はつかみどころのない感じだったかな。優しいイメージもありますね。自分が不愉快だったとしても、それをあまり表さず、ある意味淡々としている。でも、下山くんの「淡々」と、黒田くんの「淡々」はちょっと違うニュアンスだけれど……。

山雄　でも、《釜石》の現場の途中から何かをつかみ始めてきたんですよね。小嶋さんも、赤松さんも、「黒田がなんだかのびてきた」と。現場で描くスケッチの質が変わった瞬間がありました。だからハマるとすごいんだと思います。

赤松　実は「のんびり」ではなく、少々のことでは動じないという強さだったのかも、と今になって思ったりします。

大学という場所をめぐって

山雄　法政大学でご自身の研究室の学生に対して、なにか赤松色を感じることはありますか？

赤松　うちの研究室は上級生が中心になって学生たちが何をやりたいかで動いています。メインのプロジェクトとしては、第1期生の祖父母が住んでいた、築150年の元々旅篭だった古民家がつくばにあって、昔から筑波山麓祭りの時には軒先だけ休憩のために貸していたんだけど、それ以外は使われていないから、「何かやりませんか？」となって、毎年赤松研のプロジェクトとして、ちょっとずつ手を入れています。

　大掃除から始めて、障子をつくり変えたり、床をもう一回通り土間に戻したり。お金の収支も学生たちに任せているので、私は具体化する過程で、実務的なアドバイスや安全性のチェック以外はほとんど介入しない。マネジメントから実際につくるまでを通しで経験するので、成長はするかなって感じですね。あとは、学生だからこそ街に受け入れてもらえるし、チームを学部生から修士まで、縦割りにしているから、「学年を超えて仲が良いのは財産だよ」って言ってます。

山雄　最近、大学の環境ってあらためて面白いなと思っています。その場に左右されることってすごく大きいし、でもそれは先生やその場にいる人の意志があってそうなっている。

赤松　うんうん。だから竹山さんだと、研究室ももちろんそうだけど、課題とかにもその色が出てるんじゃないかな。大学によっては、「自分の世界観で私的な建築を提案する」みたいなところもあるけれど、法政の場合は「これからの時代の建築はどうあるべきなのか？」ということを突っ込む。でも、あまり言い過ぎると新しい建築をつくることに躊躇しちゃうから、ただ壊してつくるんじゃなくて、新しい建築をつくるために、なぜ成立するかまで考えないとダメだよ、と。

それは大学によって違うでしょうね。

山雄 そうですね。僕は東京電機大学で非常勤をやってるんですが、学生の提案にリノベーションとか実家の改修みたいな提案が多くて最初はショックでした。自分が学生の時は隔絶された世界にいて、「その空間は新しいの?」とか、「その形って何なの?」みたいな議論ばっかりしていた。その下地があるのは大きいなと今でも思います。

赤松 その両方をきちんと思考できるようにしていかないとね。法政では、大学の近くのかなり大きな公園の一部を敷地にして、「絵本ライブラリー付き幼稚園」という課題を昔からやってるんです。あるとき、そのファイナル・レビューで、いきなり北山恒さんが学生の案の講評に入る前に、「公園というのは都市にとって大切な場所なんだ。そこに幼稚園を建てるなんて、そもそもの課題が良くない」と言い始めて……。いろいろな議論を経て、その課題はまだ続いていますが(笑)。

山雄 でも、それが大学らしいですよね。高松伸さんが京大でポエティックな課題を出した講評会で、布野修司さんが最初に「僕はこの課題の意味がわからない」と発言したんです。

山雄 そういう根本的な議論がいきなり発生するのが、大学のいいところなんじゃないですか。無茶な議論をふっかける人がいないのはまずい。

赤松 それはそれでメチャメチャ大変で困るけどね(笑)。でも、フラットに議論できるのは良いですよね。みんなが同じではなく違う考えがあるのが当たり前だ、ということを学生が理解する貴重な機会だし。

大学での活動に関しては、私はもともと自分が大学の教員になるとはまったく思っていなかったので、最初に研究室のゼミ活動と言われても、一体何をやればよいのやら、という感じでしたし、設計スタジオに関しても、非常勤で教えているのと、専任教員として設計教育の全体をどう組み立てていくのかを考えるのとは全然違う、という当たり前のことを、専任教員になってはじめて実感したという感じの、手探り状態でのスタートでした(笑)。

なので、とにかくゼミ活動に関しては、学生たちが主体となってやりたいと思っていることをサポートしていく、ということに徹していますが、それが学生にとっては良かったのかなと思っています。授業の中でも、建築学科で学べることは幅が広くて、社会との接点を考えると、めちゃくちゃ大きな可能性を秘めているのだから、もっと多くのことに興味をもって、どんどんいろんなところに出て行って経験することが大事だと言い続けています。

私が学生の頃に、竹山さんとお会いしたのもそんな感じであちこち出掛けていたことがきっかけでしたからね。行動こそが未来を切り開く！（笑）

2019年12月4日、CAtにて

赤松佳珠子（あかまつ・かずこ）
建築家。1968年東京都出身。1990年日本女子大学家政学部住居学科卒業後、シーラカンスに加わる。1998年シーラカンスアンドアソシエイツ（C+A）に改組、2002年パートナー着任。2005年CAtに改組。2013年より法政大学准教授、2016年同大学教授に就任。作品に《宇土市立宇土小学校》《流山市立おおたかの森小・中学校、おおたかの森センター、こども図書館》《南方熊楠記念館新館》《釜石市立釜石東中学校、鵜住居小学校、鵜住居幼稚園、釜石市鵜住居児童館》《渋谷ストリーム》《山元町役場》などがある。

建築ってのは、まあかなり面白いもんだよ

竹山聖

まあなにが面白いといって、建築の設計くらい血沸き肉踊る物はなかった。だからこそろくに就職もせずに、（実は一度も就職というものをしたことがない）うろうろおたおたほそぼそほのぼのと弱小設計共同体を続けてこられたのだし、今もなお、夢食って生きてるみたいな毎日を送っているわけです。断固として、文句なく、決定的に、圧倒的に、ほとんど致命的に、建築を設計するってやつはおもしろい。掛け値なしだ。

いろいろ四の五の屁理屈並べてヒトをけむにまくもよし、必殺ド根性路線でカラダ張って戦うもよし、瞬間芸磨いて時代を駆け抜けるもよし、超然と構えて悠々の時を呼吸するもよし、超絶技巧派テクニシャンをめざすもよし、プリミティヴでナイーヴなヴァナキュラーを装うもよし、ともあれ道を自分で切り拓いてゆく仕事なのだからおもしろくないはずがないじゃあないか。

とは言うものの、それほど面白いのなら大学４年間ひたすら設計に明け暮れたかというと、どうもそういう記憶もない。むしろひたすら麻雀と酒と○×に走っていたのでありました。ちなみに○×にはあなたの最も好きな事物を代入していただいて結構です。ただし○×の成果はまったくアウトだったけれどね。ま、どうでもいいけど。ひょっとしたらその反動で、ときに一生懸命、建築やっていたのかも知れない。つまりたぶんこういうことだと思う。自分の好きなことをひたむきにやる。そうすればおのずと建築に対するひたむきな姿勢も培われるという仕組みだ。話がうますぎるかしらん。

でもきっと、建築の設計するのに最低限必要なのは、才能でも根性でも体力でも努力でも訓練でもなくて、ひたむきさなんじゃあないかって気がするわけです。もちろん他のファクターもないよりあった方がいいのは確かだけどね。

だから大学４年間どう過ごすかってことに、えらそうな御託宣並べるつもりは毛頭ないし、そんなえらそうな４年間でもさらさらなかったわけだけれども、なにかこう将来の不透明感に憔悴やら苛立ちやら不安やらを感じつつも何とかやりすごしながら、比較的前向きに、ちょっとばかり気恥ずかしいのですが、ひたむきに自分を磨こう、みたいな気分がいつもあったような、そんな感じはあります。うん、正直なところ。いーのかね、それにしても、こんな場当たり的出たとこ勝負みたいなやつがこんなとこに文章書いてて・・・ま、いいか。

そうそう、ひたむきさってのはきっと場当たり的な集中力と背中合わせになっていて、出会いが訪れた時にあわてて騒がず逃げず恐れず、楽天的にぶつかっていく心のスタンスに支えられているものだと思う。４年間、たぶんさまざまなもの、こと、ひとと出会うはずで、そのとき、ひたむきに、前向きに、ぶつかっていける心のスタンスさえ育てておけば、あとはもうそれこそインシャラー（神のみぞ知る）の世界なんじゃあないかなあ。ともあれ、Good Luck！そして Bon voyage！

（たけやま せい 昭和 52 年卒 設計組織アモルフ）

座談会
［登壇者］

植南草一郎（ケンチクイロハ）　森重幸子（京都美術工芸大学）
森田一弥（森田一弥建築設計事務所）
竹口健太郎（アルファヴィル）　山本麻子（同上）

森田　京大に入ったとき、新入生向けに卒業生が寄稿したパンフレットが配られたの、覚えてますか？　高松伸さんや川崎清さん、小嶋一浩さん、そして竹山さんが寄稿されていました。

山本　よく覚えているね。

森田　竹山さんがそこに書いていたことが印象的でした。建築の設計というのは、とにかく掛け値なしに面白い。後ろ盾がなくて不安定な立場だけど、自分の責任で自分で道を切り開いていく、だからこそ楽しいんだというメッセージが、その文章からビンビン伝わってきて、何度も読み返したことを覚えています。

——竹山先生が京大に来られる前ですね。［大西］

植南　僕は第0世代なので皆さんより少し上ですが、竹山先生が来られる前の京大は、今の皆さんからは信じられないくらいアウトローで無茶苦茶。日常生活も、設計も。設計事務所のアルバイト募集にいくと京大生は嫌がられるんですよ。図面は描けない。ましてや模型などつくれるわけがない。手は動かないわ、口ばっかりやと（笑）。僕はそういう雰囲気が嫌で、ここは僕の居場所じゃない、と思い詰めてました。

森田　僕がはじめてお会いしたのは3回生の設計演習でしたね。そのときの講評会は今でも脳裏に焼き付いてる。竹山さんは、机に浅く腰かけているんですよ。そんな教員なんてほかにいない。布野（修司）先生は、酒を飲んでろれつが回ってない状態だし、カオスでした。それまで設計演習の講評会は、先生は学生の作品を採点するだけだったんです。それが、竹山さんはある学生とずっと議論してるのね。それまでは設計課題に締切もなかったから、講評会がそういう場所なんだというのを、はじめて教えてもらいました。

山本　私も2年生の時までは、助手の先生しか相手をしてくれなかったので、そういうものなんだと思っていました。そんなところに、2年生の後期に布野先生がいらして、みんなをすごく煽るんですね。「そんなぬるま湯の中でいいと思ってんのか⁉」と。不満はあったんですよ。だから、やっぱりそうだよなと。それで環境がすごく変わりましたね。

植南　布野先生と竹山先生は衝撃でしたね。黒船です。

竹口　当時の作品を紹介する雑誌よりも、建築の新しい理論を伝えるメディアを前提にされていたように感じました。布野先生や竹山先生はそれをちゃんと教えてくれて、こんなに面白いことがあるのかと驚きました。それまで先輩たちの課題作品を見ても、新しい理論で建築を考えるという視点がほとんどなかった。だから僕たちは違うことをやりたいと思っていて、お二人についていこうと。ついていけたかどうかはさて置き（笑）。

山本　私は設計によって自分の考え方を表現できるんだということがわかったのが、3回生の時で、竹山先生が担当された課題でした。西部講堂の敷地に、講堂を生かしたまま何かをする、というもので、私は講堂の上にもう一つ屋根をかけて、そこに上る階段を設計しました。形態だけでプログラムがあまりないものでした。でも、あの広場自体が大事な場所なので、そこをもっと豊かに使えるようにしたいという気持ちを、竹山先生はわかってくださったんですよね。「あなたはこういうことがやりたいんでしょう。それならもっとこうしたほうがいい」というお話ができたのが初めての経験で、設計が楽しいと思うきっかけになりました。

森重　竹山先生からは建築が好きなのが伝わっていきますよね。私は皆さんのように建築家になる欲が学生時代にはありませんでしたが、竹山先生の設計演習はほかと比べて圧倒的に楽しかったですね。竹山先生の指導に2回当たったんですが、しゃべっているうちに案がよくなっていくんです。褒め上手というか。

山本　西部講堂での課題で、木を生やしていたんですよね。その配置がすごくいいと言ってもらえて。いま考えると表現はすごく拙かったのに……。ダメなところじゃなくて、いいところから見てくれるんですよ。

竹口　僕は竹山先生が「意図のある空間がいい空間なんだ」とおっしゃったのをすごく覚えています。かっこいい、美しいデザインをしなきゃいけないと思っていた時期に、その言葉がすとんと落ちてきた。

――森田さんと山本さんは布野研にいってますよね。［大西］

森田　そう。僕らのときは竹山研と布野研という二つの選択肢があったんですが、僕は竹山研に行くような真面目にやってる連中が気に食わなかったんですよ。

山本　この人はそういう人なんです。

森田　斜に構えていました。布野先生が授業で『建築家なしの建築』を紹介して、東洋の建築の話をしたんですね。まずそれを勉強したい、見に行きたいと思って、布野研に行きました。設計は後回しでいいと思って。

山本　私は建築をつくる側になるのか、研究する側になるのか、迷いがあったんです。歴史も好きだったし、美学的なことにも興味があったので、欲を出して両方勉強しようと。その後、紆余曲折を経て、つくる側になりたいと思うようになったのは修士の時で、それで山本理顕さんの事務所に行きました。

——森田さんはどこにも勤めていないですよね？

森田　どこにも勤めてないです。勤めるものかって。実際に見ればわかるだろうと、現場で働いていました。

山本　師匠は左官職人ですもんね。左官の師匠なら腕があるから、素直に尊敬できると。

——森重さんはなぜ高田（光雄）研に？［山雄］

森重　同期で「四天王」と呼ばれる人たちが竹山研に行くことがほぼ決まっている状態で……。異質だったので、やめとこうって（笑）。もう一つは、自分は内側からものを出せる人ではないので。広く世の中を見るほうがいいなと。

植南　僕は博士課程1年の時に、自分たちで建築少年という事務所を始めました。すると、先生からは学校には来なくていい、設計活動に専念しろと言われて（笑）。ただし、追い出しと新歓のコンパには来て、こんなふうに学外で活動している先輩がいるんだってとこを後輩たちに見せつけなさい、と。それだけ。

——若いときにデビューするのは珍しいですよね。［山雄］

植南　それはやっぱりアモルフがあったからですよ、身近なモデルとして。アモルフ、シーラカンス、建築少年と続いていると、勝手に自負していました（笑）。

——皆さんが大学で学んだことで、今につながっていることはありますか？［大西］

森田　客観的に見るということかな。職人をやっていると、腕が良いこと、つまり技術があることが一番大切です。でも、設計を始めて、「上手い」ことが必ずしもいい建築につながるわけじゃないし、何がそこで一番大切なのか、一歩引いて考えるようになりました。そう考えるようになったのは、建築教育が効いているのかなと思います。

竹口　思い出したことがあります。講評会で、ある先生が学生の作品について「ここの仕上げの素材はどうなっているのかね」と聞いたんです。いい作品なのに素材のことでケチをつけられて学生が困っているときに、竹山先生が言ったんですね。「素材のことなんて学生に聞いて何の意味があるのか。そんなのは老後の趣味です」って。いま自分が講評をする立場のとき、毎回思い出すんですよ。ほかの先生がどういう状況に置かれるかもさて置いて、ばさっと切り捨てた、その切れ味が素晴らしかった。

――皆さん、京都で活動されていますよね。京都にいる意味はどんなところにあるのでしょうか?［山雄］

植南　僕は京都生まれ京都育ちですから、当然東京に行くことにそれほど魅力を感じていませんでした。そのままただなんとなく当たり前のように京都に拠点を構えていたわけです。でも、建築少年のとき、様々なメディアから取材を受けるようになると、なぜ京都が拠点なのかを考えさせられることになりました。手がけるのは現代建築ですが、京都の伝統精神を吸収して、京都でしかできない建築を当時から模索しています。

森重　私はいまの活動の中心は教育なのですが、もともと京都の研究をするとは思っていませんでした。卒業後はアモルフに勤めていたのですが、辞めてから自分の事務所をもって、大学でも教え始めて、京都にハマっていったんです。十分に面白いものが揃っていますよね。古いもの、新しいもの、人もそう。都市的なものもあれば、ローカルなものもある。建築やまち自体が魅力的な素材です。

――大学と今の活動は地続きなものですか?［山雄］

森田　地続きであるのはわかっているんだけど、あえて距離を保つみたいな意識がありますね。建築の基礎を学んだ自分の定点のような場所ですけど、その上で自分がどういう場所にいるのかをつねに意識している。だから、付かず離れず、ですね。

山本　大学の近くで仕事をしてるという意識はあまりないのですが、5年前に非常勤講師に呼んでいただいて、そのとき大学に行ったのが本当に久しぶりで、学生時代に引き戻される感じがしました。それまでは、たぶんあえて見ないようにしてたんだなと。ただ、東京とかに比べるとゆったりしていて、時間の流れ方は昔と変わらないように感じます。

竹口　東京よりも京都のほうが、資本主義に翻弄されない余裕があるんです。だから京大では余裕がある建築をつくってほしいし、理論上だとしても建築を謳歌できる場所であってほしいです。大学は、モラトリアム的な建築をつくることができる、仮説を建築として挑戦できる唯一の場所ですから。

現在へのつながり

世界への「窓」としての竹山研究室

鈴木健一郎

私は現在、米国の設計事務所でアーバンデザインという分野の仕事をしている。敷地は中国、東南アジア、米国等にわたり、クライアントはディヴェロッパーであったり、地方自治体であったりする。いわゆるマスタープランをつくることが主な業務である。複雑なプログラムや敷地要件を読み解く能力が必要とされる上に、常に何種類かのオプションを提示することが要求される。また、特に初期段階では、明快なフレームワークを提示すること、後に建築スケールで設計が行われる際に対応できる、フレキシブルな計画をすることが重要となってくる。

振り返ってみれば、私は、かなり斜に構えた学生だった。他人の意見には概して懐疑的で、かといって、自分の能力に自信があったわけでもなかった。そのような中で、設計演習の講評会などで、他の先生からは相手にもされなかったアイデアがたまに竹山先生から評価されることが励みになり、「それ見たことか」と生意気にも思ったものだ。留年までして大学院での竹山研究室配属を希望したのは、自分にとっては、自然な選択であった。

当時の竹山研には、様々な国からの留学生が多く出入りし、コスモポリタンな空気に満ちていた。週一回のゼミは、マラルメがそのアパルトマンで主催したという芸術家や詩人の集う会の名から「火曜会」と命名され、“Any”会議の記録、フーコーやベンヤミンなどのテキストを題材に、思考としての建築/建築としての思考をめぐって議論が繰り広げられた。自分ではなんとなくわかった気になって終わっていたようなことでも、留学生たちは、常に「Why?」「What does it mean?」と問い続ける。それに英語で応酬することで、より深く考える習性が身についたように思う。

竹山先生は当時、アモルフでの仕事とは別に、研究室でプロジェクトを遂行する折には、「都市景観研究会」という名義を使っており、それらのプロジェクトは、常に大きなコンテクストとしての「都市」を射程においていた。思い返せば不思議なもので、私が初めて竹山先生と一対一で仕事をさせていただいたのは、その都市景観研究会名義での、前橋駅前のプロジェクトであった。当時はもちろん、後にアーバンデザインを生業とするとは夢にも思わなかった。プロジェクトは、駅前に空中庭園を浮かべるというもので、プログラムは未定、敷地範囲もフレキシブルという、学部生の私にとっては、つかみどころのないものだった。スケールの大きな計画をまとめるためには、ダイアグラムが明快なスキームを提示することが必要だということ。たったひとつの正解などというものはなく、変更を重ねてデザインをより良くしていくプロセスが大事だということ。そのときに学び、培った基礎は、アーバンデザインの実務において今も生きている。

先生自身から学んだことは多く、その影響で海外に出たという側面もある。しかし、最も大きかったのは、先生を慕って集まった留学生たちとのゼミやプロジェクトでのコラボレーションで鍛えられたこと、そして、先生を通して海外の建築家たちと出会えたことだった思う。京都遷都1200年のコンペのワークショップのために来日した、ヴォルフ・プリックスとトム・メイン、歴史的建築への「介入」というテーマでのセミナーを開いたヴィセンテ・ディアス・ファイシャットなどと接することによって、日本の外で仕事をすることが、あながち夢ではないような気になった。

竹山研は当時の私にとって、世界への窓のような存在であり、その窓なくしては、外部を見ることはなく、いや、外部というものがあること自体認識しなかったかもしれない。

現在へのつながり

混沌と秩序 その共存する場所で

井関武彦

「建築家にとって一番大切なのは自由であることだ。この研究室では君に2年間の自由を約束しよう」。大学院の進学先に悩んでいた私は、竹山先生のこの言葉に強く背中を押された。

竹山研は、博士課程から3回生まで非常に個性的なメンバーが集まっていた。フランス、スペイン、ポルトガルなどヨーロッパ各地からの留学生も常時出入りしていたため、学生は年齢、国籍ともに多岐にわたり、研究室にはボーダーレスで自由な雰囲気が漂っていた。しかしどの学生も、自由を与えられたことをどこかで自覚しつつ、竹山研独特の目に見えない緊張感のようなものを感じていたと思う。学生としての限られた時間が刻々と過ぎ去っていく焦りを感じながら、様々な西洋思想や芸術体系から建築を再解釈しようと書物に没頭し、襲ってくる不安やコンプレックスと格闘していた。

そんな研究生たちを支えていたのは、竹山先生の知性とユーモア、建築に対する根源的なオプティミズムだった。先生の言葉には現役の建築家であるからこその厳しい批評性があり、未熟な私たち学生に勇気を与えるアイデアがあった。研究室が一丸となって取り組んだ「独身者の住まい」展や「大阪駅北ヤード」のコンペでは、議論を何度も重ねながら学生たちの個性が一つのテーマに収斂していく様子が私にはとても印象的だった。そんな自由と不安が共存する場所で、設計について考え、試行錯誤する機会を得られた事に感謝している。

卒業後から現在に至るまで私が活動の拠点としているロンドンにも、ボーダーレスで自由なエネルギーと緊張感が入り混じった空気が流れている。様々な歴史と文化が交錯するこの街では、ある時はテロや暴動といった混乱が通りを封鎖し、また別の日には調和と団結を求めるデモ運動が広場を埋め尽くす。日々移り変わる街の光景を目の当たりにすると、現代のロンドンですら16世紀のシェイクスピアの戯曲と何ら変わらないように思える。そして同時に、そこから「街は自分たち一人ひとりのものである」というイギリス人の確固とした所有意識が伝わってくるのだ。イギリスで長く暮らしているうちに、私は「個」の自由と集団の秩序はお互いに補完し合い、大きな物語を生む存在になり得るのだと前向きに考えるようになった。この姿勢は自分の設計にも少なからず影響している。

現在所属するザハ・ハディド事務所でつくる建築は、まさに「個」の多様性が磨きあって秩序となり、自由な建築を生み出している。小さなうねりが大きな波になるように、アイデアが次々と形を変えながら成長していく。この事務所の最大の強みは、建築を解放しようとするザハ・ハディドの意思と、それを秩序だてようとするパトリック・シューマッハの理性、この二つの力の相互作用にあった。ザハ亡き今、彼女の担っていた役割は私たちスタッフ一人ひとりに委ねられている。様々な価値観や思想を受け入れながらも、常に自由な個人でいること。柔軟性と寛容の中にも揺らぐことのないビジョンをもつこと。ザハとパトリックの教え、彼らの生き方に共感する人々が集まって、現在も当事務所は約４００人のスタッフを抱え、世界中で新しい建築の可能性に挑戦し続けている。

私は建築家として自由でいられているだろうか。今でも、竹山先生の言葉を頭の中で反芻することがある。終わりのないようにも思える混沌としたものづくりの中から、ひとすじの光のようなアイデアがふと生まれる瞬間がある。霧が晴れたように頭の中がクリアになり、当たり前だと思っていた考えが覆され、その場に居合わせた人が言葉を超えてひとつになる。建築をつくるプロセスの途中で時折訪れるこの瞬間に、私にとっての建築の自由が全て集約されているように感じる。そして、私のつくる建物を訪れた人の心にも、自由な発想から生まれる感動と瑞々しさが届いて欲しいと願い、設計を続けている。

第２世代

世界とつながる場所

2nd generation / The place connectiong to the world

1997 → 2003

留学生を積極的に受け入れようと考えてきた。そして、日本人学生には、できれば海外に出る経験をもつように、と。僕自身は残念ながら果たせなかったが、留学経験は自分の世界を広げる、と思うからだ。

だから、1998 年にバレンシア工科大学から、1999 年にパリ・ラ・ヴィレット建築大学からワークショップ指導の話をもらったときは、喜んで出かけて行った。この両校とは多くの交流が続いている。2003 年にはチェンマイ大学でもワークショップをもった。これらのワークショップに共通するテーマは「無為の空間」だ。

研究室の外国人留学生はフランスが最も多かったが、他のヨーロッパの国々も多く、比較的アジアからの学生は少なかった。主として国費留学生を受け入れてきたからだ。異文化に触れるのは刺激的で楽しい。ポルトガルとスペインの留学生が互いにイタリア語でコミュニケーションを取っている、といった場面にも出くわした。

京都で KASNET という建築学校のネットワークをつくり、行ったのが《京都グランドビジョンコンペ》ワークショップだ。トム・メインとヴォルフ・プリックスがしばらく滞在してくれて、京都の建築学校の学生たちと一緒にコンペ案を練った。KASNET は KYOTO ARHITECTURE SCHOOL NETWORK の略だが、のちに KYOTO が KANSAI となり、関西の建築学校のネットワークにつながって、「建築新人戦」の母体となるのは 2009 年のことだ。

《独身者の住まい》展は東京のギャラリー 2 か所で開催され、学生たちの企画する交流イベントも相まって、刺激的な場となった。それが『独身者の住まい』(廣済堂出版、2002) という著書にも収録される。

大阪北ヤードのコンペにも研究室の総力を挙げて取り組んだ。面出薫さんと一緒に光ファイバーで模型に照明を組み込んで夜景の演出をした。Live Love Lab Osaka というタイトルは、いまは亡きコピーライター眞木準さんの命名である。

僕が厳しかったという発言が散見されるが、こちらはそんなつもりもなかった。

彼らの世代を境に、どうやら竹山は鬼から仏へと変貌を遂げるようである。

[竹山聖]

座談会
［登壇者］

高塚章夫（高塚章夫建築設計事務所） 勝矢武之（日建設計）
中川潤一（かいごデザイン） 小池美香子（小池坂本建築設計事務所）
山雄和真（waiwai） 高濱史子（+ft+／高濱史子建築設計事務所）

京都から世界へとつながる

山雄　第2世代の頃は、研究室のプロジェクトがあまりなく、ゼミでも、自主的にやるサブゼミでも、読書会をよくやっていました。建築の本も読みましたが、どちらかといえば建築以外の分野の本を、たとえばドゥルーズの『千のプラトー』や、ハイデッガーの『建てること、住まうこと、考えること』を取り上げていました。だから竹山研といえば、建築の話をあまりしていない、もっと自由なことを考えていて、少し広い分野のことをやっているというイメージでした。僕は1997年の入学ですが、研究室配属の時は、ピュアに設計をやる人たちは高松研に行って、竹山研に行くような人はちょっと違うことを考えている。そんな雰囲気があったと思います。

高塚　前の世代とは3、4年開いているので、研究室も様変わりしたようなところがあるんじゃないでしょうか。上の世代はプロジェクトを盛んにやっていて、活気のある研究室でしたよね。本を

バレンシア大学合同ワークショップ

1998 年にバレンシア工科大学で竹山聖がワークショップの指導をしたことがきっかけとなり、京都にスペインから学生を招いた合同ワークショップが行われた。京大からは竹山研だけでなく、各研究室から学生が参加し、またラ・ヴィレット建築学校の学生交え、合計 42 名からなる大がかりなものとなった。

テーマは「無為の時間の空間化」。京都の古建築や神戸・淡路島の安藤忠雄らの建築、キリンプラザ大阪や D-HOTEL といった大阪の都市的文脈を表象する現代建築をめぐる 1 週間の視察を踏まえて、そこでの経験をもとに「無為の空間」を A1 のケント紙一枚に表現するというもの。日本とスペインの学生からなる 7 つの混成チームは、議論の中であがった「タイフーン」「秩序と混沌」「鴨川の断面」といった言葉を契機として議論を展開し、それを写真のコラージュやドローイングを用いて一つのイメージへと昇華した。

期間中は日本人学生の自宅にスペイン人学生がホームステイし、生活をともにする経験を通して、言葉や生活習慣、思考法の違いを体感した。その一方で、提示された概念を拠り所に、それを建築という共通言語によって展開させることができることは、文化を違いを超えた財産としての建築というものを認識できる機会となった。

[長野良亮の記録をもとに再構成]

上 / ワークショップの風景　右 / プレゼンシート

14　ワークショップ（京都）・国際コンペティション｜1999

KASNETワークショップ
／京都グランドビジョンコンペティション

模型写真

世紀末の閉塞感のなか個が世界と開かれていく、そんな時代を背景に竹山聖が生み出したのが、京都の建築学生を束ねるKASNETというネットワークだった。
KASNETでは、ヴォルフ・プリックス、トム・メインといった世界的な建築家を京都に招いて、京都市立芸術大学、京都精華大学などの他大学とチームを組み京都の未来像を考える国際コンペ「21世紀・京都の未来」にむけたワークショップを行った。
コンペでは京都に様々な交通の結節点となるSuper Terminal=「超端末」を出現させ、それを空港と結ぶことで世界と直接つながると同時に関西の結節点となる都市の未来像を提案した。［宮原賢次］

15　ワークショップ（フランス）｜1999

ラ・ヴィレット建築大学合同ワークショップ

集合写真

90年代後半以降、竹山研を中心に海外の建築家や学生と共にワークショップをするのが恒例となった。1999年にはパリに遠征し、ラ・ヴィレット建築大学で約1か月に渡るワークショップが開かれた。パリではペリフェリック（都市環状道路）沿いの交通と住環境をテーマに、日仏混成チームを組んで、リサーチに始まり、自分たちで課題を発見・設定し、都市と建築・経済・文化を横断する多面的な提案が求められた。
ワークショップを指揮したのは、ラ・ヴィレット校のルイ＝ピエール・グロボワ教授、フィオナ・メドウズ、ヤーン・ヌソムら建築・都市計画の専門家に加え、音楽家のピエール・マリエタンを迎え、さらに日本から建築家の松岡恭子、建築史家の土居義岳が参加し、複雑なパリの都市状況をテーマにした活発な議論が展開された。［高塚章夫］

〈海外の大学との交流〉

パリのラ・ヴィレット建築大学と京大の交流の歴史は長い。90年代の留学生の中に今回寄稿してくれているヤーン・ヌソムもいた。その彼が１９９９年の11月に一か月間パリに滞在してワークショップをやらないかと誘ってくれた。ちょうど高塚が留学していたこともあり、せっかくだしみんなで参加してみるか、となった。バレンシア工科大学との交流も、同じく今回寄稿してくれたフェルナンド・ベガスが京大にやって来て交流しようと提案してくれたのがきっかけだ。僕はその頃たまたま国際交流委員というのをやっていた。おかげで国際交流は僕が一手に引き受けていた感がある。１９９８年10月のバレンシアのワークショップはとても評判が良く、それから継続的に呼んでもらって、そこに学生たちを連れて行ったりもした。２０００年には交流30周年を祝うパリ日本文化会館でのイベントに加藤邦男先生と一緒に呼ばれ、作曲家ピエール・マリエタンと一緒に登壇した。マリエタンはラ・ヴィレットの都市音響研究所（LAMU）の所長で、99年のワークショップでも協働したのだが、その後、彼の主催するスイスでの建築音楽環境会議

読んで建築を論じるような活動は研究室のカラーとして引き継いでいますが、僕らの世代は、ワークショップが多かった。僕は卒業後、パリのラ・ヴィレット建築大学に留学していたのですが、そこに京大から竹山先生が学生たちを引き連れてきて、一緒にスタジオをやりました。それが竹山研初の海外でのワークショップだと思います。

——ひと月ぐらい、みんな泊まりがけでしたね。［竹山］

高塚　日仏の学生がいくつかのチームに分かれて、パリの都市問題、具体的にはペリフェリックという旧城壁跡につくられた環状高速道路がつくり出す都市の境界・分断について考えるというものでした。地元の学生がいてくれたおかげで、日本の学生たちもパリ生活を謳歌していましたね。慣れてきた頃にスリに遭って、外の世界の洗礼を受けた人もいました（笑）。

勝矢　海外の大学との合同ワークショップも盛んでした。１９９９年には、バレンシア大学のフェルナンド・ベガス先生が学生を連れて日本に来られました。そのときは1週間、スペインの学生が一人ずつ日本の学生の家に居候して、生活を共にしたので、彼らといろいろ話をしながらのワークショップでした。まあ、家ではほとんど建築の話はしなかったのですが（笑）。

同じ年には《京都グランドビジョンコンペティション》というアイデアコンペがあって、京都精華大学など、ＫＡＳＮＥＴの大学と共同で取り組みました。京都の都市ビジョンをつくるという課題だったのですが、そのとき先生が、モーフォシスのトム・メイン、そしてコープヒンメルブラウのヴォルフ・プリックス、この二人を連れてきてくれたんです。彼らにレビューをしてもらいながらコンペを進めましたが、世界の建築の最前線に触れられる、貴重な機会でした。

に毎年のように呼ばれて出かけていくことになる。そこで今回寄稿してくれたナディヌ・シュッツにも出会う。交流の輪が広がり、世界に友人ができる。素晴らしいことだ。［竹山聖・以降欄外すべて］

トム・メインとヴォルフ・プリックス

──《京都グランドビジョン》の時は、僕が親しくしていたドイツ領事が、国際的にもっと注目を集めるために、「海外の建築家も呼べばいいんじゃないか」と言ってくれて、僕が5人ぐらいピックアップしたんですよ。ダニエル・リベスキンドがOKを出してくれたものの、結局来れなくなったりして、アルベルト・カンポ・バエザも当初のスケジュールならOKだったんですが、その後スケジュールが変わってしまってNGになった。ちゃんと来てくれたのが、トムとヴォルフ、その二人。彼らは基本的にはずっといてくれたんです。［竹山］

勝矢 トム・メインは非常に気さくな方でした。彼はジャン・レノに結構似ていて、自販機の横にジャン・レノのポスターがあったので、そこに並んでもらって写真を撮ったりと、われわれの悪ふざけにも快く付き合ってくれました（笑）。いま考えると本当に罰当たりですね。

山雄 その頃は研究室に留学生がたくさんいましたよね。まわりに当たり前のように外国人がいて、ゼミは英語で準備しなきゃいけない。すごく大変でした（笑）。でもいま考えると、結構面白いシチュエーションだったような気がします。

勝矢 研究室には何人も外国人がいましたが、ゼミの時になるとさらに増えるんですよね（笑）。「この人は誰？」みたいな人が集まってきて、みんな英語で議論してましたね。

小池 私の時は日本人の修士1年は私ひとりでした。一方で留学生のフランス人が三人、スペイン人が二人、中国人が一人、あとポーランドから帰国した先輩の前博之さんがいて、研究室がインターナショナルな場になっていました。そこで鍛えられましたね。

中川 ほかの研究室の友人から、「竹山研って、外人研だよね」と言われていて。実際、外国人のほうが多かったので、公用語が英語でした。話す言葉も、張り紙とかも全部。英語でケンカしてる人もいました（笑）。

高塚　前の世代の時に「今でも焼き付いてる先生の言葉があります」なんて先輩方もおっしゃってましたが、僕が先生に言われたのは、「海外へ行ったほうがいいよ」と、それだけでした。僕はそれを真に受けて、「行きます！」って。

海外に行ってわかったのは、海外の建築スクールは、日本の工学部系の建築学科とは教育方針も学生の種類もまったく違うということ。一つは芸術系に属する学校が多いので、デッサンや彫刻・写真などの実技が多く、映画や音楽の知識がみな豊富でした。もう一つは、建築教育専門機関が多く、課題の多くが非常に実践的なことです。また建築を単体で捉えるのではなく、つねにリアルな都市問題から考えるというのは、京大でやっていた設計課題にはなかった視点でした。

思考から実験へ

山雄　研究室の活動としては、僕はやっぱり読書会やゼミの印象がすごく強いです。建築論を読むというよりは、もうちょっと手前のもの。たとえば、マックス・ヤンマーの『空間の概念』という、物理学の分野における空間論みたいな本を先輩たちが持ってきて、「これを読むぞ！」と。はじめから全然意味がわからないんだけど、それがすごく面白かった。建築をやっているなら何を勉強してもいいんだと、そういう自由さをたたき込まれたんだと思います。

〈読書会〉

建築に言葉は必要か、という議論が研究室草創期からあって、「必要だ」という学生には、どこが、どうして、と問いただし、「必要ない」という学生には、そうかね、とツッコンできた。答えがある議論でなく、考えることに意義がある。考えるためには本を読まねばならない。そんな空気が醸成され、むしろ学生が主体となって読書会を組織するようになった。というわけで、結局は言葉と格闘することになる。難解なテクストを選んでチャレンジするこの読書会は、当時「空間論ゼミ」と呼ばれていた。空間を問う、という一点で、フーコーやドゥルーズ、デリダ、ミシェル・セール、ヴィリリオなどの思想や哲学にも、問題意識が結びついていく。

読書会

第1世代の終盤から始まり、2000年代の半ばまで活発に開催されていた、学生主導のサブゼミである。

当時はだれもがポストモダニズム建築の次の建築の形や理論を探しており、そんな時代の中で建築の礎を「建築的思考」のうちに見出そうとする学生なりの試みであった。

竹山聖には、建築の基盤を、社会秩序や合理性といった社会や物理の次元に置くのではなく、より根源的な何かに求めようという志向性があった。それは、機械による大量生産時代であるモダニズムが始めてしまった、存在の意味の忘却への抵抗である。建築の存在論的な意味、建築が開示する世界の可能性、そして建築を創造する人間の過剰さ……。それらの「語りえぬもの」を思考する方法は「建築的思考」と呼ばれていた。それに刺激され、われわれは多くの本を読んだ。ヴィリリオ、コロミーナ、ヴィドラー、フーコー、ドゥルーズ+ガタリ、ハイデッガー、フロイト、ベンヤミン……。建築に関する本も、そうでない本も。

いまやわれわれはすべてがデータ化されていく情報化社会を生きている。そんな時代にあって、当時に読書を通じて追い求めた「建築的思考」は、現代の「測りえぬもの」の価値をわれわれに突きつけ続けている。

[勝矢武之]

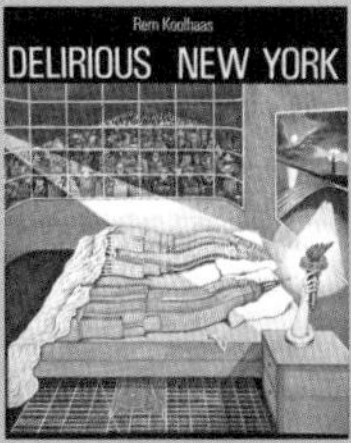

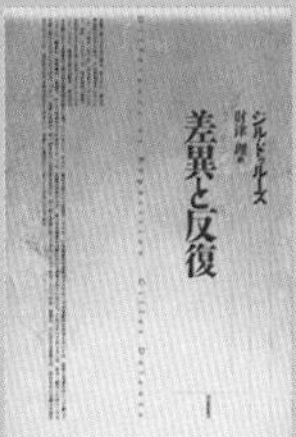

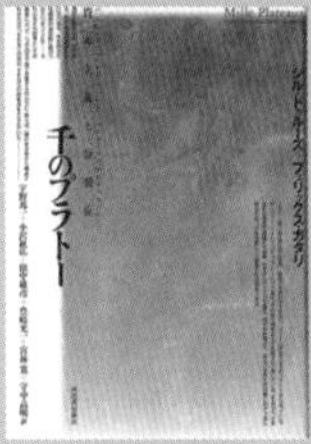

左上から /
- Max Jammer『Concepts of Space』
- Rem Koolhaas『Delirious New York』
- ジル・ドゥルーズ『差異と反復』
- ジル・ドゥルーズ+フェリックス・ガタリ『千のプラトー』
- ミシェル・フーコー『言葉と物』
- Paul Virilio『The Overexposed City』
- Jonathan A Hale『Building ideas』
- マルティン・ハイデッガー『建てる・住まう・考える』
- Bernard Tschumi『Questions of Spaces: Lectures on Architecture』
- Bernard Tschumi『Architecture and Disjunction』
- フランセス・A・イエイツ『記憶術』

勝矢　空間論のゼミは刺激的でしたね。実は昨日、20年ぶりぐらいに資料を取り出して見ていたのですが、当時はあまりプロジェクトがなかったこともあって、随分ゼミに精を出したことを、懐かしく思い出しました。山雄さんが言ったように、建築だけでなく、哲学だったり、社会学だったり、いろんなジャンルの本を読んでいたんですが、僕がその過程で学んだのは、クライアントや近隣といった目の前の状況を解決するだけじゃなく、もっと大きな世界の問題に向けて建築を考えていく姿勢です。建築は普遍的な価値をもちうるのだと。

いま世界はだんだん自由でなくなり、ビジョンを語りにくくなって、よりポリティカル・コレクトネスみたいなところからデザインが決まりがちな時代になっています。でも、建築がもちうる普遍的な価値の重要性を忘れてはならない。そのことを空間論のゼミや、「ゼロの空間」といった概念を通して教えていただいた。

もう一つ、ゼミで衝撃的だったのは、先生の話はどんどん飛躍していくんですよね。あるときはプラトンの話をして、またあるときはフーコー、あるときはフロイトというふうに。そこにはつねに先生独自の解釈があって、それぞれの思想家を自分に引きつけて読んでいた。僕らはクリエイターであって、研究者ではない。だからクリエイターの論理と研究者の論理は違っていていいんだと、そのときわかったんです。創造のためには自分なりの概念や理論をどう構築していくかが重要なんですね。

山雄　先ほど、僕はゼミや読書会の印象が強いと言いましたが、小池美香子さんはスタジオや展覧会をしていたイメージが強いそうです。実は京大では、スタジオコースというのがちょうどわれ

〈ゼロの空間〉

ゼロは特別な数だ。空いている、ということでもあるから、そこにはなんでも入る。機能主義建築へのアンチテーゼとして機能をもたない空間や領域を想定し、それにゼロと名づけた。どこにも属さない場所とも無為の空間とも通じるし、そもそもサンスクリットのスーニャ（ゼロ）の鳩摩羅什による漢訳が「空」だ。色即是空、空即是色の「空」である。「超領域」も機能を脱する空間だがサーキュレーションを司る。ゼロの空間は、それ自体が機能をもたず自立している。《神戸三宮計画》ではゼロスペースと名づけて「浮遊」のイメージをもたせた。宙に浮いたゼロの空間だ。それは出来事を触発する可能性の空間でもある。

〈独身者の住まい〉

2000年頃、いくつか独身者の住まいの設計依頼が続き、調べてみると日本の大都市は35％以上、パリは50％、ニューヨークは60％が単身居住だった。時代を読む試みでもあるな、と、これをスタジオのテーマとし、2年続けた。スタジオコースはもともと4回生前期の課題として僕が立ち上げたものだが、竹山スタジオではこの《独身者の住まい》の2001年から大学院生も一緒に研究室総出でスタジオに取り組むことになって、研究室の士気が大いに高まる結果となった。その勢いで東京のギャラリー2か所で展覧会を開き、学生主体のディスカッションイベントも開かれて、京大建築の存在をアピールする結果となった。多くの建築以外の各界で活躍する人たちも来てくれて、またいま活躍する若手建築家、たとえば藤村龍至からもこのときのイベントに参加したと聞いた。こうした学生同士の交流が建築を考える刺激となることを痛感したスタジオだった。

われの世代の時に始まりました。4回生の前期の課題をスタジオ制にして、学生が先生を選ぶというスタイルです。竹山研ではそのスタジオに大学院生も参加するのが普通になっていますが、2001年の《独身者の住まい》がその最初でした。

小池　《独身者の住まい》の時は、最初に短い小説を書かされた覚えがありますね。自分で主人公を決めて、物語を書く。みんな困惑しながら（笑）。

中川　書かされましたね。

山雄　すごく嫌そうに言いますね（笑）。

中川　施主を自分で設定することに慣れていなかったし、小説で表現するなんてなおさらやったことがない。でもきっと物語を通して建築を考えろということだと受け止めました。今はそれはすごく大事なことだと思っています。

小池　《独身者の住まい》は最初から外へのアウトプットを意識したスタジオでした。学内でも、ただの発表ではなく、展覧会形式で行いました。翌年のスタジオも同じ課題で、2年分の成果を東京にもっていって展覧会をやることになりました。当時、東京で展覧会ができるというのは、とにかくワクワクしました。しかも場所は青山。先生は企画もデザインも私たちに任せてくれました。会期中にはふらっと会場にいらした小嶋一浩さんに作品の説明をしたりと、とにかく刺激的でした。ふだん京都にいて専攻内だけでプレゼンをする内向的な私たちを、もう少し広い世界につなげてもらいました。最終的には竹山先生の『独身者の住まい』という本の最後に、学生の作品すべてを載せていただきましたが、すごく恵まれたスタジオでしたね。

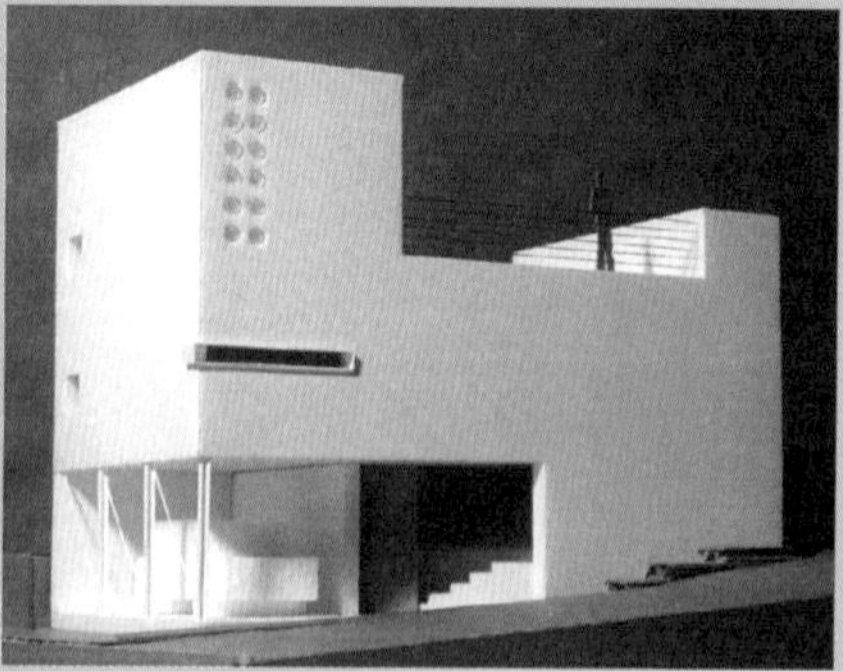

上 / 展示風景（スピカミュージアム）
下 / 左から、山本基輝「モノヲ書クヒトの家」・山雄和真「イドノソコハウス」・坂本英史「映像作家の家」

独身者の住まい

21世紀に足を踏み入れたばかりの当時、単身者世帯の増加や高齢化、生き方の多様化を背景に、日本における住宅像の貧しさに対して住まいの新しい選択肢を構想してみようというスタジオ課題だった。

まず、独身者・単身者に関する統計リサーチや、小説やエッセイを読むことを通じて独身者の生活についてイメージを広げるとともに、ディスカッションを通じて「身体感覚の再編成」を念頭に置いてそれぞれが計画を進めようということになった。

次に「まずは小説を書くように」とお題を出され、クライアント「独身者」の具体的な姿（見た目や要望、思想までも）を描き出した。つまり「独身者」の極めて個人的なわがままを空間化してよい、ただしそれは一般化された「独身者」ではなく、具体的な人物をもとにしたシナリオをつくり、それを通じて建築を考え、空間を立ち上げること。その自由さに挑戦してみようというものだ。また、そうしてディテールを伴った「独身者」は自然と社会性を帯び、住まいと都市のつながりについて考えるというものでもあった。

独身者のための住宅を京都という住宅密集地に計画するということは、住宅の中でもさらに小さい建築を構想することになる。竹山スタジオの過年度の課題に比べても相当に小さい。小さな建築にどれだけ豊かな想像力を込められるか、狭い空間にどれだけの広がりを生み出せるか、というのもテーマであった。

こうしてそれぞれ固定観念にとらわれない、思い切った住宅が2年間で25ほど構想された。設定した人物像に寄り添って、住宅の部分部分はそれぞれ自由にダイナミックに伸び縮みしているように見えた。

そうした2年間の成果をもとに東京・青山で展覧会を行った。私小説と建築が対になった個性的な作品たちを、スタジオ全体として社会的な意義も含めてきちんと大学の外に発信すること。これはとても新鮮でやりがいのあることで、東京の学生たちとディスカッションを行ったことも刺激的だった。

このスタジオは、建築を志す私たちが社会へ出ていくときの大きな道標になったと思う。［小池美香子］

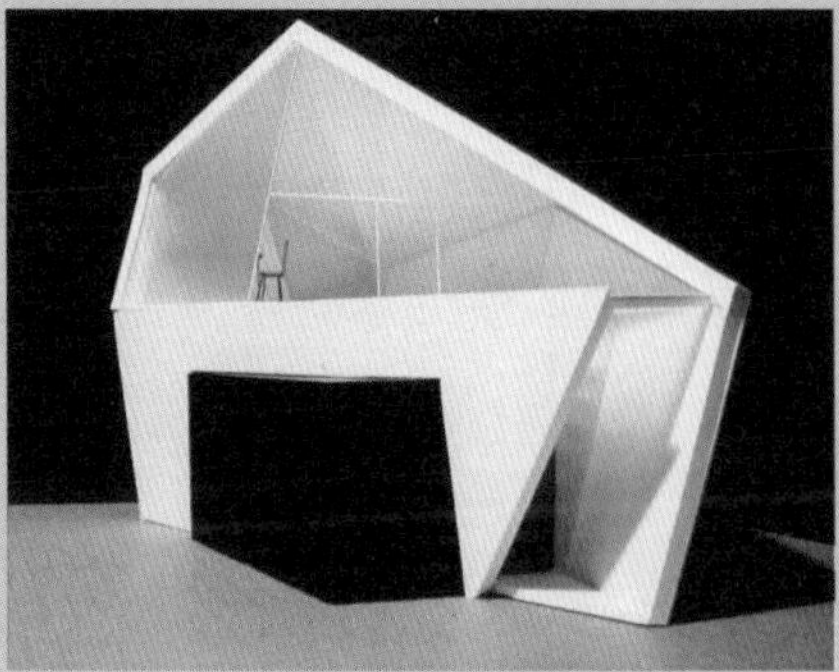

《独身者の住まい》展のトークセッション

高濱　私にとっても《独身者の住まい》は本当に思い出深いスタジオです。それはなぜかというと、実は私は4回生になるときの研究室配属で竹山研のセレクションを落ち、大きな挫折を味わったんです。でも、4回生の前期課題はスタジオ制なので、落ちた人も一緒に課題をやれることになり、自分のすべてを出し切ろうと全力で挑んだスタジオでした。結果として良い評価をいただき、『traverse—新建築学研究』にも見開きで作品を掲載してもらえることになったんです。

展覧会や雑誌掲載のように、自分の設計したものが、学ぶため、単位を取るためだけのものではなく、一つの成果として外に発表できる機会をもらうことができて嬉しかったです。あと、スタジオ履修者みんなで東京に行ったときに、竹山先生が、妹島和世さんや伊東豊雄さん、隈研吾さん、團紀彦さんなどの事務所に連れて行ってくださって。本でしか知らない建築家の方々に直接話を伺い、設計の現場を見ることができました。先生の作品を見学したり、早稲田大学の研究室を訪問したり、盛りだくさんの内容で、大学の外へとつながっていくような体験でした。

山雄　《独身者の住まい》の展覧会を京都と東京でやったとき、僕はもう東大の大学院に移っていたのですが、トークセッションのゲストとして東京まわりの学生にも声をかけてくれたので、僕だけでなく、藤村龍至さんや猪熊純さんも一緒に参加していました。この頃から研究室でやったことを外に発信し始めたという印象がありますね。そういえば、高濱さんは同じ時期に東大で一緒でしたね。竹山研から東大の大学院に行った人は結構います。

高濱　そうですね。私も山雄さんと同じ藤井・曲渕研に行きました。その後、大学院の途中でスイスにインターンシップに行き、そのまま留学して、卒業後はヘルツォーク&ド・ムーロンの事務所に勤めました。自ら外の環境に出ていくようになったのも、《独身者の住まい》での経験が大きいですね。

建築家になるという勇気

中川　僕は研究室の思い出として、今につながるプロジェクトがあります。大阪の淀屋橋の《シティタワー大阪》というマンションのエントランスホールと上層の展望室のコンペです。採用されると200万円。「学生で提案していいよ」と先生に言われ、修士論文の終わりぐらいの時期で、論文を書きながらだったのですが、「200万円だよね！」とか言いながら案をつくった思い出があります。結果的にエントランスホールの部分だけが選ばれたので、100万円をいただいたのですが、そのとき竹山先生が「中川、大義名分ができたな！」って。僕は卒業後にどうするか迷っていたんですけど、先生に「自分でやるのもいいじゃない」と言われて、賞金を建築士の資格試験のための資金に充てました。卒業したあとは普通に設計事務所をやろうと思っていたんですけど、たまたま自分の母親が介護施設を経営する仕事をしていて、面白いかもなと、一緒にやり始め、今は老人ホームやデイサービスを運営しています。と同時に、たまに住宅の設計も。

竹山先生は当時、「無為の空間」という話をされていましたね。僕は最初、介護と建築との関係をバリアフリーやユニバーサルデザインのような観点で考えていたんですが、だんだん高齢者の住まいや暮らしを知っていったときに、「無為の空間」であるとか、「死」に対して、どういう

〈無為の空間〉

「無為という虚構／〈かけがえのない住まい〉をめぐって」という文章を『新建築住宅特集』の巻頭論文として書かせてもらい、建築の原点は、何もしない行為を受け止めうる豊かさをもつべきなのではないか、と考え始めた。「機能」を超える、というのが、さらには非合理をどうやって建築に取り込むか、物理的なだけでなく心的なメカニズムをどのように建築空間に反映させるかが、学生時代からの関心事だった。何かを一生懸命にしているときは、空間を忘れる。ただ一息ついてホッとして、あるいは幼い子供を見守りながらぼんやりするとき、そんなときに

空間の美や豊かさ、庭のありがたさなどに、つまり無為の空間の素晴らしさに気づくのではないか。それは一見無為な時間の中に人生の豊かさのエッセンスがある、ということと同義で、だから無為の時間の空間化という言い方もする。これを最初にワークショップのテーマとしたのは１９９８年バレンシアでのこと。１９９９年のパリでも、そして２００３年のチェンマイでも、同じテーマで、もちろんコンテクストは異にして行った。２０１６年の香港大学でも、「無何有の郷」という荘子の言葉を手がかりにしたワークショップを行った。「無為」は「機能」を否定するのでなく、包み込むための、そしてさらに豊かな空間を目指すための、キーワードなのだ。僕にとって。

場所がいいのか、病気をもった方にとってはどういう素材がいいのか、と興味が移ってきたんです。今は介護の問題や、高齢者と建築みたいなことを追求していきたいと考えています。

小池　私は卒業してから山本理顕さんの事務所で4年半働きましたが、今は独立して自分で設計事務所をやりながら、同時に東大で隈研吾先生の研究室のお手伝いもしています。

山雄　隈研はどういうことをしているんですか？

小池　大小いろいろなデザインプロジェクトやワークショップをやっています。隈さんがＡＡスクールなど海外から先生を呼んできたりして、学生が新しいことをどんどん学べる場にしていこうという雰囲気があります。隈さんも竹山先生も、学生にいろんなプラットフォームを用意するのがうまいですね。インターナショナルな研究室であるところも似ています。違うのは、当時の竹山研のようにひりひりした雰囲気はありません。竹山研は、ゼミの時に研究室に入ると気温が2度低いと言われるぐらい、ものすごい緊張感がありました。ゼミやエスキスで不用意なことを言うと、先生から容赦のない爆弾が飛んでくる……。人生であれ以上の緊張感はないと思ってます。

山雄　同じ世代の卒業生同士で「先生怖かったよね」という話をよくするんです。ゼミやエスキスの準備を死ぬ気でやっていたな、と。今でもすごく覚えているのは、先生は「お前たちのことは学生だと思ってない、一緒に議論したいんだ」とおっしゃっていた。対等の立場で議論したいというスタンスだったので、同じレベルのものをもっていかないと話にならないという怖さがありました。だからこそ鍛えられたなと、今でも思いますね。

勝矢　ゼミは、ちょっと頓珍漢なことを言うと、先生からいきなり厳しい言葉が飛んでくるような、緊張感あふれる場でしたね。でもその厳しさが、建築に対して誠実であることからきているので、この厳しさとは向き合わざるを得ない。そういう感じだったと思います。

山雄　それに関係してもう一つ、僕は竹山研で卒業設計をやったことで、自分は建築家になるんだなと思いました。勝矢さんも言ったように「建築に対して誠実」であり、自分の頭で考えて、自分の言葉でしゃべり、自分の手で絵を描く。建築が好きで、それをひたすらやり切ることさえできれば、建築家になっていいんじゃないかと。そういうことを、なんとなく先生に言われている気がして、そういう気持ちで卒業設計をやれたことが、今の自分の人生を決めているように感じています。

　僕は、東大の大学院を出てからはシーラカンスの小嶋一浩さんのところで8年間働き、2013年に独立して、今はwaiwaiという設計事務所をやってます。僕は東京事務所の代表で、ドバイにパートナーが二人います。みんなシーラカンス時代の同僚で、一緒に海外プロジェクトをやっていたチームです。どうやったらフィールドを日本とか、東京に限定せずにできるかということを三人で考えた結果の体制なのですが、ずっと東京だけでやっているとどこか息苦しくなってくる感じに対して、つねに自分のチャンネルを外につなげておきたいと思っています。

高塚　いま卒業設計の話が出て、当時のことを思い出しました。卒業設計って、みんなそれなりに命をかけてやってたと思うんですね。武田五一賞（学内の最優秀賞）、要はトップを取りたいという気持ちが当然あったのですが、僕は取れなかったんですよ。取ったのは勝矢くんですが（笑）。そのときに、竹山先生が「一等になったやつは建築家になれない」っておっしゃったんです。

〈学生を学生と思わない〉

1987年に竣工したOXY乃木坂の一階と地下のカフェとバーのインテリアは倉俣史朗によってデザインされた。この協働を通して僕は多くを学んだ。1991年に急逝されるまで、折に触れてお会いしては飲みながら刺激的な話を伺った。その中に、「僕は若い人をいつもライバルだと思ってるんです」という言葉があった。教えるとか導く、というのでなく、つねに肉薄して競い合うべき相手として接しているのだ、と。そして、いつも過去の仕事は忘れ、まったく新しいデザインを目指しているのだ、とも。過去に拘泥したり安住したり誇ったりせず、実績など忘れ、若い世代とはつねに競い合う関係を持ち続ける。倉俣史朗の教えは数多あるけれど、この言葉は特に胸に刻まれている。だから、「偉そうな言葉」を使わないよう僕はいつも心がけている。そして学生とはいつも刺激を与え、と同時に与えられる関係でいようと思っている。

〈一等賞〉

賞は魔物だ。励みにもなるし躓きの石にもなる。一般的には賞は、その世界を理解しない人たちの評価を助ける役割をもつものだ。だから、本当にその世界をわかる人たちにとっては、賞をとってもたいしたことのない人もいれば、賞をとらなくても一目も二目も置かれる人もいる。しのぎを削る関係であれば、相手がどの程度の力量をもち、自分がどの程度かは、わかる。宮本武蔵は昇段試験を受ける必要がない（もちろんそんなもの、まだなかった時代だが）。競い合うことは意味があると思う。ただし自分を磨くことになる限り、だ。卒業設計やコンペや様々な評価の世界に建築界は満ち満ちている。ただ、そうした機会を通して自身を磨き続けた人間のみが、本当の意味で勝利を得る。勝利とは人と競い合った結果でなくて、自分と戦った結果だ。現状に満足せず、より高い志をもつこと。

——毎回言ってます。［竹山］

高塚　僕はそのとき、慰められてる気がしたんです。「そうだ、まだ可能性はあるんだ」と。でもよく考えたら、平田晃久さんも一番、その下でいえば大西麻貴さんも一番です。勝矢くんも組織設計とはいえ、そのトップで建築家をやってるから、実はみんな建築家になっていますね。

——だからなんの根拠もない話なんだけど、仮になにか賞を取ってしまって、そこでなにかしら満足してしまうと、その後うまくいかなくなることもある、ということだと思います。［竹山］

高塚　そうかもしれないですね。そんな僕も今は独立して、自分で設計事務所をやっています。独立するまで伊東豊雄さんの事務所に10年間勤めましたが、僕は海外物件しかやりませんでした。そこで感じたのは、外国では建築は文化であるということです。特にヨーロッパでは、一般の人の建築リテラシーも日本より遥かに高く、街に存在する建築は等しく社会の共有財産という意識が強い。日本でも建築家の振る舞い方で、少しずつ街並みや人の意識が変わっていくだろうと思っています。

勝矢　卒業設計の話ですが、その当時、先生方が票を入れるときにポスト・イットを貼っていったんですね。僕は、竹山先生が誰に貼るのかなと見ていたら、ちゃんと見えなかったんですけど、たぶん僕には貼らなかった。なので、僕にとって卒業設計は挫折でした。でも、その挫折が自分をずっと駆り立てていると思います。

　僕はいま、日建設計という組織事務所にいます。マギーセンターというがん患者のための療養施設から、隈さんや妹島さんとコラボレーションさせてもらった渋谷の駅まで、大小様々なプロジェクトをやっています。難しい状況のプロジェクトも多いんですが、研究室で学んだように、目の前の現実だけではなくて、より大きな時代の布置の中で建築を捉えるように心がけて建築を設計しています。

バルセロナのカンプ・ノウというサッカースタジアムのプロジェクトでは、派手なデザインを考えるのではなく、カタルーニャという気候風土が求める場とは何かとか、21世紀に人が集まる場所はどうあるべきか、といったより普遍的な建築の価値について考え、公園のようなスタジアムを提案してコンペに勝つことができました。そうした建築への態度にも、研究室で学んだことが生きていると思います。

Live Love Lab Osaka
大阪駅北地区国際コンセプトコンペ

広大な貨物駅用地の開発による、21 世紀のまちづくりのモデルとなる全体構想。ここに集う、あらゆる人・モノをつなぐために、緩やかに傾いた人工地盤で、敷地全体を覆うことを提案した。

交通網や大型施設を地盤の下に計画し、新しい大地を人間の活動に開放。人々は、大地に穿たれた孔を抜け、大地にちりばめられた様々なフォリーや、地盤の上に顔を出す施設群の間を、そぞろ歩き、出会い、学び、生きる。構成要素がLの形を成しているのは、それが正方形のような完結した形でないがゆえに、他の要素との間に関係を生じさせる形だからである。

スクリーンや、ガーデンにはコンピュータで制御可能な照明が配され、季節、時間、移りゆく人のアクティビティにしたがって様々に表情を変える。模型ではその光の風景を、埋め込まれた約千本弱もの光ファイバーと5つの光源を用いて表現した。[山本基揮]

左 / 模型写真（全体）　右 / 模型写真（夜景）

現在へのつながり

美しさと向き合う

高濱史子

ちょうど引越しの日の朝も、こうして私はこのテキストを書いている。自分が住むところを設計しようと思ったのにはいくつかの理由があるが、そのうちの一つに、自分と家族が少なくない時間をすごす空間が美しくないことへのフラストレーションがあったことは間違いない。

自邸の設計というと、建築家にとって自らの建築とは何かを最大限表現する機会だととらえる人もいるかもしれない。私にも、じっくりと自分の建築とは何かに向き合って実現した自邸に住んでみたいという気持ちはある。ただ、私にとってこの家は、もっとやむにやまれぬ状況で生まれたものである。私にデザインを追求する姿勢を教えてくれたジャックとピエールも、自らが設計した建築に住んでいるが、そこに込められているのは、もっと生活に密着した何か、日々に必要な美しさといえばよいだろうか。建築家としてのステートメントとは違う何かに基づいてつくられているように感じた。少なくとも私の自邸とはそういうものなのである。

竹山研究室について振り返ってみると、一番印象的だったのが「独身者の住まい」というスタジオ課題だ。学内での提出後、東京での展覧会を通して自分の作品を発表する機会があったのだが、その過程で留学生と交流したり、東京で名建築を見学したり、有名建築家の事務所を訪問したり、他大学の建築学科の学生と討論したりと、初めての体験をたくさんすることができた。未知の世界を自分の世界と地続きのものとして見たときの感覚は、大学院で東京へ、さらにスイスへと飛び込んでいくことにつながった。

東京大学に入り、修士1年が終わるのと同時に、クリスチャン・ケレツの事務所でインターンシップをするためにチューリヒへ移住した。まったくと言っていいほど英語でのコミュニケーションが取れないなか、数えきれないほどの模型をつくり、スケッチを描くうちに、事務所では厳しいクリスチャンが私には笑顔で接してくれるようになった。インターンシップのあと、スイス連邦工科大学チューリヒ校（ETHZ）留学中に履修したクリスチャンのスタジオ課題でも高評価を得ることができたが、これらは、言葉ではなくスケッチや模型が物語る何かを評価してくれたからではないかと思う。

ETHZでの2セメスター目には、スタジオバーゼルという、ジャック・ヘルツォーク、ピエール・ド・ムーロン、ロジャー・ディーナー、マルセル・マイリが教鞭をとり、都市の調査（記述）を行っているスタジオを履修した。そこで学んだのは、内容もさることながら、たとえリサーチであっても、アプローチ（調査・記述方法）、記録写真、図版、アウトプットとしての本のレイアウトに至るまで、すべてが美しくなければならないということだった。実際、セメスターの途中でグラフィックデザイナーによるレイアウトの講義があり、それぞれのリサーチ内容に合わせてどんなレイアウトにするのがよいかについて、エスキスを受けることができた。その体験が新鮮で面白かったので、東大の修士論文では、ジャックとピエールにも指導を仰ぎ、バーゼルをケーススタディとした都市の自然について書くことにした。そして、その論文を通して能力を評価してくれたジャックとピエールのオファーを受け、そのままスイスに残ってヘルツォーク&ド・ムーロン（H&deM）で働くことになった。

H&deMでは、プロフェッショナルであることが求められた。遅くまで働いているからといって認められるわけではなく、あくまでパフォーマンスが評価の対象となるシビアな世界だ。コンセプトやスキマティックフェーズを担当することが多かった私は、来る日も来る日も、「オプション」と呼ばれる検討案をつくったが、そこで議論されるのは法規的な解答でも、計画学的な使い勝手などでもなく、デザインの美しさについてだった。もちろん敷地のコンテクストを読み込み、法規や与条件が解けているのは大前提の上で、様々な素材を使ったコンセプチュアルな模型や、歴史やアートから紐解いたリファレンスなどを用いてコンセプトについて語った。問題解決だけがその建築の存在価値ではない。つねにデザインが求められ、それに純粋に向き合って追求することを学んだ。

その頃、余裕のある生活をし、プライベートを充実させることによって感覚が研ぎ澄まされるということも実感した。友人のホームパーティーに参加してみると、建築関係者も、そうでない人も、裕福な人も、インターンの学生も、日本に比べて圧倒的に豊かな空間で生活していた。便利さを優先した家電ではなく、花やアート作品、アンティーク家具など好きなものに囲まれ、友人と一緒に料理をして時間を共有することができる場所がそこにあった。気になる展覧会があれば国をまたいで週末旅行し、スタンプラリー的に有名建築を急ぎ足で見てまわるのではなく、その周辺の街並みを楽しむことを覚えたのもその頃である。スイスでの生活は、忙しさに飲み込まれ、受け身に日々を送るのではなく、自分の生活を自分でデザインすることだった。

５年が過ぎた頃、スイスへ飛び出したときと同じくらいの挑戦を求めて、日本へ戻って独立することにした。ジャックにそのことを相談したとき、「フミコは直感的だ。良くも悪くも、私に似ている」と言われたことは、誉め言葉として受け取っている。

２０１２年春、スイスでの経験を活かし日本でもやれる、と期待に胸膨らませて日本に帰ってきたものの、イメージしていたような建築家デビューとはいかなかった。実現したプロジェクトはクライアントにも満足していただき、自分としても手ごたえを感じていたにも関わらず、それを作品として外に発信する際に、うまく言葉に表現できていないような感覚があった。日本での実務経験がないため、現場で用いられるような言葉をうまく使えないという意味でも、再び言葉に悩まされ、同年代の建築家たちが活躍の場を広げているのを横目に、自分はどうしたら認められるのだろうと、悶々とした日が続いていた。

そんな日々に、ある気づきを与えてくれたのが、2年前、私の結婚式の時に竹山先生にしていただいたスピーチだった。そのとき先生は、バーゼルについて書いたあの修士論文を「美しい」と表現した。それは帰国して独立するかどうかの相談をするために、先生を訪ねたときに持参したものだったのだが、覚えてくださっていたことへの嬉しさを感じるとともに、「美しいということそれ自体に価値があるんだよ」と仰っているように聞こえ、迷うことなく美しさを追求すればよいのだと再認識できたのである。

そういえば、大学3回生の頃、設計課題の提出数日前の製図室に先生が現れ、「髙濱さんのプランはカンディンスキーの絵のようだから、幾何学の線だけ抜き出したドローイングに着彩してみるといい」と声をかけてくださったことを思い出した。それは、絵も建築を表現し得るということ、美に対する意識をもちなさいということを教えてくださっていたのではないか。美しさの種は、このときすでに私の中に蒔かれていたのだ。

言葉からは逃げられない。ただ、スイスで様々な美しいものに触れたことで培われた感覚、そして美しさを追求する姿勢が自分の強みだと信じ、説明なしに感動できる空間、美しい空間を目指して、これからも設計活動に取り組みたいと思う。

このテキストを書き終え、引越しの片付けが済んだら、ぜひ先生に新しい住居を見ていただきたい。どのようなコメントをいただけるだろう。

第 3 世代

文学的感性

3rd generation / The literary sensitivity

2004 → 2007

多くの他ジャンルの表現者たちと親しく交流してきたので、応答的な感じ方、考え方をしてきた。一本の線を引いてみないと何も始まらないし決まらないとも考えてきたので、臨床的に、つまり現場に臨んで経験的にものごとと向き合い思考することだ、とも言い聞かせてきた。かなり理論的、頭脳的な側面があることは確かだけれど、実践的に、身体的に生きようとしてきたのだと自己分析をしている。

だから、奥田瑛二さんから『るにん』の美術を手伝ってくれないかという申し出があったときは、一も二もなく引き受けた。ロケ地の八丈島に長い間籠り、山梨の山奥や栃木、そして茨城に出かけて行って映画製作の現場に立ち会うのはこの上ない刺激だった。その奥田さんから、友人のクロード・ガニオンが信楽で映画を撮るので、こんどは本格的に美術監督をしないかと言われ、京都からも近い、これは京大の学生たちにもその現場を体験させてやりたい、と思った。学生たちには過酷な経験だったかもしれないけれど。それが《KAMATAKI（窯焚）》だ。映画監督は建築家に似ている。現場ですべての指示を与えねばならない。しかし同時に現場を盛り立てねばならない。でないといい作品にならない。

このころ東京のギャラリーで「四人展」を始めていた。画家の堀越千秋、詩人の小川英晴、写真家の徳山喜雄と一緒に。そこで感じたポエジーについての仮説を、スタジオでやってみようとしたのが「ポエジーと建築」だ。ここでも応答的なプロセスを通して、足場、エラーというキーワードを元に、ポエジーを孕む建築のあり方を考えた。

ポエジーは無為と似ている。なんの役にも立たないことが実は一番大切なことだ、という気づきに漸近していくきっかけを与えてくれる言葉だからだ。イムラアートギャラリーで展覧会をし、小冊子をまとめ、京都国立近代美術館でシンポジウムを行った。自分自身の中に応答の場をもつと同時に、現実にも他の人々との応答の場をもつこと、殻を破って異界と接触すること、そうした経験を通して、建築的想像力というのは磨かれていくものだから。

竹山研って何やってんの、という謎がますます深まっていった時代かもしれない。

［竹山聖］

座談会

［登壇者］

矢野雅規（日建設計）　木村佐知子（NTTファシリティーズ）
大西麻貴（大西麻貴+百田有希／o+h）　下山祥靖（indigo）

ポエジーをめぐる応答の軌跡

大西　私たち第3世代の時代には、桂に新しいキャンパスが出来ました。昔からある吉田キャンパスの研究室のこともなんとなく感じつつ、今ある桂の研究室も知っている過渡期の世代です。学部時代のキャンパスは、それまで建築学科に積み重なってきた各世代の歴史が空間の端々で感じられる場所でしたが、4回生になって桂のまっさらな、まわりに何もないキャンパスとなり、そこではじめて過ごした世代となります。

その頃を振り返ると、《KAMATAKI（窯焚）》という映画のプロジェクトで美術制作に関わったり、スタジオ課題の講評に詩人の小川英晴さんがいらしたりと、異分野の方々が自然に大学の活動に関わってくださっていました。竹山研は詩や音楽、映画というものに触れながら建築を考えていくことが、当たり前のような環境だったのではないでしょうか。

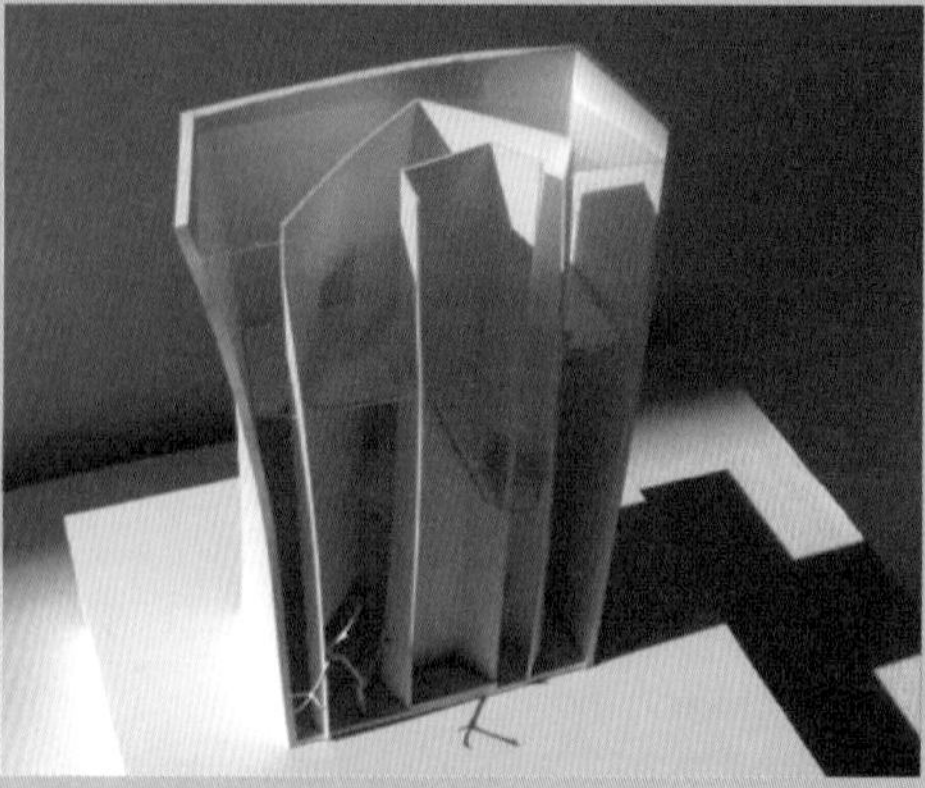

上 / 展示風景（イムラアートギャラリー）　左下 / 大西麻貴「気配のある家」　右下 / 「イメージ」のパネル

ポエジーと建築
「RESPONSE — ポエジーと建築」展

大学の設計演習の枠を超え、展覧会、討論会、セミナー、本にまで広がったプロジェクト。例年通り4回生に加え研究室の博士・修士・研究生含め全メンバーで取り組んだが、通常と大きく異なったのは当初設計対象が何もなかったことである。正確にいえば、唯一の手がかりとして「足場とポエジー」という竹山聖のテキストが課題文として与えられただけであった。「建築におけるポエジーとは何か？」という問いである。

まず、「建築とポエジー」について考察することから始めたがすぐに行き詰まり、苦し紛れに無作為に相手を決め相手のイメージにふさわしい詩を捧げ合ってみた。次に詩から連想される「イメージ」をなんらかのかたちとして表現することを試みた。また、具体的な人の姿を移入するため別なプロセスとして、各人が思いつく著名人の名前を三人ずつ挙げお互いに交換し合った。次に受け取った三人の著名人の中から一人を選び「ストーリー」をそれぞれ書いた。ここで異なるプロセスで導き出された「イメージ」と「ストーリー」をそれぞれにシャッフルし、与えられた「イメージ」と「ストーリー」が結びつき、クライアント像へと姿を変え、住宅を設計することになった。

大切なのは、設計課題自体をつくり出すともいうべき暗中模索のプロセスそのものである。やり取りの中で導かれたというキーワードが象徴するように、重ね合わされる無数の他者との応答の中には、つねに予測不可能なエラーが組み込まれる。私たちは、積極的な他者との「RESPONSE＝応答」の中に、建築におけるポエジーを読み解く鍵を探ったのである。［矢野雅規］

「足場とポエジー」　竹山聖

言葉は足場である。

ロゴスとは足場である。


そこからエロスが立ち上がらねばならない。

あるいはタナトスが解き放たれねばならない。

これらは過剰であり、狂気である。

ただどちらも言葉によって、ロゴスによって、
人間が背負い込まされてきた過剰である。
人間は自然でありまた自然からずれている。

過剰に立ち上がるもの。

これがポエジーである。

ポエジーはロゴスの足場から身を乗り出し、
羽ばたき、落ちる。
足場はポエジーのダンスの出発点だ。
足場がなければ始まらないが、
足場はただの始まりに過ぎない。

人間はロゴスの足場を築く。

足場は論理である。

足場のみを巡って満足な人間もいる。

しかし多くの人間は足場からの飛翔を試みる。

あるいは飛翔に憧れる。

組み上げられた足場が解体されたときに、
建築というポエジーが姿を現すことだろう。

〈詩〉

もし人生に最も必要で、でも一番軽視されているもの、と問われたら、詩は、その第一候補なんじゃないだろうか。詩、というか、その向こうに広がっているポエジーの世界だ。僕らは生きていて、朝の風に吹かれたり、空の青さに見とれたり、せせらぎの音に耳を傾けたり、夕日を眺めたり、夜空の星を見上げたりしたときに、心に何かが染み込んできたり、心が震えたり、身体に力が漲ってきたり、時空の彼方に引き込まれるような気がしたりしないだろうか。世界は素晴らしいな、生きていてよかったな、あの時が懐かしいな、あの人はどうしているかな、などと思ったりはしないだろうか。そのきっかけが言葉だったら、それを詩と呼ぶのだろう。言葉でなければ、詩情と、つまりポエジーと呼ぶ。そしてそれは、論理的な思考回路ではなくて、ちょっと間をすっ飛ばしたり、間違えて別の箇所につながったりしたシナプス結合のエラーからくるのじゃないか。そのエラーが、生存に必要だったから、そして喜びと驚きだったから、そうした作用が引き継がれた。そんなふうに思うのだ。連想や遊びはそんなシ

私が竹山研にいたのは4回生の1年間だけでしたが、そのときの《ポエジーと建築》というスタジオ課題がとても印象的でした。京大のほかの研究室ではスタジオ課題に取り組むのは4回生だけなのですが、竹山研では4回生からドクターまでの全員が、世代を超えて一緒にやるというのが特徴になっていました。でも当の竹山先生は、最初に「足場とポエジー」という詩を課題文として出されて、種まきをしたあとはいなくなってしまった。そこで、「先生は何をこの課題で問いかけたのだろう」とみんなで考え、どういう課題に育てていったらいいかとディスカッションしながらスタジオをつくったという思い出があります。

矢野　私も《ポエジーと建築》は特に印象的に残っています。私自身は、先輩たちが取り組んでいた《独身者の住まい》というスタジオに憧れて竹山研究室に入りましたが、その後《フローティングシアター》《マンガミュージアム》と続いて、最後の年に取り組んだのが《ポエジーと建築》でした。そのときは4回生の面倒をみるTAという立場でしたが。大西さんが言われたように、先生から最初に与えられたのは、「言葉は足場である、ロゴスとは足場である」からはじまるテキストだけ。そこからどうやって進めばいいか、試行錯誤の連続でした。最終的には「イメージとストーリーが与えられたとせよ」というデュシャンの言葉を少しもじって、イメージとストーリーを元に住宅をつくることになりました。

大西　どうやって進めていくか話していくうちに、ポエジーについてずっと議論していても何もはじまらないので、イレギュラーなものが勝手に入ってくるような仕組みとか、何か運動に変えてかなきゃいけないのではないかということで、まずお互いに詩を贈り合いましたよね。

ナプス接合のエラーを楽しむ、人間の知恵だ。エラーが創造力を鍛える。無意識はエラーに満ちている。

〈イメージとストーリー〉

言葉が空間を導くことはたしかにある。でも形のような痕跡のような、つまりある種のイメージのようなものが、空間を発想する手がかりにはなりやすいかもしれない。まずはイメージ、それが何であれ。そしてそれから言葉。しかもこれをストーリーとして紡いでみる。それからそれらをシャッフルしてコンバインする。こうした作業を通してエラーを生じさせ、そこにクリエーションの手がかりを見出す。その後にはさらにクライアント像などを提案してもらったり、それを交換したりするのでまだまだ先は見えないのだけれど、そうした先の見えない道を、あらかじめ作業手順を示さず、手探りで迷路を進むようにたどってもらう。そんな試みだった。そしてそれは、僕の最初から頭にあったことではなく、スタジオでのみんなとのディスカッションを通して突然天から降り注いだアイディアだった。

木村　くじ引きでほかの学生の名前を引いて、翌週その人にささげる詩をもっていくというプロセスを踏んだのはすごく新鮮でした。

矢野　本当にゴールが見えてないので、何やってんだろうなって思いながら……（笑）。

下山　それまでテーマの段階でこんなに考えたことがなかったので、竹山研の洗礼を受けた感じがしました。大西さんがずっと「どうしよ、どうしよ」と言っていた記憶があります。

大西　はじめに、「詩って何だろう?」と考えていたら行き詰まってしまって……。これはもう詩を贈るしかないと。それが手紙になったんですよね。

――その後、詩から浮かんだイメージをポンと出して、それを取り換えっこして、そのイメージから今度はストーリーをつくって、それをまた取り換えっこして、最後に住宅にしようか、クライアントは誰にしようか、となりましたね。［竹山］

大西　クライアントをヒトラーやスーパーマンにした人もいました。

――そのクライアントもくじ引きでシャッフルしたんだよね。［竹山］

大西　クライアントは各自が選んだ人物のままだと面白くないので、一旦抽象化するためにその人物のストーリーを書いたんです。たとえば、宇都宮崇行さんはヒトラーを題材に「帝国主義者の楽園」というストーリーを書いています。「とある冬の週末。時刻は昼を過ぎたところだ。茫然とした部屋に不釣合いな豪奢なベッドがぽつりと置かれている。癒えることのない疲れがこびりついた身体を迎える、いつもの激しい頭痛と冷たい目覚め。」というような書き出しで、いま読んでも面白い。そんなストーリーをみんなが書いて、それをもとに建築をつくっていきました。

もう一つ面白かったのは、留学生のウォジツキ・シモンさんが、あるとき突然、能を踊り出して（笑）。能の足の動きを、「イメージ」の一つとして提出したのです。

木村　最初、誰もそれが何なのかわからず……。そういう想像しなかったところから現れてくるイメージをもとに、悩みながら、でも楽しみながら取り組んだという記憶があります。

矢野　詩からイメージをつくったり、仮想の登場人物のストーリーをつくったり、あるいはつくったイメージをメンバー同士でシャッフルしてみたりと、プログラムやプロセス自身を自分たちでつくっていったことは、自分の建築家としての人生に影響を与えてくれました。

　このスタジオのまとめとして、《RESPONSE―ポエジーと建築》という展覧会を京都の丸太町にあるイムラアートギャラリーをお借りして開催しました。展示にとどまらず「小川英晴（詩人）×徳山喜雄（ジャーナリスト）×竹山聖」などのクロストークが組み込まれ、ポエジーという一つの言葉を手がかりに、多種多彩な人がつながっていく様がとても新鮮でした。

下山　その展覧会の冊子と広報のDMは僕と宇都宮さんが中心となってつくりました。どのようにしたら設計のプロセスが見えるのか、面白さが伝わるのかと悩みました。いま見返すと全然伝わってきませんが（笑）、個人的にはとても面白いものができたと思っています。特にDMは糸電話の糸が絡まっているビジュアルなのですが、これが一番プロセスを表現できているんじゃないでしょうか。

――質問なのですが、文学に着想を得てレスポンスで応答してつくるといっても、建築は線をどこかで決めなければならないですよね。その決定はものすごく個人的なものなのでしょうか。それとも、それすらレスポンスの中に含まれていたのでしょうか。［吉田（第1世代）］

〈応答的建築〉

地形やプログラムとの応答、法規関係での各方面との応答、あるいは極めて現実的になるが、クライアントとの応答、など、建築は様々な応答の中から生まれる。今回のテーマの一つでもある〈異領域とのレスポンス〉も然り。建築は極めて個人的な営みであるとともに、共同の、そして協働の営みだ。コラボレーションが個人を鍛える。しかしもっと本質的な応答は、自分自身との応答なのではないかと思う。自分自身に変革をもたらすような、そんな応答だ。言葉で、イメージで、ストーリーで、出会いを通して、旅を通して。応答を繰り返しながら、刺激を受けながら、触発されながら、自分を、そして世界を、深めていけるのだと思う。

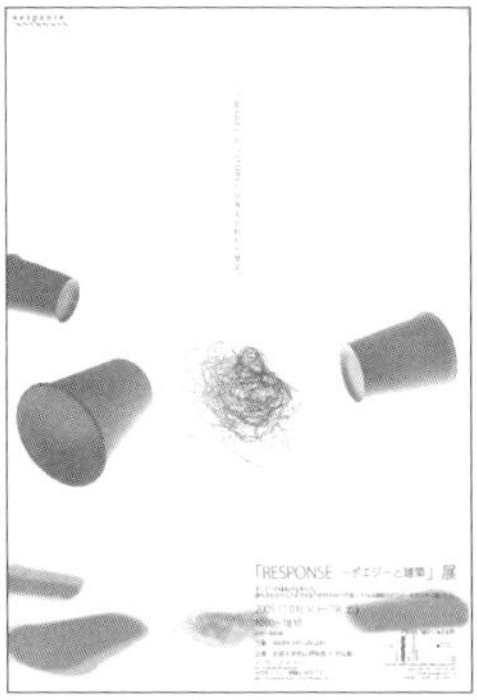

《RESPONSE》展の広報ビジュアル

大西　一本の線を引くときに、対話というものを信頼しているということだと思います。私は人と対話して、その人と心を通わせたり、言葉を交わしたりすることそのものが、建築の手法としてかたちになっていくものだとは思っていません。でも対話した内容が自分の中に浸透していくことで、自分が変わり、その上で一本の線を引くことは、単に恣意的に決めたのとも違うし、直接的に対話をかたちに置き換えるのとも違う。対話によってそこに場が生まれると信頼した上で一本の線を引く。私にとっては、もしかしたらこのスタジオをやったことが、そう考えるきっかけになったのかもしれません。

文学的な香りのする研究室

——僕からすると信じられない（笑）。われわれの頃には、あまり文学的な香りはなかったんですよね。あるときから、「竹山研といえば文学だよね」ってみんな言うんです。どこかに分水嶺がある。大西さんたちの世代は、もう完全に文学的な世代ですよね。［平田（第1世代）］

——運動部から文化部に変わったんですね。［竹山］

大西　私たち第3世代は、研究室の歴史の中でちょうど真ん中の世代です。平田さんと私は同じいのしし年なので、ちょうど一回り違いますね。学生時代、私も平田さんのところでオープンデスクをしていましたし、卒業生が上の世代の先輩の事務所に行く、ということも起こっていると思います。

――ちょうど僕は《ポエジーと建築》の展覧会の頃に独立したのですが、その頃に建築のつくり方というものが行き詰まったんですよ。たとえば、せんだいメディアテークや横浜の大さん橋客船ターミナルのような、ある種の形式主義みたいな建築がもう一回出てきたのだけれども、それがどこかで行き詰まって、建築家はみんな何をしていいかわからなくなっていた。そういう頃に、われわれの世代と全然違うことをやっていたというのが面白いですね。［平田］

大西　今日、最初に竹山先生が「応答によって場が生まれる研究室」という話をされましたが、《ポエジーと建築》をやっているときはまさにそうでした。学部3回生までやっていた設計課題での建築のつくり方とはまったく違う。本当に夜な夜な飲みながら議論して、作品もつくり、でも自分の作品が相手とまったく無関係なものではないものとしてできていく。まさに「応答によって生まれる場」でした。

矢野　僕らが引っ越ししたばかりの桂キャンパスには、まわりにまだ何もないし、ずっと研究室にいるしかないっていう状態の中で、みんな自分のことを自分の言葉でしっかり言いながら、やみくもにやっていましたね。

大西　そういう意味では、世界とつながっていない、というのが、面白かったのかなと思います。私はそのあと東大に行ったのですけれど、誰も「ポエジー」なんて言葉を使っていないので、あまりのギャップにびっくりしました。外界の情報があまりにもシャットダウンされたなかで、全然違う価値観で建築をつくっていたのだなと思います。

――生産性がないね（笑）。［竹山］

〈文学的であること〉

ミレニアムをまたぐ頃、島田雅彦の自邸を設計して彼ととても親しくなり、夜な夜な飲み歩いては文学の覚悟のようなものに触れて痺れた。恥ずかしいことだが小学校の卒業文集には、将来の夢は小説家、と書いた。その後平野啓一郎とも島田雅彦の紹介で知り合って刺激を受けた。学生の頃から安部公房や大江健三郎を読み、そもそも不定形にアモルフとルビを打つ大江健三郎にちなんで事務所の名前をつけたほどだ。物理的な構想と、心理的、文学的な構想を重ねて建築を捉えていた気がする。ついでにいうなら音楽的にも、で、修士設計ではジャニス・イアンのBetween The Line の歌詞を示し、二枚の壁に囲まれて展開していく住宅を設計したのだが、それは三楽章構成になっていて、そのコンセプトを示すキーワードは皆、オルゲルプンクトとかライトモチーフとかテーマとかパウゼとか、音楽用語で決めていった。愛読書もモーリス・ブランショの『マラルメ論』と『カフカ論』。「この不在の事物を通して、それを構成する不在を、想像されたいっさいの形態の場としての空虚を、手に入れようと試みる」

（『カフカ論』）といったくだりには赤線が引かれて、「空間」と赤字の書き込みがある。建築はすべてを包摂する、と思って志したのだし、今でもまったく悔いはないが、それは決して文学や音楽や映画への夢を捨てたということではない。

〈映画の中の空間〉

クロード・ガニオンの処女作は『Keiko』。主演の若芝順子は、僕が大学2年の時、教養部の吉田グラウンド横の小さなバラック建ての教室で開講された美学の新田先生のゼミで、カントの『判断力批判』を原語で一緒に読んだ仲だ。ごく数人のゼミだったからよく覚えている。彼女は確か文学部の学生。言葉を交わしたことはなかったけれど。偶然映画館で観て、彼女に驚き、そして新鮮な映画表現にショックを受けた。だって、出演者が皆素人で、セリフもアド

矢野　前の世代との違いでいえば、私は「先生が怖い」という印象は全然なく、ゼミの雰囲気に緊張感はあったのですが、フランクにいろんな議論をしていたと思います。『記憶術』の本を抜き出して読み合わせたり、ドゥルーズなど研究室にあった本について話し合ったり。

大西　私にとっては、先生はいつも風のようなイメージでした。たとえば、アモルフにアルバイトに行ってびっくりしたのが、先生が鼻歌を歌いながらスケッチをしておられたんです。そのとき、建築家ってこういう生き方をするんだ、歌いながら働ける人なんだ、というイメージをもって、私も先生みたいに生きてみたいと思いました。

異領域／海外へと広がるプロジェクト

木村　私は3年間竹山研に所属していましたが、その中でも幅広い分野で活動していたことが伝わるものとして、《KAMATAKI（窯焚）》という映画のプロジェクトがあります。あるとき竹山先生から「今度映画の美術監督をするんだけど、小道具とか探しているんだよね。興味ない?」とお誘いいただいたところからはじまり、信楽の奥地に数か月泊まり込みました。

　劇中には小道具としてタバコが登場します。映画の切り取られた空間の中に背景として少ししか出てこないので、ほとんどの観客は見ないのですが、その背景に何がどうつながってこの空間が出来上がっているのかを考えながらつくりました。映画と建築は、後ろに隠れているストーリーによって一つの空間が出来上がるということでは共通していると感じています。

映画『KAMATAKI（窯焚）』

2008年公開の日本・カナダ合作映画。監督はクロード・ガニオン、美術監督は竹山聖。竹山研からは美術・小道具のスタッフとして撮影に3名のメンバーが参加した。

父を亡くしたショックで自分を見失った主人公のカナダ人青年が、陶芸を通じて成長し、生きる気力を取り戻していくストーリー。撮影は滋賀県信楽町（現・甲賀市信楽町）を中心に、京都府や石川県で行われ、べにや無何有（設計：竹山聖）はロケ地の一つである。

ロケ地の建築的な演出の一つとして、主人公の伯父にあたる陶芸家が収集する西洋剃刀の展示部屋など、こだわりの強さと謎めいたキャラクターを演出するセットを設計。

小道具は台本からイメージして調達や現場制作を行い、眼鏡やインテリア小物から食卓の焼き魚に至るまで、物語を支える背景をつくり上げた。［木村佐知子］

上 / 小道具のタバコ　下 / 映画のキャプチャ

模型写真

ヴェネチア・ビエンナーレ 日本館 展示計画

2009年に開催されたヴェネチア・ビエンナーレ国際建築展の日本館の企画コンペ案である。島田雅彦（小説家）、原研哉（グラフィックデザイナー）、堀木エリ子（和紙作家）、カリーナ・ラム（女優）、トーマス・ダニエル（建築家・建築批評家）を作家として迎え、「極小彼岸/MINIMAL NIRVANA」というテーマを設定し空間をつくりあげた。

会場構成は中央に水盤を置き、その周囲にブラックボックスとしての和紙で覆われた三つの方丈、そしてそこから覗く庭でできている。方丈にあけられた小さな窓や和紙というフィルターを通すことで「極小化」を試みている。

漢字からカナを生んだように、日本文化は「極小化」という方法を通して他者との応答を繰り返してきた。他者との応答のマナーが「極小化」であり、文化の閾の通過のありようが「極小化」であり、それらのその後の加工がまた「極小化」であった。「極小化」が日本人の文化的遺伝子の「傾向」を示している。われわれは日本の今日的風景の彼方に息づく「傾向」、その原初的な欲動に導かれる欲望の世界を、一気に凝縮してみたいと考え、これを「極小彼岸」と名づけた。［下山祥靖］

リブに近いのだ。『キネマ旬報』でも評価され、日本映画監督協会新人賞も受賞した。そのクロード・ガニオンが再び日本で映画を撮る。しかも信楽で。その話を聞いて、美術監督がどのくらい大変かも知らず、学生たちをどんなにしんどい目に合わせるかも予想できず、速攻受諾して、ともかく僕らは撮影現場に乗り込んで行き、学生たちは本当に住み込んでしまった。信楽の大工さんを紹介してもらい、彼と一緒にセットを組み上げたり、陶芸作家神崎紫峰の窯のそばの住居を改装したりした。ヤマギワに頼んで、時間とともに色の変容するLEDの照明を入れてもらったりもした。映画も空間表現だ。音楽も空間表現だ。文学も、そう。そういえば原研のころ、北川フラムさんたちと、空間論ゼミという勉強会を開いて、すべては空間だ、と学んだ。早稲田の古谷誠章はきっちりギーディオンを発表していたが、僕は曼荼羅なんかを研究していた。世の中にはまっすぐ進むタイプと寄り道ばかりするタイプがいる。

小道具のタバコは、実際にあるメーカーの製品を使ってしまうと問題があるので、巻紙のデザインを自分でつくり、それで中身を巻き直し、箱はうっすら開けて、中の紙を内側のほうに入れ替えてできています。1ダースを一晩で準備しなければならなかったので、結構ハードなスケジュールでした。そんなハードさは撮影期間を通じてずっと続きつつも、この画の中に何が出てくるんだろうと、小さな道具の一つひとつを考えつつ、実際に自分で手を動かしてかたちにしていくことを体験できた貴重なプロジェクトでした。

下山　僕も木村さんに誘われて、《KAMATAKI》にエキストラとして参加しました。たぶん映像には映ってないと思いますが……。そのとき僕はまだ研究室配属前だったのですが、竹山研って面白い研究室だなという印象をもちました。数年後に完成した映画の上映会があり、研究室のみんなで観に行ったのですが、それがコンペの一次審査締切の前日で、翌日結局間に合わず、僕が現地まで書類を直接届けるという悲惨なエピソードがありました。

大西　竹山研らしいですね（笑）。

下山　僕たちの世代はプロジェクトが多くて、まず台湾の二つのコンペに参加しています。一つは台南の《台湾億歳金城歴史公園》で戦争の遺構を含めた歴史公園をつくるというコンペでした。このときは二次審査に進むことができたので、現地に行ってプレゼンし、最終的に二等を取ることができました。二つ目は《国立高雄芸術センター》で、こちらはもっと大規模なパフォーマンスセンターの計画でした。プログラムはオペラハウスと劇場とコンサートホール。これも一次審査を通過して、二次審査はアモルフと一緒に取り組みました。構造設計の今川憲英さんも入られましたね。

《KAMATAKI》のスケッチ

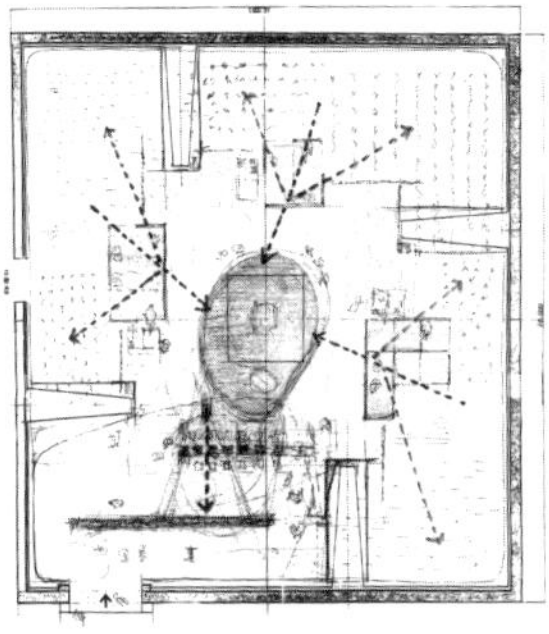
《ヴェネチア・ビエンナーレ》展示計画のスケッチ

木村　私も台湾のコンペには参加しました。《台南》のコンペでは、ちょうどそのときのスタジオテーマが《シネマ+アーキテクチェア》だったこともあり、広い敷地でどういうストーリーやドラマが展開するのか、コンペとスタジオの両方に思いをめぐらせながら夜な夜な話し込んでいました。コンペのプレゼンには竹山先生と一緒に真崎鉄矢さん、下山くんと私の4人で台湾に行ったのですが、運営を手伝っていた現地の建築学生たちと仲良くなって、プレゼン後に大学の製図室や街を案内してもらうことができました。その後も彼らは、《高雄》のコンペに取り組んでいるときに敷地写真を送ってくれたり、高雄のプレゼン会場に来てくれたりもして。建築を通じた出会いから交流が生まれて、どんな授業を受けているのか、どんな建築に感銘を受けたのか、どんな歴史観をもっているのかなど、帰国後もやりとりを続けて、国を超えて語り合う仲間ができました。

《高雄》のコンペでは、構造のほかに照明や音響の事務所の方々とも一緒に設計をさせていただき、たくさんの方と大きなプロジェクトを仕上げていく魅力を覚えました。また、このときにホールや美術館といった、たくさんの方が訪れるような施設というプログラムへの関心も高まりました。社会人になってから、実際に公共的な施設の設計に携わることができたのですが、組織設計事務所に就職をしようと思った大きなきっかけは、たくさんの人と一緒にプロジェクトをつくっていった竹山研での経験でした。

下山　僕はほかにも2007年の《ヴェネチア・ビエンナーレ日本館 展示計画》のコンペの模型をつくったりしていました。《高雄》のコンペの際には、照明デザイナーの面出薫さんに協力していただいたのですが、その経験から《ヴェネチア》の模型も光にこだわったものになりました。展示の

国立高雄芸術センター

台湾の南部、高雄の中心に4つの異なるタイプの劇場をもつアートセンターコンプレックスを建設するための国際コンペである。建築のコンセプトとしては、現地に古くからある伝統的な打楽器にヒントを得た形状と亜熱帯性の気候を快適に過ごすための大きく張り出した庇である。現地では日中は熱く、人々は室内や日陰で風通しのいい場所でのんびり過ごしている。その風景を新しくつくられるアートセンターのある公園の各所でつくり、街の人々が日常の一部としてアートや舞台を体験できる場所としたいと考えた。また夜は涼しく過ごしやすい環境のため、敷地を貫流するよう配置された演出照明などで安全で快適な公園となるよう計画している。地上部分では分棟形式となっているが、地下ではつながっており、搬出入作業や出演者の動線が一般動線とは明確に分かれ、使いやすい構成となっている。

メカノーと一等を争った決選投票で、7人の審査員のうち台湾からの4人がメカノーに、海外からの3人がわれわれに入れて、4対3で競り負けた。ところが発表されるとザハが二等になっている。高雄市長がザハ好きで、差し替えてしまったらしい。

[木村佐知子]

模型写真

上 / 模型写真　下 / ダイアグラム

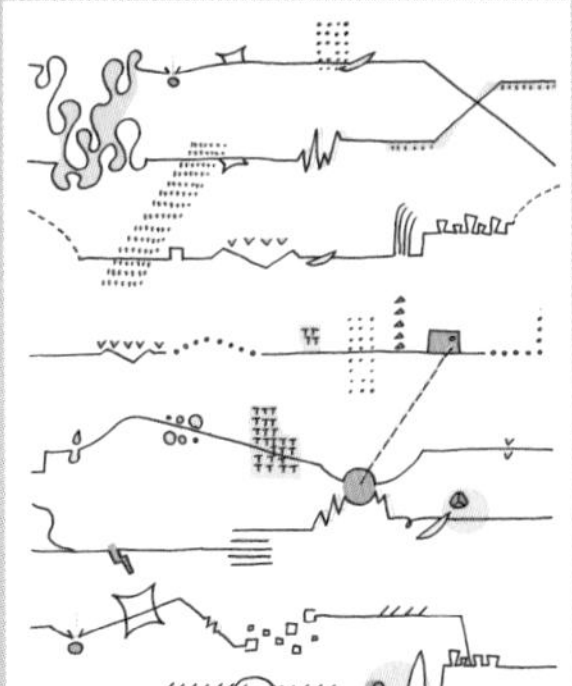

23　国際コンペティション ｜ 2006

台湾億歳金城歴史公園

台湾南部の都市、台南にある億歳金城と呼ばれるかつてオランダ統治時代の軍事基地跡地にその歴史を保存・継承するための公園をつくる国際設計競技。公園内のプログラムとしては歴史遺構を中心として、戦艦を展示する海洋博物館やエントランスゲートがある。

台南の形状が地平線に沈みゆく月の形状であることから月と水、アーキペラゴ（多島海）というキーワードを発見し、台湾の歴史を刻む場所として敷地のもつ特徴や可能性をわれわれの提案で新しい解釈として表現しようと試みた。

広大な敷地をただ広場とするのではなく、公園の中のある特異点に建築を置くことで、それらをつなぐ軸線とそれを横断する補助線をつり公園を訪れる人々に目的の場所にたどり着くための様々な道を提案し、毎回違った楽しみを発見できる場所をつくる計画とした。

楽譜というアイデアをもとに土地の形状や歴史、人、そしてわれわれの計画を重ね合わせることで新しい台南のハーモニーを生み出そうという提案である。

［木村佐知子］

案としては「極小彼岸」というタイトルで、中央に設けられた水盤を回遊し、その脇に茶室を建て、そこからいろいろな彼岸を見るというものでした。それを表現するために、模型は1／10スケールのかなり大きなものにして、木枝やコケなどを探してきて試行錯誤しながらつくりました。

学生時代に育んだ「感性」のままに

下山　竹山研にはたくさんのプロジェクトがあって、もちろん研究室は楽しかったんですが、僕自身は研究室よりもアモルフでアルバイトしていたイメージが強いですね。修士論文を書き終えたときに、竹山先生から「小嶋（一浩）さんが人を探してるから行きなよ」と言われて、シーラカンスの秘書の方の電話番号を渡されたんです。電話したら、そのまま次の週から働いていました（笑）。その後、シーラカンスのOBの渡邉健介さんから誘われ、またその後には大学の同期から誘われてと、竹山研から流れのままに今まできてしまっていて、不思議な運命みたいなものを感じています。

良くも悪くも学生気分のまま今に至るということもあるかもしれませんが、留学生が多かったり、展覧会や国際コンペ、アモルフとの協働などつねに新しい経験をさせてもらえたことで異なる環境にチャレンジしやすい体質にしてもらったのかもしれません。また《ポエジーと建築》をやったことで、自分の中で考えるのと同時に人と対話することで物事が発展していくことが、とても面白く感じられるようになりました。これが竹山先生の言う「エラー」が発生することの面白さな

〈極小彼岸〉

2007年のヴェネチア・ビエンナーレ案「極小彼岸 MINIMAL NIRVANA」が落ちてしまって、やれやれ残念なことと思っていたら、翌年春にワシントンDCの日本大使館で、島田雅彦のプロデュースでリベンジ「極小彼岸 NIRVANA MINI」展とイベントが開かれた（〈異領域とのレスポンス〉対談参照）。隈研吾、團紀彦と一緒に茶室のモデルを展示、千宗屋がお茶をたてた。島田雅彦がちょうどニューヨークに住んでいた頃で、ニューヨークでも高層ビルの一角に模型展示がなされて、夜景に浮かぶ模型はシュールだった。茶室への関心は学生時代からあり、新たな展開可能性はつねに脳裏にある。パリのヤーン・ヌソムからは彼のアパルトマンの屋上に設置する茶室を頼まれて久しいし、ピエール・マリエタンもル・コルビュジエのカバノーンのような隠遁部屋をボルドー近くに建てたがっている。最後の大学院授業のテキストも『茶の本』にした。コロラド大学デンバーのタイスト・マケーラからはフィンランドのサウナと茶室の近しさを教えられた。心を落ち着ける小さな空間の魅力は文化を問わず共有されている。

のかもしれませんが、建築をやっていく上で、いまだにずっと考えていることです。

矢野　私は学生時代に、形やコンセプトをつくることに悩んだり、竹山先生のように次々と魅力あふれるデザインを生み出すことが、自分にはできないんじゃないかと不安になった時期もありました。そんなときに《ポエジーと建築》のスタジオで出てきた「イメージとストーリーが与えられたとせよ」という言葉は、今でも心に残っています。言葉が自分の肌感覚に合っただけかもしれませんが、通常の設計演習では感じ取れなかったことが、建築家として生きていく上で大事になる気がしたのだと思います。感性や与条件といってしまえば終わってしまうことですが、なにかワクワクするような未知の世界を発見し続けていけるような魅力的な表現というか。

私はいま日建設計に所属していますが、組織設計事務所がおかれた究極のロゴスの世界に対して、なんとかイメージで戦えないかと、つねに設計する際に考えるようにしています。これまで超高層ビル、美術館、大学施設などの建築を設計してきましたが、いずれも施主や与条件がこうだからという既定路線ではなく、「ストーリー」自体を自らのアクションや他者との積極的な応答によって揺さぶり、異なるものが偶然に出会う想像力を喚起する空間を目指しています。

大西　私は竹山先生からいただいた忘れられない言葉があります。それは「建築は結局のところ感性でしか判断できない」というものです。それまで設計課題で建築を考えるときには、これは敷地に合っているのか、人にとって居心地がよいか、機能的だろうかというように、様々な条件によって建築は出来ていくと思っていて、どうしたらそれらすべてを統合するかたちで建築をつくれるのかわからなかったのですが、そのときに先生から「感性」という言葉をいただいて、それによって、

〈感性〉

美学とは感性の学である。バウムガルテンが基礎づけ、カントが『判断力批判』で論じた。『純粋理性批判』で真を、『実践理性批判』で善を論じ、この第三批判でとうとう美という難物を扱ったわけだ。真善美でも用強美でも、美はつねに人類の基本的関心の的だが、論にそぐわない。いつもスルリと逃げ去ってしまうところがある。景観デザイン論という科目を、京大建築での開講以来四半世紀も論じてきたが、美を論理に乗せることは難しい。しかし、誰もが感じるのだ。差異はあり、好みはあり、文化的背景による面も大きいけれど。とりわけ設計行為の只中にあるとき、単にプロポーションや形態の良し悪しにとどまらず、ソリューションの見事さ、うまく納まったときのスキッとした気持ち、突き抜けた感じの痛快さ、などをうまく語り、共有するために、いい

ね、すごいね、あるいは、ひどいね、などという感性的な言辞が飛び交う。しかし設計の現場では、それで通じるのだ。そのようなコミュニケーション、他者との間でも自身との間でも交わされる対話において、この、いいね、すごいね、は、やはり感性の領域にあって、もちろん安易に感覚に頼ることを決してよしとはしないが、この微妙な「感じ」をただ論理で消し去ってしまってはいけない、と思うのだ。

《ポエジーと建築》のスケッチ［大西麻貴］

それまで自分が縛られていたものからパッと開放されたみたいな気持ちがしました。それが原動力になって、今も建築を続けられているんじゃないかなと思います。

感性というのは、ただの思いつきということではなく、目には見えないものや、耳には聴こえないものを感じ取る力であったり、あるいはまだ見たことがないものを待ち望んだり、希求したりする力のことだと思っています。たとえば、ある土地に合った建築とは、ただ敷地の条件に合っていればよいというものではない。その土地がもっている目に見えない力というものを感じ取る力を、建築はもつべきです。だから、いつも自分の感覚をみずみずしい状態に保っておくことが、建築家にとっては重要なのだと知りました。

これは《ポエジーと建築》のスタジオのエスキスに出したスケッチで、シーンの連なりで建築をつくっていくということを描いたものです。これを見ると、いま自分が建築を通して考えたいことが、スタジオの時からつながっているんだなと感じます。《ポエジーと建築》では、自ら住まう人のストーリーを描いたのですが、文学を語るように建築を創造していくということは、今の自分の建築を考える上で中心においている課題の一つでもあります。私は竹山先生を見習って、どこにも勤めずに建築設計事務所を始めたのですが、竹山研でまいてもらった種を、これからもずっと考え続けていって、育てていくんだろうなと思っています。

現在へのつながり

キャッチボールと世界の広がり

佐藤(木村)沙知子

音楽、詩、物語。

時には、手触り、におい、温度感。

竹山研で過ごした日々は、空間や建築を考えるなかで、自分以外の誰かとイメージを共有・共感しながらキャッチボールをし続ける時間だった。

思いやアイデアのタネが、キャッチボールで得る刺激と思考をさらに深めていくことで変化し、建築の形や仕掛けとして生まれていく。このプロセスにおいて、世界観を他者と共有したり、他者から感じ取ったりすることを、とても大切にしていた。

私が過ごしたのは竹山研28年の歴史のちょうど真ん中の世代で、この世代を平田晃久さんが「文学的」と表現されたのだが、それは、私のみならず当時の竹山研のメンバーが、この「他者の世界へとつながることで自らの問いを深める」という価値観の中で建築にアプローチしようとしていたからだ、と言えるのかもしれない。

ただ、このキャッチボールは、竹山先生と歴代の研究室の先輩方が時間をかけて築き、脈々と受け継がれている竹山研らしさの一つではないかと思っている。私自身がそれを初めて肌で感じたのは、2回生の時に竹山研の模型製作(大阪駅北地区国際コンセプトコンペ)に手伝いで参加したときで、当時の先輩方が夜通し議論をしながら協働し、作品を仕上げていく様子を間近で見て感銘を受けたのだが、この出来事は竹山研を志望したきっかけの一つとなった。

学部の配属当初は、学生の半数近くが留学生というダイバーシティ研究室だったため、スタジオ課題のエスキスで一通り案を説明したら「じゃあ、英語でも説明して」と竹山先生からの無茶振りを受けて、身振り手振りでなんとか伝えよう、そして先生や留学生たちのコメントを理解しようと悪戦苦闘したのも、よい思い出だ。

設計プロセスそのもの以外で大きな影響を受けたのは、やはり竹山先生の分野を問わないコラボレーションのあり方だと思う。映画や詩の世界、ワインやスイーツ、音楽……学生の自分が自然体で過ごしていたら出会わなかったであろう、多種多様な分野でご活躍の方々と話したり、プロジェクトでご一緒したり、ときにはお酒の席に加えていただいたり。特に私は、映画『KAMATAKI』で美術・小道具のスタッフとして制作現場を経験したのだが、それは台本からイメージした小物などをあらかじめ用意するだけでなく、カメラを通して映る世界を覗きながら、照明や音声、メイクなど、それぞれのプロフェッショナルとライブで一つのシーンをつくり上げていく場だった。たとえば、主人公が一晩窯の前で独り葛藤した時間をメイクで語るために顔にすすをつけている隣で、小道具にできることは……と、スタッフ用のみかんを剥いて皮をさりげなく置いてみたり。画角に入るか入らないかもわからないささやかなことだが、より良い解を求めてアイデアを出し協働する、という、建築をつくることと共通するものを映画の世界で体感した。

第一線でご活躍の方々からの言葉は本当に刺激的で、ご自身の活躍される世界の魅力を豊かに表現されることはもちろんのこと、その根底で大切にされている価値観など、分野を超えて共通するプロフェッショナルとしての意識は私にありたい姿として強い印象を残した。

多様な分野の方々と一緒に何かをつくり出したり生み出したりする、竹山先生の世界の広げ方や探求する姿勢は、自らの現在のライフ・ワークの両面で常に意識しているところであり、人生の岐路でも思い浮かべる私なりの軸になっている。

これらの経験で、人とコミュニケーションをしながら何かをつくり上げることが、自分の目指す道だと考え、卒業後は組織設計事務所に就職し、オフィス、小規模ホールや消防署を含む公共施設、共同住宅など、入社から5年間、様々な用途の設計の中で、多くのステークホルダーとのコミュニケーションの機会に恵まれた。そこで受け取った思い・使命・条件をどうすれば建築というかたちで紡ぐことができるかを全力で考え、手を動かして表現する毎日だった。出来上がった空間が実際に多くの方に使われているシーンを見たときの感動は一入で、検討プロセスでの数々のキャッチボールと、目指していたかたちを思い返しながら、その思いがかたちにつながることの力を強く感じることができた。

もちろん、実際の建築に携り始めた駆け出しの自分には思いもつかなかったことや、自分では解決できなかったことは数知れず、クライアントだけではなく社内の上司や先輩とのコミュニケーションの影響はとても大きかった。いかに実現するか、という手法やディテール、その一つひとつへの気配りなど、学びとったことは現在の私の基礎となっている。

小規模なプロジェクトの提案から竣工までを設計担当として経験した頃、異動という転機が訪れた。新たな仕事はまちづくりと新規ビジネス開発で、コンセプトや企画をつくるフェーズでの業務が主だったため、設計の実務から離れる寂しさ半分での異動だった。しかし、それにも関わらずそこから6年間、新しい分野で何をつくっていこうかと、探求と発見を繰り返して、まちづくりにのめり込んでいったのは、「人とコミュニケーションをしながら何かをつくり上げること」がそこにあったからだろう。

まちづくりには、多くのコミュニケーションの中で複雑な要素をまとめていくこと、長きに渡り暮らしや生活を持続発展させていくための視点、エネルギーやテクノロジー・生活インフラのあり方といった総合的なデザインが必要とされている。これまでに触れたことのなかった分野や技術に触れて新しいことを考えるのは、とてもワクワクする仕事だったが、同時にそれはまさに竹山研で目の当たりにした「分野を問わないコラボレーション」そのものだと感じた。そして建築設計を学んだ自分ならではのコラボレーションがきっとあるはずだ、と切り開ける道を探していった。ちょうどその頃に出産して、子育てが始まったことで、より生活者としての目線や新しい観点が広がった。それから、もっともっと豊かな暮らしをデザインしたい、と積極的に世界を広げるコミュニケーションを公私ともに続けている。

ただ、実のところ現在は、またまた想定外の部署に異動したことにより、仕事としてはさらに違うかたちでコミュニケーションと探求の日々を続けている。具体的には、所属企業の企画・戦略に係る業務の中で、社外の先端技術とのアライアンスやM&Aに携わっている。そこでの私の役割は企業やビジネスとしての将来をデザインすることだ。社会にどのような貢献・価値提供をできるのか。どのような未来が描けるのか。多角的にイメージしながら、仕組みやかたちのないものをつくり上げてゆく。建築からは随分離れた気がするが、そんなまったくの異分野だと思っていた領域でも、挑戦し続けることにつながっているのはなぜか。それはきっと、取り組む内容の変化の中にあっても、「人とコミュニケーションをしながら何かをつくり上げる」という共通のテーマを自分なりに見つけてきたからなのだろう。

学生時代のキャッチボールは、自分の五感や感情を他者と触れることで紐解き、空間や形状へとつなぐことで、共感を生む心地よいシナリオをつくり上げることだった。社会に出てからは、もっと確かな共感を求め、このキャッチボールがニーズや条件を含む他者への理解・追求へと変わっていった。さらに、異分野への挑戦によって得た観点は、たとえば経営判断に必要な数字・根拠・社会的意義を意識した提案につながるなど、自分自身でも思考の幅に大きな変化を感じている。私は、この思考の幅こそが自分自身の世界の広がりの結果なのだと考えている。

そして私はこれからも、世界が広がることでこそ生まれるユニークなものを追求し続けたい。

"RESPONSE" / 異領域とのレスポンス

Talks with collaborators in different fields

島田雅彦 × 竹山聖

01. Masahiko Shimada

文学と建築

異端でありつづけるために

竹山　島田さんにはじめて会ったのは、山梨県での文化デザイン会議ですね。オープニングイベントの後、２次会が大きなワイン倉庫のようなところであって、雨が降るなか、軒下で雨宿りをしていたら、横に島田さんが来て「島田雅彦だ！」と思って。

島田　竹山さんが雨にそぼ濡れる子犬に声をかけてくれたんです。

竹山　冷たい雨の軒下で雨だれを見ながら、オープニング会場からみんなが来るのを待っていたのですが、なんとなく寂しい孤独な雰囲気の中で出会ったということを、僕は鮮明に覚えています。

島田　早く飲みたかっただけなんですけどね（笑）。

竹山　なかなか楽しい会でしたね。その当時、島田雅彦はめちゃめちゃ売れっ子でした。

島田　異端だったので、さほど売れていませんでした。

竹山　いやいや。島田さんは僕の六つ下なんです。1961年生まれで学年では僕の六つ下なんですが、最新刊の『君が異端だった頃』を読むと、僕らが出会う前に島田さんはおよそ人生のあらゆることを経験してしまっているというようで、当時から歳の差を感じさせない知的なクールな感じがありました。

その後の関係でいうと、僕が島田さんのご自宅を設計する機会をいただくことになりました。また島田さんがニューヨークに滞在されていた2008年頃には、島田さんの企画で《極小彼岸（Nirvana Mini）》という展示とシンポジウム、そしてお茶会を一緒にやりましたね。そのときに茶室の模型をつくったのが僕のほかに、團紀彦さんと隈研吾さんでした。お茶を点ててくださったのは千宗屋さん。その全体の仕掛け人が島田さんでした。

もう一つその前に、1999年に鹿児島であった日本文化デザイン会議では、僕が全体の議長をやることになって、島田さんには副議長をお願いしました。

島田　そうでしたか？　全然副議長の自覚はなかったですけどね（笑）。

竹山　違うジャンルで面白い人を集めていたんです。秋元康や鴻上尚史、そして島田雅彦。実行委員には團紀彦や河口洋一郎がいて、つまりいろんな人を集めて組閣をしたわけです。議長の決裁で使える予算があったので演劇をやることになりました。そのときにはもう自宅の設計を始めていましたから、島田さんが「自分が本を書くし、面白いことをやりましょう」と言ってくださいました。それが『フランシスコ・X』という戯曲です。結局、島田さんが演出をやることになり、主演のイグナチウス・ロヨラ役は奥田瑛二さんに頼みましたが、島田さん自身もフランシスコ・ザビエルの役をやられましたね。

島田　そうですね。新宿梁山泊という機動部隊みたいな劇団が唐十郎仕込みのテント芝居をやっていたので、そこに頼んで、屋久島に向かう船が出る港の空き地にテントを設営しました。

竹山　唐十郎もそうですが、テント芝居は最後には後ろが開くようになっているんです。そのときは後ろが港ですから、船に見立てた棺が舞台の奥の海に向かって消えていく。僕はそれに合わせて舞台装置を設計しました。

島田　実はあの件はあまり思い出したくないんです（笑）。なんでかというと、劇場のないところにテントをつくるのに最低300万円もかかるから、僕や奥田さんは7万円しかもらっていない。僕なんか本も書いてるのに。あんなに安く買い叩かれたことはこれまでありません。関連イベントで、奄美大島や屋久島に行ったり、それなりに楽しかったのですが、書き下ろしで芝居を書いて、それで元が取れないから、あとで小説にしたわけです。

竹山　大変でしたが、おかげさまで楽しかったですね。

島田　山梨も鹿児島もそうですが、いま思えばデザイン会議みたいな場所にどうしてのこのこ出かけたのかなと思います。「俺が俺が」みたいな人が集まる場所なんて嫌いに決まってるじゃないですか（笑）。

竹山　各分野で才能ある人が集まっていて、なかなか刺激的でしたけどね。

島田　日本ではじめてやった大阪万博がモデルですね。今にして思えば錚々たるメンバーが関わっていたんですね。堺屋太一とか……。

竹山　小松左京とか。

島田　小松左京は万博に関与することで『日本沈没』の政治分野のディテールの取材になったでしょうね。あとは開高健も入っていたんですが、最初の会議で大声でいろんなことを言ってからその後は来なくなりました。だいたい小説家っていうのはコラボ向きではない。みんな30代の頃に若くして言い合って、殴り合いをしながら開催にこぎつけた万博でした。建築家の皆さんはパヴィリオンの設計の仕事もあるし、会期後には地域の開発に多少なりとも関与できる可能性があるので、みんな一生懸命でしたね。

竹山　特に黒川紀章さんなんかはずっと万博の流れを汲んでるかもしれないですね。日本文化デザイン会議の時は梅原猛を議長に立てていましたが、実は黒川さんが企画して中心になって人を集めました。だから建築家がすごく多かった。80年に始まり、10年やって90年代になると黒川さん自身が議長になりました。2000年になるときにそこでいろいろと問題があって分裂してしまいましたが。僕らが参加していたのは90年代ですね。

島田　建築を中心に、美術とかデザインとか研究者や物書きもいたけれど、物書きはすぐ辞めてしまいましたね。ものをつくりませんからね。でも、そうやっていろんな地方自治体を巡回してはイベントをやり、地元名士と知己になると、それで仕事を受注できたりするわけです。当時若手だった竹山さんをはじめ建築家の皆さんも、こういうふうに地方自治体を転がすんだということを学んだんじゃないですか。

竹山　黒川さんだけですけどね、仕事をゲットしたのは。僕は90年代になって本格的に参加するようになったんですが、そのとき30代になったばかりでした。デビューでいえば僕も早かったですが、島田さんは特別早かったですよね。

島田　フライング気味でしたね（笑）。

竹山　大江健三郎のデビューも学生の時で、時代の寵児でした。

島田　僕のデビューは22歳の時でした。その後も平野啓一郎とかは早いし、綿矢りさと金原ひとみの二人が最年少で芥川賞を取ったときは20歳でしたから、物書きには早い人はいます。

竹山　僕は最初に設計した建物が雑誌に発表されたのが1980年ですから、25歳です。コンペに出したりして認められるようになったのは30歳ぐらいだと思いますね。

島田　最初の作品は住宅ですか?

竹山　以前『独身者の住まい』という本には書いたのですが、東京の浅草の川の向こうにある東駒形というところの小さい敷地に、10人ぐらいが同時に住む4階建ての住宅を設計しました。隅田川の花火を見る家ですね。数年前に見に行きましたが、今も立派に立ってます。

文学の世界は建築に比べて軽やかでいいなと思いますね。たくさんの人がたった2000円くらいで買えるわけですから。建築の場合は一人のクライアントのために仕事して、何千万もかけてもらい、設計に2、3年はかかるので、すごく迂遠な回廊という感じがします。

島田　そんな私も、竹山さんにお願いしたわけですけれども（笑）。

演劇的住宅―SM House

竹山　今日は島田さんのご自宅の写真を用意してるのでお見せします。《SM House》と名付けられています。これは縄文土器を漁っている森の中のヴィーナスに由来するわけですよね（笑）。

島田　そうでしたっけ? 単に僕のイニシャルでしょう（笑）。このガルバリウム鋼板の外装は夏暑いので、今は白に塗り替えましたね。

竹山　でも実は、竣工を間際にしての島田さんのアイデアは金だったんです。建築全体の構成が決まり、材料にガルバリウム鋼板が性能的にも一番いいと選んだあと、色をどうしましょうか、となって。そのとき、島田さんがちょうどミャンマーから帰ってきたばかりだったので、「パゴダがみんな金だから、金にしたい」とおっしゃった。でも多摩丘陵の小高い丘の中腹の敷地で、めちゃめちゃ目立つところにある建物ですからね。奥さんと僕が一緒に止めてこの色になりました。

島田　僕はやっぱり金にすればよかったと後悔してるんですけどね（笑）。

竹山　メインエントランスを見ると、外からは全然わからないようになっています。

島田　当初は表札も出していませんでしたね。

竹山　当時はメールがないので、原稿を催促してやってくる編集者からどうやって逃げるかが問題でしたね（笑）。

島田　それも多少あったんですけどね。当時は天皇絡みの話を書くと、昭和天皇の影響が残っている分、危ない時期だったんですが、『無限カノン』三部作という、雅子と思しき皇太子妃との結婚前の恋愛についてのある仮説に基づいた小説を書いていたんです。その出版の準備をしていたら、霊能者の江原啓之さんから突然電話かかってきて「やめたほうがいいですよ、いま出すと刺されますよ」と言われた。不敬小説ですからね。編集者に相談したらその人も考え込んでしまって。そんなこともあって、一応出すときには神奈川県警麻生警察署に相談したくらいです。「拝読します」と言って、三日後ぐらいに家に来ると「これは危ないですね、パトロール重点地域にします」と言っていました。それで自宅ではこんな過剰ともいえるセキュリティを意識したわけです。その後は特に何事もありませんでしたけどね。

竹山　一階にダイニングとリビング、キッチンがあって、その反対側が掘りごたつになっててちょっと溜まれるスペース。その間を障子で仕切れるようになっています。そしてダイニングにあるのが有名な（笑）滑り棒です。

島田　これは僕の宝物です。

竹山　ダイニングのある階の上に2層あり、一つ上の階に和室と息子さんの部屋、さらにその上が島田雅彦の居城です。

島田　この棒自体が三層分あって、長さは6メートルもあります。真ん中にグレーチングがついているので途中下車もできますが、三階から一階にこの棒で降りるわけです。怖いですよね。これが建築現場に納入され、はじめて上から見たときは、「やっぱりやめればよかったかな」と思いましたよ（笑）。

竹山　プランが十字架型なので、ちょっとしたカテドラルみたいになっているのですが、その内陣にあたるところにこの滑り棒があるんです。だから天から神様が降ってくるみたいなイメージですね。一階のダイニングに編集者を待たせて、島

田さんは上で執筆している。書き終えるとまず生原稿がハラハラと落ちてきて、それからおもむろに島田雅彦が降臨する、と（笑）。

島田　そんなことしたら拾い集めるのに手間かかるじゃない（笑）。

竹山　そんな演出の話をしながら設計をしていたわけです。

島田　地下室の床にはいろんな形の石が敷いてあるんですけど、これは竹山さんと苦労して手に入れましたね。関ヶ原石材という、米原と岐阜羽島の間にある日本最大の石材店に、あるとき二人で一緒に行ったんです。全国のビルに貼ったり敷いたりする石材を切り出しているんですが、模様が気に入らないとか、形が規格外のものは巨大なクレーターに捨ててあるんですね。

竹山　そこで「これくれませんか？」と聞いたら「持っていけるんだったらあげるよ」と。

島田　わりとすんなりくれたんです。そして、搬入先にフォークリフトがあって1メートル四方のパレットに収まれば規定料金で運べることもわかりました。でも実は現場にフォークリフトなんてありません。あると嘘をついて頼んだんです。一枚ずつ下ろせば1時間ぐらいでできるだろうと踏んで。しかし幸いなことに宅急便の人が予定より遅れてきたんですね。「さっきまでだったらフォークリフトあったのに……」と嘘をついたら、向こうが人足一人連れてきてくれたので無事に搬入できました。危ない橋を渡っちゃいましたね。

竹山　リスキーなこと、好きですものね。

島田　石材店の人に産地を聞いて、南米・北米・オーストラリア・ヨーロッパ・中国・アフリカ、といった人が住んでいる全部の大陸の石を集めて敷いたんです。

竹山　世界を地下室に閉じ込めるというコンセプト。もとの敷地の地形も、外敵から守るようなつくりもそうですが、バリアだらけですよね、この家は。バリアフリーなんてもんじゃない。

島田　僕はものすごく後悔してますけどね（笑）。要するに、地下を含め四層になるので階段が家の中に非常に多い。玄関で忘れ物に気づくとまた一番上まであがらなきゃいけない。それで電車一本遅れると困るから、滑り棒があるんです。

竹山　どうしても20世紀中に建てたいと島田さんがおっしゃったので、２０００年の12月に出来ました。

滑り棒と蓋付き階段

——どういう経緯で竹山先生が島田さんの家を設計することになったんですか？［山雄（司会）］

上／一階のリビング　下／床に石を敷いた地下室

島田　もともと古い木造の家に7年ぐらい住んでいたのですが、のちに成人病になったり、出版が滞るような事態も想定して、まだ勢いのあるうちに家を建てるかということになったんです。

　最初は普通の人のように住宅展示場に行くわけです。一応見るんですけど、それがまったく面白くない。家をもつということに関してイメージがまだ抽象的な人たちにとっては快適と思われるような要素は一通りあるけれども、それ故にまったくもって退屈なわけです。「これは1か月ぐらいで飽きるな」と思った。異端としてはね（笑）。

　知り合いに建築家の方は何人もいらっしゃいますから、皆さんの作品を調べたりしていました。最初は世界的に有名な住宅になったらかっこいいなと、磯崎新さんや安藤忠雄さんを考えたんです。でも二人の作品は世界中にあって、二人ともものすごく忙しいんですね。実は以前に安藤忠雄に直々に京阪地区の作品を見せてもらったことがあるんです。そのときに一番感動したのが安藤さんの事務所でした。玄関を開けるといきなり事務所で、本棚が壁面一面にあり、梯子に登って本を取る。スタッフは階段を使っちゃいけない。ここにいる限り運動不足とは無縁だなと。

　でも自分のことにしか興味ない人とか、自分が世界で一番偉いと思っている人は、僕は苦手なんです。実は文学者ってそういう人が多いんですよ。たとえば、かつて知己を得た方々でいうと、安部公房は自分が一番偉く、ほかはみんなバカだ、と言います。大江（健三郎）さんの話をするときですら「あの大江の馬鹿は」と言うわけ。変なマウンティング体質があって、つらいですよね。

　それで、ジェネレーションが近い若手の建築家にした方がいろいろと言うことも聞いてもらえるかもしれないと思って、先ほどお名前が出ていた團紀彦さん、隈研吾さん、そして竹山さんの三人に絞ったんです。でも決め手は単純でした。竹山さんだけが自分が設計した家に住んでいた。ほかの二人は賃貸マンション暮らしです。隈研吾に至っては自分の設計した住宅について「あんなもん住めるもんじゃない」と豪語するんです。それで竹山さんにお願いしました。大阪のご自宅にも伺いましたね。

　住宅の設計では奥さんが主導権を握ることが多いですよね。たいてい奥さんは日当たりが良いとか、窓を大きくとることに妙にこだわるんです。うちの人もそうでした。リビングの部分に非常に大きな一枚ガラスがあるんですけれども、私はそこだけは折れたわけです。でも後悔してますね、折れたことに（笑）。そこがこの家の一番弱点で、寒いんです。この家は非常に窓が少ないんですが、一般的な素人主婦の希望を全面的に取り入れてしまうと、妹島和世みたいになってしまうんじゃないかな。そんなことはないか（笑）。

竹山　その窓は向かい側の緑の丘に向けて開けていて景色がいいですよね。そういえば、建て替える前の自宅にお邪魔したときに、たしか河口洋一郎と一緒に行ったんですね。彼がバタバタと落ち着きがない人で、その合間に奥さんの要望をぽろっぽろっと聞いたのですが、ゆっくりとは話ができなかったんです。

島田　ともあれ特に細かい要望は言わなかったんですよ。というのも、その前に住宅展示場を見て回って、別に自分にとってどうしても必要なものなんてないと思ったんですよ。強いていえば滑り棒ですかね（笑）。あとはなんでもいいとまでは言わないけど、でも滑り棒は絶対必要と言ったわけです。実はこれは結構コストが掛かっていて、錆びるといけないからとステンレスにしたので鉄の3倍ぐらいするんです。おまけに天窓を取った分、その光がちゃんと下まで降りてくるように、吹き抜けにしなければいけない。その分も損しているわけです。

竹山　島田さんのお父さんがこの滑り棒を下から登ったという話も聞きましたが、すごいですよね。

島田　バカだよね、おだててもいないのに。これは考えようによってはエレベーターなんです。下り専用ですが、おだてれば登ることもできるし（笑）。

竹山　もう一つ話があって、島田さんの部屋に登るための階段があるんですが、その階段の上の床には蓋があって、上から閉じると下から登れないようになっているんです。

島田　籠城できるんです。

竹山　ものすごく攻めにくいお城になっています（笑）。

島田　いろいろと話しましたが、竹山さんもやってみたいこともあるだろうから、僕は出来上がった家に教育されながら住めばいいだろうと思っていました。自分が着る服をデザイナーにあーだこーだと言わないですよね。デザイナーがつくったものをなんとなくオシャレだと信じて着ているだけです（笑）。住宅もそんなような感覚で考えれば、住んでいる間に慣れるし、それなりの体に育っていく。そんな気がしましたけどね。

竹山　島田さんの要望は、使いやすいとか、掃除しやすいとかとは全然違って、演劇的でした。下から登れなくしてくださいとかね。『ドア・イン・ザ・フロア』という面白い映画があって、たしかキム・ベイジンガーが出てたかな。ジョン・アーヴィングの『未亡人の一年』の前半を映画にしたものですが、主人公の家の板張りの床に穴があいていて、その穴を通って上のスペースに行くシーンが出てきます。主人公も作家だから、それを見てなるほど、と思ったんですよ。だから上から閉じるのには抵抗はなかったですね。小説家ってこんなことを考えるのかと。

島田　システィーナ礼拝堂の仕事をしていたミケランジェロは、大体3畳ぐらいの部屋にこもって構想を練っていたんです。私もそういう部屋が好きです。だから実は刑務所の独房が一つ欲しかった。その代わりに茶室をつくりましたが。

小さな空間にすべてがある

島田　茶室の話でいえば、2008年の《極小彼岸（Nirvana Mini）》ですね。僕はその年にサバティカルでニューヨークに行っていたんですが、文化庁からお金がおりたので、なにかイベントを立ち上げなきゃいけないとなって、その折に考えていたことをもとに、文学とは離れるけれども、建築絡みの友人たちに協力を頼みました。みんな快諾してくれました

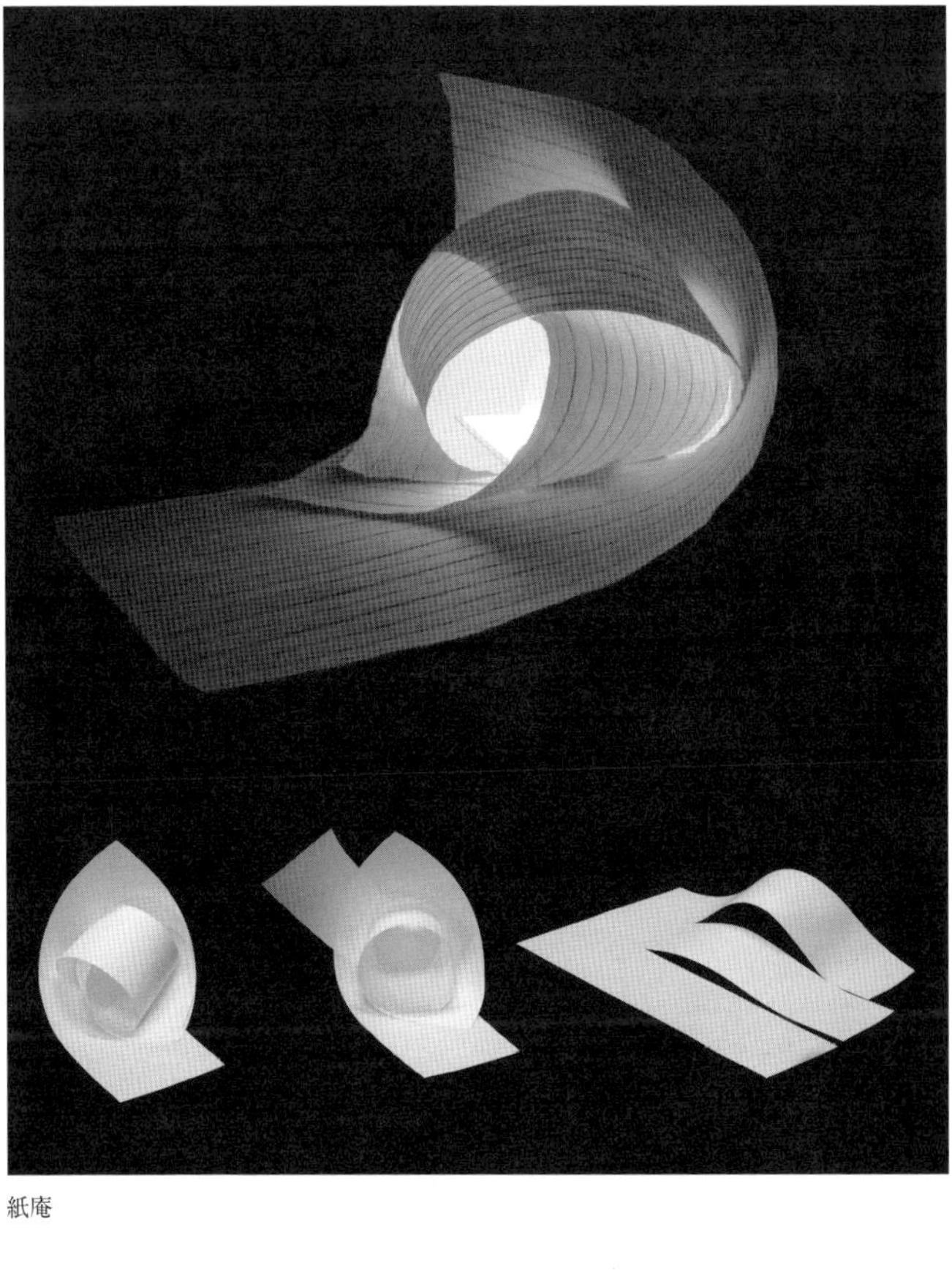

紙庵

ね。場所はワシントンDCの日本大使公邸を使えるということになり、僕がコンセプトを書いて、先ほどの三人に来てもらって、建築関係者とか大学の先生を集めた発表会をしました。そのときに竹山さんが出品されたのが「紙庵」という紙の茶室です。すごく大きな一枚の紙に堀木エリ子さんの特殊技術で巨大な和紙を漉き、そこに切り込みを入れて折っているんですよね。建築というよりは折り紙ですね。

竹山　強度を保つためにピアノ線を入れて漉き込んでもらったんです。「紙庵」と書いて「しあん」と読みますが、それを「思案」と置き換えればメディテーションの意味になります。

島田さんのような人がひとり籠って没頭してクリエイティブなことをやるのに対して、建築家は実際につくっているときは多くの人と協働するので、メディテーションとは違う作業が非常に多いんですが、「極小彼岸」という言葉が与えられて、考えたわけです。誰かと向かい合う部屋でもいい、とか。荘子の「居室生白」という言葉がとても好きで、「空っぽの部屋ほど光が満ちる」って意味なんですが、そんなイメージとか。日本語の「紙《かみ》」は「し」とも読むから、「神」の家でもあり、「死」の想像力の孵化器であるとも考えられる。そんなふうに、まあいろいろと。

そのとき書いた文章があります。「一枚の布を敷けば場ができる。一枚の壁を立てれば境界ができる。一枚の屋根を浮かべれば空間ができる。一枚の紙が部屋を生み出すことがある」と。建築の歴史というのは、だいたい死の想像力がつくっています。モニュメントや廃墟、ニルヴァーナ。そういうことをあらためて考える機会をもらったって感じですね。

今回は当時島田さんが書かれたコンセプト文を引っ張り出してきました。すごく長いんですが、読んでみると、まずイデオロギーの話から入ります。それから「極小彼岸」は「タイムマシン」でもあるし、「洞窟」だし、「夢見るための部屋」でもある。「妄想にふける」とか、「家の基本形」だとか。マサイ族とかモンゴルの話もあり、そしてもちろん「茶室である」とも書いてある。これは島田雅彦の建築論になっているわけです。これが展覧会の大きな紙を折りたたんだパンフレットに英語と日本語でずらっと刷られていました。

建築というのは、何かのために建てるんだけれども、それが純粋な一つの目的のためだけだったらつまらない。あるときは教会だったり、あるときは美術館だったり、あるときはクリニックだったりしてもいいんじゃないか。そういうことを島田さんが書いているように読めた。ある完結した理想形はないということですね。異端者のイマジネーションは収束

Nirvana Mini 極小彼岸（抜粋）

島田雅彦

1．Nirvana Miniとは何か？
人が暮らす理想の場所とはどういうものだろうか？

都心の一等地に建つ高層ビルのコンドミニアムか？

風光明媚な海辺のリゾートホテルか？

文明から遠く離れた山奥の小屋や砂漠のテントか？

人類の神話には驚くべき共通のパターンがある。言語の構造もまた共通である。同じように住まいの構造も基本的には似通っている。神話も言語も住まいも人間の脳や身体の構造によって、あらかじめ規定されているからだ。

人にとって理想的な空間も突き詰めれば、その広さも形も構造も素材も一つの原型に帰着するのではないか？その原型的な空間をユニット化することはできないか？それがNirvana Miniの狙いである。


Nirvana Miniはとても多機能、多目的な空間である。

それはとても狭い。定員はないが、四人入れば、いっぱいになる。

しかし、それは意識の持ち方でいくらでも広くなる。壁の向こうに広大無辺な闇の広がりを感じることもできる。

それは古今東西の家の基本形である。

それはわれらの遠い先祖である狩猟採集民が暮らした洞窟や竪穴住居によく似ている。それは古代に思いを馳せ、自分の過去を振り返ることができるという意味で、時空を超えるタイムマシンのようなものだともいえる。

人は誰でも一人になりたい時がある。誰にも邪魔されずに、夢見るため、自分の無意識を覗きたければ、この部屋に籠ればよい。

この部屋には客を招くことができる。それは茶室と呼ぶにふさわしい。ここでは身分の差も貧富の差も、国籍も人種も性別も年齢の違いも意味をなさない。ここは万人に開かれた小部屋である。ここに大統領やハリウッドスターを招くこともできるし、異国の旅人や家出少女を招くこともできる。

それは教会であり、祈ることもできるし、ミニマムな美術館、個人のギャラリーとして、自分のとっておきの宝物、自慢のコレクションを展示し、人に見せることもできる。

愛する人を招き入れ、求愛することもできる。傷ついた人を招き、その心を癒すクリニックにもなる。

それは原点への回帰を促す装置である。

2．ドラッグでもイデオロギーでもなく……
3．それはタイムマシンである。
4．それは洞窟である。
5．それは夢見るための部屋である。
6．それは妄想にふけるための部屋である。
7．それは家の基本形である。
8．それは茶室である。
9．茶室の歴史的な由来について
10．それは最も小さな教会である。
11．メード・イン・ジャパンの歴史
12．それはクリニックである。
13．それは美術館である。
14．それは創造の部屋である。
15．それは工房である。
16．それは物、素材への関心を高める。
17．それに完結した形はない。
18．人と素材の関係
19．そこでは炭火と戯れることもできる。
20．それは「レストルーム」である。
21．それは大人の子ども部屋である。
22．それは一人になるための部屋である。
23．それは独房である。
24．それは晩年の退屈と向き合う場所である。

せず、逸脱し発散する。

島田　茶室の小さな空間をオールインワンの空間として考えてみたわけです。要するにダイニングルームでもあり、ミーティングルームでもあり、床の間に一点何か飾られていればギャラリーでもあり、全部を兼ねている。そこで寝てもいいわけですし。

竹山　最後のチャプターには「晩年の退屈と向き合う場所」ともありますね（笑）。

既製品ではないものから組み立てる

島田　発語というものを考えてみると、そのメカニズムはレディメイドのイメージとかフレーズとか熟語を適当に組み合わせでもできます。建築でいえば、サッシとか家を構成するユニットがあらかじめ用意されていて、それを組み合わせることで建物をつくることもできますね。だけど、もうちょっとそのユニットを分割していくと、土や石のようなミニマルな素材にたどり着きます。一から構想していくのには手間はかかるけれども、オリジナルなものやユニークなものが出来る可能性は高くなります。言葉も同様で、ユニットを組み合わせてもつくれます。けれども、それはやっぱりプレファブみたいな文章なんですね。

発語のメカニズムは、ロゴス、つまり論理を司る脳と、直観や無意識を発生させる脳のコラボレーションとして生じていると思うんです。ニューロンの働きだけではダメで、シナプスの物理的・量子的な何かがうまく組み合わさることで、言葉になってくるわけです。だから発語の現場は頭の中にあって、ニューロンとシナプスのスパークみたいなかたちで出てくるわけですけれども、これは無意識の方から意識、あるいはレンマと呼ばれる直観的な世界からロゴスの世界への一方通行なんです。論理から無意識という方向の逆行はない。コスモスからカオスは生まれない。

竹山　ヴィゴツキーというロシアの教育学とか心理学で画期的な仕事をした人がいます。僕は上田信行さんという教育工学の先生から教えてもらったんですが、その人の本を読んでなるほどと思ったのは、インナースピーチというのが人間にはあると。それは外に出る言葉の前に心の中にある心の声みたいなもので、正確にはうまく言えないんですが、言葉にならない言葉、言葉以前、みたいなもの、それがちゃんと理論づけて書かれています。20世紀前半の人なんですが、それが今とても新鮮に感じられる。

言おうとしているのは、ロシア語の話なんです。ロシア語って複雑じゃないですか。テニヲハにも変化があり、過去形や未来形がある。ロシアには文学者でも思想家でも数学者でもとんでもないことを考える人がいるのはなんでかな、ひょっとすると言語の構造によってかなり思考が導かれたりするんじゃないのかな、とか。島田さんがロシア語を学んだということと思考の構造はなにか関係があるのではないかと思うんです。

島田　ただ、地球上のあらゆる言語には文法があって大体同じ構造になっているんですね。「S・V・O」みたいな構造はゆるがない。だから解読不可能な言語はないんですね。言語には普遍的な構造があるから、私たちは言語の使い手ではあるけれども、その言語でもってしか表現ができないので、その無意識も言語によって構造化されているというふうに考える。今の話を建築に無理やり結びつけると、フランク・ゲーリーという建築家はフリーハンドでデッサンするでしょう。あのデッサンが彼の設計ですよね。そして弟子たちがそれらをデジタル化する。素材や強度、寸法なんかを全部計算してくれる。それで形になって建築が立ち上がってくるわけですが、でも基本は全部フリーハンド。意識の中にある曖昧な形をちょっと紙の上にアウトプットするだけだよね。

竹山　つまりインナースピーチですよね。

島田　そうです。創造のプロセスというのは基本的にそういうものなんだと思う。レディメイドの組み合わせでもできるし、その方が早いけれど、本来はそういうものなんだろうなと思いますね。

竹山　僕も「無意識をくぐれ」ということを学生にはよく言ってきたような気がするんです。フロイトによれば、無意識というのは「言葉になり損ねた経験」です。ラカンは、無意識もまた言語であり構造化されていると言っている。彼らは言語で書けないことを言語で書こうとしている。結局はレディメイドによって、つまり既成のものを組み合わせることによって、そこそこ合理的で使いやすいものは出来るんだけれども、人間の心は不条理で非合理的だから、ある喜びとか驚き、感動を与えられるような建築は、必ずある無意識を潜って出てきたものじゃなければならないと思っています。

島田　そうでしょうね。無意識あるいはカオスを誰もがもっている。でもそれを自分で抑圧する側にまわってしまうということがある。要するに、文化というのは基本的にある種の強制を伴うものでしょう。たとえば、中世だと教会が人々の心を信仰によって蹂躙していく。だから自分を解放する運動としてルネサンスが出てきた。聖書も自由に読めなかった時代から、勝手に読める、誤読の自由もある時代になった。そのときから、いま一度人間が規範化された枠組みから外れることができた。古代人はもっと自由だったわけだけど、中世の時に蹂躙されたので、もう一度古代人に帰ろうとした運動がルネサンスですね。
　でも近代も同様ですね。組織の原理とか、ナショナリズムとか、右へならえをして、長いものに巻かれるような規範があって、ならっていれば楽は楽。少なくとも思考の節約はできる。バカでも暮らせるわけです。バカも平等に扱われるというメリットはあるのかもしれない。しかし知的劣化が気づかないうちに起きています。私たちには本来のすべてのプロセスをたどるリハビリが急務なのではないかと、教育現場にいる一人として思いますね。

ロゴスとレンマのコラボレーション

竹山　島田さんは大学でどんな教育をしているんですか?

島田　私の教育は通用しなくなっています。5年や10年前であれば、私の冗談やダブルミーニング、トリプルミーニングも通じたような気がするんですが、今は字義通りに言わないと、その含みはちゃんと受け取ってもらえない。まったくリテラルに受け取られてしまう恐怖があります。そして二言目にはセクハラだとか(笑)。文学なんて元々そういう体質です。だから学生には「我慢しろ」と最初に言うんですけどね。
　日本近代文学史の中で、たとえば谷崎潤一郎について論じるとなったら、『痴人の愛』なんてロリコンの話だし、晩年の三部作を論じようと思ったらスワッピングの話をしないといけない。源氏物語にその基本精神が現れているというスタンスをとった瞬間から、色好みというものが日本文学のキーコンセプトなんだから、エロチックなこと言わないと文学じゃない。

竹山　学生には実際に小説を書いてもらうのですか?

島田　今は大学院で創作の授業をもっているので、そこでは早口でコンセプチュアルワークをやったあと、次にそれに基づいたサンプルを持ってきてもらいます。要は小説の習作的なものを書いてこさせるんです。全文を読むのは大変だからA4で一枚。それでわかる。それを発表させて、ボロカスに言うわけです(笑)。

竹山　そのときに輝くものをもっている人はわかりますか?

島田　たった一行や二行でも「これは!」というものがありますよ。どこからこういうメタファーが出てきたのだろう、と。師匠の私がパクリたくなるわけです。そういえばピカソはパクリの天才でしたよね。画学生は「ピカソには見せるな」と言われていた。

竹山　建築ではエスキスというものをやります。学生が草案を持ってきて、それについて僕らがいろいろ言うわけです。僕はなるべく区別をつけていないつもりなのですが、面白い案に対する僕の反応と、そうでものない案に対する僕の反応の違いが、学生にはわかるみたいです。トイレとか設備の話をされたら「つまんないと思われたんだな」とか（笑）。もちろんトイレやディテールも重要だけれども、僕は基本的に学生の間にはもっと空間の組み立てとか、関係性や、光の入れ方など、建築とっての大きな構想力を鍛えてほしいなと思っているんです。だからトイレの話をするときは、ほかに何も言うことがないときですね。

島田　それと関係があるかどうかわからないですが、自分が文学を講じる立場になってわかったのは、あまり教えることがないんですよ。実作指導といっても、ただ口で言うだけですから。大教室で教えることは文学史しかないですね。でも僕は、文学史や建築史は一応踏まえておかなければならないと思います。なぜなら歴史を知ることは、建築なら住むということ、あるいは文学なら言葉を紡ぐということの、あらゆるパターンを把握するということです。今の創作はそのリサイクルであり、応用であり、改変であり、その繰り返しでしかないからね。画期的な手法や技術は存在しうるのかもしれないけれど、それはただ忘れられているだけかもしれない。

　再来年頃には廃れるだろうけれども、いまＡＩがどんな建築をつくるのか、どんな文学作品を書くかということが考えられていますね。けれども、先ほどの話のように、発語のメカニズムそのものが、二つの心のコラボレーションみたいに行われているので、ＡＩが文学をやるとしたら、今のようなロゴスマシーンだけでは無理です。コスモスだけじゃなく、心のカオスをもっているようなＡＩがあれば、安部公房や大江健三郎も負けるかもしれないけれども、今のところは大江健三郎の狂気の方が勝っているわけですね。建築の方では、実際に物をつくるとなったときに３Ｄプリンターとかが現場で活躍しています。今までにない素材を使ってＡＩが考えた設計を３Ｄプリンターが立ち上げたらどんなものが出てくるのかとは思いますが、今まで人間がつくってきたものを超えるものは期待できないんじゃないかな。

竹山　建築はロゴスの面がものすごく強いですね。何よりも重力に抵抗しなければいけないし、耐久性の問題もある。でも学生たちに話をするのは、ロゴスに対するポエジーやエロスやタナトス、つまり論理に対する欲望が人間の中ではせめぎ合っているので、論理がないと正確には伝わらないけれど、いろんな物を組み立てていくときに出てくるエラーに面白さがあるんだと、そんなことを感じてもらえるといいなと思っています。ロゴスは体系化されているから教えやすいんですよ。大講義室で話をするのはロゴスです。パーソナルに話をするときには、もう少し違う言葉で話をします。

言葉や建築に導かれて

島田　そうでしょうね。文学作品の一番古い形態は神話です。神話とはシャーマンが見た夢を誰かに語った言葉です。でも神話の状態のままでは荒唐無稽でよくわからない。次に神話をベースにしてディテールを書き込み、ロゴス的な部分というのを補っていくと、英雄叙事詩のようなホメロスの世界ができる。ホメロスはキャラクターが立っているし、場面のディテールが非常に細かく書いてあります。どんな容姿か、この怒りの原因は何か、ということがすごく分析的に書かれています。そう考えると、建築の神話にあたることの始まりは洞窟でしょうか。

竹山　アルタミラの洞窟の天井に絵が書いてありますね。あれは実は二次元ではなく三次元なんですよ。洞窟ですからでこぼこしているので。真っ暗闇の中に松明が掲げられると、絵がチラチラと動くんですよね。そこにエロスがある。動きや流れがあると、人間は触発されるので、そこに感じる空間性を彼らは味わっていたんだと思います。

僕は建築をたてるときの最初のきっかけは住まいやシェルターではなく、象徴や祈りだと思います。つまりお墓が先。十万年くらい前のネアンデルタール人でさえ花を捧げていたという分析もあります。死者に対して花を手向けることは機能とは関係ないですが、そこから土を盛るとか、塔を建てるとか、深く掘ることを行っていった。すると新しい空間性ができて、そこではじめて生きている人間にも役に立つものや外敵から守るためのものをつくり出すようになったんじゃないでしょうか。つまり最初は死に対する想像力がスタートです。

島田　それはよくわかりますね。アルタミラの絵も神話も同じようなものです。要するにどちらも言語の産物であって自然界には存在しない。

言語の機能は、もちろんコミュニケーションツールでもあるけれど、それよりもまず分けることです。「分ける」というのは「わかる」ということでもある。この世とあの世を分けるとかね。あるいはエスキモーの言葉には氷を示す単語がいっぱいあるらしい。上を歩ける氷と、歩くと割れる氷では言葉が違う。建築でいえば、死者の住まう場所と生きている人間の住まう場所を分けることは、この世とあの世を分けるということです。あの世という想像の世界を何か可視的なものとしてつくる。土を盛り、死者を埋め、何かを捧げるような空間づくりにつながる行為をしたその瞬間から、建築という特別な作業が始まるということでしょうね。

竹山　縄文人と弥生人は、昔は別人種だとか言われましたが、実は連続しているということが、いま定説になりつつあるようです。ただ、生産手段が変わると文化も変わる。縄文時代の集落には、真ん中に骨を埋め、住まいでそのまわりを囲んだものが結構あったみたいですね。それが弥生になると、埋める場所が集落とは別の、環濠の外に分けられた場所になっていく。真ん中に死者をもつ文化と死者を離してもつ文化は、同じ列島の中でも違うんだなと思います。

以前にシリアの海岸沿いにあるウガリットというフェニキア文字が発掘された古代都市に行ったことがあるんです。そこには3500年くらい前の石造りの家があり、その家の一番真ん中、しかも床の下にお墓があるんです。死に対する想像力は文化によって違いますが、真ん中にあえて祀る文化もあれば、遠ざけつつ敬う文化もある。もちろん衛生面などいろんな問題があるのでしょうが、人間が失った者に対する喪失感や悲しみ、再生への希望を考えるための空間装置にはいろいろあるんだなと思います。文学でも、死に対する想像力が紡ぎ出した言語空間が根底にはあるんでしょうね。

島田　そうですね。要するに、あの世も仮想世界、平行世界の一種で、自然界とは別のもの。人間はそういう創造的な世界をつくってしまう。これはあらゆる領域で言えると思います。

数学でも、虚数を使い出した瞬間からまったく違う世界への想像力が具体的に動き出すわけだし、自然数や整数ではない数を使いこなさないと地球の外には出ていけない。宇宙船も飛ばせない。つねに自分の身の回りの世界からはみ出して、別の世界を想像していく。それに合致する具体的なものが見つかると、さらに別の世界へといける。このような一種の開拓を人間は重ねてきたんじゃないかと思います。

竹山　最初は遊びとしてなんでもやってみたんだと思います。石を取ったり、穴を掘ったり、その残骸が積まれていくと、きちっと積んだり、組み立てる技術が出てくる。そうして高台をつくり、そこに立つと見晴らしが変わる。届かないところに行きたいと、そこで超越という概念が生まれる。日本では石ではなく木を使いましたが、木を横に切ったら年輪があるので連帯性を感じ、木を見上げると神様や超越性を感じる。ものによって人間の概念は誘導されるのでしょうが、そのときに建築はうまく使われてきたわけです。建築で遊んでいるうちに、それによって獲得した超越性とか連帯性の概念によって、人間はさらに新たな概念をつくり、それに言葉を与えていったんだと思います。

島田　狩猟採集時代にはそれほど大きな国はなく、小集団である限られた資源を有効に活用し、自然の恩恵にあずかるという世界でした。そこで農業が始まった瞬間から剰余価値が生まれ、みんなが平等に労働し、分け合って食べるのではなく、労働からより大きな価値を引き出し、それを剰余価値として溜め込んでいく。そして権力が生まれる。すると自分の身体のサイズに合わせた空間でよかった建築が、権力のメタファーとなり、象徴として構想されるようになった。だから古い帝国には巨大な墓地が出来ます。ピラミッドしかり古墳しかり、始皇帝の兵馬俑もそうです。モニュメンタルな建造物がどんどん巨大化していきました。

竹山　特に日本では権力者である大王が外に対してアピールするための宮をつくります。実は他者がいないとなかなか都市は出来なくて、中国や韓国、朝鮮半島など大陸の事情のために日本も威厳をもたなければならなくなり、宮が出来てきた。ある種の余剰生産物の収集と分配がうまくいくような社会では、権力欲をもつことで成功するタイプの遺伝子と、それに服従することに喜びを覚えてしまう遺伝子が生き延びたような感じがするんです。威厳のあるものが出来ると、そこには這いつくばる人たちも出てくる。これは良くも悪くも建築の力だなと思います。

平城京では、羅城門から朱雀門までの道は、幅が70メートルもあり、緩やかに登りながら、その両側には6メートルもある壁が立っていたんです。壁に遮られて周囲の建物も見えない。朱雀門にたどり着くと、今度は一辺が何百メートルもある広場に出ます。そこを貢物を持った外国の使節や地方の豪族が歩いて経験すると、これには従わなければならないと思ってしまう。そんな空間をつくってしまったわけです。

ミシェル・ウェルベックの『服従』という小説があります。人間が服従の本能なんてもっているなんて最初はアイロニーだと思っていたのですが、最近調べていると、超越性はある種の美を生み出すモチーフでもあると同時に、服従を強いるとても微妙なものなんだとつくづく思います。島田さんは最初から反抗したり、異端だったり、超越性から極力離れているけれども、だからこそ超越性に関心をもっているんじゃないでしょうか。

異端として生きる

島田　旧約聖書やキリストが活動していた頃に遡っても、やっぱり異端はいるんです。全知全能の一神教には厳しい強制がある。この地上のすべてのものを造り給ひし創造神なのだから、反抗したところで意味がないと人々は諦めていたのだと思うけれども、その実、ちょっとひねくれ野郎もいた。たとえば、アダムとイブが追放されたのは、エデンの園で善悪の分別がつくという木の実を食べてしまったからですね。でも考え方によってはその木の実を食べて分別がついた方がいいではないか。その木の実を食べるようにそそのかした蛇の方が実は人間にフレンドリーじゃないか。人間はむしろ蛇の方につくべきで、自分たちに試練を与えて追放までした神を否定し、もっと自分たちに優しい新しい合理的な神をつくってもよいのではないか、と。そんな考え方をしたのがグノーシス主義です。

竹山　ドルイドとかケルトの神もそうですね。そういえば三輪山の神も蛇だった。蛇は異端なんですね。

島田　そうですね。キリストが生まれた頃の状況でいえば、キリスト教への信仰はローマ帝国にとってはいいかもしれないけど、抑圧されているユダヤ人やシリア人、エジプト人にとってはキリスト教や旧約聖書の考え方は受け入れなくてもいい。どうせ自分たちは疎外されているんだから。彼らには別の神を選ぶ権利があるわけです。

竹山　柄谷行人によれば、キリスト教は究極的には二つのことしか言ってない。「神を畏れよ」と「汝の隣人を愛せ」です。「神を畏れよ」というのは超越性の問題で、「汝の隣人を愛せ」は連帯性の問題です。先ほどの縄文と弥生の話と同じですが、垂直線と水平性を同時に言ったのがキリスト教なんだと。なるほどと思ったんです。だから超越と連帯の二分法に対して異端を入れると、それを相対化し、脱構築することができるわけです。

島田　そうですね。一種の屁理屈ですけどね。屁理屈である限り異端なんだけれども。その屁理屈がちゃんと支持を得れば。ある意味、ユダヤ教にとってキリスト教は異端なんですね。創造神の信仰ではなく、蛇の方を信仰する側、言うなれば神をただ恐れるだけではなく、蛇的な叡智の側からキリストは出てきた。キリストは父なる神と聖霊との三位一体というかたちで現れますが、しかし彼は同時代人から見れば風変わりで、ユダヤ教徒から見れば異端的な知性です。だから、どちらかといえば蛇の側の人間ですね。その後、キリスト教自体は弟子たちに変えられてしまったし、さらに時代が進むと変な男権中心主義が盛り込まれ、マグダラのマリアが差別されたりしましたが。

竹山　超越性の話ですが、今の世の中では超高層ビルや大企業のようなすごいものに対してたぶん多くの人がかしずいて、そこで働きたいなんて思ったりしてしまうじゃないですか。島田さんはニューヨークに長く住んでいましたね。ニューヨークはスカイスクレイパーの街ですが、そこであえて超越的なるものの異端でありたいと、修行として住んでたんですか?

島田　僕はスカイスクレイパーが超越的だと思ったことはなくて、ニューヨークではどこでタバコを吸うかばかり考えていました。僕がニューヨークで熱心にやっていたのは、まさに自分のニッチを探す行動ですね。都市に暮らすネズミ的な人間が、ちょこまかと動き回りながら自分だけのとっておきの隠れ家あるいは偏愛の対象たりうる場所を探すわけです。

たとえば、セントラルパークをふらふらしながら探していたのは、野点するのにいい場所でした。一応公園では酒を飲むのは禁止されていますが、紙袋で隠して飲んでいる限り、特に誰からも注意されない。逃げ道があるわけです。セントラルパークで花見感覚で酒を飲むのに一番いい場所をずっと探していた。何か所か見つけましたね。あるいは自分の行きつけのバーをもつとかね。東京でも京都でも、何の変哲もないところでも、自分が偏愛してやまないような空間をもっている人は、都市の散歩者として優秀だと思います。自分だけのニッチをもっていること自体がね。人間も犬みたいに決まったトイレでしか用を足さない人もいるでしょう（笑）。ちなみに私は法政大学の市ヶ谷キャンパスにマイトイレがあります。自分で所有しているわけではないけれど、そこでしかしないんです。

――そろそろ時間ですが、会場からお聞きしてみたいことなどありますか?［山雄］

――島田さんは竹山先生が設計されたご自宅に移られて、執筆や創作活動に影響したことはありますか?［会場］

島田　そもそも立地が多摩丘陵に面したところで、そこが誘惑から適度な距離感があるんですね。駅から10分ぐらいあり、坂の上ですから、出かけるのも帰ってくるのも体力がいる。だから出不精になるんです。これは物書きには絶好の条件かなと思います。それと建物に関していえば、一つの部屋に閉じこもってじっと動かずにいると、クリエイティビティの低下が起きるんです。人の知性は運動神経と密接なので、適度な運動によって刺激を得なければならない。でもそれは抹消の筋肉を動かすだけでいいんですね。ふらふら歩き回るだけでいい。そのときにふっと浮かぶんです。だから家の中を歩き回れるようにしています。つまりバリアフルな家にすることによって、家の中を落ち着きなくうろちょろしているだけで、下半身から中枢に十分な刺激が得られる。だから出不精でも大丈夫です。このことは半分くらいは建てる前から予想していたけど、住んでみて、いけると実証できました。

竹山さんにあの家をつくってもらってからほぼ20年経ちますが、僕はほとんどあの家で執筆してきました。ときどきニューヨークやヴェネチアに行って連載は続けていましたが、それ以外はほとんど。最近はMacユーザーになって、バッテリーがもつ上にすぐ起動するから、電車の中でも書くようになりましたけどね。

ところで、森敦という京都大学の数学科出身の作家は山手線を書斎にしていましたね。写生に使うような画板に原稿を広げて書いて、お腹がすくと電車を降りて立ち食い蕎麦に寄って、喉が乾いたらミルクスタンドでミルクを飲む。家がなかったんでしょうかね（笑）。

――先ほどフランク・ゲーリーのスケッチの話の中で、なにかモヤモヤと思っていることを描いたら、それがそのまま形になってしまう、というように、言葉を介さないで何かをつくるということがありますが、竹山先生は建築をつくっているなかで、言葉によって想像を膨らませているのかなと私は思うんです。設計と言葉の関係について教えていただけませんか？ ［大西］

竹山 それはプロジェクトによりますね。言葉なんて考えてられないときもある。でもゲーリーの話でいえば、本人はいつも魚の物語を考えているそうです。彼のスケッチはすべて魚で、魚がピチピチ跳ねているイメージです。その中に機能的なものを入れなければならないから、四角い展示室を入れてみるとかしていますが、僕はゲーリーはむしろ物語的につくっているのかもしれないと思っています。

彼は面白いことを言っています。建築はルネサンスの頃から人間の身体のプロポーションを建築に移すというanthropometry（人体測定学）というのをやってきた。教会のプランもそうだし、ル・コルビュジエのモデュロールも人間の身体をベースに寸法を取っている。人間の身体が絶対的な善としてあったわけです。ところがゲーリーは「俺は魚が好きだ」と。「人間はよくてなぜ魚じゃダメなんだ」という発言をしていますね。

言葉の話に戻ると、原広司は言葉が大切だと言っていました。それに対して僕は、言葉じゃない、と思っていた。だから難しい言葉から考えろとはあまり言いたくないし、たぶん言えないと思う。でも、もやっと出てきたものに対して責任を取るためには言葉が必要です。スケッチするなかで発想したものは、無意識ですから、それを自分自身の中で確認したり、なにかしら意味のあるものにしようと思うときには、言葉があることが有効になります。僕は純粋に、静かな湖のような建築とか、山の上を流れている雲のような建築をつくりたいなんて思うことはありません。けれども、機能を分析したり、構造的にはこうした方がよいとなったときに、スケッチしたものの責任を取るためには言葉が必要になるし、また言葉に導かれて何かが動くこともあるかもしれませんね。

島田　もっとシンプルな話でいうと、その人がもっている気質の反映はあると思いますよ。たとえば、隈研吾はニヒリストだから建物もニヒルでしょう。安藤忠雄は暴力性があるから建物も全部刑務所っぽい。安藤さんに「刑務所をつくったことないんですか?」って聞いたら、「俺がつくったらまんまやないけ」と言ってましたね。自覚してるんですね（笑）。

——最後に、島田さんは竹山先生の建築をどう見られていますか?［山雄］

島田　僕は《べにや無何有》にも泊まったし、住宅も見せていただきましたが、はっきりと竹山さんの建築だという特徴はありますよね。全体の印象からすると非常に静謐な感じがします。一目見てこれは竹山さんのだなってわかる。たとえていえば、ジョルジュ・ブラックの絵みたいな感じ。一目見てブラックの絵だなってわかる。なんとも言えない魅力があってね。うまく言えないですけど。

2019年11月2日、長江家住宅にて
写真＝白鳥義雄（189頁をのぞく）

島田雅彦（しまだ・まさひこ）
小説家。１９６１年東京都生まれ。東京外国語大学外国語学部ロシア語学科に在学中の１９８３年に『優しいサヨクのための嬉遊曲』で文壇デビュー、芥川龍之介賞の候補となる。沖縄国際大学、近畿大学で教鞭を執り、２００３年から法政大学国際文化学部国際文化学科教授に就任。１９８４年『夢遊王国のための音楽』で野間文芸新人賞、１９９２年『彼岸先生』で泉鏡花文学賞、２００６年『退廃姉妹』で伊藤整文学賞を受賞。著書は『天国が降ってくる』『僕は模造人間』『無限カノン』三部作（『彗星の住人』『美しい魂』『エトロフの恋』）『フランシスコ・X』など多数。近著に『君が異端だった頃』がある。

"RESPONSE" / 異領域とのレスポンス

Talks with collaborators in different fields

三木健 × 竹山聖

02. Ken Miki

デザインと建築

道草とエラーがひらく可能性

竹山　三木健さんとは随分長く仕事を一緒にさせてもらっていて、プライベートでも親交があるのですが、はじめてお話をしたのは90年代の始めです。昔から親しかった浅葉克己さんに誘われて、JAGDA（日本グラフィックデザイナー協会）の湯布院で行われた合宿に行ったんですよ。そうしたら浅葉さんから「聖ちゃん、ピカイチのデザイナーを紹介するよ」と言われて、それが三木さんだったんです。浅葉さんや松永真さん、奥村靫正さん、勝井三雄さんなどグラフィックデザインの分野には知り合いが多いのですが、みんな年上で、同世代の方と知り合うのは初めてでした。三木さんは、僕より一つ下ですよね。

三木　1955年生まれです。

竹山　僕が1954年生まれなので、ほぼ同世代です。そこで紹介していただいたのをきっかけに、一気に打ち解けました。二人とも大阪在住だったので、親近感もより感じましたね。三木さんはそのときから素晴らしい仕事をされていらっしゃったし、一緒に仕事をしたいなと思いました。覚えておられますか？

三木　もちろんです。JAGDA主催のプロジェクトで、各地域に潜在する多様で新しい経済文化の可能性をデザインの視点から掘り起こすことで、地域振興の活性化に貢献することを目指すという内容でした。「デザイン・キャラバン」という名称で、大分では「観光」をテーマに議論が交わされました。会議のあと、由布院温泉の山荘無量塔のバーで飲んだことを覚えています。

竹山　行きましたね。泊まってはいないですけどね。

三木　あまりにも高価で当時は泊まれなかったんですよね。

――竹山先生の第一印象はいかがでしたか？［大西（司会）］

三木　すごくスマートで、言葉が明快かつ力強かったですね。建築家というのはすごくロジカルに物事を考えているんだと感じました。また、文学的で詩的な表現が印象に残っています。

――建築家との関わりは、竹山先生がはじめてなんでしょうか。［大西］

三木　いえ、まわりにもたくさん建築家の方がいらっしゃいました。でも、僕より年上の方が多かったので、ご本人と直接交流するというより、スタッフの方や現場を見て建築家の思想に触れることが多かったです。

竹山　建築はグラフィックデザインよりデビューが遅いから、あの頃は建築家の中では僕が一番若かったんじゃないでしょうか。当時まだ30代ですから。

三木　そうですね。皆さん年上の方々でした。僕は若い頃、建築を見に海外にもよく出かけました。大阪出身の安藤忠雄さんにずいぶん憧れて、初期の作品を見て刺激をもらいました。アイデアに行き詰まったときは、自宅に向かう帰り道にあった安藤忠雄さんの事務所を車で2回まわってから帰宅したものです（笑）。

竹山　ご利益があるんですか？

三木　ご利益があったかないかはわからないけど、ある時期、安藤さんの建築を追っ掛けしていました。「よし、まだまだ頑張らねば！」と気概を高める一つの目標だったように思います。「安藤事務所の丸い窓に安藤さんの愛犬コルビュジエが顔を出していた」なんて建築好きの友人と話すようなミーハーでしたね（笑）。

――はじめてお会いされたときは、どんなお話をされたんですか？［大西］

竹山　浅葉さんから酔っ払った勢いで紹介されたので、あんまり真剣な話はしてないですね。

――その後、すぐ一緒に仕事をされたとか？［大西］

竹山　すぐということでもないですけど、苦楽園は一緒にやりましたよね。

三木　複数の建築家が苦楽園にすごくユニークで高級な建売住宅をつくるというプロジェクトでした。バブリーな時代でしたけれど、素晴らしい建築がいっぱいありましたね。

竹山　遠藤剛生さんが音頭をとって、元倉眞琴さん、岸和郎さん、木村博昭さんらと一緒に、プレファブでは建たないような崖地に建売住宅を設計する、というプロジェクトでした。そのシンボルマークやパンフレットなどのデザインを三木さんにやっていただきましたね。シンプルで美しい、モノクロームに赤が鮮烈なデザインでした。

寄り道のデザイン

三木　遅れてしまいましたが、自己紹介をしますね。僕はグラフィックデザイナーとして三木健デザイン事務所を主宰していますが、もう一方で、大阪芸術大学で教員もしています。「気づきに気づく」をテーマに「デザインの学び方と学び方のデザイン」について研究しています。話すようにデザインを進める「話すデザイン」という発想方法や、物事の本質をしっかりと見つめる「聞くデザイン」という観察力にも重きをおいています。

クライアントワークにおいても、まず依頼主の声をしっかり理解する「聞くデザイン」が重要です。そこには、依頼主の願望だとか、夢が潜んでいて、それを集めて濾過する――コーヒーがポタッポタッと落ちてくるようなイメージで可視化していくとデザインに一番大切なコンセプトが浮かび上がってきます。

また、僕はおしゃべりで、事務所の中でもいろんな話をします。本題から逸れ、道草や寄り道が多く、そのプロセスの中にアイデアのヒントを見つけることがよくあります。偶然の幸運に出会うとでも言うのか、何かの刺激で突然アイデアが生まれ、その道草や寄り道のプロセスが芋づる式につながっていくのです。ノーベル賞を受賞した多くの方々がよく「セレンディピティ!」、つまり「偶然の幸運に出会った」と言われますが、この感覚を鍛えたいと思い、事務所では「本箱を整理してはならない」というルールを敷いています。図書館や辞書においては当てはまりませんが、偶然出会う一つのビジュアルや言葉で急に発想がジャンプすることを期待しています。非合理的と思われるでしょうが、クリエイティブはそんな出会いの中に潜んでいるんです。その能力を鍛えるために事務所のスタッフにはできるだけ道草を進めています。

もう一つ、今日は自己紹介代わりに小さな立方体の地球を持ってきました。これは平面から立体に立ち上がる地球儀になっています。北緯34度41分23秒、東経135度30分44秒。ここが僕の事務所の地球番地です。グローバルとローカリティを意識した「Think Globally, Act Locally」を表していて、「着眼大局、着手小局」で行動をしようと思っています。小さな地球が大きな地球をめぐるといったところです。

竹山　三木さん得意の、紙の立体造形ですね。

三木　次にこれ、竹山さんが僕の事務所に来られたときに手が滑ってこぼされたお茶の写真です。スタッフが慌てて布巾で拭こうとしたんですが、竹山さんは「ちょっと待って、写真を撮らせて。こんなに美しいものに出会えるって、どう思う?」とおっしゃって。実際、こぼれたお茶の色といい、形といい、ガラスのグリーンといい、美しいでしょう。二人でキャッキャ言いながら写真を撮りまくり

地球儀名刺

ました（笑）。

——たくさん撮られたんですね。［大西］

三木　そうなんです。竹山さんって、偶然の幸運に出会う能力があり、道草や寄り道を楽しまれる方だと感じています。竹山建築の中には道草をする箇所がすごく多いと思いませんか？　たとえば、小さな窓、大きな窓がいたるところにあって、風景の見え方も、その日その日で変わりますよね。

大きなりんご畑の中で学ぶ

三木　今回の企画は、竹山研究室での学びを振り返るというのが一つのテーマであるとお聞きました。そういうわけで、僕が大学で行っている《APPLE》という授業についてお話ししようと思います。テーマは「Learning to Design, Designing to Learn」。デザインの入り口に立った若い方に何を教えるべきか。物事の本質をしっかり見抜く洞察力を身につけ、独自の発想力で新しい価値を築くデザイナーを育成したいと思い「観察と想像」をメインに「気づきに気づく」教育メソッドを考案しようと思いました。そこで、「あったらいいな、こんなデザインの学校」という絵を描きながらメソッドを組み立てていきました。りんご畑という「自然」の中で「科学」と「芸術」が出会うようなイメージです。もう一方で、美術の教科書や従来の授業のあり方に対するアンチテーゼを

こぼれたお茶

込めて計画しました。

ところで、皆さんは、りんごをご存知でしょうか? 知らない方、挙手をお願いします。皆さんご存知のようですね。では、「無知の知」という言葉をご存知の方? 知らない方のために説明すると、古代ギリシャにソクラテスという哲学者がいました。ソクラテスは言います。「私は知らないということを知っている」。賢者は何かを尋ねるとすぐに「知ってる、知ってる」と答えます。「知ってる、知ってる」と言う方は学ぶ力のない方です。知りたい、興味があると好奇心を抱く方は、学ぶ力のある方です。

では、皆さんは本当にりんごのことを知っているのでしょうか? 子供の頃からりんごを見たり、食べたり、触れたりと知覚してきたと思いますが、認知してきたのでしょうか? そこで、いかにりんごを知らないかを知り、未知なることへの探求をしようということで、りんごを題材に「デザインって何?」という研究をしようと思ったのです。

では、どうしてりんごを通してデザインを研究するのでしょうか。アダムとイブは禁断の実(りんご)を食べて人間になったと言われています。ニュートンが万有引力を発見したのも、りんごがきっかけだと。音楽で世界を熱狂させたビートルズはアップルレコードを設立しました。さらに、デジタル革命を起こしたスティーブ・ジョブズのアップル社のMac(マッキントッシュ)も、りんごの品種名を語源としています。もしかすると発明や発見の陰にりんごがあるんじゃないかと仮説を立てたのです。また、世界中のみんなが知っているポピュラリティを通してデザインについて考えてみようと思ったのです。

それでは、開発した14の教育メソッドの中からいくつかをお話ししたいと思います。

まず、りんごの周辺の「長さ」をどうやって測るか、と学生に問いかけます。するとすぐに、ひもを巻く、という答えが出てきます。実際にりんごに両面テープを貼り、2ミリのひもでグルグルと巻いてみます。ひもを巻くことによって、情報量が引き算されて、りんごのひずみがよくわかってきます。普段注視することのなかったりんごの形を通して「同じものを見ているのに、違うものを見ていた」という気づきに気づくのです。

さて、本来の課題は、長さを測ることです。そこで、巻き終わったりんごの写真を撮って、すぐにほどいてもらいます。「え～」という声が聞こえます。「かわいい～。持ち帰りたい」などの声も飛び出します。テーマに向け一気にひもをほどかせます。そのとき、潔さについての話をします。潔さについて知ることは建築でもデザインでもとても重要です。一つのデザインに何もかもは詰め込めません。むしろ、潔さの中に一番伝えたいことが残ってくる。

　そして、そのほどいたひもの長さを測るために、場所を移動して、身体的に長さを捉えていきます。体で捉える、これが大事なんです。

竹山　スケールって大事ですからね。それを身体で感じることが特に。

三木　次にりんごの表面積の測り方を考えます。学生たちからは、すぐに測り方の提案が出てきます。

　家庭科の時間のように皮をむいて、それを細かく切って並べると、アバウトですが表面積を測ることができます。タイル状に並べられたりんごの皮を見たある学生が、「すごくきれい、バラの花びらのよう」と言います。調べてみると、りんごは、バラ科だったんです。バラ科リンゴ属落葉高木樹。

　次に、りんごの写真を撮ってコピーします。それを直方体に折り曲げて上部の空間に「APPLE」という文字を書きます。リンゴジュースのパッケージが完成します。次に「ROSE」と書きます。香水のパッケージのように見えてきます。次に「RED」と書くと、なにか赤い小物が入っているようにも見えてきます。

——本当ですね。面白い。［大西］

三木　名前をつけるという行為はとても重要です。「名前は理念の声」だと学生に伝えます。名前をつけることで、大きな方針が決まります。竹山さんの著書『独身者の住まい』でいえば、独身者という言葉がつくことで、そこからひとりの人間としての純粋な住まいのあり方について想像を膨らませることができる。概念が見つからないときは、名前をつけることを学生たちに勧めています。反対に、観念に縛られたら名前

上／ひもで巻かれたりんご　下／ほどいて長さを測る

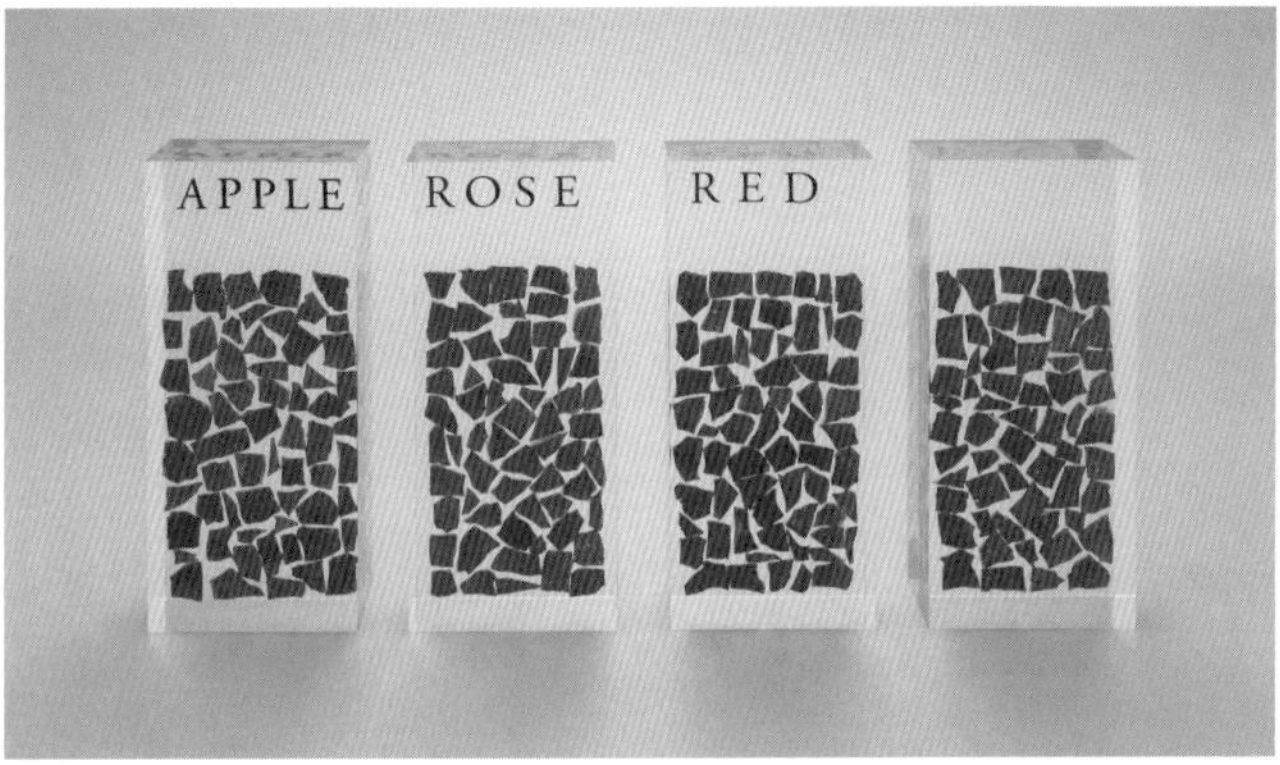

名前をつけることで見え方が変わる

を消そうとも伝えています。名前をつけたり、消したりを繰り返すことで、コンセプトが明快になってくるのです。

オンリーワンになろう

三木　次に、色でりんごを観察します。「りんごは何色ですか?」と尋ねると、多くの方が「赤」と答えます。でも、ルーペで見てみると、りんごにはたくさんの色があります。それを観察し、一人100色ずつ抜き出して色見本帳をつくってもらいます。20人のクラスだと2000の色が抽出されます。世界で最も赤の多い色見本帳が誕生するわけです。

――すごいです。［大西］

三木　DICの色見本帳というものがあるのですが、実はこれ、田中一光さん、勝井三雄さん、灘本唯人さんの三人が選定した色なんです。僕たちは、この色見本帳を使うたびに彼らの選んだ色の中でデザインを決めているんです。なんか悔しくないですか。

――悔しい。［大西］

三木　その昔、横尾忠則さんのつくった版下を見たことがあるんです。版下というのは、デザインをつくる、印刷の前のものです。そこにうどん屋の箸袋がペタッと貼ってあって、「この色で」と書いてあった。かっこいいでしょう。欲しい色がなければつくればいい。僕たちがデザインを始めた頃は、コンピュータなんてなくて、ポスターカラーで色を合わせていたんです。「ピンク色をつくってくれ」と先輩に色サンプルを渡されるのですが、白と赤を入れるところまでは想像できますよね。そこに少しイエローを入れると、すごく豊かな色になる反面、イエローが濁りを出すんです。ボトボトッと入れると、どんどん濁ってきて、「ありゃ、濁っちゃった」と思って、また白と赤を入れるんです。そうこうしていると、少しだけしか必要ないのに、どんぶり鉢いっぱいぐらいの絵の具が出来ちゃって、先輩にすごく怒られたことがありました。

　そんな経験が相まって、印刷会社に立ち会いに行ったとき、インクを混ぜているおじさんに「黄色はあまり混ぜないでくださいね。すぐ濁っちゃいます」と声を掛けたんです。そしたら、「あんた、よう知ってるな」「おい、ちょっと若いの、来い」「こいつ、よう知ってるで」と、かわいがってもらいました。

竹山　僕も似たような思い出があります。岡山の《健康の森》というプロジェクトを手がけたときに、敷地の北には「水のゲート」、南には「風のゲート」というものをつくったのですが、その「風のゲート」というのは、コンクリートの壁の上にヨットの帆のような鉄板が風を受けてゆっくり動く、巨大なオブジェのようなものなんです。その現場に行ったら、ちょうどムラサキシキブが実をいっぱいならせていて、色がとてもきれいだったんですよね。ちょうどそのとき、現場監督に「風のゲートの色を色見本から選んでください」と言われて。建築の色見本って、DICよりもはるかに少なくて不自由なんです。それで僕はムラサキシキブの実をピッとちぎって、「これでお願いします」と。

三木　すごい。

竹山　だから、あれはムラサキシキブの色なんです。

——私も、デザイナーの原田祐馬さんに自分がつくっていた本のアドバイスをもらおうと思って、「自分が出したい色がうまく出ないんだよね」と言ったら、「さわやかな秋の空のように」と、そういうふうに指示を書けって言われたんです。言葉でイメージを伝えれば印刷所の人も一緒に考えてくれる、と。［大西］

三木　同じ感受性をもっている方が現場にいれば、そっちの方がいい。想像力が膨らみますからね。色見本帳というのは、便利で機能的なんですが、それ以上には広がらない。だから、僕はムラサキシキブで色を出す人の感性を信じています。だって、自然界には、色はあまたとありますからね。

竹山　無限ですね。

三木　「どうしてこの焼き付け見本から選ばなきゃいけないんだよ」という疑問をもつと、普段、何気なく使っているものは、すべて誰かがつくっているのだと気づきます。文字をつくるフォントデザイナーがいて、紙の風合いや、柄や、色を決めるデザイナーもいる。工業化されたものは誰かがデザインしているんです。だから、色見本だって自分でつくればいい。だから僕はこの『りんご色見本帳』をつくるんです。ちなみに「世界一の研究者になるために」というのが《APPLE》プロジェクトの副題になっています。いわゆる世界一ではなく、オンリーワンになろうという意味でつけました。

デザインが理念を可視化する

三木 《APPLE》にはオノマトペをテーマにしたプログラムもあります。これは、竹山さんとの仕事でも扱った大切なコンセプトです。りんごから連想する擬音語や擬声語や擬態語、その文字をデザインするという課題です。文字のデザインって、すごく難しいんです。本当は学ばなきゃいけないことがたくさんあり、ずいぶんと時間が必要です。それをできるだけわかりやすく、自由度を高めることで文字に関心をもってもらおうと考えたプログラムです。

まずは学生たちに漫画の本を持ってきてもらい、オノマトペを採集します。漫画はアニメのように音が出せないから、リズミカルな表現で感情を表す文字がいっぱいあります。漫画はオノマトペの宝庫です。女子向けの漫画は、「キュン」とか、「ポンッ」とか、かわいい。男子向けの漫画は、「ガツッ」とか、「ドーン」とか、戦っているような文字が多いですね。そこで、りんごから思いつくオノマトペを10種類出してもらって文字をつくってもらうんです。りんごを食べるで「モグモグ」。りんごを搾るのは「ジュワジュワ」。りんごを投げるのは「バシュ」。りんごを切ると「サクッ」。これは学生たちのノートなんですが、すごいでしょう。漫画やアニメが世界でも最高のレベルの日本で育っているので、みんなとても上手です。次に、漫画のコマ割りを準備して、彼らの作品をその中に放り込んでみます。まるで何かの物語が浮かび上がってきそうな感じがしませんか。そして、このワークショップのプロセスを自分の作品とクラス全員の作品で編集して、毎回

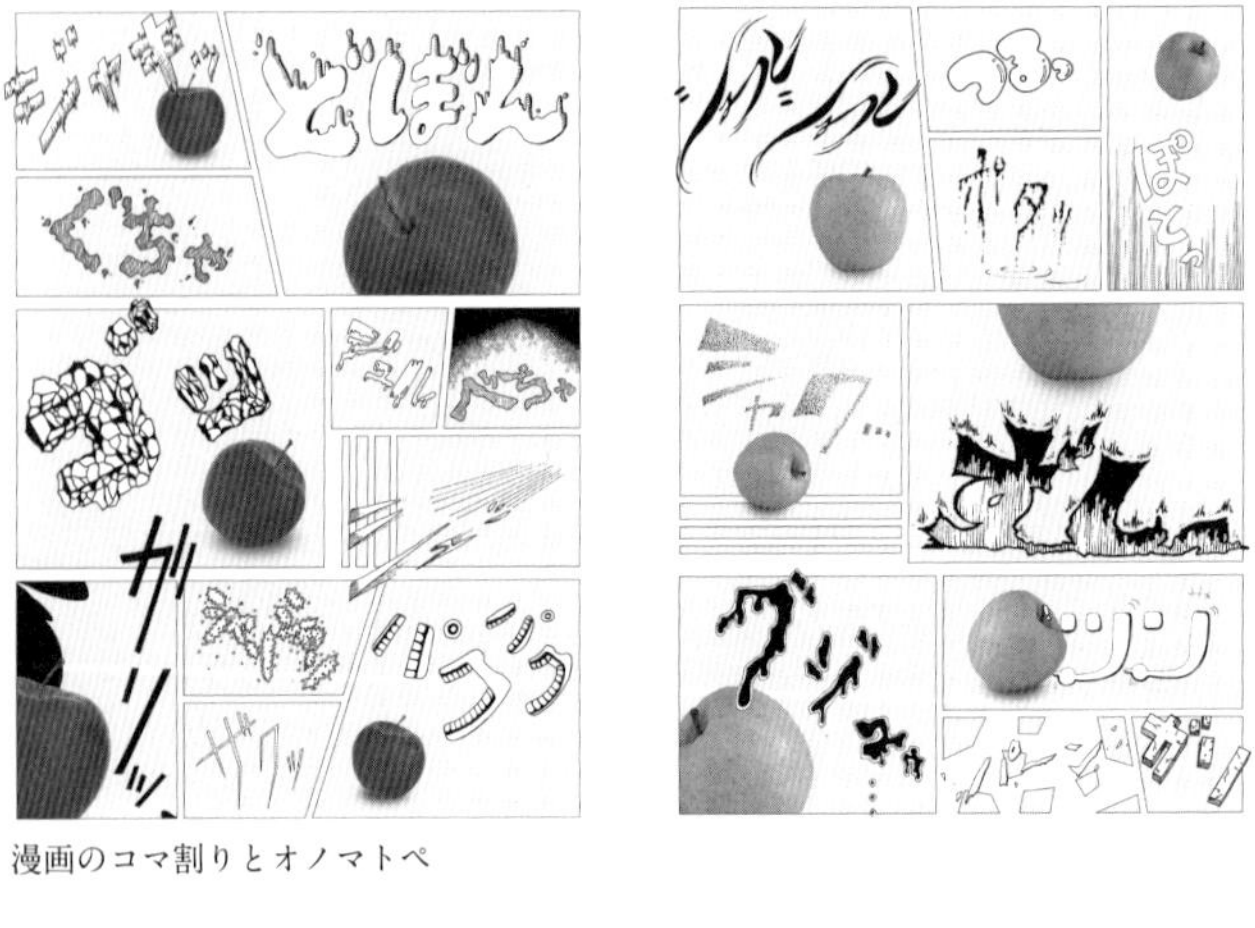

漫画のコマ割りとオノマトペ

ファイリングしていきます。必ず自分の作品を最初に組み込みます。次にみんな。この繰り返しです。これを繰り返すことで自然と振り返りをするようになっていきます。

　また、教育を社会に開いていこうという取り組みもしています。一昨年、大阪芸術大学の図書館内に《りんごデザイン研究所》を開設しました。この授業の内容が立体的に可視化されていて、この授業専用の教室もあります。図書館が開いているときなら、どなたでもご覧いただけます。床に敷き詰められた色は、学生たちと一緒に抽出した『りんご色見本帳』です。この授業内容は、日・英・中・韓の四か国語で出版されています。

　デザインにはいくつもの段階があります。理解・観察・想像・分解・編集・可視化。このすべての中で「気づきに気づく」ということがとても大切です。暮らしに寄り添う。人と話す。社会の課題を探す。みんなの笑顔を想像する。そして、喜びをリレーする。そんな理念を可視化する行為がデザインだと学生たちに伝えています。建築でも、それは同じではないでしょうか。

身体感覚がかたちをつくる

三木　竹山さんをはじめとする建築家の方々6名の《ＫＡＮＳＡＩ６ オノマトペ》という展覧会のお手伝いもしました。「ジワジワ」「ジグザグ」といったオノマトペをテーマに建築家が分けられていて、たしか竹山さんは、「ジグザグ」だったように思うんですが……。

竹山　「ジグザグ」ですね。「ギザギザ」と「ジグザグ」とで迷ったのを覚えています。

三木　展覧会のサインは、真っ白の壁に白のカッティングシートだけを貼り、照明でかすかに浮かぶサインを計画しました。谷崎潤一郎の『陰影礼賛』の黒の世界観を白の中でチャレンジしてみようと思ったんです。

竹山　ちなみに宮本佳明が「グイグイ」、長坂大が「ジワジワ」、米田明が「グングン」、遠藤秀平が「グルグル」……。

三木　まんま、ですね。

竹山　そう、まんま、遠藤さんの「グルグル」は満場一致で承認。違和感があったのは李暎一の「マゼマゼ」。

三木　「混ぜ混ぜ」ですね。

竹山　違うでしょ、それって（笑）。それは擬音語じゃないって。でも言い出したら聞かない。でもそれはオノマトペじゃない。

三木　ほんと、オノマトペの概念じゃない。

竹山　それで、三木さんがそれらを全部ローマ字に置き換えて、散らばらせて

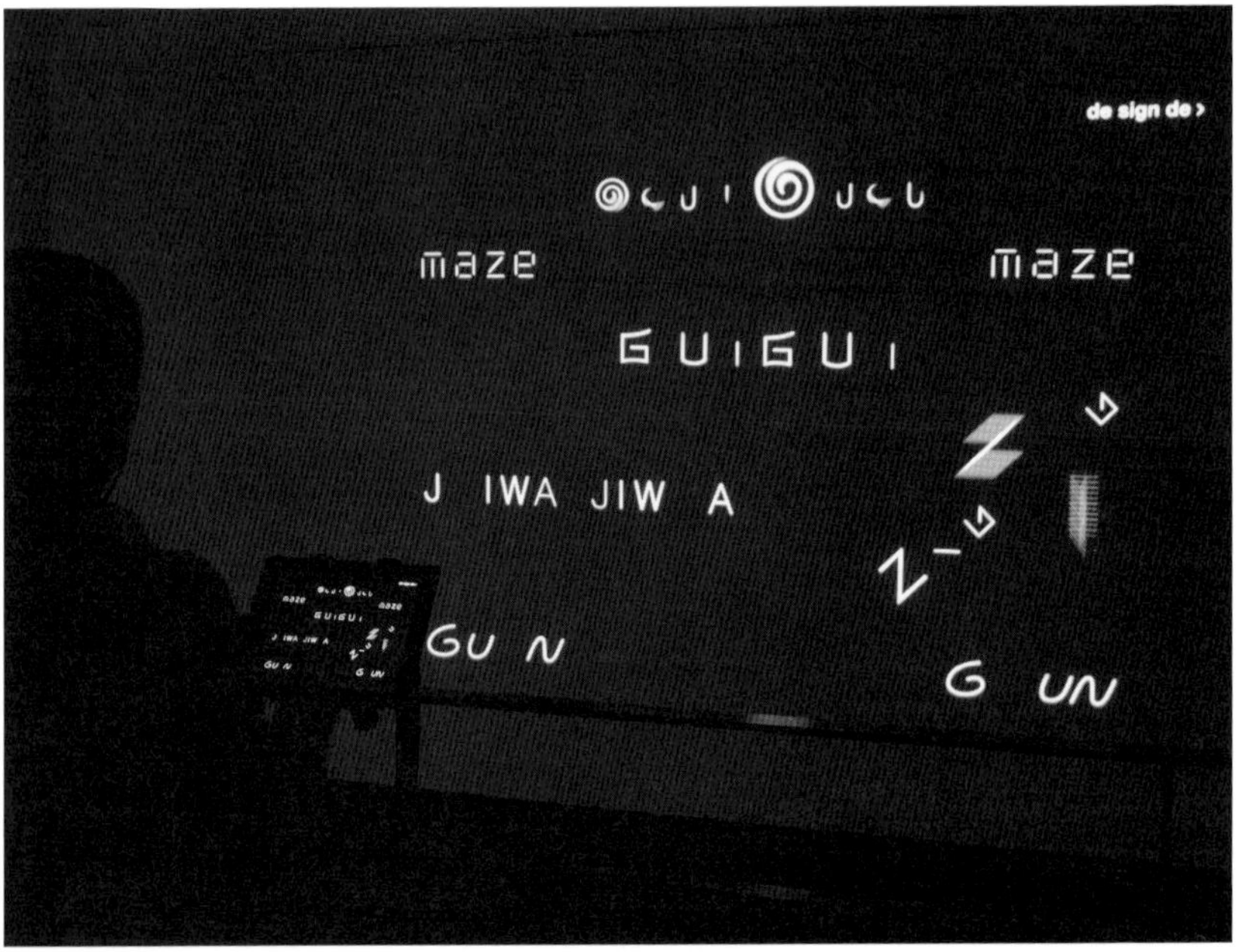

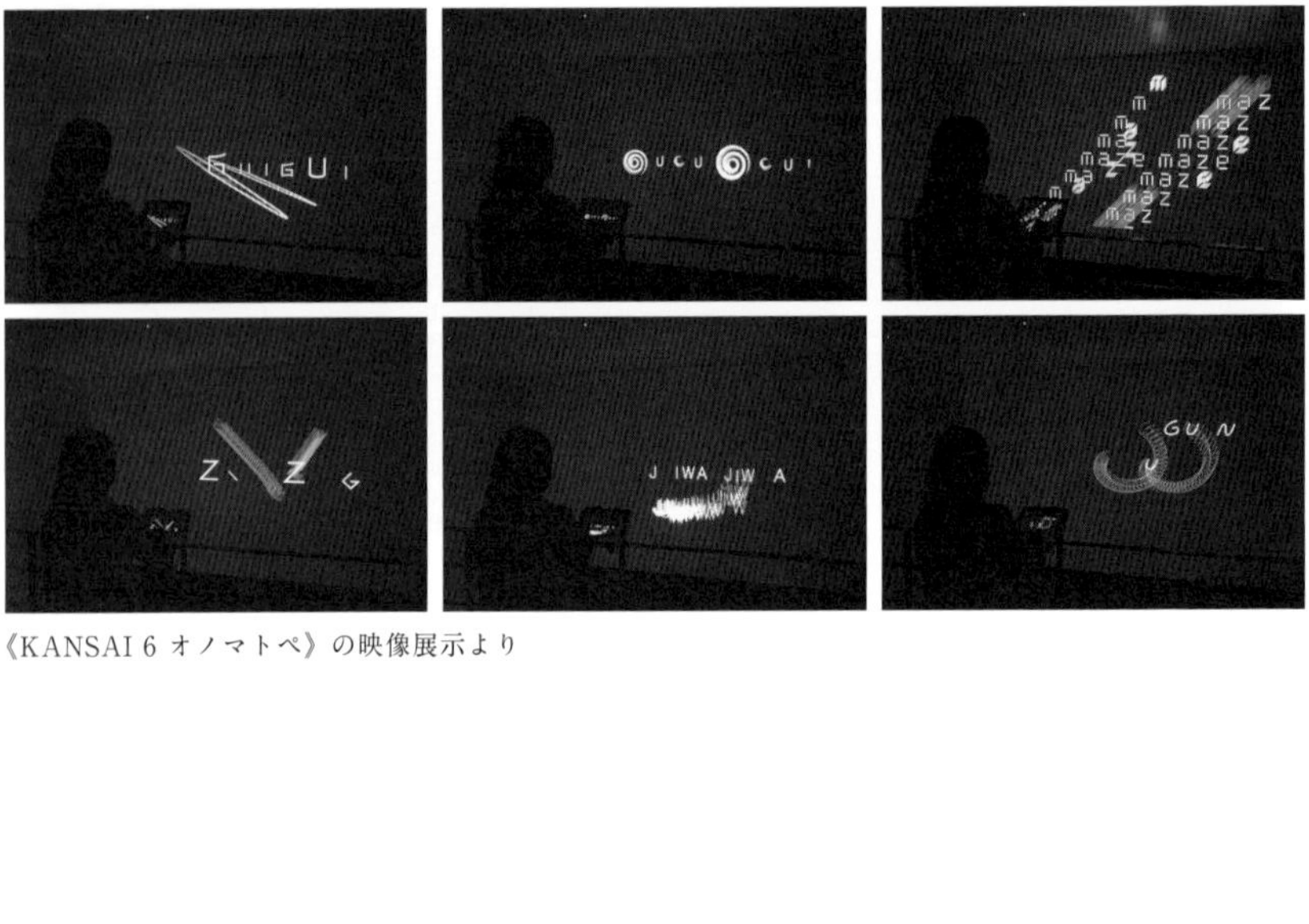

《KANSAI 6 オノマトペ》の映像展示より

くれたのね。映像表現でバラバラに動かして、本当に混ぜ混ぜしてくれたわけですよ。それでオノマトペの世界がまた新たにビジュアルに広がったな、と思って。オノマトペって行為を表すでしょう。僕は建築の設計をするときに、いつも空間を加工するイメージをもっています。

竹山　空間を?

三木　空間を加工する。だから行為なんです。時間と運動が入っている。形が同時にパンって出てくるというよりも、線を描くにも時間がかかったり、空間をズウっと移動していくようなシミュレーションを頭の中でしながらスケッチを描くんです。それって「ズズズッと行く」とか、「グイッと曲がる」とか、オノマトペと対応しているかもしれないと思って、ほかの5人の建築家に投げかけ、それぞれオノマトペを選んでもらったんです。

学生にもよく言うんですが、身体感覚と連動した空間加工のイメージをもって空間をつくらないと、ただ単にパターンの遊びになる。いわゆる間取りになってしまう。やっぱり空間は三次元だし、自分がその中で移動しながら光や空気を感じたりする、それが設計という行為ですから。行為としての建築ということをすごく思っていて、建築を設計するときの気分を、オノマトペを使って見せられないか、というのがこの展覧会でした。

三木　僕はこのときにオノマトペの面白さを再認識して、大学の授業にも取り入れました。建築家が選んだオノマトペとご自身の建築作品は、関連があるように見えますよね。竹山さんの建築は「ジグザグ」。

竹山　見え隠れするとかね。

——身体感覚で捉えるということでしょうか？［大西］

竹山　そう。それがとても大切だと思っているんですね。先日島田雅彦さんと対談をしたときに、建築が言葉によってリードされるかという話題になりましたね。ある意味ではリードされるけど、それだけじゃない。言葉にならない身体感覚があるからです。オノマトペの場合は、身体感覚が比較的インナースピーチのような感じで言葉になる。これはロシアの心理学者、ヴィゴツキーの提唱した概念です。今日は、そのインナースピーチを教えてくださった上田信行先生もいらっしゃるので、のちほどお話を伺いましょう。グラフィックデザインも、建築も、頭の中で起きていることは、からだ全体の動きと連動していますよね。

ためらい傷ばかり

三木　昔はみんな手で描いていましたね。

竹山　僕らの時は、インキングをしていました。手で描くときには、「ここは壁だ、ここは窓だ」と、決定しなきゃいけない。だけど、実は決定できない、ためらい傷のようなデザインのプロセスがとても大切で、手描きのスケッチにはそれが残るんです。手描きの図面は、設計変更をすると元の図面を訂正するか、新たにその上にもう一度描き直すしかない。今はコンピュータで描くから過去は完全に消えるでしょう。

三木　そうですね。

竹山　最初からコンピュータでデザインすると、ためらい傷がないんですよ。僕はコンピュータで図面が描けないので、ためらい傷ばかりの図面を手で描いて、みんなに困られているんですが。でも、ためらい傷のない図面が最初から出てくると、ひょっとすると取りこぼしているところがあるかもしれない。

三木　そう思います。自分の中にあるものって、そんなに簡単に浮かび上がってこない。むしろ、矛盾や無駄と戦う中で探しているものが見つかるんです。そこに機能的価値と情緒的価値のバランスのある暮らしが見つけられるのだと思います。たしかに僕のデザインもためらい傷ばっかりですね。

竹山　その中で最終的には選ばなきゃいけなくて、それはもう全身全霊を込めて選ぶし、選んだ限りはほかを捨てるわけだから、責任を取らなきゃいけない。

三木　潔さだね。

竹山　そう、潔さ。そこにものすごい決断が要るわけですね。だから、大きくジャンプして、ほかを捨ててこれを選ぶんだ、という覚悟があればあるほど、強い説得力のあるデザインになると思います。

三木　まさにそうです。ためらいと覚悟は、強い関係にありますよね。

大阪の土と琵琶湖の水と

三木　あとは、日本建築設計学会でも仕事をさせていただきました。竹山さんから「トロフィーを一つデザインして」と、突然電話があったんです。

竹山　日本建築設計学会賞というのがあってね。

三木　また難題がきたなと思って悩みました。そのトロフィーは、アクリルの中に土が積層されていて、その上に樹脂を固めてまるで水滴が付いているような仕上げにしました。これをいくつか並べてみると、まるで都市のように見えます。この土でできた都市、なんだか未来の都市のように思えませんか。歴史や文化が積み上げられていくイメージを積層した土で表現しました。これを窓辺に置いたりすると光が入ってきて、土と水と光が共存します。実はこの土、大阪の住吉大社の土を拝借しましてね。こっ

そりですよ。（笑）

竹山　ご利益がありそうですね。

三木　本当は受賞した建築の足元にある土を封入するのが理想なんですけども、それをやっていると授賞式の日に間に合わなかったんですよね。

　あとは、竹山さんが設計したホテルのマークをデザインしたこともありました。

竹山　《L' Hotel du Lac》ですね。滋賀県の近江今津からちょっと西に戻った、琵琶湖の北の何もないところで、夜は真っ暗闇だからホタルがめちゃくちゃきれいなんですが、そういう土地の保養所をホテルにするということで、改修をしたんです。

三木　琵琶湖の水と自然と人が協奏するようなイメージがコンセプトのマークです。東京オリンピックのエンブレムで類似の問題が騒がれたでしょう。このシンボルは、ずいぶん前の仕事で少し複雑な造形ですが、いわゆるモダニズムから離れ、意匠的類似性のない動的な表現を試みました。

デザインのなかのレスポンス

竹山　２０１２年の《［書・築］展》も面白かったですよね。中国と韓国のグラフィックデザイナーの重鎮たちと槇文彦さんが話をしたのがきっかけで、建築と書籍デザインのコラボレーションをやろうと、各国から4組ずつ選ばれた建築家とデザイナーのチームが展覧会をして、本も出すというプロジェクトでした。日本では團紀彦くんが幹事役となって、4人の建築家を選び、各々の建築家がパートナーのデザイナーを選ぶ、と。展覧会をまず日本の代官山ヒルサイドテラスで行い、それから、韓国、中国と巡回しました。

三木　実は当時、忙しくしていてこの仕事をずっとほったらかしていたんです。ある日、そろそろ始めようと思って竹山さんに電話したら、「僕、明後日からフランス行くんだけど」って言われたもんで、慌てていくつかの質問をしたんです。「道草って何？」とか、「竹山さんのご自宅の壁に使われているブルーはどこからきているの？」だとか。

竹山　あれは、ＤＩＣ４２５です。残念ながら。

三木　竹山ブルーじゃないのね。

竹山　いや、僕が選んだということでは、竹山ブルー。

三木　あとは、「空《くう》」の話ですね。

竹山　青は、「空っぽ」の代表的なイメージの色なんです。僕は、空《くう》とか、どこにも属さないとか、あるいは、空《そら》からすべての豊かなものがやってくるとか、そういうようなことも含めて青と空を関連させて考えていたんですね。

三木　そういうことで、「空《くう》ってなんですか？」というような質問をいくつかして。

――まさにレスポンスですね。いつもそういうふうにつくられるのですか？［大西］

竹山　三木さんとの間では特にそうですね。

三木　普通、そんな質問をされれば「ちょっと考えさせて」と言うじゃない。竹山さんは、その場でパッパッと素早く答えが返ってくる。だからメモるのが大変。即興でどんどん答えが返ってくるので、それに対して僕もまた即興で質問を投げ掛けていくという。その後、フランスからファックスで、「漢字でいきたい」というメッセージが届いたんです。これまた不思議なんですよね。僕も漢字がいいなと思っていたんです。

竹山　漢字一文字。

三木　そう。僕は「気《け》」「音《ね》」「間《ま》」の漢字を思い浮かべていたんです。もちろん「空《くう》」もありました。「竹山建築の中における気配とは？」「竹山建築の中におけるリズムとは？」、それから「竹山建築における時間や空間や人間とは？」とね。

竹山　地球の反対側で感応したんです。まったく同じことを考えていました。

三木　もちろん漢字まで同じではないですが。合っていたのは「間」と「空」だけ。

竹山　最終的に選んだのは、「無」「間」「異」「虚」。三木さんといろいろ話をしながら考えて、これでいきたいと伝えました。「無」というのは、実体がないけれども、観念だけがあるという状態。それは言葉じゃないかと思ったんですね。言葉であり、無限なんです。「間」というのは、距離で、翻って過去です。距離をおいて振り返り、過去のものを見るということ。「異」は、いま、現実。生きているときはすべてが異なっていて、整理し尽くされていないので。それから「虚」は未来のこと。将来はフィクションだし、「虚」にはイマジナリーのイメージもあるからです。言葉・過去・現在・未来ですね。

三木　なんと一番のコンセプトだと考えていた「空」が、この書籍の表紙から外されたんです。そこで「何もないのに4つのコンセプトが揃うと、そこに『空』が生まれる」ことを思いつき、書籍の組み合わせで「空」をつくるのはどうだろうとなりました。

竹山　僕は当時、千葉県で住宅を設計していたのですが、それは真ん中にエレベータシャフトがあって、そのまわりに矢車型に部屋があるというプランだったんです。そのスケッチをファックスで送りました。

三木　それがアイデアの根幹にありましたね。

竹山　でも、そのど真ん中を抜くというのは、三木さんのアイデアです。

三木　そうですね。そして、4つの本を自由に組み合わせができるように組み立てたんです。さらにこれをアルミのケースに入れると、異なる形の穴が現れます。

竹山　アルミは三木さんのアイデアでしたね。

三木　新しいマックブックを買ったばかりだったんです。それで、そんなふうになるといいなと思って。竹山さんの古くからの友人が金属の加工をしてくださいました。

竹山　高校でバスケットボールを一緒にやっていた友人の実家が鉄工所で、これからほかの金属にも取り組みたいとのことだったのでお願いしました。

三木　何度も何度もつくり直してもらいましたね。

竹山　三木さんは、「エッジを継いだとわからないようにしてもらいたい」と言って。それがすごく難しい。

三木　もう一つユニークなのは、とにかく竹山さんに連絡が取れないもんだから、

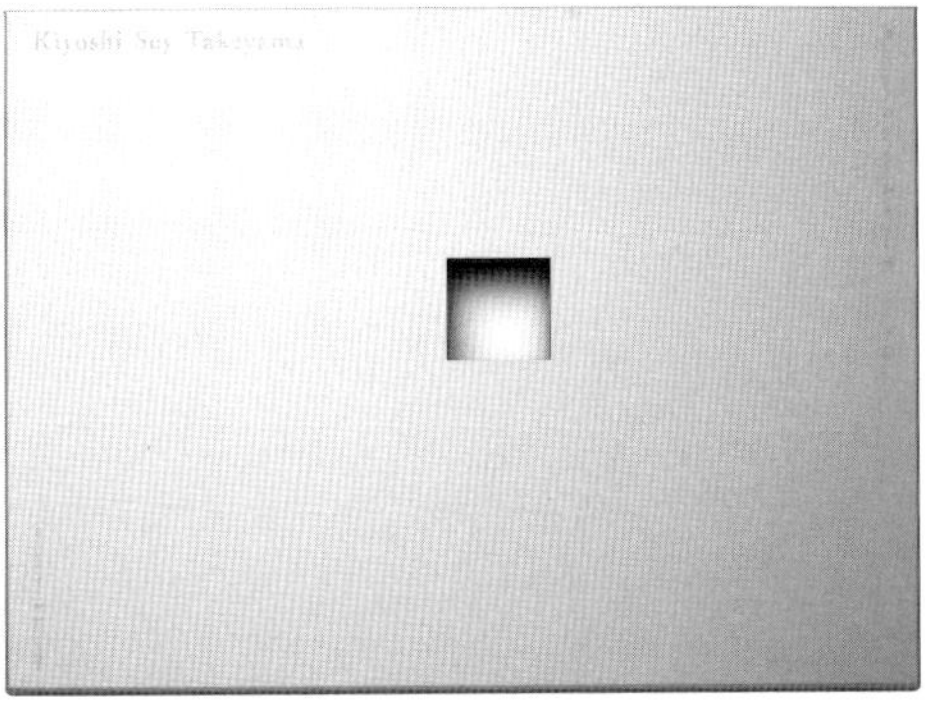

[MU] infinite　[I] different

[MA] distant　[KYO] imaginary

《[書・築] 展》のための本

ツイッターで発信している言葉を勝手にピックアップして内容を組み立てたんです。それを活版印刷で紙に文字をグンと押し込んで、まるで言霊が紙に宿ったようなイメージに仕上げてみようと考えたんです。竹山さんがポロリ、ポロリと呟いた言葉を僕が勝手につないで、その文字を大きくしたり、小さくしたりして「無」が構成されています。

竹山　三木さんがつくる本は、立体的なんです。一枚の紙にもつねに奥行きがある。活版でやったり、穴があいたり、実は袋とじになっていたり。

三木　「異」は薄い紙の両面に文字や絵や写真が刷ってあり、袋とじになっています。薄い紙を通してビジュアルを裏写りさせて本が仕上がる計画です。これだけは唯一、竹山さんに相談せず、出来上がりのお楽しみにしました。

竹山　そうですね。

三木　竹山さんの事務所に行って、話をしながら写真を撮る。竹山さんは、僕が何をしに来たかもわかっていない。

竹山　打ち合わせに来られたと思っていたのが、途中で小さなカメラで撮り始めて。それが、そのまんま本になりました。

三木　事務所の床や壁ですね。それから壁にコルビュジエの身体のモデュロールの絵が貼ってあるんです。身体的な感覚をそこでつかむんでしょうね。そんなものを撮ったりしました。

竹山　あとTシャツもね。

三木　竹山さんのスケッチを転写したTシャツが面白くて。要するに、今の竹山さんの頭の中にある混沌とした整理のつかない状況を可視化しようと思い、雑談をしながら自分の感覚を優先して写真を撮りました。先ほどの潔さが出てくる前の状況をビジュアライズしてみたくなったんです。

竹山　ためらい傷ですね。

三木　そう。ためらっているシーンをそのまま残せないかなというのが、「異」でした。当時、進行中だった《新宿瑠璃光院白蓮華堂》の模型写真も入っています。

竹山　僕らがつくった模型の写真から、三木さんが光と影を抽出して反転させたグラフィカルなデザインをしてくれました。そこで、「僕はこういうことを考えていたんだ」と気づかされたわけです。

三木　この建築は、春分と秋分の15時にぴたっと光が入って仏様を照らす位置に窓が開けられているんですよね。それを陰と陽の世界と捉えて、建築と外から入ってくるたくさんの光を対比させました。そんなふうに、結構自由にデザインさせてもらいました。

竹山　矢車型のスケッチを送ったあとは、「任せるよ」と伝えていました。

三木　でも、それほど怖いクライアントはいません。もうちょっと束縛してほしいんですけどね（笑）。皆さんの依頼主で、一切現場に来なかったとか、注文をつけなかったという方はおられますか？　いないですよね。すべて任されると、強い気概が生まれてきます。竹山さんの潔さには驚きました。僕なら任せきれないけど……（笑）。

竹山　これは一種の競争でしたね。選ばれた4人の建築家が、誰を選ぶか。藤本壮介が原研哉を選んだ。團くんは秋田寛を選んだ。妹島（和世）さんは自分の事務所出身の方を選んだ。だから、少なからずほかのデザイナーたちと比較をされてしまう。これは三木さんにとってストレスだったかもしれません。

三木　皆さんよく知っている人なんです。しかも「建築家が選んだ」と言われると、すごくプレッシャーですよね。それもあってか、日本人はみんな決められたルールをまったく守らず自由奔放にデザインをしていました。

竹山　そうですね。

三木　本当は、書籍の寸法は決まっていたんです。大きさを取り決めて、日本の4人、中国の4人、韓国の4人で、それぞれ一冊の本にしましょうと。なのに日本チームは誰ひとり言うことを聞いてない。

竹山　一番すごかったのは原研哉で、本じゃない。ガラスの固まりで、その中に字が浮いていた。

三木　文字による建築物のようなオブジェでした。それを「書・築」と捉えたのだと思われます。

——竹山先生は、三木さんからの提案を受けてどう思われましたか。［大西］

竹山　最高だと思ったし、実際に展覧会に並んで、断然に素晴らしいと思いましたね。配列が空間的で、展示に際しても立体的に、自由に構成が可能なんですから。

道草とエラー

——三木さんにとって、学びとは喜びや驚きから出発するものなのかなと感じました。そこが竹山先生と同じだと思うんです。［大西］

竹山　そう思います。デザインって、世界を変える仕事じゃないですか。変わるならば、つまらなくなってほしくない。喜びや驚きがあるような建築でありたいですよね。大学の教育では「ワクワクする建築をつくろうね」なんてあまり言えないですけど、いろんな課題をやりながらそういうことを伝えたいと思っています。

三木　竹山さんの娘さんの竹山香奈さんが、学生時代に僕の事務所でインターンをしたことがあるんです。少しの期間でしたが、僕が出した課題は絵本をつくろうというものでした。それが『ぼく』というタイトルの絵本です。「え・ことば　たけやま　かな」とあります。そし

『ぼく』

て最後に入っている文章がこれです。

「同じものを見ていても、感じることは人それぞれで、みんな ばらばら。でも、ただ ばらばらなままでいないで、自分になかった価値観を、自分の中に溶かしてみると、いつもの景色がなんだか素敵に見えてきます。今まで気づいていなかった新しい自分を見つける感覚。はっとして、ちょっと楽しくなってきます。凝り固まらず、気軽な気持ちでいろんな価値観に溶け合ってみると、楽しい発見が待っているかもしれません。私が描いた『ぼく』が、もっともっと、いろんな『ぼく』に出会えますように。竹山香奈。２００９年９月５日。」

――すごい。感動しますね。私たちから見ると、竹山先生を感じる。［大西］

三木　やはり単なる医学的な遺伝子だけじゃなくて、日常の環境が思考に影響を与えているんだろうと思うことがあります。建築は、人間形成をする場の提供を担っていますよね。

竹山　そうですね。たとえば、いま話しているこの北大路ハウスの空間との関係が、僕らの思考に影響を与えている。話をしながら、そんなふうにずっとぼんやり思っていましたが、それを言葉で補強してくれたのが、同志社女子大学で教育工学を研究されている上田先生なんです。先生はこういう空間的な関係を「メタフロア」と呼んでいるんです。

上田先生とは、２００８年ぐらいからつくばエクスプレス柏の葉キャンパス駅前のプロジェクトでご一緒しました。《柏の葉１４７コモン》というマンション群に取り囲まれた庭を共用スペースとしてデザインしたプロジェクトです。

人間が物事を認識して、体験を自分の経験としていくためには、まずその場にいること。それからそれを見下ろせるような、ちょっと離れた高みから見て全貌をつかむこと。そして、そこからまた離れて振り返ること。この3段階で、人間は生々しい体験を、経験として積み重ねることができる。そのためには、空間が重要なんだと。これがメタフロアの概念です。

　たとえば、今いる北大路ハウスでは二階から一階を見下ろせますが、それによって、人間はこの場にいることと同時に、自分の分身が上から自分を見ている感覚を得ます。さらに、ここから見えない部屋もありますが、そういうところに行くと、一人でゆっくり自分自身の思考を振り返ることができるということですね。上田先生、もしよろしければ、今日の話を深めてもらえませんか。

上田　教育というのは、学び手自らが学びをデザインできる環境と支援の提供にあります。あるときに、「教える」から「学ぶ」に軸を転回して教育を設計し直したらどうなるかと思ったんです。世の中の教育学系大学院は、「Graduate School of Education」であって「Graduate School of Learning」じゃないんです。Learningを探究・教育するプロフェッショナルスクールがない。不思議ですよね。「教える」立場からみた先生の仕事は、教壇に立って生徒に知識を伝達することですね。では、「学び」の場における先生の仕事ってなんだろうと考えたときに、「Learning Environment」、つまり学ぶ場や機会をデザインすることじゃないかと思ったんです。たとえば、コンピュータ的思考を子どもたちに体験してもらうときには、先生が教室の前に立ってコンピュータを開いて教えるのではなく、子どもたち自身が自分で操作し、作品をつくっていくことでしか学べない。

　「Learning Environment」というのは1980年代のアメリカで生まれた考え方で、教育工学の大きな転換点になりました。そこでは学びに建築的な考え方が取り入れられていて、知識は降ってくるものではない、自分で構築しなければならないと言われた。これを「Constructionist Learning」（構築主義的な学び）と呼んでいます。その考え方のもと、ドナルド・ショーンという哲学者が「これからの専門家はテクニカル・エキスパートではない。リフレクティブ・プラクティショナーでなきゃいけない」と言いました。つまり、あるスキームを窮めた人ではなくて、状況と対話できる人が専門家であるということです。そうすると、それを学べる場をどうデザインするかが課題になってきます。今までの教育とは全然違うパラダイムです。学びとは知識を得るためのものだというのが常識ですが、対話を通して知識を、世界をいかにコンストラクションしていくかが学びなんだということです。衝撃ですよね。

　だから僕は、学びは建築だと考えています。小さいときから、子どもは建築家なんです。それは、学びや知識構築のプロセスをコンストラクションしないといけないから。そして、そのときに具体的なものをつくることを通して学ぶのが一番パワフルです。モノと同時にその背後にある認識も同時につくることになるからです。だから、何かを深く学ぶためには、モノをつくりながら省察的な対話を徹底してやらなきゃいけない。三木さんはまさにその教育をされているんだと思います。

三木　突然の指名にも関わらず、上田先生の教育哲学があふれ出る「学び場のデザイン」についてよく理解できました。

　僕の《APPLE》も学び方の環境をいかにデザインするかに注力して組み立てたものです。「気づきに気づく」をコンセプトにたくさんのワークショップを行うのですが、そこで実感したのは、想像力を鍛えるにはある種の不自由さを残しておくことが重要だということです。人は、不自由な環境の中で身体を通して考える。そこに知恵の発見があるんです。

　先ほどの話の中にあった、お茶をこぼしたときにその偶然の美しさを楽しむような、おおらかな感受性も重要です。竹山さんの建築は、「偶然の出会いを楽しむ建築」なのかもしれませんね。

——それが三木さんにとっての竹山聖像なんですね。［大西］

三木　そう。僕にとっての竹山さんの印象は、「ポエジーは思考のエラーである」というご本人の言葉そのものです。偶然の幸運に出会う能力が非常に高い。だから、分野の境界を越えていけるし、他分野の人たちにも影響を受け、影響を与えていけるんでしょうね。

——本当にそうかもしれません。道草をしながら。［大西］

三木　道草って、ちょっと効率が悪そうじゃないですか。だけど、効率を求め過ぎる社会の中からは、なかなかクリエイティブなものが生まれづらい。竹山聖像は、道草とポエジーです。

竹山　エラーですね。

三木　道草とエラー。この二つを大切にしてきたいですね。

２０１９年11月9日、北大路ハウスにて

画像提供＝三木健

三木健（みき・けん）

グラフィックデザイナー。大阪芸術大学教授。１９５５年神戸生まれ。話すようにデザインを進める「話すデザイン」と、モノとコトの根源を探る「聞くデザイン」で物語性のあるデザインを展開。「気づきに気づく」をテーマに静かな表現の中にエモーショナルなコミュニケーションを潜ませる仕事が特徴的。近年、学びをデザインするプロジェクト《APPLE》を展開。そのユニークな教育メソッドに注目が集まり、日・英・中・韓の4か国語で書籍『APPLE』が上梓される。２０１５年から国内外の美術館、ギャラリーで《APPLE+》展を巡回。それら一連の教育プロジェクトを背景にもつポスターで第18回亀倉雄策賞を受賞。２０１８年4月に大阪芸術大学図書館内に《APPLE》の常設展示室と教室を併設した《りんごデザイン研究所》が開設される。

http://ken-miki.net

"RESPONSE" / 異領域とのレスポンス

Talks with collaborators in different fields

松井冬子 × 竹山聖

03. Fuyuko Matsui

芸術と建築

未完結な世界を描き出す

竹山　今日は画家の松井冬子さんに来ていただきました。最初の出会いは、なんと彼女がたまたま僕の事務所に現れたという事件だったんです（笑）。

松井　それも私にとっては本当にひょんなことがきっかけでした。フランスのアート雑誌の編集をしていたモニカさんという方が、その雑誌の取材のためのインタビューにいらしたその日に、「明日京都に行くのだけど一緒に行く？」と突然誘われ、面白そうだからと一緒に行ったのです。そして当日、竹山先生の事務所にも行くと言うので、行ってもいいのかなと思いながらも、同じ雑誌に先生の作品も載せる予定だからと、お伺いすることにしたんです。

竹山　僕は事前に何も聞かされていなかったのですが、来られてすぐに「あ、松井冬子だ」とわかってちょっと緊張しました（笑）。まっすぐ目を見て名刺を渡したことを覚えています。

松井　偶然の出会いでしたね。

瑠璃光院白蓮華堂の襖絵
――自由という課題

竹山　ちょうど2011年に新宿の《瑠璃光院白蓮華堂》というお寺の設計が始まり、9月にはじめて敷地を見に行き、10、11、12月とずっとスケッチをしていた頃のことでした。その後、瑠璃光院の大住職に襖に絵を描く画家を推薦してほしいと頼まれたんです。その住職は僕の言うことをふっと響くように聞きとり、すごく敏感に察知してくださる方なので、僕が松井さんの名前を出したら即座に調べてくださりました。でも僕は、松井さんはちょっと怖い絵を描かれているから、これまでのような作品がそのまま襖絵になって大丈夫かなとは思っていたんです。住職にもそういう話をお伝えした上で、それからしばらく経って、松井さんにぜひお願いしたいということになりました。松井さんは、それまでは襖絵をお描きになったことはなかったんですよね？

松井　学生の時に大きな作品を描く課題はあったのですが、実践として襖絵を描くのは初めてでした。

竹山　ご住職からなにか要望はあったのでしょうか。

松井　ご住職様からは「好きなように描いてください」と言っていただいたので、自由課題でした。非常に寛大な方で、私にとっては本当に幸運な、めったにないような機会をいただきました。私の過去の作品を知っていたら「自由にどうぞ」なんてふつうは言えないと思うんです（笑）。ちょっと危険じゃないかなんて自分でも思いながら、お寺にはいろんな方が訪れるから、好き勝手に死体や内臓を描くわけにはいかない。それでメインストリームの作品を描こうと考えました。
竹山　「生々流転」というのは松井さんから提案されたテーマなんですか?
松井　そうです、この場所にふさわしいテーマとして選びました。私の中では「生々流転」といえば横山大観のイメージがあるのですが、日本画の巨匠を超えていくような気合いで挑んでいます。
竹山　松井さんの最大のライバルはレオナルド・ダ・ヴィンチですもんね。横山大観はまずは超える、と(笑)。《白蓮華堂》の中で襖があるのは「白書院」と呼ばれる三間続きの客殿です。廊下も含めると合計で四十六面あり、一番奥の部屋から始めて、最初の八面を2015年のオープン1周年に間に合うように描いていただきました。それから2018年にその隣の部屋の襖絵が完成しましたが、今もまだ描いていただいていますよね。
松井　2021年の後半ごろには全部が出来る予定です。
竹山　それにしても、すごく大変な仕事ですよね。
松井　そうですね。下に納骨堂があるような場所で、そこにふさわしいものを描かなければならないという、自分に課したプレッシャーが大きいですね。

日本画のセンシティビティ

竹山　実際に襖絵を描かれていた場所の写真をお見せしたいと思います。
松井　一の間の作品を描くにあたって、ご住職から場所を提供していただけることになったんです。それが京都の八瀬にある瑠璃光院です。
竹山　本山の光明寺は岐阜にありまして、八瀬も新宿の瑠璃光院と兄弟寺です。
松井　ちょうどその頃、八瀬には入場者がありすぎて境内のコケが弱ってしまっているからと入場制限をされていたそうで、「その期間は空いているから制作してもいいですよ」とおっしゃっていただいたんですね。そこで一の間の八面が出来上がるまで制作することができたのですが、贅沢な経験でした。
竹山　八瀬の瑠璃光院は庭がきれいなんですよね。春は本当に瑠璃色に輝くようで。松井さんが制作されていたのはこの二階の部屋ですね。
松井　二階の床は木の板なので、それが鏡面になって庭の景色を写して、すごくきれいなんですよ。制作するときは床板を傷つけたくないのでビニールシートみたいなものをひいていたのですが。ここに東京から道具を運んできて、3月から5月までの3か月ぐらいの間、籠らせていただきました。二階の小さな部屋で毎日寝ていたのですが、朝起きると窓一面に紅葉があって、それを独り占めしていました。朝起きるだけで毎日幸せ

八瀬 瑠璃光院での制作風景

でした。

竹山 ここに籠もっておられたときに差し入れに行こうかなと連絡したら、松井さんは「いいです、来ないでください。すごい格好で描いていますから」と、差し入れも「私はキットカットがあれば大丈夫です」と。

松井 描くときは埃の立たない服を着て頑張ってるんです（笑）。アトリエにはセーターを着て入っちゃいけないんですね。絹本を床にひいて描いているため、絹に埃が付着するのを避けたいんです。

――キャンバスや画材自体も繊細なんですね。［小見山（司会）］

松井 日本画では絹本というものに描きます。油絵だと厚布のキャンバスをイメージされると思うのですが、絹本は絹なので、木枠の内側が透けて曇りガラスのような感じです。そこに岩絵具を膠と水で溶いたもので描くので、油絵のように立て掛けることができず、日本画の場合は床に寝かせて描きます。絹なのでうまく張れていないところは画面が波打ってしまったり、雨の日など天気や湿度に影響されるので、それを調節するのが難しいんです。着物の扱いに似ていてるんじゃないでしょうか。雨の日に着物をしまってはいけないですよね。だから作品の搬入とか搬出も天気に気を遣います。

絵が置かれる空間への想像力

竹山　事前の打ち合わせで驚いたのは、こんなふうに襖のコーナーがつくられるという下絵を見せていただいたんです。

松井　私はいつもはフラットな作品を描いているのですが、襖絵はインスタレーションなので、この位置から見たらどう見えるか、空間を通してどう絵を生かしていくかを考えなければならず、今までとは違う感じがありました。

竹山　最初からそれは意識されているんですよね。模型をつくって見せていただきましたもんね。

松井　紙の模型で、本当にローテクなんですが（笑）。

竹山　松井さんが最初に絵のプレゼンテーションしてくださったのが2013年の8月でした。そのときは簡単なスケッチを見せてくれると思っていたのですが、松井さんは立体の模型を持参されて、構想を語られたんです。描き始める半年以上前の段階ですが、そのときからこの絵が部屋の対角線からどう見えるか、奥行きがどう出るかを考えておられるのを知って、嬉しいなと思ったんです。

建築の場合は立体なので、その場所に立ったらどう見えるかが大切だと思います。たとえば、一の間の絵では、一番奥に向かって山が消えていき、その右手には大きな松、左手には燃え盛る火が出てくるのですが、そんなイメージを松

下絵と模型

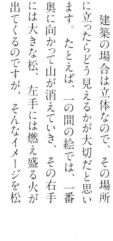

《生々流転》（瑠璃光院白蓮華堂 白書院一の間） © Fuyuko MATSUI
撮影＝筒口直弘（芸術新潮） ＊生々流転の写真すべて

井さん自身が実際の空間を意識しながら準備されていたんです。大住職は描かれた山をタクラマカン砂漠にあるテンシャン（天山）山脈だと解釈されていました。鳩摩羅什がそのあたりの亀茲の出身だったんです。大住職にはそこに鳩摩羅什記念館を建設する夢があって、よく通っておられましたから、思いも強かったのでしょう。そこに向かってグッと奥行きが出るコンポジションになっていますね。

松井　ベストポジションがあって、そこに座っていただくとうまい具合に見えてきます。

竹山　第2段階の絵には蝶々が出てきますよね。最初の一の間の絵には奥行きがあるなと思ったのですが、今度は動きがあるなと感じました。

松井　これは廊下用に制作したので、歩いているときに動きが体感できるようなコンポジションにしたんです。先ほどの一の間は冬の風景なのですが、廊下側は夏の風景になっています。

竹山　今回の襖絵はほとんどモノクロームですが、一部だけブルーがかかっているんですよね？

松井　そうですね。基本的に使ったのはモノクロームにラピスラズリです。

竹山　「瑠璃光院」という名前なので、もし瑠璃色が入ったら嬉しいなという話があったんですよね。

松井　襖のすぐ横に小さい窓があるのですが、そこから朝日が入ってくるとブルーが現れてきます。

竹山　そこまで考えてくださっているんですか、嬉しいです。

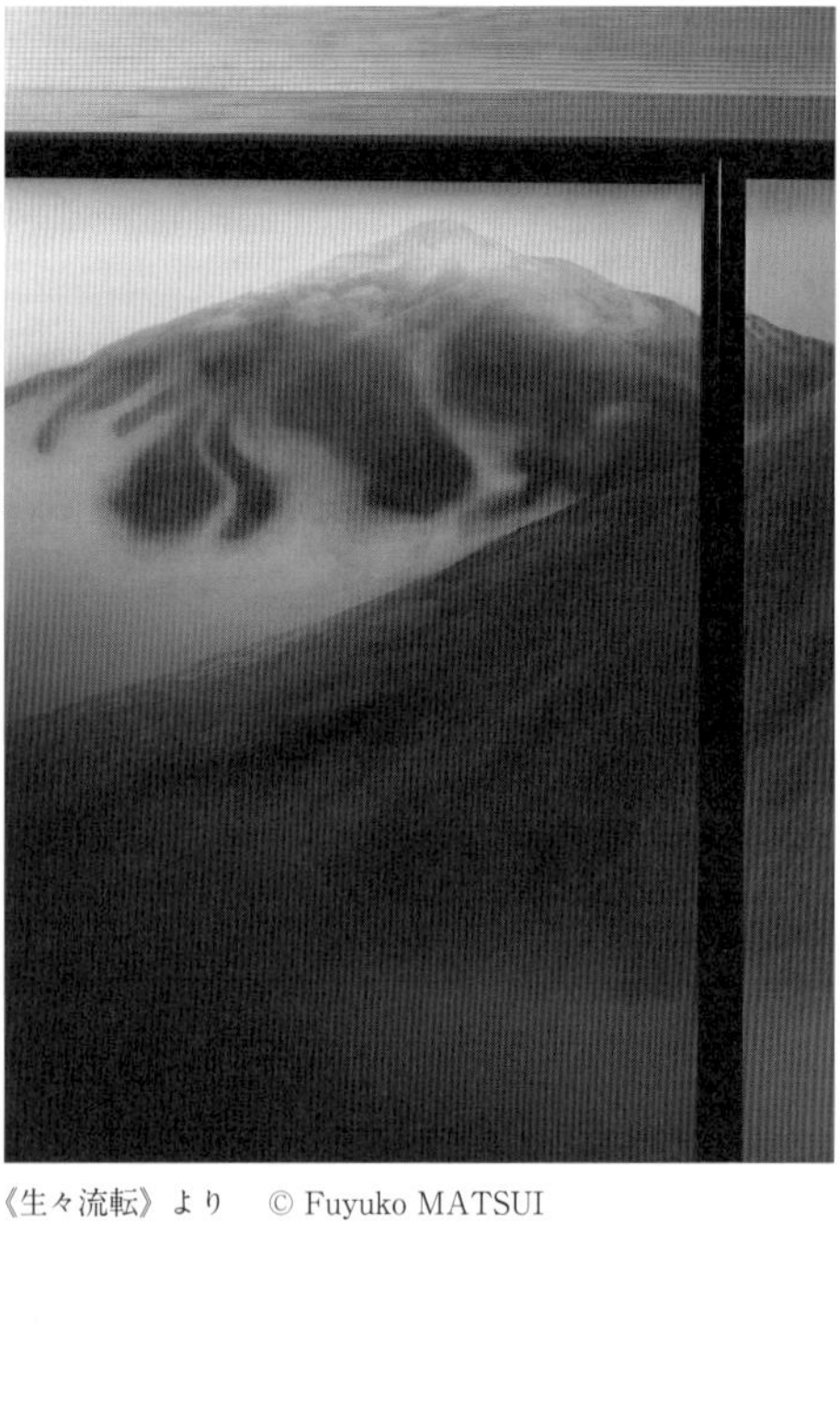

《生々流転》より　© Fuyuko MATSUI

メインストリームとサブカルチャーの交差点

松井　私のほかの作品を少しお見せします。これまでは代表作の《浄相の持続》のような作風で、情念が毛に変わったり、爪に変わったり、幽霊がモチーフであったり、どちらかといえばどぎつい、サブカルチャー的な方向性で制作していたんですね。

竹山　その方向はもう捨ててしまったんですか？

松井　今は瑠璃光院の襖絵のことでいっぱいなのですが、これまでのような作品も続けるつもりではいます。私は東京藝術大学の出身で、メインストリームの作品を描いていく訓練を学生時代はしていたわけですね。だからではないですが、カウンターカルチャー的な作品だけでなく、お寺のような場所ではメインストリームの絵も描けなければならないと思うようになって、人生の転換点といいますか、もっと上を目指したいという野心がもりもりと出てきたんです。今回素晴らしい課題をいただいて、人間が成長したと思っています。

竹山　メインストリームの作品の展開と、パーソナルな関心のものが平行してこれからもずっと続いていくわけですね。それが交差したりもするんですか？

松井　それが交差するときにすごくいいものができるんじゃないですかね。

竹山　蝶々が不思議な飛び方をしている絵を見たときに、これはぼちぼち松井冬子らしさが出てきたんじゃないかと

《生々流転》より　© Fuyuko MATSUI

《浄相の持続》　© Fuyuko MATSUI

思ったんですね（笑）。僕は住職が松井さんを選んだからには何をやってもいいと思っているので、襖の裏側ぐらいにはすごい絵が出てきてもいいんじゃないかと。でも構成は最初のスケッチからほとんど変わっていないですよね。

松井　大きくは変わっていませんね。

竹山　それは本当にすごいと思ったんです。最初の着想の延長上でいけるのは、構想力と持続力がすごい。

松井　持続力に関しては大変です（笑）。

巨匠たちを追いかけて

竹山　以前松井さんに京大に来ていただいたときのインタビューで、どうしてアーティストを志したのか、という話がありました。まだ小さい時に「私はダ・ヴィンチになりたい」とお母さんに言ったら、「東京藝大に行きなさい」と言われたと。松井さんにとってダ・ヴィンチはライバルだとのことですが、日本画に転向されてからは、この日本画家がすごいという歴史上のライバルはいるんですか？

松井　たくさんいますね。長谷川等伯や横山大観、河鍋暁斎、円山応挙も……。京都に来たときは美術館を回りますね。

竹山　「私にとって美術館は聖地だ」ともおっしゃっていましたね。

松井　美術館で昔の良い作品を目にしたときは、それがどう描かれたのか追体験してみるんです。「この作家はここをこうしたかったんだ」とか、「このときにこのぐらいの水を絵の具に足して、このタイミングで描いたんだ」とか。作品を見るのは本当に楽しいです。だから美術館はやっぱり聖なる領域ですね。

竹山　これまでご覧になってきたなかでは、どんな美術館がお好きですか？

松井　イタリアのフィレンツェにラ・スペー

コラという博物館があるのですが、医学生のための人体解剖模型がたくさん置かれているんですね。それらは頭や子宮が開かれているのですが、本当にきれいな模型なんです。特に女の人を解剖しているものは作品と言えるぐらいのディテールとポージングがあって美しい。行くとそこに籠もって一週間ぐらいデッサンするんです。

竹山　ダ・ヴィンチもたくさん解剖の絵を描いていますよね。でもあれは実物を見て描いたんでしょうね。

松井　すごいですよね。遺体ってすぐに腐ってしまうはずなのに。

竹山　松井さんがダ・ヴィンチのすごいと思うところを、あらためて教えていただけませんか?

松井　ダ・ヴィンチのデッサンを模写してみると、鉛筆だけで描かれていてもその線に追いつけないんですよ。通常、右利きの場合は腕の構造上、鉛筆を持つと左下から右上に弧を描くように線を引きハッチングをしていくのですが、ダ・ヴィンチは左利きなので、彼の作品は右下から左上に向かうハッチングになる。その時点で難しい。それを別にしても、髪の毛の描写ひとつとってもどう描いたのだろうというぐらい細くて、線の強弱がありながらも流れにまとまりがある。遠くを見ながら細かいところを描いているような感じです。

　油絵の場合はどう描いたのかなんとなくわかるのですが、デッサンの仕方でわからないのがほかの画家とは違います。たとえばホルバインなら、線がこうだからこの膨らみができているというように追体験できる。ダ・ヴィンチは構造がわからないんです。

竹山　神業ですね。

松井　デッサン力も当然あるんですけど、実物そのものを描くのではなく、自分なりの美学やセンスがあるから、それに則るようにすり替えているんです。でもその美学も美しい。簡単に言ってしまったけれど、それしか言いようがないですね。

竹山　自然の表現にしても、遠くから見ると水の流れに見えるけど、クローズアップすると水が一つひとつ渦巻いているんですよね。すごい目とテクニックをもっていたんだと思います。建築的にいうと、いろんなからくりを発明した人だし、デッサン力があってものすごい図面が描けるわけですが、あらゆる関心をもちながら描くという一手によってそれらに肉薄できるというのは、すごいですね。

自然へのまなざし

竹山　松井さんがダ・ヴィンチに出会ったのは子供の頃ということですから、静岡県の山の中なんですよね。すみません、前にそうお聞きしていて（笑）。

松井　私の出身は静岡県の森町という人口2万人ぐらいの田舎なのですが、幼い頃に私が通っていた小学校の図書館にモナリザのレプリカが掛かっていたんです。ルーヴル美術館にある本物のモナリザは絶対にダメージを受けないようガラスケースに入れられ、光も適切に調整された環境に置かれていて、そこにたくさんの人が見に来るのですが、森小学校のはレプリカだし、田舎だからライティングもなんにもないので、夕方に図書室の前を通りすがると、薄暗いところからハッと浮かんでくる感じでそこにあったんです。その様が逆に私にとっては強烈な印象でした。

竹山　森町は自然が豊かなんですよね。松井さんは自然のものとつねに一体化していて、感覚が自然の中にあるような感じがします。

松井　私は結局自然が好きなんです。その一方で建築物のようなシャキーンとした直線のものが怖いんですよね。建築家の方は自然とどういう関わりをもちながら建築をつくられるのでしょうか?

竹山　建築には自然に対するアンチという意味はありますね。特に近代建築は鉄やガラスのようなシャキーンとした材料でつくることからどんな美学が生まれるかということにトライしてきましたから。今日来られている平田晃久さんは「生命の建築」というのをやっておられますね。平田さんは直線は嫌いですか?

平田（会場）　アンビバレントですね（笑）。僕は育ったのがニュータウンで、団地住まいだったんです。四角い部屋の中にみんないるんだけど、外は丘陵地なので山がある。なぜ外と中の空間がこんなにも違うのだろうかと。怖いとまでは思いませんでしたが、ずっと違和感はあって、それを建築にできないかという思いはあります。松井さんが「建築物が怖い」とおっしゃると、建築家が言うのとは全然違う迫力がありますね。でも襖には直線のフレームがありますよね?

竹山　日本建築は基本的に直線ですけど、松井さんが怖いとおっしゃるのは鉄のようなクールな材料のことなんでしょうね?

松井　木は質感が柔らかいので、直線でも揺らぎがあり、どこか自然の温かみを感じます。

竹山　ここでちょっとお見せしたいのが、《瑠璃光院白蓮華堂》を設計中のスケッチです。最初のものは2011年9月29日とありますから、はじめて敷地を見に行ったすぐあとです。その後、納骨堂をどうやって置くかなど、与えられた面積やコストの中でボリュームスタディして、まずはこのような四角い形に到達したんですよ。

でもだんだん我慢できなくなって崩れていくんです。まわりが新宿のビル街で

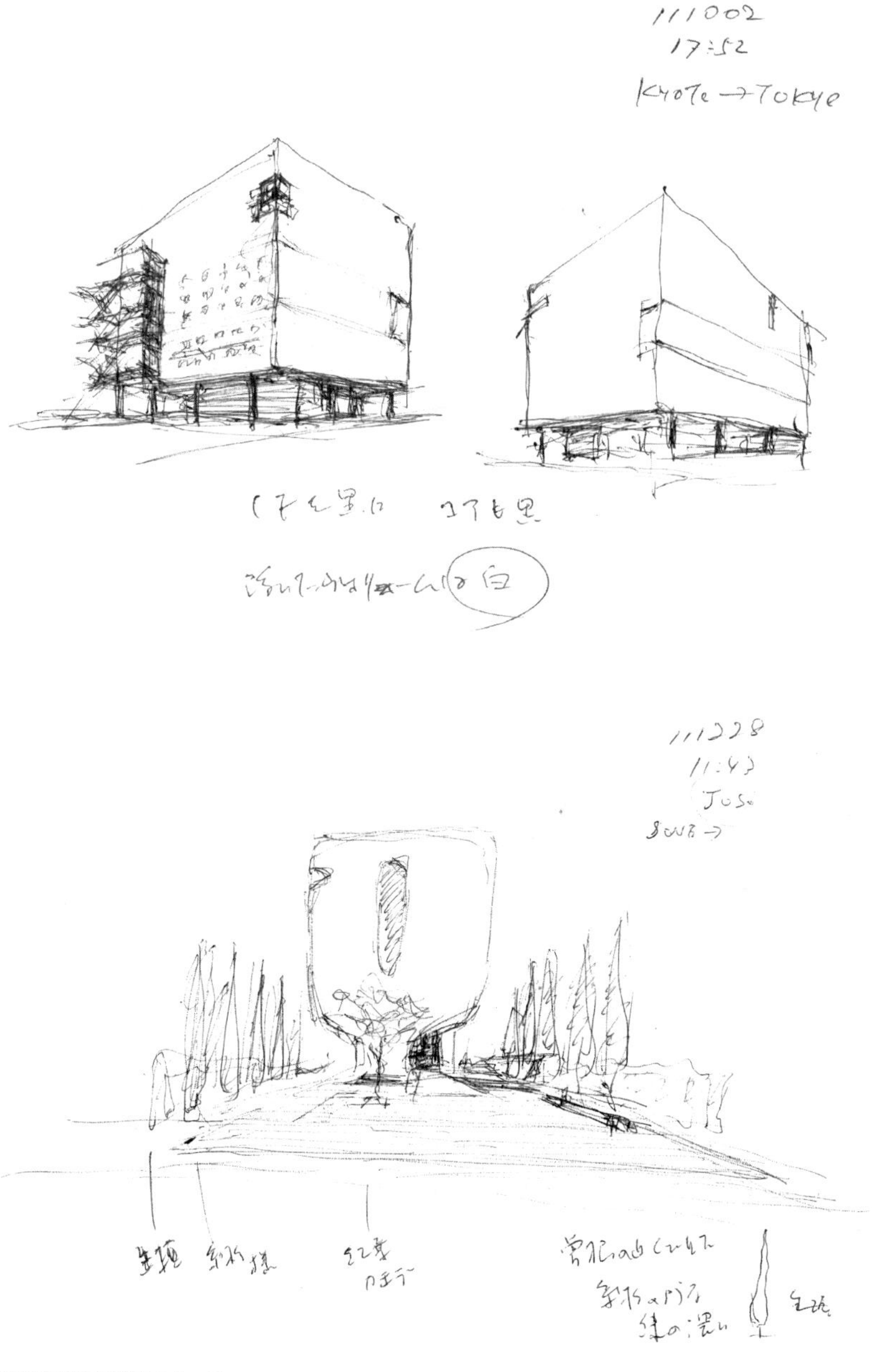

瑠璃光院白蓮華堂のスケッチ

すから、その中にこんな四角いものをつくってもなと。なるべくまっすぐの方がコストが安いし、生産の論理にも乗るのですが、空間をそこに込めるために、流れをもたらしたり、まわりとの関係を見ながら、樹木が立ち上がったような不思議なものを考えていきました。そして一週間ぐらいで最終案に近いワイングラスのような形に到達したんです。これでも途中まではつくりやすい二次曲面にしていたりと、いろいろと迷いがあるんですね。

松井　すごく意外でした。スパッと決まってしまうものかと思っていました。

竹山　途中のスケッチにも「連続させた方が構造的には有利。コストとのバランス」とか書いてある（笑）。構造的には連続させれば解決するのですが、コスト的にはうねうねさせると高い。建築家はみんなそういう悩みをもちながらやっています。ただ僕の場合は、必ずしも自然に向かってはいきません。細かな葉っぱを一枚一枚描くのではなく、大きなマッスをつくるけれども、そのコンクリートの表面に細かいパターンをつくるような型枠を使います。

森の緑とペンキの緑は違いますよね。近くで見れば一枚一枚の葉っぱが全部違う色で、光と影によっても変化がある。樹木の緑を遠くから見てもペンキの色とは違うでしょう。そんなふうに、僕は全体としては抽象的な形をつくろうとは思うけれども、近くに行ったら微妙な緑の違いが見えるというような建築を目指したい。松井さんのように恐怖症とまではいかないですが、まっすぐに対する若干の違和感は最近僕もあらためて感じているんです。

松井　私は最初から出来上がった状態の模型を見せていただいたので、竹山先生ならポンとすぐに出来てしまったのかなと思っていました。

竹山　建物の材料自体は無機物でも、人間の生きている環境は自然の中にあって、有機的なものにはシンパシーを感じてしまうと思います。だからなるべく自然のものを取り込みながら、有機的な感覚をうまく抽象的なもので表現できないかと。そう考えながらつくった《白蓮華堂》に松井さんの襖絵が入って、まさに画竜点睛だなと思いました。

変わるもの、変わらないもの

竹山　松井さんは最近は中東によく行かれていますよね。

松井　私は夫がレバノン人なのでレバノンには毎年クリスマスに行くのですが、レバノンはシリアやヨルダンと違って砂漠が全然ないんです。風景は宮崎駿がここに来たんじゃないかというぐらいまさに「風の谷」なんですよね。ナウシカのメーベが飛んでいる姿が見えるぐらいきれいです。

竹山　日本とは違う風景を見ることが作風に影響することはありますか?

松井　新しいきれいな風景を見れて刺激はありましたが、それで作風が変わるということはないかもしれません。風景画も描いたりはするのですが。

竹山　スケッチもされるんですよね。松井さんは山を描くのも頭の中で観念的に描かれるのかなと思っていたのですが、《瑠璃光院》の襖絵を描かれるときにはわざわざ谷川岳に登ったと聞いています。

松井　芸大の教育的な部分かもしれませんが、まずは一回ちゃんと写生をして、そこから世界が出てくるような感じです。

竹山　自然に学ぶ、あるいは基本に立ち戻る、ということですね。レバノンに戻りますが、作風が変わるまでいかなくても、なにかそこからヒントが得られたりするんでしょうか?

松井　文化的な違いはヒントになりますね。ほかの文化を見たことで日本の社会問題が逆に強烈に感じられるようになったり、日本のことがよく見えてくることもあります。

竹山　絵はその人の心のかたちだと思うので、なにかしら刺激があればそれに対するレスポンスとしてイメージが出てくることはあるんじゃないかと思います。多くの建築家は、なにせ注文仕事なので、基本的にはオープンマインドで、様々なものや言葉にいろんな刺激を受けるという態度をとっていると思います。受けたあとに変換されているかもしれませんが、そこが個性です。松井さんの場合は、もともと確立された世界があるので、新しい風景を見て変化があるというよりも、自分の中にあるものをもっと育てていくという感じなんでしょうね。

松井　そうかもしれませんね。

——過去のインタビューで、日本画の技術にはこだわりつつも、日本画ではタブーとされているような、たとえば下絵を複写して引き伸ばすようなことはわりと自由にされているとありましたが、その日本画の技術自体が変化したり、新しい技術が出てくることもあるのでしょうか?［小見山(司会)］

松井　いま新しい技術がいっぱい出てきています。真っ黒な絵の具が開発されたりとか。ただそれを使って絵を描こうという考えは今のところなく、絵画として、あるいは日本画として新しいものをつくるためには、モチーフと内容で勝負したいですね。

竹山　頑固なんですね。僕自身も若いときからいろいろと成長したとは思いますが、28年間京大で教えてきて、あらためて昔の作品を発掘してみると、結構変わっていないことがわかりました。最初の個展は「不連続都市」というタイトルでしたが、そのときに考えたことはそのまま今も残っているんですよね。三つ子の魂百までというか。

　未完結なものというのが僕の最初のテーマでした。円は完璧な形だけれど、それが欠けると未完結な形になる。僕は欠けている方が本能的に好きだと思ったんです。欠けているとその後を想像することができる。材料や形は変わっても、それは今も変わらないのですが、松井さんの絵にも、同じようなものを感じるんですよ。

松井　そのお話を聞いて、私もすごくシンパシーを感じました。欠けているものに想像力があると。

竹山　日本画はもともと余白がある芸術だと思いますけれども、松井さんの作品は特に不思議なかたちで欠けるでしょう。卒業制作の《世界中の子と友達になれる》でも、少女が語りかけているところで画面が終わっているのに、その反対側にはいっぱい余白がある。すごく不思議な余韻を感じます。僕は流れや動きがつねにあるような建築を考えているのですが、松井さんの絵も同じで、次に何かが展開するような感じがある。

自分を通すこと

小見山　今回の《瑠璃光院白蓮華堂》では竹山先生と松井さんがコラボレーションしたわけですが、ほかにも協働はされているのでしょうか?

松井　何回かはありますね。ファッション系だと、フェンディという毛皮をよく扱うブランドがあるのですが、そこと一緒にコラボしてバッグをつくったことがあります。外見はピンク色の普通のバッグで、内側が赤になっているのですが、口の部分にスタッズという槍先のようなとんがったものを歯のように並べました。でもこれをつくるときに、フェンディはファーで

画像提供＝フェンディ ジャパン

有名なので、最初はいろんな人種の本物の髪の毛を使ったらどうかと提案したんですけど、技術的にダメだと言われて。

竹山　それはふつうダメですよね（笑）。

松井　じゃあ今度はと、人間の本物の歯をつけようとしたんですが、それもダメで。最終的にはちょっと可愛らしいデ

ザインに落とし込んだという感じです。本当の歯がたくさんついたバッグにして、手を入れるたびに「嫌だな」と感じられるようにしたかったのですが（笑）。

竹山　松井さんってやっぱり本当に変なんですね（笑）。

松井　私の場合、コラボしてもだいたいきれいにまとまってしまいます。それでも最終的には出してもらえるのでいいんですけどね。

　あとコラボでいえば、映像作品をつくったことがあります。そのときも自由課題でしたが、ただ一つだけスポンサーのロレックスさんから課題として言われたのは、私の顔を映像の中に入れることでした。それが私にとっては難題で、自分の顔を撮るなんて、とんでもなくナルシストみたいじゃないですか（笑）。なんとか乗り越えたんですが、髪の毛が自分の顔を覆っていく映像を入れました。あとは目の内側から液体がグワっと出てくるようなシーンもあります。

　絵を描くのは一人の世界で完結するので、自分のやりたいようにできるんですけれど、建築も同じだと思いますが、映像の時はたくさんの人にあれこれと指図をしなければなりません。１００人

《侵入された思考の再生》（2012）
single-channel projection; 2:58 min (still)
特別協賛＝日本ロレックス株式会社

ぐらいスタッフがいるなかで私は監督ですから、「この小道具の出方が違う、動きが違う」と、全部ダメ出しをしました。本当に嫌がられ、最後には「もう松井冬子とは仕事したくない」と言われて、「ごめんなさい」と言いながらもなんとか完成しました。人とのコラボは自分の思い通りには絶対いかないので、その着地点を見つけるのが大変ですよね。

竹山　自己主張と諦めのバランスが難しいですね。建築は諦めの連続なんです。でも全部自分を流しきってしまうのではなく、少なくともその中で反撃する。表裏に攻撃と防御がある感じです。建築って、こだわりをなくして、ただクライアントの言うことを聞きながらコストと機能を納めるだけであれば簡単なんです。その方が時間も短いからお金も儲かる。でも諦めずにこだわってわがままに主張を通すからこそ、喜びや驚きを伝えられるものができる気がします。松井さんの映像作品は素晴らしいと思いますが、かなりわがままを通しているんでしょうね。

松井　嫌われた甲斐はあったのかなと思います（笑）。

制作の根底にあるモチベーション

——初歩的な質問なんですが、内蔵や死体のモチーフを描こうと思ったきっかけはありますか？［会場］

松井　それは積もり積もった恨みとか、ぶっ殺してやるみたいな感情があったんですよね（笑）。

竹山　何年頃ですか？

松井　最初は2005年ですね。でも構想はだんだんと出てきたものです。学生時代は、いろんなものを模写したり、あるスタイルを真似してみたり、自分が本当に好きなものは何なのかを模索する時間だったんです。そうして本当に好きなものを突き詰めていった結果、かたちになって出た作品でした。恨みや感情を表現するのに最適なモチーフを選び、それを構成して出来たんです。

——あるインタビューで、松井さんが描くものはある種の怒りの表現ではあるけれど、描くこと自体はセラピーではないとおっしゃっていたのですが、積もり積もった怒りのような感情は人生の中で変化しているんですか？［小見山］

松井　やっぱり波があります。ずっとバカにされてきて、頭にきて、怒りの感情が凝縮されている時期ってあると思うんです。皆さんも同じではないでしょうか。

竹山　人はだんだんそういうのを忘れていくんです。60を過ぎるとすべてが許せてきます（笑）。

松井　いつも思うんですけど、竹山先生はコミュニケーション能力がすごいですよね。作品ももちろんすごいですが、人間力があるからみんなもついてくるし。

竹山　昔からコミュニケーションに対する欲求というものはあったと思います。コミュニケーションが実は下手だったりとても短気だったりしたので、なんとかうまく伝えていきたいと。それがまた面白いのは、自分の中に完全な何かがあってただそれを伝えるのではなく、伝えているうちにますます何かが盛り上がってくることがある。その間でほとばしるという感じですね。

僕も高校の時は芸大を受けたいとか、絵も描きたいと思ったこともありますけど、今となっては人とレスポンスしながらやっていく仕事についてよかったなと思っています。一人でずっと抱え続けていくような仕事は僕には無理だったかもしれません。

建築はアートに比べていい加減なんですよ。2次曲面はつくりやすいけど3次曲面はつくりにくいなんて迷いながらスケッチを描くわけですが、でもコミュニケーションしているうちに、スタッフが共感してその3次曲面を図面に描き、模型をつくってくれる。現場では監督が「これでいきましょう」と言ってくれる。そうしてみんなが盛り上がってくると三次曲面であってもできてしまう。

ただ一人でずっと考え込んでいたら、自分の中にショートサーキットが出来て、やっぱり二次曲面の方が簡単で安いからと、諦めていたかもしれない。僕の場合はまわりとのコラボレーションが自分に元気をくれることが多いんです。松井さんは一人でやられているから、強いなと思いますね。

言語と表現の間で

――言語化できない作品には力がないんじゃないかということを以前話されていて、われわれ建築をやっている人間も、結構そういう部分があるなと思ったのですが、松井さんは制作の途中段階でも意識的に言語化をされているんでしょうか？［小見山］

松井　私の場合、下絵を考えながらコンセプトをまとめていって、作品が出来上がったときにタイトルをつけるんですけど、そのときに作品とタイトルが相乗効果を生むようなものにしたいわけですよ。この作品には長ったらしいタイトルの方がもっと気持ち悪さが増すとか。タイトルをつけるとそれが最初に考えていたコンセプトとリンクして、さらにやりたかったことが見えてくることもあります。

――自分が描いた絵が勝手に物語らないように気をつけるともおっしゃっていましたよね。山岸剛さんという写真家は、自身の作品を「建築写真」と呼んでいて、画角や撮り方は建築写真の技法なんですが、写っているものは東北の震災や津波によって壊された建築なんですよ。建築に自然が入り込んでくるように、建築写真という枠組みの中で自然を撮っている。そのあり方と松井さんの作品は近いものを感じました。今はポストトゥルースの時代と言われていて、事実と同じぐらいそれをどう解釈するかに重きがおかれているので、物語ることに怖さがあると思うのですが、松井さんの言う「物語らないように気をつける」とはどういう意味なのでしょうか？［小見山］

松井　面白いですね。やはり物語ではなく、コンセプトがどういうものであったかをタイトルによって作品に付け加えることはあります。それは説明ではなく、見る人のヒントになればうまく楽しめるかなと思っているのですが。

竹山　物語にしてしまうと絵がその挿絵になってしまうんですよね。だからタイトルは気持ちを掻き立てたり、ざわつかせたり……。

松井　相乗効果が生まれるようなものであればいいなと思います。絵画の作品で「無題」とかあるでしょう。その作家は何がやりたいんだろうと思ってしまいますね（笑）。

建築と日本画の歴史観

——建築の歴史では、近代建築ができてからそこにガバッと断層があり、それまでにあった日本の家屋やクラシカルな建物のでき方が産業革命以降の技術で大きく変わってしまったのですが、その切断感は日本画とどこか通じるところがあると思うんです。［平田（会場）］

松井　たしかに日本画の中でも断層はありますね。院展のトップだった平山郁夫先生は、荒い絵の具を使い、厚塗りで描いていたんですよね。それが新しい日本画として認知されてきたんですけど、それまでの日本画は薄い絹や紙に薄く描いていくのが基本的な技法でした。それを平山先生は変えてしまった。当時は印象派などの影響で厚く塗るのがかっこいいという風潮があったと思うのですが、それ以降本当に日本画の世界はみんな厚塗りになっていきました。

一方で戦争が始まる前、西洋画が日本に入ってくる前までは、たとえ薄塗りでも線の描写でかっこいい作品がたくさんありました。横山大観は線を描かない描き方を追求していましたが、それでも本来の日本画の名残が全然あるんです。平山先生は、あれは日本画ではないんじゃないかというぐらいスパンと切り離してしまったという印象が私の中ではあって、私自身は昔の日本画に戻りたい側に入ってきていますね。

竹山　日本画ってそんなに厚塗りできるものなんですか？　薄い絹や紙に描くと絵の具に負けてしまいませんか？

松井　実は紙も分厚くなってきたんですよ。雲肌麻紙のような厚い紙を使うようになって、それが芸大でもスタンダードになっています。

どんなに変化があっても、絵画は死なないと私は思っています。私には子どもがいるのですが、子どもって絵を描くのが好きなんですよね。人間は本能的に絵を描くのが好きなんじゃないかなと思うんです。そういう原点もありつつ、写真のように見たものを見たままに描くのは絵画ではなくて、自分の内面にある何かを表していくことが絵の楽しみだと思うので、どんなに時代が変わっても、iPhoneができても、絵のロマンチックさは終わらないし、永遠に続くんじゃないかと思っているんです。

竹山　そうでしょうね。AIが絵を書いても面白くないですよね。僕はAIは意図的なエラーはできるけども、本当のエラーができないんじゃないかと思っているんです。人間の脳の中でシナプス結合が間違うと、面白いつながりでイメージが湧いたりするでしょう。思いがけないエラーが人間を感動させるのだと思います。

ポジティブに生きる

――最後に、先ほどのお話にもつながりますが、松井さんは竹山先生をどういう方だと思っておられますか。［大西（会場）］

松井　それは残り時間では答えきれない質問ですね（笑）。でもやっぱり、竹山先生は圧倒的にポジティブなんです。たとえば、誰かがネガティブな発言をしたとしても、そのポジティブさで覆い被さってなかったことにしてしまう。その強さが素晴らしい。私は対人恐怖症みたいなところがあって、人とメールしたり、話をするのが怖いんですけど、竹山先生からメールがきても全然安心して返信ができる。この相手を緊張させないコミュニケーション能力ってすごく大事だと思うんですけど、どういう環境で育ったらそうなるんでしょうか？（笑）

竹山　僕にも小学校から中学校にかけてすごく自己嫌悪な時期があって、心理学では「14歳の危機」というのですが、それより少し早い。自分自身の存在に意味があるのかと考えていたこともあるんです。でも中学の後半から、高校になって、大学になって、いろんな経験が自分を強くしてくれました。いろんな意味でラッキーだったと思います。

僕は基本的に世界で敵は一人もいないし、みんな味方だと思っていて、ポジティブなところだけを見たいと思ってきました。大変なこともないわけではなかったのですが、振り返ってみると、総じてそのプロセスを楽しんで生きてこられたなと思っています。いいクライアントやコラボレーターにめぐり会えたし、いい学生にも恵まれましたね。それが積み重なってポジティブなんじゃないですかね。

松井　幸運の象徴ってこういう感じなのかなって（笑）。

竹山　そんなことないですよ。コンペにも落ちますし。

松井　でも3日ぐらいで立ち直りますでしょう？　私の中では竹山先生みたいな方がロールモデルというか、こういう人になりたいという人物像なんです。

竹山　原広司という建築家がいるんです。修士から博士までの僕の先生なんですが、哲学的な建築家だけれど、すごく論理的でありながら感覚的で、幅広く、面白い方で、またすごくコンセプチュアルな建築をつくるんですが、あるとき原先生が「竹山は明るいからな、基本的に」とおっしゃった。僕も若い時ですから、いろいろ悩んだり、苦しんだりしてるわけですよ。ところがそう言われて、原先生のような人がそう思ってくれているのであればと、それからは基本的に明るくいようと努めてきました。そんなことないときも多いんですけどね。

松井　頭のいい先生は細かいこともすべて覚えているからネガティブになりがちなところがあると思うんです。竹山先生はすごく頭がいいし、論理的だし、ウンチクもすごいけど、やたらポジティブで、すごく変わっていますね。めったにお目にかかれない人物像だと思います。

2019年12月7日、長江家住宅にて
写真・スケッチ＝竹山聖（特記なき場合）

松井冬子（まつい・ふゆこ）
画家。1974年静岡県森町生まれ。東京藝術大学美術学部卒業、同大学大学院美術研究科博士後期課程美術専攻日本画研究領域修了。女性としては東京藝術大学史上初の日本画専攻での博士号取得者となる。古典的な日本画の技法を用いながら、女性や動物、幽霊や死体といったモチーフを用いて、痛みや狂気を喚起する内省的な世界を表現。2011年には大規模な個展《松井冬子展―世界中の子と友達になれる―》（横浜美術館）が開催された。制作中の襖絵《生々流転》（瑠璃光院白蓮華堂）では、古典的なテーマにも挑戦している。

"RESPONSE" / 異領域とのレスポンス

Talks with collaborators in different fields

原研哉 × 竹山聖

04. Kenya Hara

デザインと建築

豊かさの在り処をさがして

原　竹山さんを最初にお見かけしたのは、僕が会社に入りたての頃で、渋谷のイタリアンレストランだったんです。そこに竹山さんと團紀彦さんのお二人が颯爽と現れて、かっこいいなと思いながらも、遠くから恐る恐る見ていました（笑）。その後、1992年の日本文化デザイン会議が山梨県の甲府であって、僕は聴取者として行ったのですが、そのとき竹山さんが「僕は、開いているだけじゃなくて、フレーミングされてるところの方が空間を感じる」という話をされていたのを記憶しています。空間というのはそういう捉え方もあるんだなと、印象に残ったんです。

そこからもう少し親しくなったのは、2005年に開催された愛知万博を日本にもってくるための誘致プロジェクトでご一緒させていただいたときですね。竹山さんと團さん、そして隈研吾さんの三人が若手建築家として起用され、中沢新一さんがコンセプトを書いて、そのコンセプトや建築プランの概要を僕が書籍にまとめて、万博の組織委員会に提案したんです。結果として、万博を日本に誘致することができましたが、そのときに、お三方がいろいろお話しているのを一緒に聞いていましたね。それがはじめてお仕事をさせていただいたときの体験です。

万博自体は、その後まったく違うものになってしまいましたが、従来のようなコンクリートでパヴィリオンをつくるような万博ではなく、自然のアリの巣のようなものの中に、本当にアリの目になって入っていくことで自然の素晴らしさを味わえるというアイデアで、建物をつくらなくても自然の中で万博やハイテクが味わえるんじゃないかということを構想されていて、今でもユニークなものだと思っています。

その後、竹山さんがデザインされた旅館で、僕がロゴをつくらせていただいた山代温泉の《べにや無何有》は、僕にとって多くのことを学ばしていただいた貴重なプロジェクトなんです。

竹山　原さんのデザインしたロゴが衝撃的だったんですね。この旅館は1995年頃からずっと少しずつ手を入れているのですが、2000年頃に二期工事が完了して、その頃に女将さんに頼まれて「無何有」という名前をつけたので、そのタイミングで原さんにお願いしたんじゃないですかね。それでこの無何有のロゴが出てきたんです。「何」の「口」がない。この旅館はなるべく引き算でつくったつもりなんですが、さらにこのロゴに引きずられるように、いろんな展開になっていきました。それから「方林・円庭」という施設が2006年に出来て、その頃にはだいぶ原さんと呼吸があってきましたよね。

原　そうですね。

「円庭」と「方寸」

竹山　「方林」というのは道場で、「円庭」は薬草を利用した温泉とマッサージ施設です。その円庭には、水滴がシュッと回るような原さんのインスタレーションがありますね。

原　「方寸」というんですけどね。撥水加工された受け皿の真ん中に穴があいていて、そこに落ちた水滴が大皿に打ち出されクルクルと回り、最後に一寸四方の四角い穴に落ちる。

――ずっと見ていられますよね。［竹山香奈（司会）］

思想とデザインが響き合う

原　もともとの話をすると、《べにや無何有》にはそのコンセプトを表した竹山さんの文章があったんです。僕はこれに結構ほだされました。ちょうど同じ頃に、無印良品というブランドに関わり始めて、「からっぽ」との出会いがたくさん起こってくるんです。《無何有》のコンセプトは「からっぽの中の豊かさ」。からっぽをつくって、そこに満ちるものはお客さんに任せていく。イマジネーションの最も強靭なことは、何かをたくさんしゃべるようなことではなく、イメージを受け入れる器が大きい、容量の大きいものの方が圧倒的に豊かだということ。これは一つのメソッドですが、そういうものが日本やアジアにはある。そういうことになんとなく気がついていく時間が、その頃にあったんです。

　そういう意味では、それまでの自分は日本なんて好きではなかったし、自分はモダニズムの延長にある合理性の中でやっているわけだから、ジャパネスクのような感じは、自分の中から追い出して、むしろミニマルな方向にシフトしようとしていたんです。けれど、どう排除しても残ってくるものがあるし、一方で世界を見れば見るほど、逆に日本の特性が

無何有 mu ka yu

面白く感じられてくる。だから日本をもう一回見ざるを得ない状況だった。そういうタイミングで出会えたプロジェクトなので、そこから学ぶことが多かったですね。

《無何有》は、女将さんやご主人の中道さんがすごく熱心な方なんですよ。ふつう旅館やホテルは建築的に語られ過ぎてしまうんですが、本当はそれを運用していく人々の熱意によって施設は育っていくんです。《無何有》は、そのコンセプトに則って、非常に豊かなエンプティネスを中道さんご夫妻が丁寧に育てられてきたし、まだどんどん育っていく感じがあったんですよね。最初に出来たのは何室でしたっけ?

竹山　最初につくったのは4室で、1995年頃です。そこから6室増えて、10室出来たときに原さんに相談したんですよ。それが2000年頃です。

原　僕が無印良品に関わり始めたのが

べにや「無何有」
からっぽのなかの豊かさ

荘子に「虚室生白」という言葉があります。部屋はからっぽなほど光が満ちる。何もないところにこそ自由な、とらわれない心がある。「無何有」はそんな荘子のとくに好んだ言葉で、何もないこと、無為であること。「無何有の郷」という風に使います。そこでは普段の価値観がひっくり返される。何の役にも立たないと思われるものほど、豊かな存在なのだというわけです。たとえば路傍に巨木がある。曲がりくねって材木としては役に立たない。ところがその故にこそ大きく育ち、道行く旅人に日陰を与えてくれる。まるでぽっかりあいたスケジュール表の余白のような時間。からっぽだからこそ自由に満たされた時間。一見役立たずな巨木の木陰のやすらぎ。そんな想いが「無何有」という名にこめられています。

建築家　竹山聖

2002年ですから、《無何有》の方がちょっと早いんですよね。そういうタイミングでした。最初の頃に聞いたのは、「無何有」の写真を見て、古いほうの部屋に案内されたお客さんが、ショックを受けて泣いたんですってね。

竹山　そうそう。僕の手を入れた客室の写真を見たある若いカップルが、お金がないからと一番安い部屋を取ってしまったんです。その当時、昔からの部屋も残っていたんですよ。そこは風呂も、トイレもない、ただの下宿みたいなスペースなんです。そこに女将さんが案内したら、その女の子が泣いた（笑）。

原　最初は竹山さんが手がけられた10室だけを「無何有」と呼んでいたんですよね。

竹山　そうですね。10室が出来た頃、まだ女将さんたちは、昔からある部屋を閉める決断がつかなくて、たくさんあった部屋を安く売っていた。僕が手を入れた部屋は結構高めに設定していたので、評判を呼んだけれど、勘違いをして泣いちゃった子もいたから、それでオーナーが「こんな部屋を売ってはいけない。全部竹山さんにやり直してもらおう」とおっしゃって、その次に「和洋室」という部屋をつくり、それまでにあった古い部屋を全部閉めたんです。その決断が「べにや無何有」という旅館全体の名前につながりました。

日本文化の中に継承された「からっぽ」

――先ほどのコンセプト文は、その頃に書いたんですね。［香奈］

竹山　そうですね。「名前をつけてほしい」と言われたときに、荘子をよく読んでいたんですね。「虚室生白」という言葉が好きで、何もないことの豊かさというものを考えていたので、この名前にしたんです。

その頃に原さんがよく言っていたことがありましたね。「人間のセンサーというのはすごいんだ」と。人は、身体全部を使って、手触りのような写真には写らないものでも感じ取ることができる。実際に行けば当然全部感じられるわけですが。だから「からっぽ」といっても、モダニズムのようにミニマルで何もないのではなくて、日本の細かいディテールの中には手触りがある。「ハプティック」という言葉を原さんから聞いて、僕も手触りや肌触り、空気が微妙に振動しているというようなことを考えるようになったんです。

原　荘子もそうですが、中国というのは、春秋時代や戦国時代、つまり孟子や孔子、老子らが生きていた時代に、人類の叡智の大半を生み出している感じがありますね。中国では、たくさん国がせめぎ合っている時代には、王が愚鈍であったりするとすぐまわりに飲み込まれてしまった。その頃は、とにかく隣の国に負けて蹂躙されないように、どうやって良い交渉をするか、いい考え方を交換するか、あるいは、知恵を先鋭化するかということばかりを考えていたんでしょう。

今でこそ、近代社会が西洋から始まったので、あらかじめ西洋が優位だったんじゃないかという印象を植えつけられているけれど、歴史の大半ではアジアからたくさん知恵が見出されて、技術でも、テクノロジーでも、アジアが圧倒的に優勢だったわけです。

宋の時代には科挙の制度があって、そのためには勉強できる環境がないといけないから、知識が書物として整備され、それが印刷技術によって流通したので、まあまあの家庭の子どもは書物を手にできた。その頃のヨーロッパは、一部のキリスト教徒は字が読めるけれど、聖書は手書きで写すような時代です。宋はその頃に、すでに印刷技術をもっていて、優秀な官僚を全国から登用できた。中国の文明は世界の中で圧倒的に高度だった。

荘子の言葉を読んでみても、なかなか鋭いと思うんですよ。イマジネーションというのは与えるものじゃなく、もらうものだから、受け止めていくということがすごく大きいんだと。中国が見出した考え方の中ではすごく素晴らしいものだし、日本はそれを受け入れて、育てていったんですね。

一方で、日本で「からっぽ」というのが活性するのは、室町の後期、応仁の乱の後なんです。それまでの日本の文化は世界中から影響を受けていた。ユーラシア大陸を考えてみてください。日本はその東端にポツンと浮かぶアーチ型の島なんですが、地図を時計回りに90度回転させて、世界をパチンコに見立てると、日本はちょうど受け皿の位置にくる。ユーラシアのトップにあるローマなんかから出た玉が、チンジャラチンジャラと、中国を経て、ペルシャやロシアをめぐり、朝鮮半島やシルクロードを通りながら、最後は全部日本列島に落ちてくる。たとえば正倉院の所蔵品を見ると、そういうルートが克明に見えてきます。

日本は、世界がせめぎ合っていた時代の、つまり王様の権威でできた豪華絢爛な文物をたくさん取り入れていたので、日本の文化も同じようにきらびやかだった。けれども、それが応仁の乱で一回リセットされたんです。当時のそんなに広くない京都で、10年間も戦争をやると、蓄積されていた文化はひどい損傷を被って、貴族も地方に疎開してしまった。それによって日本の端の方まで文化が広がるというメリットはあったけれども、一度は相当にめちゃくちゃになってしまったわけです。

当時の足利義政という将軍は、それ

を機に引退して、東山に隠居するんですが、そういうタイミングで、日本文化の中に新しいかっこよさというものが生まれてきた。それがエンプティネス、冷え枯れたものを美しいと感じる美意識です。それまでは、茶の湯でも、茶杓は象牙に凝った彫刻がされていたし、茶碗も煌びやかで曜変天目のようなものがすごいと言われていた。けれども、そうではなくて、茶碗なら暗闇で持つと何もないような存在感がかっこいいとか、茶杓も竹の節だけを残して削ぎ落としたようなやつがクールだとか、禅寺であれば龍安寺の石庭みたいなのがいいんだと。そういうエンプティネスを本当につくり始めるんです。

その時代に、日本のデザイナーの始祖たちがうごめき始めるわけです。その人たちは歴史的には同朋衆、あるいは阿弥衆と呼ばれた人たちです。たとえば、庭をつくるのは善阿弥、花をたてるのは立阿弥、インテリアや調度品一式のような設えを管理している人は能阿弥、もちろん能は世阿弥とか観阿弥というように、「阿弥」とつく人たちが、アートディレクターとして機能しはじめた。

僕は日本のデザイナーやアートディレクターのルーツは彼らだろうと思っていて、その彼らが用いていた美のメソッドが、エンプティネスです。何もないという「からっぽ」を創造的な容れものとして捉えてイマジネーションを広げていく。そこに日本のデザインの源流が見えてくる気がするんです。近代の合理性を生み出した「モダニズム」と比較すると、それより300年ぐらい前に「からっぽ」ということを運用しはじめた時代が、日本式ミニマルの一つのポイントなんじゃないかなと思います。

庭を育むような居場所づくり

原　竹山さんの荘子の引用は、そういう文脈を全部含んだ発想なんですよね。僕は、その頃からデザインのメソッドとして、なんとなくエンプティネスを使っている感じもしていたんです。それがはっきりと輪郭をもち始めたのが、《べにや無何有》の仕事でした。その後に、無印良品という「無」のつく仕事が始まって、そこでは、表現や製法を簡略化して安く流通させるだけでなく、5000を超えていたアイテムをどうやってコンセプチュアルに整理し直して、世界に伝わるように表現していくかが、僕に課せられた役割だった。だから、無印良品の仕事をかたちにしていく上でも、《無何有》のプロジェクトやエンプティネスとの出会いは有意義でしたね。

竹山　旅館というプログラム自体が、日常とは違う時間を楽しむということでもあるし、あそこにはいい庭があるんです。「べにや無何有」の元のキャッチフレーズは、「木漏れ日の宿べにや」だったんですよ。

原　そうなんですね。

竹山　庭を囲む部屋には、光がとってもきれいに入る。そして水というのは風で揺らぐでしょう。だから露天風呂をつくると、風で揺らぐ水に映る光がまたきれい。つまり、水と光が何もないからっぽの部屋に豊かさをもたらしている。そこに、非日常の時間を楽しむ心のゆとりのある人たちが訪れるという、プログラムもすごく良かったと思うんです。

原　その庭も、京都の造園師が腕をふるってつくるようなものではないんですよね。雑木林的な、放ったらかして育ったなんて言ったら怒られちゃうんだけど、そんな庭が真ん中にあって、それを取り囲むように施設がある。

竹山　もう一つは、女将さんたちが全面的に原さんを信頼していますよね。行くたびに「原さんはね」と言って、原さんが何を話したかを僕に教えてくださる。ああいう全幅の信頼をおかれると、こちらもそれに応えようと思いますよね。

原　お互いに学ばせてもらってるんだと思います。

竹山　あとは、行くたびに原さんのデザインしたアイテムが増えていくんですよね。

原　大したことはしてないです（笑）。僕は本当に最小限のことしかやっていないし、どちらかというと触らないようにしています。つまり、僕はデザインしていると悟られるのは恥ずかしいと思ってしまう。何もしていないのが高度なことなんですよ。

竹山　今のは、決して悪い意味じゃないんです。Faith、心からの信仰、つまり「原さんに任せれば間違いない」みたいな感覚が女将さんにはあるから、そういう関係があの旅館をうまく育てていっていると思うんです。オーナー自身があの旅館を愛しているし、建築家とデザイナーを信じている。そしてもてなしの気持ちがあるから、そこには完全に無何有ワールドができている。それが、あの旅館がすごいクオリティを保っている理由だと思うんです。

——最初に手掛けられてからもう25年近く経っているとのことですが、今後も続いていくのでしょうか？［香奈］

竹山　一昨年にも「白緑《びゃくろく》」という丸い露天風呂と書院の付いた部屋をつくりました。少しずつ、世代を超えて、時間をまたいで、つくられていくんでしょうね。

原　なかなか25年もかかってつくれるものってないと思うんですよ。日本でこれから新しい高解像度の観光というものが生まれてくるときに、《べにや無何有》のようなやり方をホテルにも適応すると

《べにや無何有》の庭

「白緑」の露天風呂

いうのは、日本の伝統を未来資源として活用する方法として使えるんじゃないかと、つい拡大的に解釈してしまうんですが、実際はお互いに全幅の信頼をもちながら切磋琢磨が持続するということが難しいんですよね。オペレーションは人任せになってしまうし、お金儲けの一つの装置として考えないと、ホテルのような薄利のビジネスは成立しないから。《無何有》は奇跡的にうまくいっている旅館の一つです。

海外の人たちが日本の宿泊施設に泊まる価値の一つとしては、ファミリービジネスということに着目するんですって。やっぱり、ファミリーで営んでいるということが出せるクオリティが絶対にあるんですよね。だから僕は、海外のお客さんが来ると、余裕のある人にはご紹介するし、どうしても泊まってもらいたい人には招待もするんです。そこに泊まってもらうことで、日本の文化の決定的な部分がわかってしまう。そういう稀有な場所なんです。

文化としての風景が産業にもたらす転換

原　《低空飛行》というプロジェクトがあるんです。僕が良いと感じるものを、自分の足で訪ねて、動画を撮って、海外の方々に紹介するようなサイトをつくっているんですが、カメラマンに頼らず、全部自分で撮って、編集もして、テキストも書いています。日本の素晴らしい温泉や旅館、あるいは庭や自然が、日本の未来資源になっていくんじゃないかと思っていて、従来の旅行代理店が示すようなものではなく、グローバルな文脈で見たときに、このあたりが「日本」なんじゃないか、というのを見せられればと。これもひょっとすると、《無何有》の延長なのかもしれないですね。

ここ20年ほど、僕はホテルや観光に興味があって、それは産業が変わっていくことと関係していると思うんです。ポスト工業化社会と言われて久しいけれど、産業のターニングポイントがあったはずなのに、日本は今日まで製造業で突っ走ってしまった。精密に、合理的に、品質良く安定したものをつくることに関しては、いろんな企業がノウハウをつくったけれども、形のないもの、つまりバリューをどうやったら生み出せるかということに関しては、ほとんど手つかずできてしまった。村上隆や杉本博司といった現代アーティストのように、価値を捏造して、世界中の金持ちにほしいと思わせる技術を日本の産業は生み出せていないんですね。

日本酒が一升瓶で3800円というのは、大衆文化としては望ましいけれど、産業としてはフランスのワインカルチャーには勝てない。一本200万円がほしいと世界の富裕層が言うなら、そこにも向き合える価値のヒエラルキーをどうやって生み出すかですね。

竹山　ワインといえば、ワイナリーの仕事も一緒に手がけましたよね。原さんがラベルを手がけられて、僕も原さんに紹介してもらい、広大な土地にホテルもレストランもあるワイナリーを設計していました。最初の計画は止まってしまいましたが、その後も本社のワイナリーを改修したり、地下に埋めたセラーを設計させてもらいました。

原　僕もずっとお手伝いしている中央葡萄酒という山梨の会社なんですけど、三澤さんという四代目がなかなかの頑固おやじなんですよね。甲州種という日本産の白ぶどうを使って世界の人たちが唸るワインをつくりたいと。カベルネやシャルドネはヨーロッパ品種だからヨーロッパの風土には合っているけど、日本でそれで戦っているうちは永久に勝てない。だから日本の風土に密着したもので独自性を出していかなきゃいけないという哲学を三澤さんはもっているんです。

竹山　そうですね。甲州種は遺伝子的にとても良いものをもっていることがボルドー大学の分析でわかって、改修でも密閉型のタンクに取り替えたんです。さらに香りが立つように、と。この設計が始まって、２００４年頃だったか、フランスにもワイナリーを見に行きました。サンテミリオンからポイヤック、サンテステフまで、ボルドーをずっと回って。

原　相当研究を重ねてきたので、今はすごく評価が高いんですよ。日本の料理に合うのはシャルドネだとか言われるんですが、シャルドネが甘く感じるぐらい淡麗なんです。ほどよく冷やした甲州のワインは、たとえばヒラメの薄造りをすだちと塩で食べるような味覚にぴたりと合うんですよ。だから、和食が旨味で世界を席巻しはじめているなかでは、すごく可能性をもっているんです。

でも、僕がそこでいつも言っているのは、「酒は舌先だけで味わうものじゃない」と。ワインというのは文化全体だから、つくっている場所や景観も大事なんです。ボルドーに行くと、あの景色がすごいでしょう。昔の荘園領主が建てた城がポツポツとあって、そのまわりにはワイン畑が広がっている。城はワイナリーや貯蔵庫だったりするわけです。シャトー・ムートン・ロートシルトのワインは高価だけど、その環境や文化全体がバリューをつくっているのだろうなと納得せざるを得ない。

日本は生産や品質に関しては熱心なんだけど、ものづくりの情景のケアには意識が及んでいない。だから、もしここに小さなスペースでもいいから、景観を生かして、楽しんで滞在できるような施設をつくれば変わるはずだと、言い続けているのですが。

竹山　今回の本のテーマは「庭」なん

です。それは近代的な均質大量生産を目指した工業的なものではなく、システマティックな農業でもない。何かといえば、景観なんですよね。風景なんです。庭は農業にも近いけれども、もっと自由な風景なんだと思います。そこには文化がある。ボルドーに行って風景を見れば、長い時間の蓄積でできてきた文化も合わせてワインが育まれたことがわかる。

原　日本の企業も文化の総合力で価値が生み出せるんだと気がついてくれると変わってくるんだと思いますが、中国では案外もう始まっているんですよ。最近それを知って焦ったんです。

　レバノンの環境建築家のブラッドミア（Vladimir Djurovic）さんと僕は親しいのですが、彼は最小限の仕事だけでその場所が景観として堪能できるようになれば、自分の仕事はそれで完結すると言うんです。

　その彼が関わっているプロジェクトの話です。中国の雲南省のとある原生林では、岩の隅っこや、木の幹の中などにいろいろな茶葉がいろんな生え方をしているんですって。その原生林を守りつつ、それを景観として楽しめるようにランドスケープ化していくプロジェクトをやっているんだと。そのクライアントは、そこにホテルをつくって滞在できるようにして、ミュージアムでお茶の世界を紹介し、小さなファクトリーで丁寧にブランドをつくって、最終的にはその稀少な茶葉をブロックチェーンで世界中に売ろうとしているわけです。これはすごく賢い着眼だと思ったんですね。

　かつてアマゾンの密林でゴムの木が発見されたときに、密林からゴムを取るのは大変だから、頭のいいイギリス人は苗だけをマレーシアに持っていって、大量生産のプランテーションを始めたわけです。でも茶葉の場合は、同じように機能品質として製品化するだけではダメで、もっと高いバリューを付加しなければ面白くない。そのために、原生林を守って、建築やランドスケープを含めた価値の総合でプロデュースをやろうとする中国の事業家の着想は、日本の産業界を通り超えていますね。

　ホテルにしても、現代アートでも、ワイナリーも、茶葉も、世界中で格差社会の問題が言われていますけど、一方で超富裕層から富をふんだくる仕組みをしたたかにつくっていかないと、産業としては成立しないんじゃないかと思います。日本の産業全体のこれからの話につながっていくところですね。

竹山　中国の話でいえば、北京から西に車で１時間半ぐらいのところに、２０２２年の冬季五輪が開催される場所があるんですね。そこに原さんの知り合いの企業が広大な土地をもっているんです。その一区画のなにもない場所に温泉がいっぱい吹き出ていて、広大な土地の向こうには雪山が見えるし、そばを流れる川には冬に氷が張る。そこに計画されていたホテルのプロジェクトに参加しないかと、原さんから声をかけてもらったんです。そのとき最初に原さんがアイスランドの写真を見せてくれたんですよね。

原　そうですね。アイスランドにシュバルツエギ地熱発電所というのがあって、火山島ですから、地下から噴出する蒸気のエネルギーでタービンを回しているんですが、蒸気と一緒にお湯も出てくるからと、溶岩を削って、野球のグラウンドぐらいの温泉がつくられたんです。

竹山　その大きな温泉の写真を見てから中国に行ったので、そこにも直径100メートルを超えるような巨大な温泉をつくって、そのまわりに施設があったら、すごい風景ができるだろうなと思いましたね。さしあたり僕は、川沿いのホテルの中庭やコテージの設計を手伝ったのですが、やっぱり風景には力があると痛感します。建築は、風景や、そして物語とともにあるんだ、と。

言葉を手がかりに、未知の世界を旅する

竹山　話題は変わりますが、原さんは大学で教えていますよね。どんなことをされているんですか?

原　僕は母校の武蔵野美術大学の基礎デザイン学科で、恩師の向井周太郎さんが定年で退任されるときに、それを引き継ぐかたちで教えることになったんです。実際に行ってみて思ったのは、年齢の若い人たちと親しくなってじっくり付き合う時間というのは、それまで僕にはなかったんですね。原デザイン研究所のスタッフはみんな若いんですけど、それとはひと味違う若さがある。今は大学で学生と一緒にものを考える時間がすごく大事だなと実感しています。

大学では最初に90分の講義授業を半年やらなきゃいけないとなったので、授業の内容みたいのをあらかじめ書こうと思ったんです。それが『デザインのデザイン』という本で、これは教材として書いたんですが、結局授業ではそんなに使わなかったですね。でも、本を書いたことで、自分が考えていることを自覚できたんです。やっぱり語ることや書くことも、もう一つのデザインの活動だと思います。

ゼミに関していえば、4年生と10年間やった《Ex-formation》というプロジェクトがあります。「Information」のように情報をわからせるんじゃなく、いかに知らないかをわからせる。無知を自覚させる方が、コミュニケーションのデザインとしては高度だと思ったんですね。仕事ではそこまで踏み込んだ実験性はできないんですが、それを意図的にメソッドとして行ってみようとしたんです。

武蔵野美術大学基礎デザイン学科 原研哉ゼミ 2004年
Ex-formation 四万十川「シュミレーション—もし、川が道だったら—」稲葉晋作・松下総介・森泰文

たとえば、最初の年にテーマにしたのは「四万十川」でした。いくつかの班に分かれたのですが、あるチームは四万十川の源流から河口までずっと写真を撮ってきて、その中に写る川面すべてにアスファルトを合成していったんです。センターラインなどの白線を原寸に忠実にして描いてみると、川幅に応じて2車線や、3車線ができたり、ダムは駐車場のようになったり、そして河口に行くと、空港ぐらいの広さになるんですよね。川を白線とアスファルトに置き換えた景色ができた瞬間に、それを見ただけで四万十川の蛇行感がわかるんです。

竹山 スケールがわかるということですね。水が流れる川だと、ただ、ああ気持ちいいな、という感じで距離感が日常化されますが、それがアスファルトになると異化され、日常的な素材が非日常的な風景をつくって、普段眠っている意識が目覚めてしまう。

原　源流も、河口も、そのままだと同じように景色として見えるだけなんだけれども、置き換えられた景色は脳についた傷みたいに忘れられなくなるんですよ。

またあるチームは、沈下橋の周辺でひたすらゴミを拾ったんです。考現学的に、それを写真に撮って、リスト化してみたんですね。そうすると、四万十川のゴミは自然に還りかけているものが多いことがわかる。銀座や渋谷は、頻繁に掃除されてしまうから、ゴミは30分前に落ちたようなものが多いけれど、四万十川ではゴミはめったに捨てられないし、時間が経っているから、ゴミを見ただけで四万十川というものがわかる。

ほかにも、橋の上から川上・川下・左・右というふうに写真を撮っていって、それを立方体の箱にし、順番に並べてみると、写真集とは違うかたちで風景がわかるとか。あるいは、四万十川に関わる様々な人々にインタビューをして、「昨日何を食べた」とか、「お小遣いはいくらか」「いままで行った一番遠いところはどこか」なんて話を聞きながら、人の方から四万十川を描いてみると、そのインタビューもなかなか読ませるものがあった。また別の学生は、一人でキャンプに行って、一週間、川の中で釣れたものだけを食べる生活をした。なんとかそれだけ一週間生き延びたんですが、釣果を写真に撮ってグラフにしてみたりしたんです。

そうした記録を一冊の本にしてみたんですよ。すると、いわゆるガイドブックみたいなものとは全然違うものが出来上がった。そこには知らなかった四万十川が露わになっている。それが結構面白くて、《Ex-formation》は一つのメソッドになるなと思ったんです。それで、2年目は「リゾート」、3年目は「皺」というように、毎年位相の違うテーマをもってきています。そのテーマも、学生に投票で選ばせるんです。それで、「裸」「女」「東京」とか。今年は、「甘い」というテーマでした。

「皺」なんかも面白いんですよ。というのも、人間はハリという価値しか見ていないから。

竹山　皺がなく、ツヤがあるという意味ですね。

原　そうです。咲いた花とか、若い女の子の生き生きとした感じとか、漉いたばかりの紙とか、おろしたての靴とか、みんな新品が好きなんですね。でも冷静に見ると、ハリって一瞬なんです。花も咲く前は皺だらけのつぼみの中に固く閉じていて、それが解きほぐされて花になるけれど、その瞬間からまた枯れ始めていく。まずジェネレーションの過程があって、それが成就するんだけど、やがてディジェネレーションが始まっていき、カオスに還っていく。世界はごく一部がハリで、あとは皺なんです。

生まれたばかりの子どもにも手相があるし、指紋がついている。海には波のうねりがあるし、地表は地球の皺ですからね。あるいは、宇宙にも電波の波動の皺が出てきている。その皺というものが何だと気づいた瞬間に、世界は違って見えてくる。

　そのときは、仏像の僧衣のヒダヒダを研究して洗濯板を彫った人がいたり、袋の中で溶けたアイスクリームをそのままもう一回固めて、ビニール袋のシワで皺を抽出し、それを型にしてアイスクリームにしてみたり、ひたすらトカゲやワニの皺を線描で描いて、白いワンピースの柄としてすりこんでみるとか。あとは、世界中から真っ白い小包を発送してみると、届くんだけれども、まあボロボロの皺だらけになってるんですね。

　美大の学生って、僕らが考えるよりも想像が柔らかいんですよ。僕は「皺が面白い」ということぐらいしか言えないけど。先生が学生のことを面白がって、それと同時に「こうすればもっと上手に逆上がりができる」という感じで、いいタイミングでピッとおしりを押してあげれば、学生はすごい研究ができる。学生の発想と、教師のテクニック。収穫するタイミングを教えてあげることで、面白いものが出てくるんですよね。

竹山　そのワークショップは毎年どれぐらいの期間でやるんですか?

原　ゼミ自体は1年間ですね。4月にスタートして、だいたい12月ぐらいには出来て、1月に発表して終わるんです。だから実質9か月間ぐらいですね。人数でいえば12人から15人ぐらい。

竹山　なるほど。でも今の話は、僕の研究室と似ていますね。京大の建築学科にもスタジオ課題というものがあって、僕はとっても抽象的なテーマを出すタイプなんですよ。7、8人の先生がスタジオをもっているんですが、僕のスタジオ以外では、たとえば「美術館」のように、建築のプログラムがちゃんと設定されている。でも僕のところはプログラムがないし、学生は最初何をするかもわからない。「ダイアグラム」とか「コーラ」とか、最初に言葉だけを提示するんですけど、僕自身も行く先がわからないんです。

　でも、やっぱりデザインの方が自由ですね。すごく先が見えないゼミをやっているんだなと思いました。

原　何の役に立つかはわからないですけどね。

竹山　でも、全部「庭」に通じているんじゃないかと思います。四万十川のゴミも、皺も含めて（笑）。

自由な発想をどこまで信じられるか

原　大学で学生と一緒に考えてきて、すぐには役に立たないけど、それはそれでいいと思ってやってきたんです。いま世の中の先端では、みんなＡＩの話をしていますよね。ＡＩがどういう社会や経済、あるいは世の中の原理を変えていくかという、そういう意識をもっていない人と、もっている人はだいぶ違う。美大の教育としては、今までは頭の柔らかい発想をもった、柔軟なクリエイティビティのある人を育てていけばよかった。「自分の領域は自分でつくってくださいね」という感覚でいたんですが、最近はそれだけでは弱いのではないかとも考えるようになりました。

何が変わっていくのか。大きくいうと、それは美の問題ではないかと。ＡＩは一つの究極の答えなんです。そこに対して美というものをどんなふうに対置していくかを、美大や芸大は考えないと価値がない。ＡＩが支配しようとしている世界の趨勢に対して、「そうじゃないんじゃないか」と言わないといけない。美に携わる人はうすうすそのことを感じ始めているると思います。

竹山　ＡＩは経験論ですよね。つまり、白紙から経験を無限に積み重ねていって、その中になにかしらの知を見出していく。それはイギリス経験論の系譜だと思うんです。それに対して、大陸合理論というものがあって、人間にはあらかじめ理性があるんだと。出発前になにかしら道筋があって経験が積み重なっていくのか、まっさらから経験が積み重なっていく中から理性が出てくるのかという二つの考え方がせめぎ合っていたところに、フロイトは理性ではつかまえられない無意識とか不合理のような、わからないものがあると言った。人間というのは、脳の中にエラーをもたらす部分があって、それが不思議なものを生み出すんじゃないかと。

無意識というのは、なにかわからないモヤモヤした潜在意識があるということではなく、「言葉になり損ねた経験」なんですよ。だから言葉にうまく落とし込めれば理性が保てるという考え方です。でも、言葉にはなかなかならない。人類は、あらゆるものに対して、存在・不在・虚構を対置できる、というのが僕の考えで、つまり、あるものは語れる、ないものは想像できる、そして虚構も嘘もつける。そういう言葉の機能を発達させて、意識をつくってきたんですけど、その言葉によって抑圧されたものが無意識で、それは人それぞれで生まれたときからの遺伝や経験やトラウマなんかで違う。

だから、ＡＩが無限にデータを積み重ねて、そこから、「マーケティングではこれが売れる」とか、「こういう形ならできるだけ多くの条件が満たされる」とか、そういう判断がされるようになったときにも、それでも最後まで未到達の領域があって、それが無意識じゃないかと思います。

フロイトはどちらかというと、無意識をネガティブに捉えたんです。死の欲動とか、攻撃とか、サド・マゾというように。でも僕は、無意識の世界にはポエジーがあって、そのポエジーが美の基本にあるんじゃないかと思っているんです。だからスタジオでは毎回テーマは違うんですけど、いつもちょっとずつそういう実験をしてきたつもりです。

そういうようなことが学生の刺激になって、その経験を経た人が何年も経ったときに、わからなかった無意識の中から自分なりに言葉にしていったり、形にしていって、そこに美を見出したり、ポエジーを見出したりできる日がやってきてくれるんじゃないかと。だから原さんのゼミの話を聞いて、本当に似ているなと思ったんです。

原　なるほど。要はいかに世界を新鮮に捉えられるか、あるいは感じさせられるか、という点が重要なんですね。莫大な経験値から確率の高い予測を出していくというプロセスよりも、いかに世界を未知なるものとして捉えられるか、そして、いかにドキドキするようなときめきを生み出せるかというのが創造性ですからね。

庭掃除の逡巡

原　最近、僕は「掃除」というものについて考えているんです。デザインというのは突き詰めると、形や概念の掃除みたいなものですから。3年ほど前にガラパゴス島を訪ねたのですが、人がいなくて誰も掃除しないから、岩の上が鳥の糞で真っ白なんですよ。最初はドヒャーと思ったんだけど、「そんな汚くもないか、自然だしな」と思い始めて。それから、なんで人間は掃除するのだろうと考え始めたんです。人間は自分のために勝手に環境をつくってきたんですね。だから自然と人工のせめぎ合い、その波打ち際みたいなのがつねにあって、そこで掃除をやっているんじゃないかと思うんですよ。

竹山　なるほど。波打ち際、というのは言い得て妙ですね。僕も昔、研究室で古代都市遺跡を見て回っていたときがあって、そのときに都市は掃除なんだと思ったんです。紀元前1500年、2000年のメソポタミアの都市は、今は完全に埋もれているんですね。それまで僕は遺跡の発掘というものにあまりリアリティを感じなかったんですが、本当に自然に何かが溜まっていくんですよね。埃とか、土とか。地球というのは、だんだんと積もっていくし、埋もれていく。だから、掃除をし続けなければ人間は生きていく環境を保てないんだと、そのとき痛感したんですよ。安部公房の『砂の女』みたいに。でも掃除をしなくなって埋もれていくと、土によって守られて、逆に残るんですね。

原　カンボジアの森の中で発掘されたアンコールワットの遺跡もそうですよね。

竹山　「時間が積み重なる」という言葉のたとえがあるでしょう。でも本当に時間というのは土として積み重なっていくんですよね。トロイの遺跡もそうですし、あれはすごい堆積物の層です。日本の縄文や弥生の遺跡もそうです。時間とともに物語も込められていく。

原　なるほど、たしかに掃除をし過ぎちゃいけない。だけど、しないと本当に埋もれていくというせめぎ合いがあるんでしょうね。

そういう意味では、僕は「庭」というのも、人工と自然の波打ち際に現れるものであるという感じがします。誰かがしでかしたことを、後々の人たちが大事だと思って守り継いでいくことで、波打ち際が整備されてきた。その状態に感動が宿る。しでかしたままの完成したばかりのピカピカの庭は、まだ「庭」ではない。木が育てば何度も落ち葉を掃くけれど、それをどれぐらい掃くのがいいのか。苔が育ってきたけれど、どのぐらいで止めておくのがいいのか。そういった逡巡が日々積み重なった果てに、絶妙なバランスで安定しているという状態。それが「庭」というものだと思います。この波打ち際を、果てしなく右往左往しているのですね、僕たちは。

２０２０年2月2日、日本デザインセンターにて

写真＝深尾大樹（257頁を除く）

原研哉（はら・けんや）

グラフィックデザイナー。１９５８年生まれ。日本デザインセンター代表取締役社長。武蔵野美術大学教授。世界各地を巡回した「RE-DESIGN:日常の21世紀」展をはじめ、「HAPTIC」「Ex-formation」など既存の価値観を更新するキーワードを擁する展覧会や教育活動を展開。また、長野オリンピックの開・閉会式プログラムや、愛知万博のプロモーションでは、深く日本文化に根ざしたデザインを実践した。２００２年より無印良品のアートディレクター。松屋銀座、森ビル、蔦屋書店、GINZA SIX、MIKIMOTOなどのVIを手がける。外務省「JAPAN HOUSE」では総合プロデューサーを務める。２０１９年7月にウェブサイト「低空飛行」を立ち上げ、個人の視点から、高解像度な日本紹介を始め、観光分野に新たなアプローチを試みている。著書は『デザインのデザイン』（岩波書店）、『DESIGNING DESIGN』（Lars Müller Publishers）、『白百』（中央公論新社）など多数。

「異領域とのレスポンス」を振り返って

「異」なるものが起こすエラーをつかみ取れ　山雄和真

確か最初は、退官記念講演でレクチャーではなくて対談をするのはどうか、という話から始まったように記憶している。対談といえば、ということで名前の挙がったのが今回登場いただいた方々で、建築家じゃないところが竹山先生らしいよね、という流れから、いや、そもそもこのメンツでその日限りというのはもったいなさすぎるだろ、となって、こうしてかたちになったのがこの「異領域とのレスポンス」シリーズである。

島田雅彦氏。小説家であり自分が学生時代に発表された「SM House」のクライアント。こんな大スターの家が設計できるなんて、建築家とはなんてかっこよくて素敵なんだと思った最初のきっかけ。三木健氏。先生と同じく関西を拠点としながら世界を見据えるデザイナー。松井冬子氏。レオナルド・ダ・ヴィンチがライバルという現代日本画家の第一人者。そして原研哉氏。いわずとしれたデザイン界の巨匠。台風の影響で調整を余儀なくされた原研哉氏を除いて、せいぜい30人ほどの聴衆の前で行われた濃密な4つの時間に、幸運にも居合わせることができた。

さて、4人との対談が終わって、「異領域」との「レスポンス」である。

建築家を含め、デザインを生業とする人間にとって、他分野のプロフェッショナルとの協働は決して珍しいものではない。今回の4名も、形はいろいろあれどすべて仕事で一緒に協働している人たちだ。けれど、この対談を通して見える関係は「コラボレーション」とか、「領域を横断するデザイン」だとか、そういった使い古された言葉を軽々と超えている。誰もまず、竹山聖の建築を語らない。皆が一様に語るのが竹山聖の人や言葉。人としての竹山聖やその言葉といかに付き合い、向かい合ってきたか。その出会いはみな偶然が関わっていて、まさに三木氏の言う「偶然の幸運に出会う能力」そのもの。

コラボレーションの対象そのものも面白い。島田雅彦氏の自邸や「極小彼岸」、三木健氏による「書・築」展の本や日本建築設計学会賞のトロフィー、松井冬子氏による瑠璃光院の襖絵、原研哉氏によるべにや無何有の一連の仕事。中にはそもそもの専門分野から外れているように見えるものもあるからこそ、このプロジェクトの時はこういうデザインの応酬があったとか、こういう部分に刺激を受けてこういう応答があったのだとか、そういった実務的な裏話がどんどん出るのかな、という私たちの安易な期待を簡単に裏切って、語られるのはまず互いの「人」への絶対的な信頼である。先生を含めた5人が5人とも、絶対的に自己のプロフェッションに愛と覚悟があって、それが故の他者への興味と寛容さがいかんなく発揮されている。だから一見無茶ぶりに見える仕事でも、その「人」への信頼に基づいた「お願いしますね」という最初のスタートは、一見とても軽やかだ。そしてその後も、二人でうんうん悩みながら、なんてことはまったくなくて、あくまで軽やかにそのやり取りは語られていく。そんなことを感じながら聞いているうちに、会話は脱線し、両者のレスポンスは縦横無尽に飛躍し続ける。どこか型にはまった答えに向かう意思は誰からも感じない。自己のプロフェッションへの愛と覚悟をベースとして、互いの言葉への反応からいかに自由な思考をめぐらせるか、笑顔の裏での表現者同士の真剣勝負のような趣さえある。

その場にいて、ふと学生時代に抱いたのと同じ感情が沸き上がった。おそらく誰も考えてはいないと思うけれど、なぜか皆が私たちに問いかけている気がした。自分たちはこんなにも文学を、デザインを、絵画を、建築を愛している。命を懸けて小説家でありデザイナーであり画家であり建築家である。お前たちはどうなんだ、と。問いかけは重たくて、出てくる言葉はどこまでも軽やか。

そんな濃密なレスポンスの応酬をあらためて見返してみてようやくつながった。「庭」を始め、「レスポンス」「ポエジー」「道草」「エラー」等々、今回の企画を通じてあらためて浮かび上がってきたいくつかの言葉がある。「ポエジーとは思考のエラーである」という先生の言葉に関して言うと、「異領域とのレスポンス」とは、建築家あるいはデザイナーとして日々行う実践の中で、「異」なるものがどこかでエラーを起こすことを期待し、その一瞬のエラーをつかみ取ろうとする一連のプロセスのことではないか。それこそが、ＡＩには決してつくりえない、人間によるデザインであり世界であると。だからここに登場するすべての人は、どこにたどり着くかわからないそのプロセスこそを楽しんでいる。命を懸けてエラーを期待する、軽やかな言葉たちの裏の覚悟のようなもの。

さて、このシリーズもあくまで「竹山研究室」を浮かび上がらせるものだから、どこかで教育の話に収束するのかと思いきや、やっぱりそうはならない。もちろんほとんどが大学で教鞭をとる立場でもあるから話題は出るのだけれど、それもすぐに脱線して、デザイン論になり社会論になり時代論になり哲学論になる。けれど、思い出した。研究室での竹山聖はもともとずっとそうだったな、と。そうやって飛躍し続ける会話の応酬がいつもの大学だったし、それが自分たちにとっての学びの場だった。異領域と応答する竹山聖は、自分の知っている竹山先生と違うのかと思ったらやっぱりいつも通りで、それはたぶん先生が京大で「先生」だったことはなくて、一貫してずっと初めから建築家の竹山聖だったからだと思う。どこまでも建築を、世界を愛しながら軽やかに飛躍し続ける言葉をつむぐ姿。それを見て、よし、自分も建築家になるぞ、と思ったんだった、と。

だから、次は、私たちのレスポンスだ。

第 4 世代

個性が花ひらく

4th generation / Individuality blossoms

2007 → 2011

この世代は僕の息子や娘たちと同世代だ。第0世代にとっての兄貴分が、だんだん歳月を経てお父さんになってしまった。

スタジオがすっかり定着して、皆でテーマをめぐってディスカッションし、プロジェクトを制作する。そしてそれが『traverse―新建築学研究』にも掲載される。それが定着してきた。

そのスタジオ、毎回テーマが変わる。今までに繰り返したのは《独身者の住まい》のみ。なぜか。もちろん毎回違うことをやるのは、学生も戸惑うかもしれないけれど、教える方も大変だ。これは大学院講義での課題図書の選定も同様。必ず毎年変えるから、こちらも一生懸命勉強しなければならない。

かつて原広司先生に京大で教えるべきか相談したとき、ぜひ行くべきだ、緊張感があるからね、と言われた。そのことをいつも思い出す。決まったことを毎年繰り返すのは自分を甘やかす。教師は同じでも、学生は毎年変わる。それならこちらも緊張感をもって、初めてのことに臨むように、向き合ったほうがいい。

前の世代に分類された大西麻貴から始まって、藤田（河野）桃子、橋本尚樹はいわゆる卒業設計三連覇の世代だ。大西は仙台では最後に3位だったが博多で雪辱し、藤田、橋本は仙台で1位をとった。2009年の「建築新人戦」も、ベスト4に、竹山研の常光郁江と宮田祐次が入っている。

こうしたコンテストは水モノでもあるが、それでも彼らが強い案と運をもっていたのは確かだ。そしてその後の人生でも自らをスポイルせず新たなステージに挑戦している。ただこれは彼らだけの特徴ではなくて、竹山研出身者が共通してもつ特性のように思える。みな人生を前向きに捉え、明るく進んでいる。

この第4世代から始まった研究室の行事に、夏の研究室旅行がある。2010年の屋久島に始まり、2011年は山陰、その後も様々なところを訪れている。この企画は、女子力がピークのこの世代に、女性陣のリードによって進められたように記憶している。［竹山聖］

座談会
［登壇者］

河野桃子（つみき設計施工社） 夏目奈央子（なつめ縫製所）
橋本尚樹（橋本尚樹建築設計事務所） 常光郁江（日建設計）
池田貴子（design it）

毎年異なる実験的なスタジオ

池田　第4世代の頃は、スタジオ課題のテーマが幅広いですね。映画や音楽といった建築以外の分野に関わる課題、現実にあったプロジェクトやコンペに基づく課題など、様々なスタイルに取り組んでいました。2006年のテーマは《シネマ+アーキテクチュア》で、各々が映画を二つ選び、そのエッセンスを建築に落とし込んでいくという課題でした。

夏目　ちょうど先生が美術監督をした《KAMATAKI（窯焚）》の上映会があって、研究室全員で観に行きました。台湾のコンペ提出の後で、みんな寝不足でフラフラになりながら向かったのを覚えています。ほかにも自分で選んだ映画を観に行ったりと、遠足のような気分ですごくワクワクしていました。映像や音楽など身のまわりにある「リズム」のようなものを空間に落とし込むという課題は、異領域を扱っているというよりも、身体にとても近いテーマのように感じました。

ランドスケープ／ユートピア

大阪郊外にある万博公園のエキスポランドと伊丹空港の跡地計画。都市の余白を開発し尽くすのではなく、人生に潤いを与える無為の場所として捉える思考実験であり、「ユートピア」すなわち今ここにない世界を思い描く試みであった。トマス・モアの文献をはじめとした関連資料から、ユートピアとは何かを探り、そしてわれわれ自身の解釈を与えて新たな世界を描こうとした。都市スケールの空間を構想するにあたっては、世界の都市公園を対象としたケーススタディを行い、その系譜をたどった。

院生は3つのチームに分かれ、学部生と合わせて7つの作品を制作し、学内でのスタジオ発表のほか、大阪中之島のギャラリーを借りて展覧会を開催し、一般の方にも見ていただく機会を得た。［常光郁江］

上 / 模型写真　下 / 展示風景（中之島デザインミュージアム de sign de）

25　スタジオ｜2011

ブックス／サードプレイス

小西（池田）貴子「オトノモリ」

読むという行為は「意識としての人間」に関わるが、建築空間としての図書館は「身体としての人間」に関わる。電子書籍の普及で図書館はどう変わるか。ベンヤミンの「都市の遊歩者」という観点を、図書館の設計に生かすことを意図した課題であった。
同時期に行われた京都府立新総合資料館のコンペの概要に基づき、北山地域に複合施設を計画した。電子書籍が普及していき、書籍の需要が減っていく中での図書館のあり方を再考した。
ゼミではレイ・オルデンバーグの『サードプレイス』を翻訳しながら、家や仕事場とは隔離された心地の良い第3の居場所であるサードプレイスの性質について議論をした。図書館はコミュニティ創出の場であり、コミュニティがあるところにできる活性化される場がサードプレイスとなり得るのでないか。その考えをもとに、書物を購入しなくなる時代に大切となる、書物と出会う場となる図書館を構想した。［池田貴子］

26　スタジオ｜2006

シネマ＋アーキテクチュア

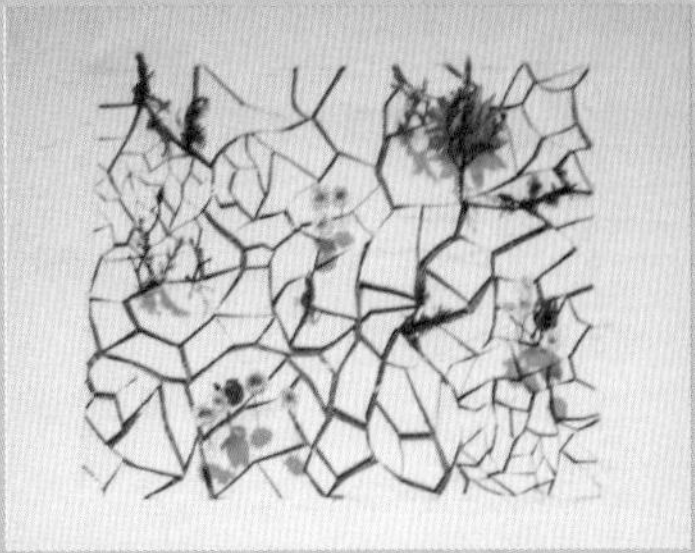

夏目奈央子「えいがとけんちく」

映画と建築には多くの共通点が存在する。どちらも空間を扱い、そこでは世界や物語や音楽が展開すること。場面の連続と不連続。単純なプロットと複雑なディテール。様々なキャラクターが登場し、それぞれのユニークなストーリーが交わり合うこと。そして両者とも様々な分野の共同作業による制作物であること。このスタジオでは、映画の編集行為を通して、建築空間の可能性を考察した。場面と場面は断片の拾い集めではなく、流れの中でつながり合う。その場面間の継ぎ目や余白に発生した意味を想像し、建築空間のストーリーを組み立てた。［夏目奈央子］

〈スタジオのテーマ〉

いつも直観で決めている。「直観はあやまたない、あやまつのは論理である」というアンリ・ポアンカレの言葉が好きで、修士論文にも引用した。マーレビッチも、直観は理性の形だと言っている。直観的に判断することはリスキーだが、論理の届かない射程を照らすことがある。直観で把握したことを、理性で確認し、できるだけ論理的に詰めていく。エロスとロゴスの相互作用が設計の現場でも常態だ。というわけで、スタジオは前期4月から7月で、そのテーマを3月に決定しなければならない。次に来る４回生が何人履修するかもわからない。院生の数はわかっている。そんなこんなも勘案して、そのとき最も関心のある（もちろん僕自身が、だ）テーマをえいや、と決める。だから関連文献なども、あらかじめ決まっていることもあれば、あとから追加されていくこともある。まさに僕と学生とのレスポンスの場、勝負の場、なのだ。［竹山聖・以降欄外すべて］

池田　その翌年、２００７年は《パフォーマンスの空間》で、東山の山道を選び、そのまわりに空間をつくるというものでした。２００８年は《学びのミュージアム》で、同志社女子大学の上田信行先生をゲストに招いて最終プレゼンをしています。２００９年の《空間の音楽化》では、与えられた音楽をもとに建築をつくりました。

２０１０年は《ランドスケープ／ユートピア》で、万博公園と伊丹空港にユートピアをつくるという課題でしたが、このときは3チームに分かれて案をまとめ、最終的に大阪で展覧会をしています。研究室にずらっと写真や地図が貼られてて、大人数でスタジオやっていましたね。

常光　対象敷地がこれまでの課題と比べてかなり広かったこともあって、研究室のメンバーでまず都市公園の事例を研究することから始めました。ラ・ヴィレット公園やセントラルパークのような世界の公園の航空写真を同じスケールで壁に貼っていって。それとチームに分かれての作業だったこともあって、個人で黙々とやる課題とは違ってこのスタジオでは研究室の中がにぎやかでした。

池田　その翌年は《ブックス／サードプレイス》でした。それまでの課題では、私はプレゼンでちゃんと説明することができないタイプで、先生にはいつも、「なんか変な形だけど何でこんなふうになったの」なんて言われていたんですけど、でもこのときは、電子書籍と書物が共存する図書館をつくって、それが唯一説明できて、やりたいことがちゃんとかたちになったものでした。当時使い始められたばかりの電子書籍の扱いに悩んで、課題提出の1週間前にそれまでの案を全部捨てて一から設計し直したのをよく覚えています。本当ならそれまでのエスキスがすべて白紙になるわけですが、先生のエスキスは概念的なものが多く、建物の形に対する指摘ではなくコンセプトをつくり上げるためのアドバイスという感じだったので、最終的に出したはじめて見せる案にも驚かれることはなかったですね。

何でもできる自由さ

橋本　今日こうやって各世代の方々とお会いしてわかりましたが、僕らの世代は、前の世代より女子率が高く、華やかでしたね。今日も僕以外はみんな女性です（笑）。

——女性が一番多かった頃かもしれないですね。学科事務室の人が、「竹山研は女性しか入れない」という間違った情報を……（笑）。［竹山］

常光　あと、私の学年は先生の娘さんと同じ歳ですね。

——だから、君たちの時はもうあまり怖くなかったでしょう。娘ぐらいの歳になるとね。

池田　全然怖くなかったです（笑）。本当に自由な先生、自由な研究室、何でもできるっていうイメージでした。

常光　私が2回生の時に「触発する空間」という課題がありました。それが初めての年だったので、みんな戸惑っていたんです。何をつくったらいいかを考える前に、何を考えたらいいかを考える、みたいなところから始まって。そのとき先生は、「何でもいいんだよ」とおっしゃってくださった。私は当時興味のあった詩の一節から空間をつくったのですが、そのときにじっくりと考え、具体化していくという体験ができたことで、空間をつくることの楽しさを知りました。

〈触発する空間〉

Form follows function とミース（に限らず機能主義モダニズムのテーゼだが）が言ったのに対して、Form evokes function とカーンが言った。この言葉が大好きで、学生の頃、形をどうやって決めていっていいかがわからなかったときに、まず形があれば、そこに機能が生まれてくる、という考え方はまさにジャストフィット、すとんと腑に落ちた。形が機能を喚起する。ずっとそのような日本語を当てていたのだが、あるとき、触発する、のほうがもっとグッとくるな、と思った。実際に形に、素材に、架構に、空間に触発されて、心が動く、体が動く、という経験にはこれまで幾度も出会ってきた。設計を始めたばかりの2回生の学年に、まずコンテクストを読み、それに応答する課題を与えるのだが、そのときのタイトルが「触発する空間」。「触発ってなんですか」「それを考えるのがこの課題だよ」という応答を毎年繰り返す。そのようにして京大生は、まずは自分の頭で考えるよう、鍛えられていく。

左上 / 縄文杉　右 / 三仏寺投入堂
左下 / 四万十川

屋久島／中国地方一周／四国一周の旅

2010 年から夏休みに企画されることになった研究室での旅行。最初の行き先は屋久島。京都から鹿児島のフェリー乗り場まで 10 時間かけて車で移動した。午前4時半にスタートし、トロッコ道や苔の生えた岩、入り組んだ木々の根に足を取られながら5時間の道のりを進み、神々しく聳え立つ縄文杉を見た。
2011 年は中国地方を 4 泊 5 日で一周する弾丸旅。伊根の舟屋に始まり、城崎で竣工間近の西村屋ホテル招月庭を見学。2日目は日本一危険な国宝とも言われる断崖絶壁の三仏寺投入堂をめざして険しい山道を歩いた。出雲大社では 60 年ぶりの大遷宮にあたり、本殿の屋根の修理を間近で見学。現代建築をめぐりながら山口まで車を走らせ、周東町パストラルホールで旅を終えた。
2013 年は四国一周の旅。愛媛の道後温泉や香川の丹下建築をめぐったが、ハイライトはその日観測史上最高気温を記録した四万十川だった。
調査のようなはっきりとした目的のない行きあたりばったりの旅は、毎年予期しないトラブルや出会いをもたらしてくれる。特別な旅ほど記憶に刻まれるものはないのである。
［常光郁江（2010-2011）・西尾圭悟（2013）］

授業でも、先生はシニフィアン・シニフィエの話をされたりして、「これって建築の授業なのかな、教室間違えたかな」なんて思いながら聞いてたんですけど、その授業が終わる頃には、竹山研に行きたいと思い始めていましたね。

池田　常光さんが竹山研に入った2010年からは、夏に先生と研究室のメンバーで旅行に行くようになりましたね。

常光　最初の年は行き先が屋久島でした。朝の3時に宿を出て、片道5時間かけて屋久杉を見に行って。その帰りに竹山先生の靴が壊れてしまったのですが、先生は靴底がなくなっても険しい山道を歩き続けたんですよ。その背中を見て私たちは育ちました（笑）。

池田　その翌年は、中国地方を旅行したんです。夜も遅いし、朝も早く出発して、建築研修旅行っていう感じでした。ハードなスケジュールでしたが、1週間ぐらい先生や研究室のみんなと一緒で、すごく楽しくて、思い出に残っています。先生が設計された建築にも行ったり。

——城崎温泉の西村屋招月庭や、パストラルホールですね。みんなで車を連ねて北に向かい、京都の海のほうまで行き、それで今度は西にずっと下関まで行って、最後に周東町まで……。そこで解散したのかな。そこから僕は九州に渡ったんですよ。［竹山］

——ちょうど僕がシーラカンスで担当した宇土小学校が竣工したときで、先生が熊本まで見に来てくれたんです。「中国地方を研究室で旅行してるんだ」って。すごいことやってるなと思いましたね。［山雄（第2世代）］

〈旅〉

思えば古代都市をめぐる旅で始まった研究室も、しばし観念的な旅に終始してきた時期が続いた。突然、先生、屋久島行きましょう、という提案から、研究室旅行が始まった。旅への回帰だ。旅は身体を日々のルーティーンから解放してくれる。そこで心も自由になる。集団行動だから、互いの性格もよくわかる。集団に尽くすタイプもいれば、一匹狼もいる。段取りをしてもその通りにはなかなか進まない。不測の事態に備えるしなやかさとしたたかさも必要となる。人生が旅だというのはよく言われるたとえだが、旅が人生だった西行や芭蕉もいる。旅は人を詩人にするのかもしれない。28年の研究室の歴史を振り返れば、これもまた、長い旅だったような気もする。宇宙の庭を徘徊する、長い長い旅。

〈都市に事件を起こす〉

触発するのは空間によって人の心や行動に影響を与えることなのだが、それが都市的スケールとなると、事件である。個人の心のレベルを超えて、集団的な心理や行動に影響を与える。空間にある規模を超えるスケールが与えられ、距離が発生すると、そこを経験する時間が生み出されて、その経験の記憶も含め、建築は都市的な事件の現場となる。卒業設計で、大西麻貴はずっとのびていくけれど先の見えない長い距離を込めて、何かが起こりそうな空間をつくった。桃ちゃん（河野桃子）は、それをぐるぐるとか巻き込んで、玉ねぎ、と称されることになる迷路のような空間をつくって長い距離を込めた。もちろんまったく異なるコンテクストとプログラムではあるのだが、独特の空間加工のイメージがある。そこで、人は出会いと別れを繰り返すのだ。唄の文句じゃないけれど。都市は、機能的ゾーニングではなかなか面白い出来事が起こらない。出来事を触発する都市的スケールの空間、これがとても新鮮だった。

「卒業設計ほぼ3連覇」の頃

河野　私はあまり優秀な学生ではなくて、何に向かって建築の設計をやっていけばいいんだろうと、迷っていました。でも3回生の課題で、先生に「都市に事件を起こすんだよ」と言われ、それなら面白そうだし、やってみたいと思ったのを覚えています。

竹山研ではない同級生には、「竹山先生が言ってることはよくわからない。なんか言われても、どうすればいいかわからない」って、そう言う人も結構いたんですけど、きっと皆さんも同じような経験があると思いますが、私もその頃に先生に投げかけていただいた言葉からイメージを膨らませたり、それを勝手に自分なりに解釈していったりしながら、過ごしていました。

3回生の時には大西麻貴さんの卒業設計のお手伝いをさせてもらいました。先ほど大西さんから、感性で建築をつくる、という話がありましたが、その姿をすごく間近で見ていて、そんなのもありなんだと、大きな影響を受けました。だから卒業設計では、自分のすごくいいと思うものを追求して、住む人たちが風景をつくっていくような集合住宅を設計しました。

——河野さんや橋本くんの頃には、竹山研の名前が世に知られるようになったじゃないかと思います。《卒業設計日本一決定戦》で、連続で竹山研の人が日本一になったり、評価をされていると。それを僕らがまわりから言われるようになっていました。「竹山研って何なの?!」って。［山雄］

橋本　ちょうど全国的に卒業設計が盛り上がり始めていた時期だったと思います。大西さんが仙台で3位になり、その翌年には河野さんが日本一になった。頭でっかちの僕は勝手にプレッシャーを

〈ジョン・ケージの4分33秒〉

ピアノの前にずっと黙って座っている。4分33秒の間。画期的な作品である。コンセプチュアルには。ピエール・マリエタンの主催する建築音楽環境会議でも、集まってくるのは皆現代音楽家たちばかりだから、コンサートもとてもコンセプチュアルだ。爆音のような都市騒音を延々と聴かせるパフォーマーもいる。新しい音空間に身を浸すのは刺激的だ。ただ、個人的には、そして日々の暮らしでは、コンセプチュアルではあっても、もっとサウンドが豊かな音楽に包まれていたい。建築も、それが一回だけ短時間訪れる空間であれば、神経を逆なでする刺激もいいと思う。ほんとうに。でも住宅のように日々の暮らしを包む入れ物の場合は、やはりやさしさやさわやかさや、使うのがとても難しい言葉だけれども、快適さ、が欲しいと思う。安易に流れる快適さ、とは違うものなのだけれど。モーツアルトの音楽はお母さんの顔のようだ、という話を聞いたことがある。美人かどうか、など問わない。ただみんな、大好きなのだ、と。そういう話を思い出して、たとえばモーツアルト、と言ったのだと思う。でもこういう

感じていたと思います。続きたいな、と（笑）。そんなときに先生から、「ジョン・ケージの『4分33秒』は、（歴史的にはすごいことだけど）二度は聞きたくないよね。僕はモーツァルトみたいな何度も聞きたくなる音楽のような建築のほうが好きだ」という言葉をいただいて、少し肩の荷が下りた気がしました。設計をする前から評価を過剰に気にしていたのは先輩たちのせいです（笑）。

——その頃、《卒業設計日本一決定戦》も始まって5年ぐらい経っていたので、毎年出版される記録本を次の学年はみんな買って、参考にしていたわけです。だから、大西さんが出た次の学年は、みんな大西スタイル。（河野）桃ちゃんが出た次は、みんな桃ちゃんスタイル。そういうことが続いているときに、橋本くんは全然違うスタイルで勝負したんですよ。コンペに勝つことが目的ではないんだけど、みんなが追っかけてるトレンドとは違うことをやって。［竹山］

——橋本くんの卒業設計を見たとき、抜群にうまいなと思いました。人の配置や、斜面との関わり方とか。器用だといっても、なんらかのセンスみたいなものがはたらかないと、こういう絵は描けないんじゃないかな。［平田（第1世代）］

橋本　当時は自分のすべてを出し切ったつもりでいましたが、どうしてもリアルな建築との間に境界線があって、ゲームをしてるような感覚が抜けませんでした。実際の建築はこのゲームの先にはないのではないか。そんなことを、当時平田さんにお会いして見てもらったときに話したら、「そんなことない。この延長線上に建築はあるんだよ」という助言をいただいて、またさらに悩みました（笑）。

——橋本くんは確信犯ですよね。この世代の人たちは個性豊かで、天然ですけど、彼はものす

卒業設計日本一決定戦／竹山研の卒業設計

卒業設計の日本一を決めるイベントが 2002 年に仙台で始まり、全国的に浸透し始めていた頃。竹山研究室は 2006 年の大西麻貴（日本三）、2007 年の藤田桃子（日本一）、2008 年の橋本尚樹（日本一）とほぼ三連覇を果たした。まぐれは三度続かない。当時の竹山研ではどんな秘密特訓が課されていたのか。

京都大学では、4 回生で研究室に配属される。一学年 80 人の内、意匠系研究室に属する 20 名程度が、4 回生の半期をかけて卒業設計に取り組む。自ら課題を設定して、教授に指導を仰ぎ、設計をまとめる。下学年の手伝いを集め、俄か設計事務所のような小組織をつくって大きな模型や図面でプレゼンテーションを行うのも京大の特色の一つだ。今後の人生をかけた真剣勝負という雰囲気がある。

何をやっても許される。竹山研にはそんな空気がある。学生は思い思いに絵を描き、裁縫をして、アニメの研究をしている。遠く知らない国から来た留学生が隣にいて、先生は鼻歌を歌っている。研究室の自由な環境は、学生自ら問いをたてることを助け、思う存分自己表現をすることを否定しない。いつの間にか竹山研の学生は、各々のやり方で結果を残していく。卒業生に似通ったカラーが見られないところが研究室の風土を物語っている。たとえば、大西麻貴の生き物のような空間は多くの人に優しい共感を誘う魅力があるし、河野桃子は本人の柔らかな人となりからは想像できない大胆な造形センスが飛び抜けている。そして二人に限らず竹山研からは多くの建築家が輩出されている。

僕の卒業設計は一本の電源コードがきっかけだった。大学に近い吉田山の東斜面に神楽岡という集落があり、階段状の斜面に昔からの民家が並んでいた。当時よく絵を描いていて、自分の描いた子供のスケッチに捉えどころのない不気味な生き物を見たような感覚を覚え、その不気味さに惹かれてテーマとすることに決めた。ただ、形がなかなか決まらなかった。初めは城のような案に真剣に悩んだりと苦戦した。あるとき、研究室の床に転がってリング状になった電源コードを見て閃いた。階段状の斜面にトンネル状の円環が噛み合う。自分の頭で空間が追いきれないくらい複雑なのに、すべてがつながっている。これで決まりだった。その後は導かれるように進んでいった。

卒業設計には二つの醍醐味があると思っている。一つははじめて問題自体を設計するということ。設計の実務には問題を見出す能力が最も重要で、その力が試される。そしてもう一つが、どれだけ他人の言葉に耳を傾けなかったか、ということだと僕は思っている。迷って迷っても答えは外にはなく、自分自身の内側にあるというものづくりの真髄に向き合えたかどうかということ。竹山研では、面白い問題の傾向も、答えのヒントも一切与えられない。完全な放し飼い状態だ。学生は他のどの研究室よりも自問自答を繰り返す。牧草の茂った広大で安全な牧場で僕たちはすくすくと育ててもらった。

［橋本尚樹］

上／藤田(河野)桃子「キャベツ」 下／橋本尚樹「神楽岡保育園」

言葉を覚えていてくれることはありがたい。ロングフェローの「The Arrow and the Song」の詩のように。

Long, long afterward, in an oak
I found the arrow, still unbroke;
And the song, from beginning to end,
I found again in the heart of a friend.

〈個性〉

学生は皆違う個性を持っている。育てようなどとおこがましいことは考えていないのだが、違いを見極めて、各々にふさわしい花を咲かせてあげられればいいな、と思っている。若い間は皆不安だし、自分に自信がない。自信のある猛者もいるが、ポーズであることも多い。かっこつけずに自分に正直であること。そこに基本スタンスを置いて、そこから伸びていく個性が本物だと思う。無理してつくった個性は持たない。化けの皮が、やがて剥がれる。背伸びしないで、素顔のままで、互いに接していける、そんな場が竹山研であればいいなと思ってきた。

ごい狙いすまして、どんなものでも自由自在につくれる。学部の頃はスマートなモダンとかをやっていて、卒業設計でこの案に入る前は、古いお城みたいなのが出てきたり、これ本気でやるのか、みたいな感じ。でも、最後に出てきたのがすごくて、しかも絵がうまい。仙台でも、このプロジェクトのある種のユニークさと同時に、絵が審査員の心を打ったのだと思います。子どもたちのかわいい絵が。〔竹山〕

橋本　皆さんがとても羨ましかったのですが、天然に（天才的に）つくることが僕にはどうしてもできなかった。そこで確信犯として、天然のふりをした。でも先生はそれをわかった上で背中を押してくれるというか、夢を覚まさないようにしてくださった。実は最初に「環境問題をやりたい」と先生に言ったら、「空間で勝負しなよ。やりたいことはそのままやりなよ」と言われたんです。そうやって導いていただいた。

——学部の時から見ているので、一人ひとりの個性はつかんでるつもりなんです。だから僕は野球の監督みたいなもので、ピッチャーがどんな場面でいい投球をするかを考えている。どんな球が得意とか、スキルがあるかとか。橋本くんの場合は、社会とか、環境とか、理屈っぽく頭でっかちでもできるけれど、でも彼の持ち味なら、もっとスピードボールでバシンといけるし、カーブもスライダーも切れる。それなのに、違うところで勝負しようとしてるんじゃないかと。学生はみんなそれぞれ個性豊かだから、あまり僕は何も言わないけれど、できるだけ持ち味が生きるようなプレースタイルでいってくれればいいなと思っているんです。〔竹山〕

夏目　私の卒業設計のエスキスでは、先生が絵が得意というのを拾ってくださったんです。設計し

〈絵を描く〉

絵が上手くても、下手でも、毎日手を動かしてなにか描いていくこと。書いていくことでもいいのだけれど、それはとても大切だと思っている。アルタミラの洞窟の昔から、人類は自身の中にあるイメージを外界に投影して、そして今度はそこから元気や勇気や、あるいは悟りなんかももらって、生きてきた。世界を改変する欲望、とでもいうものが、人間には元からあるのだと思う。建築という行為は、それがもっともストレートに現れる営みだ。自己を世界に投企（プロジェ）し、世界が自己に応答する。そこで自己が変容する。外化した思考が投げ返されて自身を鍛える。そんな繰り返しの中で人は成長していくと思うからだ。だから、千文字日記も書いてほしいし、毎日スケッチブックに絵を描いてほしい。図式でもダイアグラムでもなんでもいい。描く・書くという行為は、人間を新しい次元に連れて行ってくれる。

た空間の場面や人の様子を、たくさんの手描きスケッチで見せなさい、と。私は細かい空間設計に長けていなかったので、世界観を伝えるプレゼンテーションに全力を注ぐというのに振り切りました。

橋本　建築家がたくさん出た研究室というのが今日の一つのテーマですが、先生はやっぱりそういう意図をもって、大事なところで背中を押してくださっていたということですね。「こっちだよ、ここでいけ！」って。

社会に出てからこそ、個性が花ひらく

池田　私は卒業設計でもうまく説明しきることができず、それが悔しさとして残っていました。大学院は竹山研ではなく、歴史系の研究室に行ったのですが、学部の時の心残りから、説明ができるようにと、実際に物をつくるということに興味が出て、「実務、実務！」と設計事務所でバイトしたり、研究室では集落やお寺の調査に行ったりして、学生時代を過ごしていました。

　卒業してから坂茂さんの事務所に行き、5年勤めたのですが、先月退職し、ちょうど今から独立しようとしている時期です。機会があって、自分としては初めてとなる住宅の設計をしています。琵琶湖が見渡せる敷地に施主と大型犬が2匹暮らす独身者の住まいで、木造の平屋なのですが、予算が結構厳しい状況で、試行錯誤しているところです。

　そんなふうに、私は大学を出てから実務ばかりを考えてきました。でも、いざ自分で仕事をす

るとなったときに、竹山研で考えていたこととか、学生時代の課題の設定の仕方みたいなのに戻ろうとするんですけど、全然戻れなくて……。

学生時代にはまず頭の中にやりたいテーマとかコンセプトがあって、それを図面や模型にするという作業をしていたけれど、今はまず目の前に現実の敷地と生身の施主がいて、この人はどんな雰囲気の空間でご飯が食べたいのか、どんな眺望の部屋で寝起きしたいのか、という具体的・身体的・素人的なところから、つくりたい建築の詳細が最初に浮かんでくる。なんならコンセプトは後からついてくるようなところがあり、方向性が真逆になっています。なので気持ち新たに、これから自分のテーマなりを見つけていきたいと思っています。

橋本　僕も池田さんにちょっと近いところがあるかもしれません。というのも、学部卒業後、大学院で東京大学に入ったのですが、そこで我に返るときがありました。竹山研で過ごした1年間は、卒業設計ブームにも乗って、なんとか最後までたどり着いたのですが、その後東京に行って、実物の建築と出会ったときに、やっぱりギャップがあったんです。僕が今まで考えていたことは、世の中では通じないんじゃないかと。そこから10年間、ジャン・ヌーヴェルのところに行ったり、内藤廣さんの事務所で仕事をして、昨年（２０１８年）に独立しました。

最近は、前職で一緒に仕事をした、敦賀にある遊具会社の本社工場のリノベーションに携わっています。最初にマスタープランを描いてほしいと言われ、３万平米ぐらいの敷地に思うままに描いたのがこの絵です。

——これはさっき見せてくれた卒業設計とはつながっているんですか？　［平田］

〈大学と実務の間で〉

アイゼンマンがこんなことを言っている。建築の仕事にはプロジェクトとプラクティスがあって、プロジェクトは世界を変えていくこと、プラクティスは世界に合わせていくこと。かつて自分の仕事は９０パーセントがプロジェクトだったが、最近は９０パーセントプラクティスだ、と。そう言って彼は笑うのだが、自己韜晦にも見え、仕事が多いのを自慢しているようにも見える。彼の用語で言えば、大学はプロジェクトで実務はプラクティスだ。ただ、実務、つまりプラクティスにもいろいろな形がある。自分なりのやり方を見つけていかなければならない。そこでは、つねに自覚的である、ということが大切なんじゃないかと思う。たとえば川に投げ出されて泳ぎ始めたとする。流れが強くて浮かんでいるのが精一杯、ただ流されていくときもあるかもしれない。でも周囲の地形や天気や水の深さを冷静に判断して、つまり渦中にあっても、自分の位置やスピードや泳ぎ方を自覚して、鮮やかに泳いでいくその美学を追求する。そんな自覚だ。美学というと大げさだけれど、ただ法規を守ってデベロッパーやクライアントの言うことを聞いて、予算がこうだからこんなもんでしょう、と言う態度からは、あまり感動を与える美学は生まれない。そうした無謀にも見える試みを続けることが、建築の志、なんじゃないかと思う。

橋本　特に意識はしなかったのですが、つながっているのかもしれません。独立して10年ぶりに自分一人で建築と向き合って、正直まだ混乱しています。ただ出来上がりつつある建築が意図せず静かなものになっていくというか。根暗な性格が滲み出てしまうのかもしれません（笑）

河野　私は橋本くんや池田さんとは違って、うまく就職したいところが見つけられず、いきなり自分たちで事務所を始めました。在学中にペルーの住宅を設計する機会があり、住民の人が描いたスケッチを組み合わせながら、一緒にファサードのスタディをしたプロジェクトがあったのですが、卒業設計でも考えていたような、住む人が自ら空気をつくっていくことに興味があったんです。最初は、お客さんも、仲間も、友達もいない状況だったんですけど、まず仲間が必要だと思い、いま拠点にしている千葉県の市川に住んでいる知り合いの大工さんに声をかけて、同級生の河野直くんと一緒に始めることになりました。

初めてのプロジェクトは、一坪にも満たない住宅の玄関で週末だけお菓子が売れるようにするというものでした。「ともにつくる」ことを、個人的にいろいろ試したなかで、お客さんと一緒に壁の漆喰を塗ることなどを計画しました。オーナーのお父さんは、最初は寡黙な感じで見ていらしたんですけど、実は元左官職人さんだったらしく、いざ漆喰を塗る日の朝、私たちが行くと、勝手に材料を塗り始めていたんです。思いもよらぬハプニングだったんですけど、生き生きと仕事に励むお父さんを眺めながら、オーナーも私たちも胸がいっぱいになりました。設計や施工の現場をプロの世界で閉じてしまうのではなく、住まい手とともにつくるというやり方が新しい価値を生み出すということを確信した初めての仕事でした。それ以来、私たちは、お客さんと、つくる人と、一緒につくっています。ほかの卒業生の皆さんとはちょっとだけ雰囲気が違うかもしれませんが、自分たちのことを「建築家」と言うことはほとんどなく、場合によっては「工務店」と言ったり、「内装屋さん」と言ったりすることで、お客さんとも職人さんとも、できるだけ近い距離で仕事がしたいと、そんな感じでやってます。

夏目　私はいま布や衣服に関わる仕事をしているのですが、今日はその原点でもある、修士論文について紹介したいと思います。当時、私は建築をとても遠い存在に感じていて、固くて冷たいやつだなと、どこか馴染めずにいました。それとは逆に、衣服は第2の自分という感じで、自由な表現も可能だと。そこで、衣服と同じように、柔らかくて馴染みのある、身近な存在として建築を考えてみることにしました。

　衣服も建築も、どちらも身体の延長線上にあり、自分と他者の境界をなすものだということは共通しています。そこでまず、衣服は自分にどのような影響を与えているか、他者に対してはどのような表現がなされているのか、という二つの観点から、事例を集めて衣服の表現方法について分類しました。次に、それらが建築であればどのように表現がされうるかということに観点を移して、たとえば、穴をあける、ひだをつくる、ひねってみる、そういう表現を建築にも利用できないかと分類してみました。柔らかそうな建築だなとか、こんな建築着れそうだなとか、そうした「衣服的な建築」のあり方になにか大切なポイントがあるんじゃないか、ということをまとめました。

　この論文を書いているときに、先生に「まずは古今東西遡って、衣服や建築の事例画像をと

〈修士論文〉

卒業設計もそうだが、修士論文はみな大きな構想をもってとりかかる。とりわけ竹山研はそうした傾向がある。ライフワークのようなテーマを掲げ、壮大な夢を追いかける。それはとてもよくわかるし、僕自身は建築という、とりわけ建築設計という、理科系でも文化系でもさらには芸術系でもあるような、物理的でも心理的でも、さらには神秘的でもあるような分野においては、修士論文も様々なかたちがあっていいと思っている。しかし現実的には、研究は目的と方法と結論を有す、という形式の、一種のゲームである。そうしたゲームの枠内で評価がなされる。だから志の高さゆえに、論文を仕上げられなかった学生もいる。怠け者だからでなくて、むしろ優秀で志が高かったがゆえだ。簡単なハードルを設定すればいともたやすく飛べる。そうした

修士論文をいくつも見てきた。目的を現実的にセットすれば簡単に飛べるのはわかりきっている。でも竹山研の学生たちはそうしなかった。皆ハードルを高く設定し、たまに上手く飛べることもあるが、多くは果たして飛べたかどうかわからない、そんな悪戦苦闘の記録のような論文を仕上げてくれた。僕はこのこともとても誇りに思っている。安易に流れなかったおかげで、竹山研出身者は社会に出ても、ハードルを高く設定して、チャレンジをし続けて行っているのだと痛感するから。

にかくたくさん集めてこい。あとは、情緒的に書け」と言われて。そのときは、ハテナだったんですけれども、いま振り返ってみると、「物語を書くような気持ちでつくってみたらどうだい?」という投げかけだったのかな、と。

――それは夏目さんが論理的には書けないと思ったからですね。［竹山］

夏目　その通りですね（笑）。でも、その助言をもらってからは、先生がそう言ったからそうしようと、自分が感じていることを素直に書けばいいんだと、体を楽にして書き上げることができました。私は身体の次に、衣服、建築、まちと、包み込むように連なっているものを、ひっくるめて「暮らし」と考えることができるのではないかと思っています。そんな視点から、今は空間の中で布を素材とした内装や、身にまとう衣服のデザインと縫製など、領域を分け隔てることなく暮らしをデザインする仕事をしています。

スタジオ | 2007 29

パフォーマンスの空間

敷地は京都東山一帯の「参道」。大学からは目と鼻の先だが、京都の人気観光エリア。東山の麓に点在する社寺を訪れる観光客と、そこで商いを営む人々、そしてそこで暮らす住人たちの視線が日常の中に交差する特異な道、「参道」。まず、課題のはじめに研究室のメンバーと参道のスケッチに出かけた。そこには“観る—観られる”、“観客—演者”の関係が複雑に入り組んで存在するパフォーマンスの空間の原型が転がっていた。敷地のポテンシャルを活かしつつ、如何に型破り（裏切り）の構図が見出せるかが試された課題。
[橋本尚樹]

橋本尚樹「よく晴れた日の水たまり」

歌代純平「相対性」

スタジオ | 2009 30

空間の音楽化

京都のしかるべき敷地を選び、リズムやハーモニーといった音楽的概念の建築的翻案を通して、豊かな建築空間を構成することを意図した課題である。音楽は不連続な音形の連続にすぎず、その時間的な変容を人は楽しむ。空間も不連続な断面の連続であり、人は移行し、空間を音楽のように味わう。エリック・サティ作曲のジムノペディ。この与えられた音楽を各々聴き、音楽から浮かんでくる言葉を形象化し、譜面を分析し主旋律のフレーズから連想される空間を構想し、建築として体現した。
[池田貴子]

現在へのつながり

憧れの建築家像

河野桃子

私にはずっと、憧れの建築家像というものがありませんでした。好きな建築や、好きな建築家はいるけれど、「こんな建築家になりたい！」というかっこいい建築家像はなく、学生時代はたくさんの建築家の作品を参照しながら設計活動に取り組みましたが、「何のため」「誰のため」に設計を進めていいのかわからず、結局なかなか作品を仕上げることのできない学生でした。

でも転機は、3回生後期の劇場を設計する課題の時に訪れました。京都市内の複数のお寺を敷地に点在するように舞台を計画していたところ、エスキスの際、竹山先生は私の案からどんどんストーリーを発展させていき、「都市に事件を起こすんだよ」という言葉をおっしゃいました。それは私にとって、これまでモヤモヤしていた「何のため」を見つけることができた衝撃的な出来事でした。「面白いこと、楽しいこと、素敵なことが生まれる仕組みを設計していけばいいんだ」。そんなふうに解釈し、設計がどんどん楽しくなっていきました。

その後、4回生では竹山研に進み、台湾のコンペに参加しました。そこでは先生から放たれた「音楽を奏でるように」「スクリーンが土地の記憶を浮かび上がらせる」「どこにも属さない場所」などの言葉に触発され、私は自由に楽しく発想を広げていくことができました。このコンペに関わることができたことは、私の学生時代で最大の経験でした。その勢いで取り組むことのできた、卒業設計やSDレビューで高い評価をいただいたことで、

「信じることを実践していけばいいんだ」と、初めて大きな自信をもつことができました。

就職を決める際、一度は有名建築設計事務所への就職を試みました。そこは大きなプロジェクトを抱え、設計に熱心に取り組む人たちによって日々刺激的なディスカッションが繰り広げられる、素晴らしい事務所でした。その中で、私も毎日一生懸命設計に励みましたが、やはり、学生時代から気にかかっていた、「誰のために」が常に気がかりでした。3か月間の試用期間のあと、私は就職を辞退し、パートナーとともに独立することを決意しました。私たちが思い描いていた理想の建築設計事務所は、「ともにつくる」をモットーに、「設計する人」「つくる人」「その空間を使う人（住む人）」が同じテーブルを囲みながら知恵やアイディアを出し合い、建築することの喜びをともに分かち合うことのできるもの。それは10年前の独立当初から今も変わらず、いつも胸にとどめ、実践していることです。その手法として、プロが設計、施工のすべての工程を仕上げてしまうのではなく、その一部には必ずお施主さんやその仲間にも参加してもらう「参加型リノベーション」を行っています。独立当初はなかなか理解、賛同してもらいがたかったこの手法も、事例を重ねるにつれ理解が深まり、お施主さんにも建築の楽しさ、職人さんのかっこよさを知ってもらえるようになりました。

ある住宅を一緒に施工したご家族には、「お家づくりが家族のいい思い出になった」と話していただき、公共店舗をつくるワークショップに参加した小学生からは、「僕も大工さんになりたい」という嬉しいお手紙をもらいました。また、昨年は初めて韓国に招待されて開催した「ともにつくる」ワークショップイベントの後には、ほぼ初対面だった参加者の間にコミュニティーが生まれ、「ともにつくる」の可能性は国境を越えると実感しています。

設計やものづくりはとても楽しいことで、誰でもそれを知って体験することのできる場があるといいなと、昨年からは仲間と一緒に、10代向けのデザインスクールも始めました。そこでは、「このスクールでは正解はないし、あなたたちの信じることや、いいと思うことを自由に表現してほしい。あなたたちは大人の想像を超える可能性を秘めているんだ」ということを伝えています。参加者は、建築やデザインに触れたことのなかった学生さんがほとんどでしたが、その成果物はどれも自由で楽しく、私たちの想像を超えるものでした。「デザインって難しく考えていたけれど、自分でも想像できなかったような素晴らしいものができた」「参加したみんなそれぞれ作品が個性的で、どれも違いすぎて全部素晴らしいと思った」「妄想を膨らませれば膨らませるほど、アイディアが魅力的になっていくということが実感できた」などの嬉しい感想をいただいています。参加者がこれからの人生で、私のようにモヤモヤしたり、進むべき道に困ったときに、この体験が、自分の信じる道を突き進むことができるきっかけになれば、私たちにとってこれ以上ない喜びです。

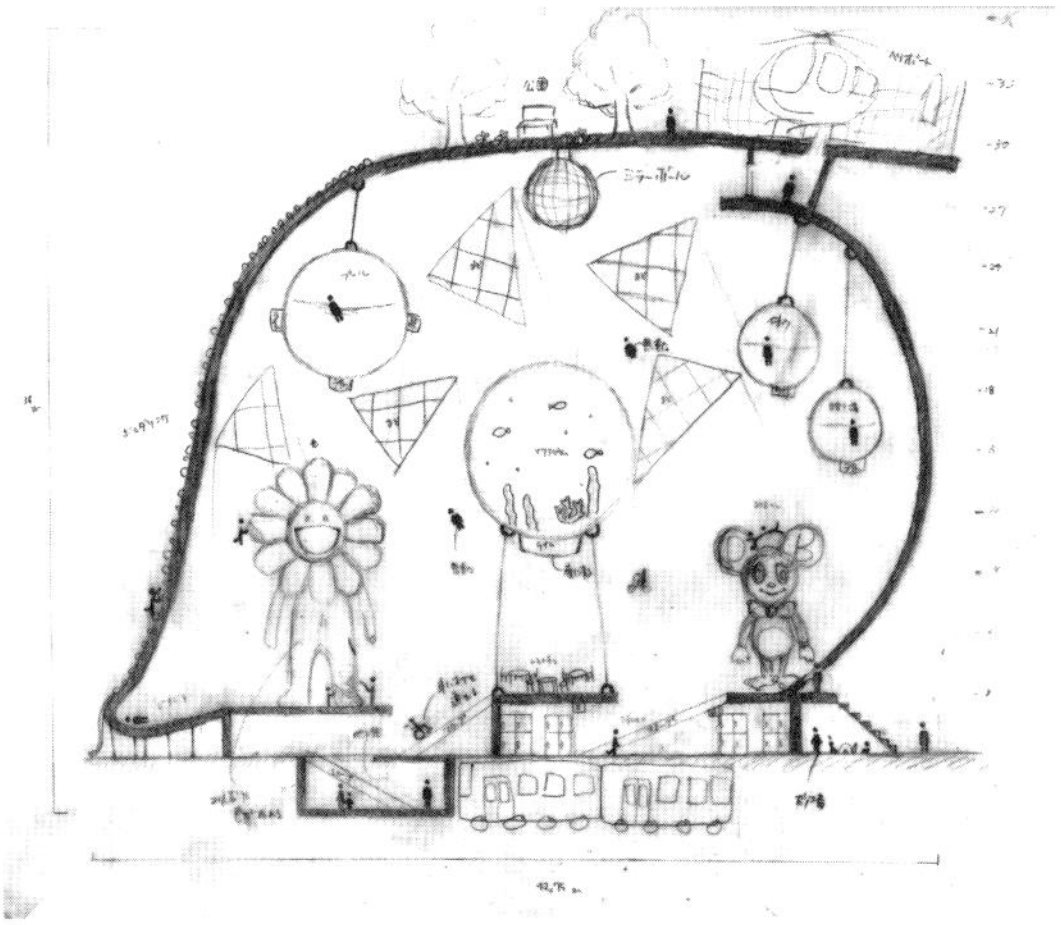

ワークショップに参加した学生によるドローイング

　建築設計にとどまらず様々に活動を広げていますが、いつも変わらず信じていることは、建築を通して「ともにつくる」ことが幸せな連鎖を生むんじゃないかということです。ちょっとアウトロー路線を行っているようにも感じている、私たちの設計事務所ですが、いつも直接的に、また、間接的に背中を押してくださったのは竹山先生でした。

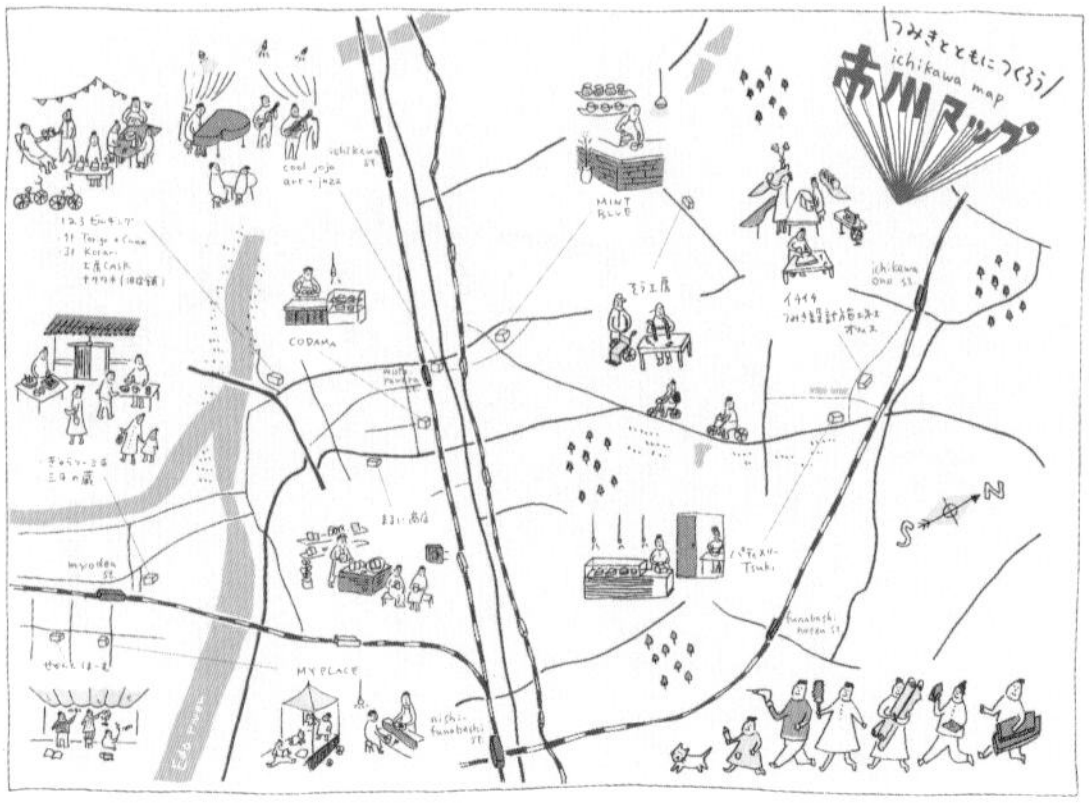

市川マップ（イラスト＝夏目奈央子）

大学院に進み、フラストレーションを感じる時間を過ごしていたとき、先生の著書『ぼんやり空でも眺めてみようか』を読み、「今やりたいことは今すべきだ」と、ずっと静かに夢見ていたヨーロッパへの渡航を決意しました。設計事務所への就職を辞退し、独立することを決めたときは、「桃ちゃんはタグボートとか、ヨットとか、自由に動いて生きていくのがいいと思いますよ」と応援してくださいました。今も活動の報告をするたびに、かけていただく言葉に励まされています。

いつも楽しそうに建築に取り組まれ、大切な家族がいて、自宅でのバーベキューパーティーにはたくさんの人が集まり、知らないまちで仕事をすることを楽しまれ、ときには音楽などの趣味に興じる先生の姿を見ていると、私もこんなふうに建築をしていきたい、こんなふうに生きていきたいと。「憧れ」という感覚とは少し違うけれど、いつもそう思っています。

独立から10年目。当初は何のゆかりも、友達も、仕事もなかった市川という場所に、仕事や暮らしを通じて大好きな場所や大切な人がたくさんでき、住むことが楽しくなってきました。これからも建築を通して楽しいことや素敵な時間が生まれるきっかけを仕掛けていきたいと思います。

第５世代

自由を謳歌して

5th generation / Embarking on freedom

2012 → 2020

今現在につながるこの世代、これは文学を経て、哲学とアートの世代と言っていいかもしれない。応答的建築は応答論的建築となり、建築の存立根拠に言葉がより大きく介在しはじめた。それと同時に、大学院でも設計演習が始まり、一級建築士試験の受験資格が厳格となって、インターンシップや実習が求められるようになった。設計教育が転機を迎えたと言ってもいいだろう。

この28年は、設計教育の実験だったと言ってもいい。教えることと学ぶこと、いや教わることと学ぶこと、という学生の側からの視点がより重要だと思うが、つまり、何かを教えるのではなくて、発見的に教わる、学ぶ、そうした場として大学は、研究室は、どのように機能すべきか、ということをより自覚的に考えるようになった。

教育、という言葉は、どちらかというと教える側に立った言葉のように思えて、あまり使いたくないのだが、広い意味での教育、人間はどのようにより豊かな人生を送っていけるのか、そのための下地はどのようにして築かれるのか、そのことを問い続けてきた。およそ大学で学ぶに値するのは、金を稼ぐための、でなく、人生の豊かさに寄与するための、学術／技術／芸術、であるはずだ。自分の頭で考える力、自分の心で感じられる感度の良さを培うべきだ。人の説と知識の受け売りに終始するのは、いかにも貧しい。

建築には、幸いなことに、唯一の正解がない。個人個人の正しさがある。もし唯一の建築があるなら、ここまで豊かで多様な建築の歴史はなかったはずだ。

さらに面白いことに、建築は正しさだけでは決まらない。面白さ、というものが求められる。これは不謹慎な話でもなんでもなく、人間は誰しも驚きと喜びにより人生の豊かさを感じるからだ。驚きも喜びもなくなったときに、心は死ぬ。正しい建築だけが求められる社会は貧しい。理性と論理のみの建築は貧しい。人間が理性以外に様々な欲望をもっているからだ。建築は機能であるだけでなく、人生の喜びの源泉でもある。

最後の世代たちは、毎日のようにこうした話を聞かされ続けたはずだ。次の世代に建築の喜びを伝えるのは、君たちだからだ。［竹山聖］

座談会
［登壇者］

阿波野太朗（隈研吾建築都市設計事務所）　西尾圭悟（uug）
川本稜（中山英之建築設計事務所）　田原迫はるか（竹中工務店）
山口大樹（平田晃久建築設計事務所）　松原元実（現役学生）

他者との応答を繰り返しながら

西尾　僕らの頃には、ちょうど高松伸さんが退官されて、そこから何人かの学生が竹山研に合流したんです。高松研というのは、言ってしまえば軍隊みたいなところで、学生も厳しい戒律の下で訓練されてきた人たちですから、その彼らが自由な竹山研にやってくると、退役軍人さながら、羽を伸ばし始めたんですね。

阿波野　僕は西尾くんと同じ学年で、4回生の時には高松研に所属していたのですが、その高松研がなくなり、大学院から竹山研に移ってきました。軍隊と言われてしまいましたが、高松研は竹山研に比べると、常日頃からもう少し緊張感があって、雰囲気が全然違ったのをよく覚えています。一方、竹山研では鍋を囲んで映画を見たり、とても自由に過ごしていました。そんな雰囲気のおかげで、対話がたくさん生まれましたね。

西尾　研究室の学生の人数が増えたり、留学生が少し増えたりして、多様でにぎやかな研究室になっていきましたね。

僕たちの時も、スタジオ課題に研究室全員で取り組むというのが、活動の中心でした。特に印象的だったものに、2014年の《ダイアグラムによる建築の構想》があります。そのときは、まずみんなで『Diagram Diaries』というピーター・アイゼンマンの本を読み、彼が言うところのダイアグラムの概念を読み取って、それを手がかりに建築をつくってみようというものでした。アイゼンマンは、ダイアグラムは説明的な図式ではなく、建築の生成装置なんだと主張し、それからつくられる建築は、設計者によって恣意的に決定されるものではない、と。その一種の戒律みたいな理論を一旦飲み込んだ上で、ではどうやって建築をつくろうかと、まったく先が見えないトライアルが始まりました。

たとえば、豆腐を賽の目に切って床に自由落下させると、ぐちゃっと潰れますね。そんなふうに、必ずしも自分でコントロールしきれないなんらかの操作を試してみると、そこに内在する性質と変容のプロセスみたいなものが自ずと現れてくる。あるときそんなイメージをもってきた学生がいて、これはダイアグラムになるんじゃないか、と。壁一面にそんなダイアグラムのタネを貼り出して眺めながら、「トマトのぐちゃっとした感じが面白い」とか、そんな議論ばかりをしていた日もありました。思い思いのイメージをみんなで持ち寄ったプロセスはまさに実験でした。

阿波野　2013年のスタジオも印象に残っています。《アートと空間》というテーマで、あるアーティストを選んでその個人美術館を設計するという課題でした。

ダイアグラムによる建築の構想

ダイアグラムは建築を雄弁に説明する道具の一つでもある。しかしこのスタジオでは、そうした単なる図解とは異なるダイアグラムのあり方を探求した。まずピーター・アイゼンマンの『Diagram Diaries』を手がかりに、「生成装置」としてのダイアグラムについて議論した。そこでは建築の構想において考慮すべき幾多の問題や必然的に存在するコンテクスト、さらには幾何学といった設計の根拠を一旦捨て去り、ダイアグラムによって建築を生成することが学生たちの課題となった。試行錯誤を繰り返したのちに、学生たちが持ち寄った「イメージ」に表れた、ある現象を成立させている内なる構造、あるいはものの原理の中にまったく新しいダイアグラムを見出した。

全員で 20 以上の試みがなされ、学生たちは互いのオリジナルな「イメージ」を交換し合った。こうして他者によって生成された一枚のイメージが設計者の手がかりとして残った。その後、各々のイメージを観察し、物質や現象に潜在する構造や原理を独自の手法によって抽出しようと試み、二次元の画像を三次元の建築へと変換していった。［西尾圭悟］

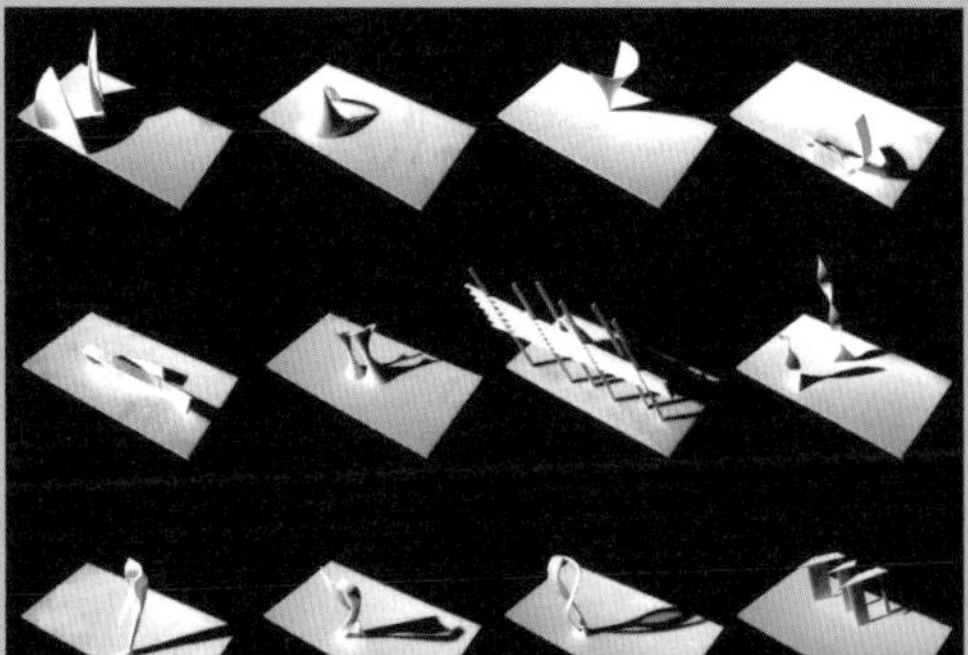

上 / 西尾圭悟「モンタージュの家」　左下 / 今村はるか「TOMATO」　右下 / 山田鉄馬「filmalismic bouquet」

〈展覧会という場〉

スタジオで制作したプロジェクトは、なるべく多くに人の目に触れてもらいたいと思ってきた。大学での正規の授業としての講評会もあるが、それ以外にゲスト講評者、特に海外からのゲストを迎えて、英語でプレゼンテーションをする機会もつくってきた。そして外のギャラリーをお借りして、展覧会を開く。《独身者の住まい》では東京で協力してくださるギャラリーがあり、《ポエジーと建築》と《アートと空間》では京都のイムラアートギャラリーが快く場所を提供してくださった。《ランドスケープ／ユートピア》では大阪中之島のde sign deギャラリーで展示させていただいた。これらはみな『traverse—新建築学研究』に掲載され、折に触れ小冊子をつくった。

西尾　実際にインタビューをしましたね。

阿波野　とにかくアートなんて無知に近い状態だったので、作品集や『美術手帖』なんかを読みあさって、気になるアーティストを選んでいきました。僕は日本画家の松井冬子さんを仮想のクライアントにしようか、とゼミで話したら、竹山先生が「僕、知ってるよ」と、松井さんを研究室に呼んでくださった。

西尾　一方、ほかの学生は一切ツテのない状態だったので、選んだアーティストに自分でアポをとって会いに行ったんです。でも、たとえば舟越桂さんのような有名作家が、それに応えてくれたんですよね。

阿波野　松井さんもとても気さくな方で、僕たちの問いかけに丁寧に応えてくれましたね。その頃、毎週のゼミでは各々インタビューの成果を発表していました。学生が選んだアーティストの方とレスポンスをする一方で、同時に学生の間で互いの設計に対するツッコミ合いもしていました。日頃の雑談の延長のような感じで。

西尾　《アートと空間》の時には、最終的に展覧会をしています。そのタイトルは「RESPONSE」で、会場はイムラアートギャラリー。２００５年の《ポエジーと建築》をもとに行われた展覧会と、タイトルも会場も同じです。その準備の時に、先輩たちが歩んだプロセスが記された小さな冊子を見つけて、当時の感触に想像をめぐらしましたね。やったことを本として残すことの大切にも気づき、僕らも自主的に記録集をつくって、アーティストの皆さんに送りました。

　インタビューにはじまり、学内でのレビューを経て、展覧会にこぎつけ、そこに訪れてくれた一般の人に説明したりしながら、最終的にはシンポジウムで発表。というように、自分のやっていることが研究室の外へとどんどん展開していったプロセスから、確かな手応えを感じることができました。実際に建築をつくることは違うけど、ある出来事をつくったんだという。

阿波野　展覧会、シンポジウムを企画して人を動かすことができた、というのは学生の僕たちにとって貴重な経験でしたね。誰かに向けて設計をして、それを本人に向けて発表する、というのは実務では当たり前ですが、あの時期にそれを経験できたのも良かったかな。最近、仕事でクライアントがデザイナーでもあるプロジェクトに携わる機会がありましたが、そのときにこのスタジオのことを思い出しました。自分たちだけでも、クライアントだけでもできないデザインが、応答の中で生まれていった経験は、スタジオでの経験とリンクしているなと思いましたね。

誰にでも開かれた場所

田原迫　竹山研のスタジオの講評会って、よく海外からのゲストが来てくださるんですよね。毎回国際色豊かでした。でも、私があまりにも英語がしゃべれず、毎年先生がフォローしてくださって申し訳なかった記憶があります。

川本　僕は、大学院生と学部生が一緒に自由な議論を行っていて、なおかつ、それが開かれていることに惹かれて竹山研を志望しました。初心に戻って建築をもう一度考え直す場が、研究室の活動として提供されていた。僕自身も、《コーラ／コーラス》《無何有の郷》《脱色する空間》

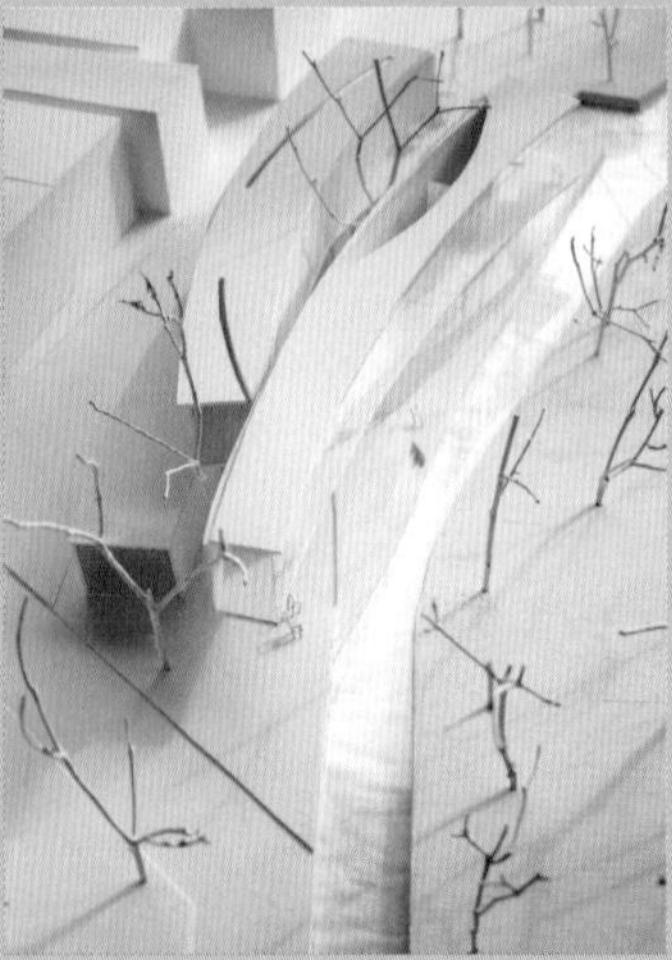

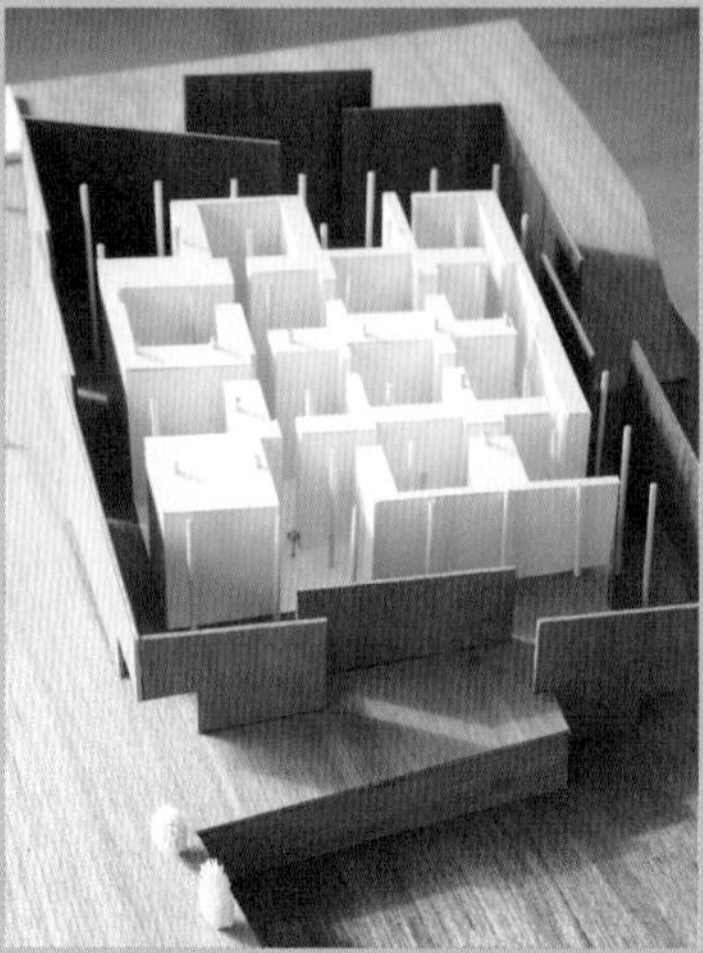

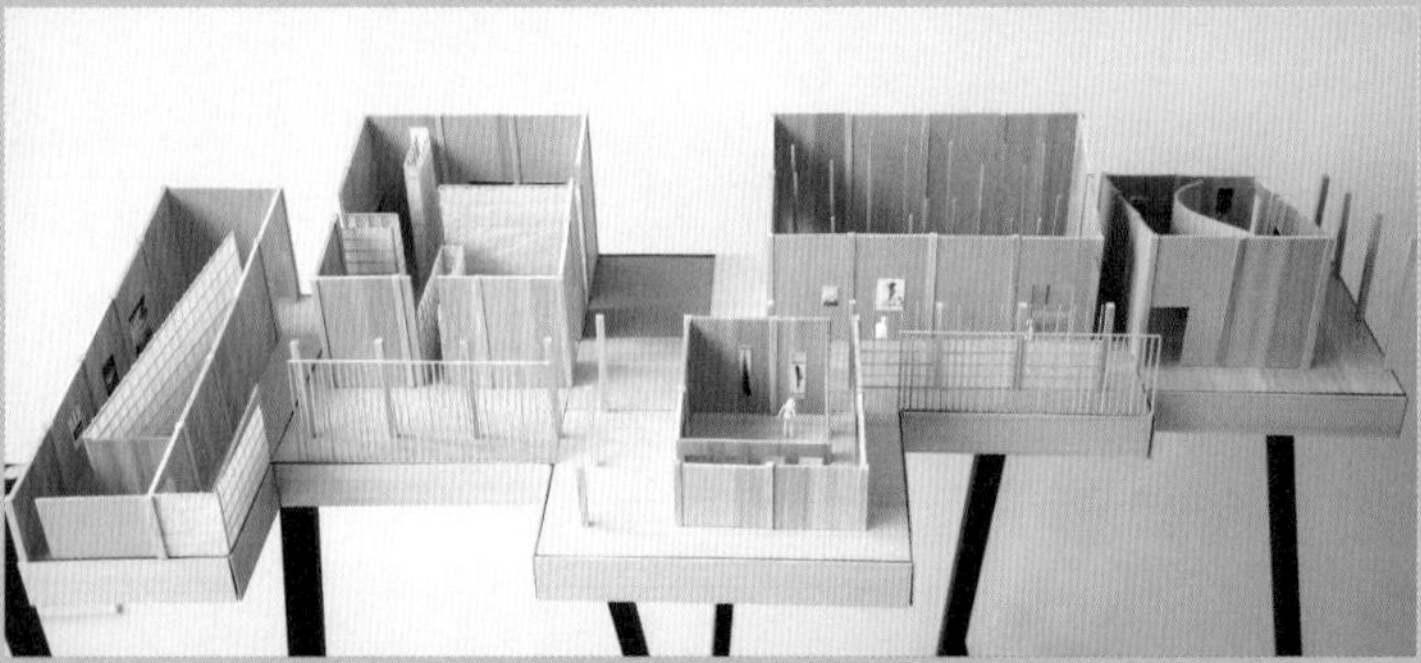

左上 / 吉川青「塩保朋子美術館」 右上 / 玉井康晴「舟越桂美術館」
下 / 阿波野太朗「松井冬子美術館」 左頁 / 展示風景（イムラアートギャラリー）

ト作品のコンセプトや構造を、空間構成に変換したり、そのアートに捧げるような空間をつくってアートと密に関係づけようとしたり、あるいは、建築そのものがアートとなってもとの作品と共鳴するようなあり方を描いた作品もあった。

この成果をまとめ、「RESPONSE―アートをめぐる 12 の建築」と題した展覧会を企画した。展示構成からプロモーション、会場となるイムラアートギャラリーとの折衝までを学生が担当。会期中には、建築関係者以外にも、キュレーターや美大生が訪れ、アートと空間の応答のあり方について説明した。

また、京都国立近代美術館において、「アートと空間」をテーマにシンポジウムを開催した。学生のインタビューに応答してくれた松井冬子、宮永愛子のほかに、多くの美術館建築を手掛ける西沢立衛が登壇した。

アートやアーティストとの応答によって建築をつくろうとしたこの試みは、アート作品を信仰することによって、常識的な価値をくつがえし、アートを軸に周囲の環境を巻き込みながら、一般的な建築の設計条件に縛られない新たな建築を生み出そうとする機会だった。［西尾圭悟］

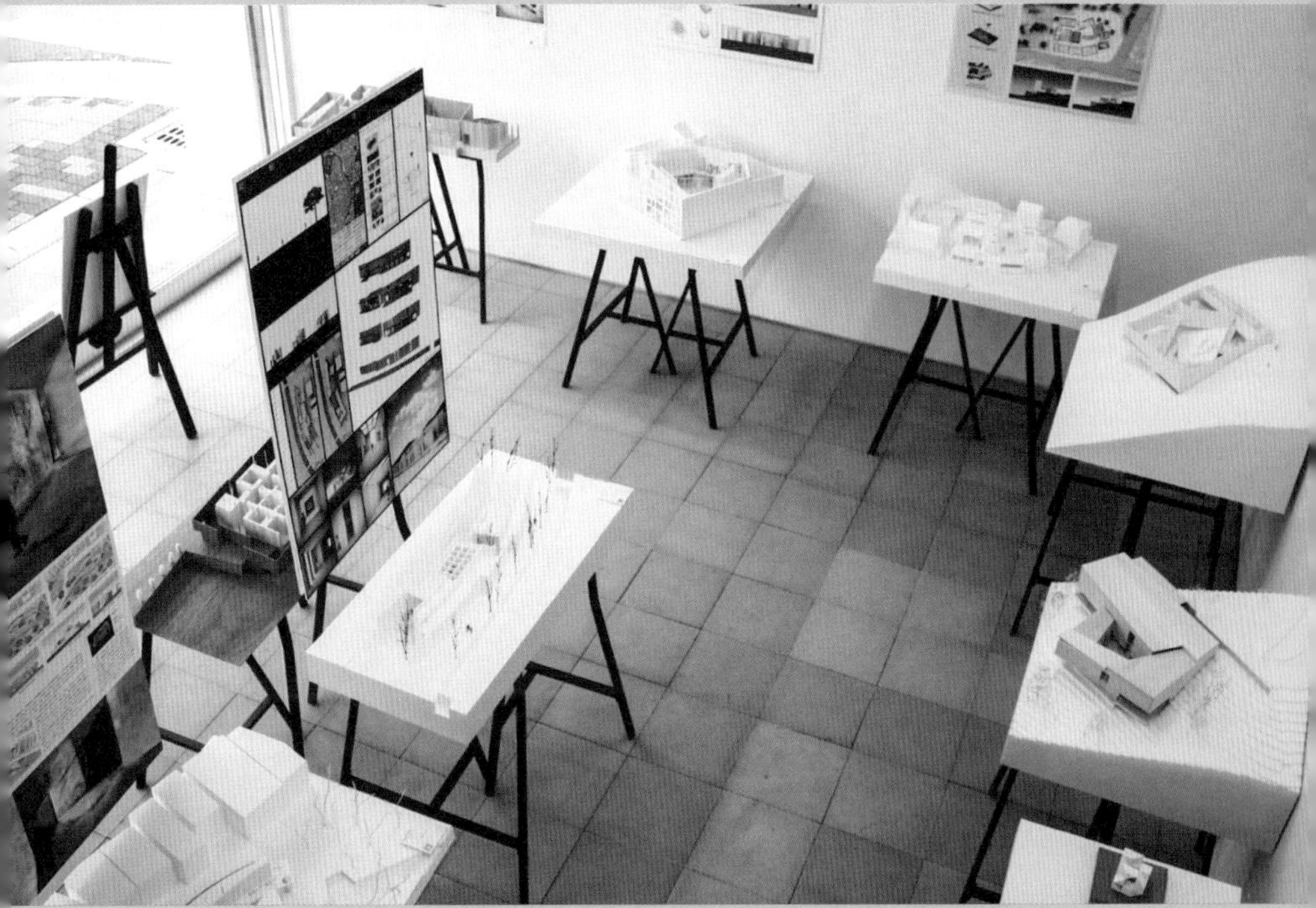

 スタジオ・展覧会 | 2013

アートと空間
「RESPONSE — アートをめぐる 12 の建築」展

現代美術のアーティストとの応答を通して、個人美術館を構想する。まず学生が思い思いにアーティストをピックアップし、自分のクライアントとする。彼らに自らアポイントを取り、インタビューを敢行。そこからアート作品の特質や作家の思考を読み取り、それらを空間のイメージに置き換え、京都の具体的な敷地に建築を設計した。

参加した 12 人の学生が取り上げた作家は 12 人。舟越桂（彫刻家）、小谷元彦（彫刻家）、日高理恵子（画家）、松井冬子（画家）、三瀬夏之介（画家）、宮永愛子（彫刻家）、横山裕一（漫画家）、山本基美（インスタレーション作家）、花田洋通（インスタレーション作家）、町田久美（画家）、塩保朋子（切り絵作家）、名和晃平（彫刻家）といったように世代もジャンルも異なるが、全員が現役で活動している。

学生たちは、アートと空間の関係性について議論し、建築がどこまでアートに影響を及ぼしてよいのか、世界中の実例を参照しながら、スタディを重ねた。結果的には、アーと、3つのスタジオを経験し、幅広い世代とたくさんの議論を重ねることができました。
　またその頃には、なるべく桂キャンパスから飛び出すことがテーマになっていました。おそらく、《コーラ／コーラス》のスタジオで桂キャンパスを敷地として扱ったときに、桂キャンパスの退屈な環境に対する反抗心が芽生えたのだと思います。それまでも竹山研は建築系研究室のオアシスと呼ばれていて、自由な議論が行われていましたが、それが外に広がったとも言えるかもしれません。桂川でバーベキューをしたり。研究室で一日過ごすなんてありえない、という雰囲気すらありました。

川本　いつも突発的だったんです。

——僕は呼ばれてないよ（笑）。［竹山］

山口　その頃は、研究室の枠を越えてにぎやかでした。竹山研は基本的に研究室のドアを開けているから、隣の平田研（平田晃久研究室）の学生が勝手に入ってきて休んでいる、みたいな。

田原迫　「平田研ではワイワイできないから」と言って、こちらに来るんですよね。

山口　竹山研のオープンな空気感がそうさせているんだろうなと思います。僕が修士2回のときのスタジオ課題は、《驚きと喜びの場の構想》で、桂キャンパスに通うのが楽しくなるような、人が集まって来られるようなパブリックステーションをデザインするというものでした。各々がキャンパス内に敷地を選んで、たとえば具体的なプログラムを提案する人もいれば、ただ水を流しますとか、道をつくりますという人もいる。本当に何を仕掛けてもいいなかで、「すべてを一つの世界に共存させる」ということだけをルールにして。そこで起きる面白い化学反応を楽しみました。そんなふうに、多様性を許容するのが竹山研の特徴なのかなと思っています。

〈驚きと喜び〉

建築をいろいろ難しく考えてきたりもしたが、最終的には、驚きと喜びをもたらすものがいいと思う。機能を満たすのはもちろん大切だし、安心安全は基本だ。環境的な配慮も言うまでもない。しかし、それでも、そうした基本的なことを満たしてなお、人間には欲求がある。欲望がある。言葉にできない何かが。この世界に豊かさを求める気持ちが。ではその豊かさとはなんだろう。それが驚きと喜びだ、と思う。びっくりすること、つまり刺激的であること、そして多くの場合それに関係するが、嬉しく思うこと。理屈じゃない心の動きだ。合理性とか経済性では測れない、ウキウキする感じだ。食べ物でも、着るものでも、恋でも、友情でも、ハッピーバースデイでも、お祭りでも、人間には合理を超えた価値を感じる心がある。理不尽な生きる欲望がある。建築がただ冷たい物質の塊（もちろん比喩だ）であっていいわけがない。だから、驚きと喜び、なのだ。この「驚きと喜び／桂キャンパス」は、工学研究科長のご好意で、生協の食堂で展示させていただいた。

〈抽象概念との出会い〉

概念を広げたりずらしたり深めたりすることが建築の発想を豊かにすることはままある。言葉はいらない、といいながら、言葉で語ったり、言葉から逃れていったりずれていったり。人間は言葉を介して世界に出会う。言葉があるから、そこに目の前にあるものも、そこに今はないものも、それからとんでもないありえないようなものも、考えることができる。これを〈存在・不在・虚構〉と呼んでいますが。この三点セットが人間の世界をつくっている。人間はこの存在と不在と虚構に、導かれたり惹きつけられたり騙されたり踊らされたりしているわけだ。そんな人間が宿り、使い、安らぐ建築が、この〈存在・不在・虚構〉の罠を逃れられるはずがない。それならあらかじめ構想の段階から、この罠を意図的に仕掛けておこう、という発想もあるわけだ。それが抽象概念の役割で、別に抽象じゃなく、夕焼け、なんかでもいいのだが、抽象概念の方が広がりやずれや深まりが生成しやすい、というせいで、あえて、時に抽象概念をもってくる。これも思考実験であり、刺激だ。

松原　僕は学部までは慶應義塾大学にいて、大学院から京大に来ました。自分がもともと理性的なアプローチに偏っているところがあり、感性の面でも建築的理解を深めていきたいなと思ったのが竹山研を志望したきっかけです。僕は、素数の数理的な性質を用いて空間をつくろうと考えていて、数にもポエジーがあると信じているんです。建築分野の外のものを積極的に取り入れながら、自由にいろんな角度から考えていける場所なんですよね、竹山研は。

抽象概念との出会いとズレ

松原　2014年ごろから、スタジオでは哲学的なテーマを扱うことになりましたよね。

西尾　そうですね。《アートと空間》では、条件をある程度リアルなものとして捉えられた気がするけれど、《ダイアグラム》からは抽象度がぐっと上がって、自ずとプロセスも実験的になりました。竹山研最後のスタジオはどうでしたか?

松原　2019年は《オブジェ／モニュメント／アイコン》という抽象的なタイトルと課題文だけが与えられた状態で始まりました。敷地も何も決まっていませんでしたね。はじめの1か月は、アドルフ・ロースの『にもかかわらず』と、レム・コールハースの『ビッグネス、または大きいことの問題』を読んで議論し、考えたことを文章にしたりしました。同時期にパリのノートルダム大聖堂が焼失したので、それを改修しようかという話も持ち上がりましたが、結局、敷地はドライに決めようとなって、京都を9等分して学生にランダムに振り分けました。プログラムも指定されませんで

〈ズレ〉

思考のエラーがポエジーを生む、と言うのと似ているけれど、ズレは驚きと喜びの生成装置だ。学生の頃からDeviationという言葉が好きで、これは逸脱、という意味なのだが、固定観念をうたがってかかる、あるいはずらして遊んでみる、という傾向があった。だから未完結とか不連続とか言ってきたのかもしれない。どこか抜けていたりズレている方が、物事は面白いものだ。余白があるから想像力が刺激される。学生たちとの議論でも、もちろんこちらがよく知っていることでも、学生がトンチンカンなことを言って、それが面白ければ、その議論に乗っていく。ズレていることの中に、新しい世界が込められていることもあるからだ。間違った道を行くことを恐れてはならない。間違いだらけの寄り道だらけ。その方が人生は楽しい。驚きと喜びに満ちている。ズレているものを矯正してはならない。

した。そういうふうに、最初にきっかけだけがあって、スタジオがどう進むかは、途中で変わっていくんですよね。

西尾　だから最初は、抽象的な概念と唐突に出会う体験をみんなしているんですね。そこから建築はつくれるのか、と。

田原迫　建築設計のトレーニングというより、与えられた新しい概念について自分なりに考えるために設計をしているような気分でした。

西尾　《ダイアグラム》の時は、アイゼンマンの理論をなんとか理解しようとしていたけど、結果としてはそれとは確実に違う、別のダイアグラムへとシフトしていった気がします。あらかじめある概念を正しく追求するというより、試行錯誤の果てに、それが思わぬ方向に展開するというのが醍醐味なのかな。

阿波野　アウトプットを見ても、明らかにアイゼンマンとは違う、ダイアグラムに対する独自の解釈になっていったのではないかと。毎年同じ課題を繰り返すともっと深化していきそうだけど、でも翌年には全然違うテーマになってしまう。

西尾　テーマは違っても、未知の世界を旅する感覚は共通しているんでしょうね。

阿波野　抽象的な概念というと、大学院の授業でプラトンの「コーラ」を扱ったのを覚えてます。難解なテキストを読んで議論をしたけど、結論は出ず終わったんだよね。

西尾　２０１５年の《コーラ／コーラス》のスタジオはどうだったんですか?

川本　他者性を含めて設計するというのがテーマでした。他者というのは敷地であり、別の敷地

オブジェ・アイコン・モニュメント

多くの建築が社会的なコンセンサスのもとつくられるようになった。それはもはやモノとしての側面とかけ離れた次元で建築ができることを意味する。しかし、建築はモノによって構成されている。そしてモノはそれ自体に、人々の記憶を喚起したり、感情を引き出したりする力がある。したがって、建築はモノとして、単なる「物体」であること以上の質を有しており、そこに価値があるのではないだろうか。

そこで「オブジェ・アイコン・モニュメント」という言葉をきっかけとして、世界観に一石を投じるような建築をつくることを目指し、ディスカッションを重ね、課題設定や敷地選定を行った。

まずはじめに「オブジェ・アイコン・モニュメント」や派生する概念を分析し、都市や建築に対する各々の問題意識を共有し議論した。その後、京都の 15 km四方のエリアを9分割し、各自の敷地として無作為に割り当てた。各敷地の中で特有の「オブジェ・アイコン・モニュメント」に関わる事象を取り出し、各自の問題意識と照らし合わせるなかで、空間加工における新しいイメージを見つけ出すことを目指した。

[石井一貴]

上 / 松原元実「ものそのもの」 下 / 齊藤風結「建築における自己モニュメント」

〈スタジオのプロセス〉

というわけでスタジオはスリリングな道行きである。先に何があるかは誰も見えない。手がかりとなるテーマや抽象概念や、選ばれたテクストや、あるいは形、ダイアグラムのようなもの（それを果たしてダイアグラムと呼んでいいかどうかも疑問なものが入り込んでくるからだ）が介入、介在して、次の道に迷い込む。この28年間でぼんやり感じていることなのだが、最初の頃の学生に比べて、後の世代ほど、早く正解にたどり着くことを求める傾向がある。建築に正解はない、少なくとも唯一の解はない、と一回生の頃から諭しているのだが、すぐに正解を求める。しかも最短距離で。「で、先生、どうすればいいんですか」と。そういうトレーニングを積んできたからなのだろうか。実は現実社会で正解が示されていることはまずない。様々な交渉や試行錯誤の挙句に、なんらかの結論にたどり着く。でもそれが正しいかどうかはわからない。世界の歴史や国際関係などを見てみればわかる。それでも、皆、なるべく正しく、多くの人が幸福になり、個人が生き生きと、そう、驚きと喜びに満ちて暮らせるよ

に設計される空間でもありました。ジャック・デリダとバーナード・チュミの『コーラル・ワークス』を精読し、コーラとは何かをみんなで考えて、設計に生かそうとしました。コーラとは、周囲の何かを受け止めてそれに応答するものであり、その際に痕跡が残される、という定義付けで議論はまとまったのですが、その後のルールづくりが難しくて……。スタジオ全体でコーラスを行うことが目標でしたが、ほかの人との応答はうまくいかなかった部分もありましたね。

西尾　うまくいかないっていうのもポイントですよね。そもそも設定されたゴールがないんだから、予定調和的には着地しない。それに自分とほかの学生とでは、考えることも、したいことも、一致するわけはなくて、どうしてもズレてしまう。けれど、そこに抽象概念が介在することで、なんとかつなぎとめられるのでしょうね。

川本　その意味では《コーラ／コーラス》においては、それぞれの異なる独唱が調和して合唱となることが意図されていたので、ズレをもう一度異なる位相で調和させるようなプロセスをもっと追求してみるべきだったのかもしれません。

一方で、翌年のスタジオは《無何有の郷》という荘子のテキストを読んで、学生がからっぽだけど豊かな空間を定義する、というところからスタートしました。このときは、敷地とゲストハウスというプログラムが与えられたため、議論を尽くすというよりも、各自の設計や手法を批評し合いました。無何有の概念は短いテキストでしたが、その解釈の議論は深くしなかったため、学生それぞれのコンセプトは大きくズレていたと思います。特に東洋の思想があまり学生には馴染みがなかったのも、ズレが生じた原因かもしれませんね。そもそも、建築界隈において荘子なんかの話

うな世の中にしたいと思っている。建築設計の現場も、実は同様なのだ。だからプロセスを大切にし、そして言葉を鍛えること。コミュニケーション能力を鍛えること。自らの思考を鍛え、ほかの人にそのことを説得力をもって伝える。人に伝えることと自らの思考を鍛えることは同義だ。竹山スタジオはそうした場だ。

〈設計の手法〉

手法、という言葉を聞くと、僕らの世代は磯崎新を思い出す。マニエラ、といって、手法が建築を導く。何か目的があって、あるいは機能があって、それに奉仕する形で全体が構成されるのでなく、部分が自立し、全体へ至るにはそれなりの統辞法があって、そこに暗喩が生まれ、読み取りの多様なテクストとしての建築が生み出される。手法には世界のありとあらゆるヴォキャブラリーとパーツが含まれ、その選択と構成の妙が建築の意味と価値を決定する。それをマニエリスムと称し、引用と暗喩の建築、と

をされるのって、竹山先生以外にあまり思いつかないのですが……（笑）。

西尾　建築を飛躍させる概念との出会いをつねに求めているんでしょうね。僕らも、先生を通してそれらに出会う。とても理解はしきれないけど（笑）。

阿波野　それが竹山研の特徴かもしれない。たとえば、僕が高松研の頃、高松先生は、言葉や概念をどうやって建築という形にしていくかという手法に関して、よく言及されていたと思います。あるいは、ある形態から言葉を抽出したり。《ダイアグラム》のスタジオでは、建築を説明するための「手法」だと捉えていたダイアグラムが、「建築を生成するための装置」である、といったようなとても抽象的な概念になってしまった。敷地もプログラムも未定の中で、このお題からいかにしてダイアグラム的建築を生み出していくか、という、今までの感覚とはズレた試みでした。手法を失った僕たちは、トマトを切ったり、豆腐を落としたりしていったわけです。そうやって、一見建築とは無縁のものを経由して形態を生み出して、建築に着地していく過程がユニークだった。竹山研での活動が教えてくれたのは、建築とは一見距離があるものから建築に近づいていくということの楽しさ、喜びだったと思います。

山口　僕も具体的な手法を考えるより、抽象的に建築を考えていたいと思っています。たとえばパンテオンが人を魅了するのは、大きなドームそのものではなくて、そこに宿る宇宙観ですよね。物としての存在の強さを生み出せるのは、物と思想のギャップなんだと思います。竹山研では、そんな思考のトレーニングができました。

スタジオ | 2015　34

コーラ／コーラス

桂キャンパス構内に一人ひとり敷地を設定し、その場のカー鳥の声や、遠くに広がる街並みや、行きかう人々などーに応える空間を構想した。加えて、「建築を設計する行為はつねに他者との関わりをもつことである」という竹山聖の言葉のもと、他の学生によって計画される空間との応答が図られた。自身が場と対話しつつ、他の場と対話する他者の声に自身の声を調和させるということ。特に後者は難しく、成果はぎこちないものだったかもしれない。しかし、各々の作品の中に、他者と関わろうとした痕跡はたしかに残されていた。［田原迫はるか］

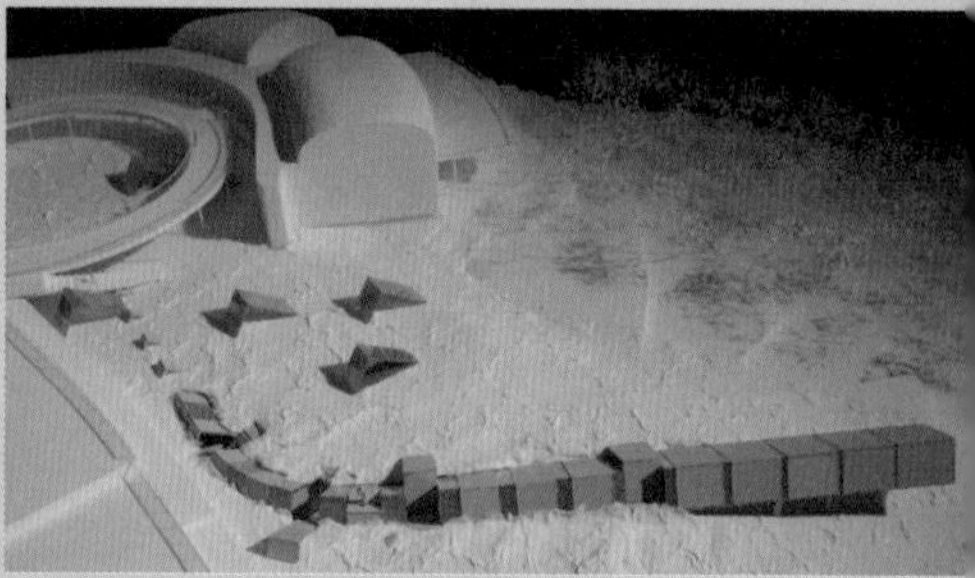

田原迫はるか「昼のオルガンと夜の鳥かご」

スタジオ | 2016　35

無何有の郷

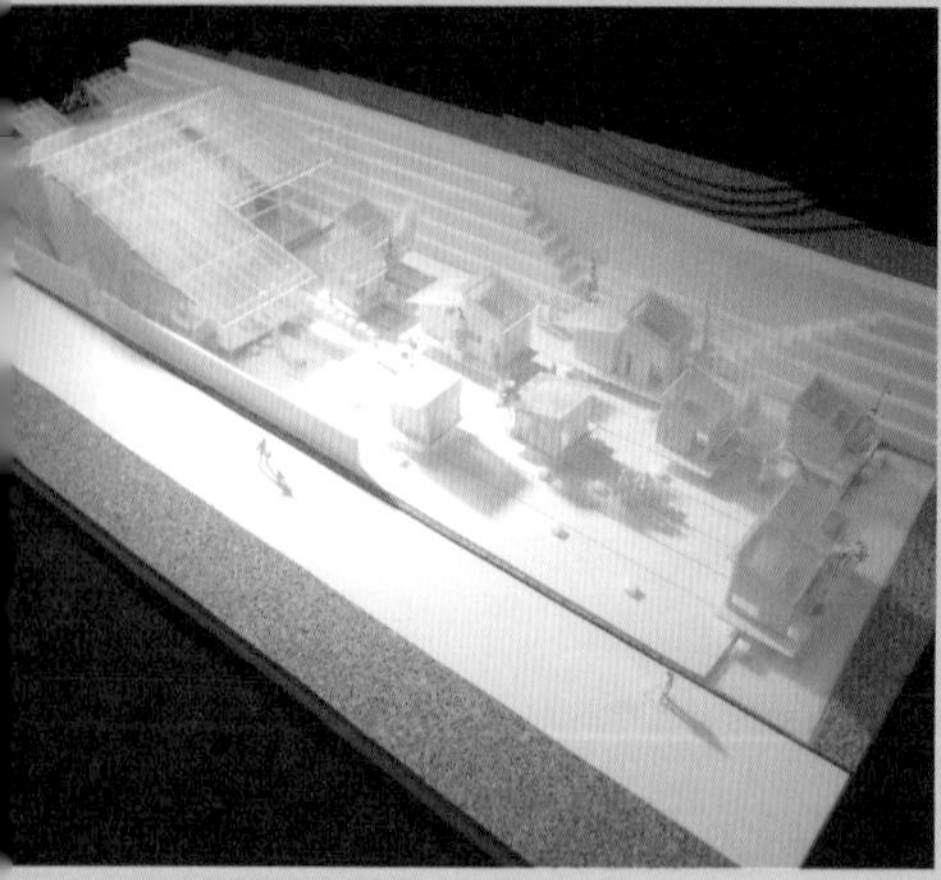

川本稜「旅する宿 /traveling」

「無何有の郷」とは荘子の「逍遙遊」に登場する言葉である。「何ものも有ることが無い」ことがかえって豊かであると説くこのテキストを元に、京都・嵐山の特定の敷地に宿泊施設を設計した。すなわち、抽象から具体への横断が本スタジオの課題であった。
敷地の様々なコンテクストから問題を設定し、自らの「無何有」の解釈を言語化した詩を空間化するというプロセスによって、新しい宿泊施設の提案を試みたが、言葉と空間の乖離もやや見受けられた。欲をいえばもっと詩に時間を費やすべきだったであろう。［川本稜］

名づけていた。そうした知的なゲームとしての建築の世界にどっぷり浸かって建築を学んできて、一方で世界の集落の自然との応答、社会との応答にも出会ってきて、自分でもつくってきて、旅もしてきて、さて、とつらつら思い返して見たときに、たとえばゲーリーのように魚の物語を建築にする、といったわけのわからない試みが出て、で、行ってみればなかなかいい。すると建築はもっと自由に発想していいのだろうな。もともと答えはない、正解はない、と言っているのだし、新しい世代には新しい発想が必要なのかもしれない。そんなふうに、手法、という言葉さえもカッコに入れて、発想の根源を探ろうとしたのがこの頃のスタジオ。

異領域をトラヴァースした先にあった「建築」

阿波野　こうして振り返ると、竹山研や竹山先生の授業では、建築的手法や評価の仕方を直接学ぶのではなく、テキストを読んで、考えるという思考のトレーニングをしてきたと言えると思います。東大出身の方と話していると、読んできた本が全然違うんですよ。僕たちは哲学や思想みたいな、抽象的な方向に偏っている。何を学んできたかっていうのも、一概に言語化しにくい。一方で、『traverse』のような、雑誌の編集という、活動としてはわかりやすいことをしてきたのも特徴的ですね。

西尾　『traverse』は第2世代の頃に創刊していますが、2010年頃からはエディトリアルデザインだけでなく、学生が企画まで考えるようになりました。自分たちでインタビューを企画して、全国行脚しましたね。僕自身、今は編集の仕事を中心に活動していますが、これがなかったら違っていたと思います。最近はいろんな研究室の学生が参加する場になっていますね。

川本　『traverse』は、もともとは計画系・構造系・環境系を横断するという意味だそうです。それならたくさんの研究室から参加してもらった方がいいんじゃないかと。2015年には編集委員の大崎純先生が京大に戻ってこられて、構造系の学生にも参加してもらえるようになりました。

田原迫　私たちでは思いつかなかった企画を提案してくれました。

阿波野　それだけでなく、『traverse』では、建築と直接的に関係のない、いわゆる異分野と積極的に関わっていますね。

西尾　建築という分野の中の境界にまたがるという当初の目的を越えて、建築とは異なる領域が掛け合わされていったんですね。
　他者との応答ということでいえば、高松先生が退官される年に、先輩たちがインタビューを企画したんです。編集メンバーだった中井茂樹さんが、自分が研究していた映画監督のロベール・ブレッソンの著作を高松先生に事前に渡し、それを一つの下敷きにしてお話を伺ったのですが、そのとき高松先生は、「（自分は）演出家でもない、映画監督でもない。自分が映画をつくっていることを忘れなさい」というブレッソンの自己暗示のような言葉に応答して、それを建築に置き換えて学生へのメッセージにしました。「（君は）建築家ではない。建築をつくっていることを忘れなさい」と。その言葉自体も心に残ったのですが、何かを投げかけたことで、それがなければ生まれなかった言葉が返ってきたというのが、面白かった。最近はどんなことをやっているんですか？

松原　新しい取り組みとしては、今号から、学生のエッセイを掲載しています。

田原迫　いいですね。積極的に分野の境界を越えるという竹山研のマインドは、他の研究室に伝染してほしいし、実際にそうなりかけているんじゃないかな。

山口　それが最近の建築界の風潮ですよね。先取りしていたというか。

西尾　異なる領域に出かけるとき、向かう自分たちのスタンスが大事だと思うんです。出かけてはいくんだけど、やっぱり僕らの軸は建築なんです。だけど、出かけていくことではじめて自分の居場所がわかってくる。

阿波野　自分たちの専門分野が建築だというのは、相対化されてはじめて実感するよね。も

〈領域を横断すること〉
「traverse— 新建築学研究」は2000年に創刊され、かつて京都大学の教官たちが出していた「建築学研究」を継ぐという志をもって始まった年一回発行の機関誌だ。編集委員は、布野修司、古阪秀三、山岸常人、竹山聖、大崎純、伊勢史郎、石田泰一郎（年齢順）の7人。領域を横断して建築を語っていこう、との意図を込めて命名した。デザインやレイアウトはもともと竹山研が中心となってやって来ていたが、学生主体となってからは編集長もほぼ歴代竹山研から出して来た。スタジオ、トラバース、卒業設計、修士論文、というのが竹山研の基本メニューで、そこにプロジェクトや勉強会、そして旅行が絡んでくる。

〈相対化の場〉
価値観の多様化がニヒリズムにつながるとしたら、それはない、少なくとも竹山研の中ではないようにしたいと思ってきた。つまり、建築を信じている。正確にいえば建築の価値を信じている。こ

のことは言っておきたい。建築は広い意味で、人間が意図をもってものを組み立てること、知的な組み立て、美的な組み立て、であって、それこそarchitectureなのだが、そうした物事や行為に対する価値観、これを皆にも持ち続けてもらいたいと思って接してきた。建築の設計者となるにせよ、他の分野で活躍するにせよ、世の中には建築という価値観がありそれに魅せられた人たちがいてそんな先生がいた、という記憶が、それぞれの人生をより豊かなものにしてくれる、と。そうした意味で、相対化なのだ。建築を広い地平で見るまなざしをもつということだ。絶対的価値観の場は、歴史的にいっても、世界を不幸にする。とりわけそれが一致団結した集団であった場合。個人の思考や行為を抑圧する。だからもし竹山研が、自由な個体のゆるやかな連携と運動の場であってくれたとしたら、僕としてはとてもラッキーだったと思う。

う一つ実感するのは、応答の結果として、建築というかたちにアウトプットできるのは設計をやってるからこそだよね。建築の設計につながる言葉を導きだせるのも僕らだからかもしれない。『traverse』のインタビューをしているときに、ほかの研究室の学生が「竹山研は、みんな同じタイミングでメモをとるのが面白かった」と言ってたんです。外から指摘されないと気づかないよね。

川本　建築の外の分野の人たちとの接し方を学ばせてもらいました。建築の世界しか知らない自分が、ほかの分野の人と対話してもいいんだと。

阿波野　竹山研は、相対化の場だということですね。例えるなら大海原の中で、自分がどんな船を漕いでいるか、どう漕げばいいかを考えさせられる場所であったともいえるんじゃないかな。一般的な建築教育は、自分が乗る船の設計みたいなものなんですよ。建築家としてどうあるべきかを教え込まれて、立派な船になって海に繰り出す。でも、竹山研で身につけるのは船の漕ぎ方。小さいイカダでどこまで旅ができるか。さらにいうと、漕ぎ方も教えてくれるんじゃなくて、どんな漕ぎ方でもいいから漕げって後押ししてくれるのが竹山先生だった。

西尾　まずはやってみればいいんだと。そうやってたくさんの先輩たちが漕ぎ出していった。自分の大陸を発見した人もいるけれど、一方で、漂流してしまった人たちがいる。僕もつい漕ぎ出してしまったから漂流中（笑）。でも、竹山研の時に感じたあの自由さを知っていれば、いつでもまた自分なりに漕ぎ出すことができるんじゃないかと思います。

２０１９年8月10日、ASJ TOKYO CELLにて

『traverse—新建築学研究』の編集

かつて京都大学建築学教室の機関誌であった『建築学研究』の伝統を引き継ぎながら、専門分野を横断する議論の場のための新たなメディアとして2000 年創刊した雑誌。教員有志を中心に企画された座談会やインタビューやエッセイを収録するほか、学生の優秀作品や研究室プロジェクトを掲載。次第に研究室の枠を超えて集まった学生編集委員会が企画・編集・エディトリアルデザインまでを行うようになり、毎年 1 号を継続的に発行してきた。特に異領域の小説家（平野啓一郎）、美術家（名和晃平や松井冬子）、写真家（ホンマタカシ）、デザイナー（深澤直人）らへのインタビューは、建築の枠を超えるとともに、建築家や専門家の存在をあらためて客観視する機会となり、スタジオの進行や設計活動とも連動しながら自ずとそれらを批評する視点を学生たちにもたらしている。企画立案のための議論、取材先の地域での経験や、編集的な視点による言語表現の探求も、様々な他者の存在とあらためて認識する場を提供している。2017 年からは Web 上で公開され、過去号のアーカイブ化とともに新たな展開をみせている。[西尾圭悟]

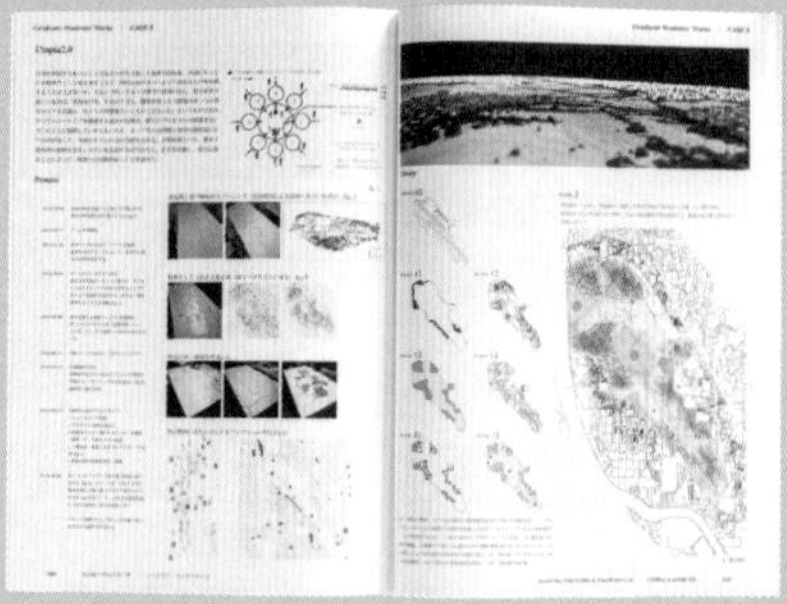

左上 /1 号・スタジオコースの作品紹介　右上 /11 号・プロジェクト（ランドスケープ / ユートピア）
左下 /15 号・異領域インタビュー（ホンマタカシ）　右下 /19 号・若手建築家リレーインタビュー（米澤隆）

現在へのつながり

無意識の国を旅する

西尾圭悟

2013年の春、まだ雪が残る青森に画家の三瀬夏之介さんを訪ねたことがある。安藤忠雄が設計した郊外の芸術センターに、アーティスト・イン・レジデンスで制作と展示に取り組んでいた三瀬さんは、京都から着いたばかりの私を快く迎え入れた。つたない質問に丁寧な言葉で応えながら、「僕も学生のときに……」と、かつて自身も憧れの作家に押しかけた経験を語り、見知らぬ学生のインタビューに応じた理由を教えてくれた彼は、「定まったかたちのない空間がいい」と、いささか難しい課題を私に投げかけた。

三瀬夏之介の絵は巨大で、全長10メートルを超える作品がいくつもある。しかしそれを構成するのは、和紙の切れ端に描かれた、日常の断片的な風景の数々だ。小さな欠片がパッチワークされて、大きな全体ができている。絵画ではあるけれど、紙の集合体であるがゆえに、その存在は、絵画的イメージから物質性を浮かび上がらせる。身体のスケールより遥かに大きな作品群は、ステレオタイプな鑑賞体験からみるものを引き剥がし、一様な把握を不可能なものにする。大げさな額縁もガラスケースもいらない。ある屏風仕立ての大作は、いまだ完成しておらず、いつまでも更新され、永遠に定まることがないのだという。三瀬さんからの宿題は、そんな作品のあり方と真正面から向き合うことを意図したものだった。

その年に研究室で取り組んだ「アートと空間」というスタジオは、学生自身が選定したアーティストとの対話を通して、その作品を展示する個人美術館を構想するというものだった。「応答的建築」なるキーワードが提示され、ともかく作家の話を聞いてくることが、設計にあたっての唯一の条件となる。設計過程において、具体的な他者との「応答」するのは、ほとんど学生にとって初めての経験で、戸惑いもあったが、卒業設計で挫折し、建築から逃げ出したいと思っていた私は、敷地調査やボリュームスタディからではない、また「資料集成」も当てにならない、新たな建築設計へのアプローチに、興奮すら覚えていた。アーティストの言うことが是であるならば、なんでもあり。だから別世界へ逃げ込めると思い込んだのだ。

思えば、私は建築から逃げてばかりだった。学部の頃は設計課題そっちのけで自主映画制作にのめりこみ、大学院では『traverse』の編集に明け暮れた。修士論文はコルビュジエの建築を対象にはしたものの、実際には写真論だったために、審査会では随分と厳しい批評もあった。幸い当時の竹山研のスタジオは、逃げ場だらけで、建築の枠にとらわれないその自由なアプローチには救われた。とはいえ、翌年のスタジオ「ダイアグラムによる建築の構想」の講評会では、「あなたは建築の可能性について活動していないのね」と、あるゲストレビュワーから核心をついた指摘を受けている。まったくその通りだと、思わず自認したが、しかしついには、就職活動まで放棄してしまった。

卒業後は、ある新設の学術団体を隠れ蓑に、「悠々自適」と独立を自称した。その実態は、事務局がある古臭いビルの一室で、編集者や写真家のまねごとに終始する日々だったのだが。ただこの頃に、事務手伝いのかたわら、展覧会の企画や機関誌の編集を一人きりで担ったことや、その道すがら、たくさんの若手建築家や同世代の人々と出会い、彼らの仕事ぶりを目の当たりにしたことで、かりそめの勇気を抱くことができた。そのうちに、編集者や写真家、建築家の仲間たちと、ささやかな事務所をはじめたのが2年前。学生時代からこれまでにやってきたことをすべて仕事にして、総力戦の自転車操業を続けている。

さて、「建築の可能性について活動していない」ことを見抜かれたあの講評会で、もう一つ覚えている言葉がある。「無意識の国へ旅をしていってほしい」。竹山先生の言葉だ。「ダイアグラム」の課題は、他人が生み出したイメージにダイアグラムを発見し、恣意的な操作なしに建築を構想するというもので、共同でも、協調でもない、他者との断続的な応答の繰り返しからなるプロセスは、まさに「無意識」の世界へと私たちを誘ってくれるものだった。そんな先の見えないトライアルの最後にあった痛烈な批評とともに、先生のウィットに富んだ励ましが、その場に響いたのを覚えている。

そんな言葉を思い起こしてみると、三瀬さんを訪ねた青森への旅も、ある意味では無意識への旅だったのではないか。あるいは、写真家ルシアン・エルヴェになりきって、コルビュジエの建築をめぐったフランスとインドへの修論調査の旅も、きっとそうだ。これはつい最近のことだが、丸４日歩き続けたヒマラヤトレッキングの旅も、間違いない（ちなみにこのネパールへの旅には、竹山聖＋アモルフ設計のホテルに泊まるというもう一つの目的があり、その構想は「世界をのぞむ家」として、２０１２年の

アーメダバードの繊維業協会会館
右／筆者撮影、２０１４年
左／ルシアン・エルヴェ撮影、１９５５年
（出典：Jacques Sbriglio, "Le Corbusier & Lucien Herve: A Dialogue Between Architect and Photographer", J Paul Getty Museum Pubns, 2011）

スタジオ課題になっていた)。いずれも実際の旅ではあるが、あるときはアーティストの思索の世界をめぐり、あるときは50年も前に撮られた写真をトレースするように撮影し、またあるときは意識がなくなるほど歩き続ける。そこには、知らずしらずのうちに、知らずしらずの旅をしている自分がいる。そうした経験は、ふとした瞬間に新しいイメージを呼び覚ます。

さて、長らく逃げ続けてきた私だが、最近になって、「建築」に帰ってきたような気がしている。他者と対話しながら編集をしたり、イベントや取材先で写真を撮ったり、知らない家やまちで映像をとったり、ほかのことをしているときも、結局、建築を思わざるをえなかったからだ。どうやったら建築をつくるように、本を編めるだろうか。そのとき空間に自分を関係づけながら、写真を撮れるだろうか。人の動きや環境のざわめきによって建築を浮かび上がらせるような、映像を構想できるだろうか。すべては建築のように、あるいは、建築とともに、考えることができる。建築からの逃走もまた、一つの旅だったのだ。

旅を繰り返した先に、どうしても帰ってくることになる場所が、きっと誰にもある。私にとっては、それが竹山研であり、「庭」なのだ。それは不定形で変化しつづける。バラバラのようで互いに関係し合う。不思議な大きさと、それゆえのおおらかさがある。概念を思考するとともに、経験を伴う場所でもある。外枠がないからとにかく自由だ。そして誰も、その全貌を知ることはできない。

そこでは私にも「建築」ができる。そういえば、三瀬夏之介の絵も、「庭」のようなものだったのかもしれない。あのときの宿題の手がかりは、すぐ近くにあったのだ。

Interview
Takeyama Lab. through the eyes of architects

建築家からの証言

04. 山本理顕 / *Riken Yamamoto*

山本さんから、原研究室のことをたくさん伺った。原先生はいつも教え子一人ひとりの素晴らしさを言葉にしてくださったと聞いて、竹山先生のことを思い出した。自分のことなどまったくわからず右往左往している若者の、よい部分を掘り起こし背中を押す。山本さんの師としての愛情の深さも原研究室で培われたものなのかもしれない。私もいつかそのような人になりたい。［聞き手=大西麻貴］

世代を超えたつながり

大西　山本さんが竹山先生にはじめて会ったのはいつ頃になりますか?

山本　竹山さんは僕の九つくらい下になるのですが、彼は隈研吾さんとか、少し下の宇野求さんとか、そういう元気な人たちと同じ頃に原研究室に入ってきたんですね。その頃、僕はもう原研を卒業していたのですが、その世代とは話す機会がほかの世代と比べて多かったのです。

竹山さんたちは、伊東豊雄さんや安藤忠雄さんの世代の活動に親近感を覚えていただろうし、すごく評価していたと思います。僕自身も、伊東さんより四つ下ですが、その世代の人たちの活動にはすごく刺激を受けていたということもあって、伊東さんと竹山さんの世代の人たちとは会う機会が多かったように思います。

それと、彼らは当時、グルッポ・スペッキオという名前で、雑誌『SD』で批評活動を始めていました。毎号、建築家を一人取り上げて、5、6人の大学院生たちが批評を書いていた。当時大学院生なんだから、すごいですよね。

大西　すごいですね。

山本　そこでは伊東さんや安藤さん、そして僕も取り上げられていたのですが、その批評はすごく面白かった。彼らはそれぞれに非常に批評的な言語をもっていましたね。そういうこともあって、世代的には離れているけれど、原研の集落調査に行っている人もいて、なにか近い感じがしていましたね。

大西　グルッポ・スペッキオが書いていた批評の言葉で、印象に残っているものはありますか?

山本　ちょうど僕は4つの住宅作品を『新建築』にはじめて発表した頃だったんですが、その作品について批評するよりも、隈さんは僕と原さんの関係について書いていました。そのときには、「僕は原さんのエピゴーネンじゃないよ」というようなことを言った覚えがあります。それと、「閾」という考え方を竹山さん、宇野さんが高く評価してくれて嬉しかった記憶があります。

あの頃の雰囲気でいうと、篠原一男と磯崎新が多くの建築家に強い影響を与えていたと思います。伊東さんや石山修武さんたちも大きな影響を受けたと思いますし、竹山さんたちもそうだったと思う。磯崎さんや篠原さんの言語は、従来の建築家が話していた言語とはまったく違っていたのです。端的に言ってしまうと、建築は個人的な感性によるものであるべきだということですね。磯崎さんはその感性の根拠を歴史様式に求めましたが、篠原さんは自分の純粋な感性を信じていたのではないかと思います。二人に共通していたのは、建築家が社会貢献できると考えること自体が間違いだということでした。その言葉はわれわれ若い世代に強い影響を与えたと思います。

大西　伊東さんは「自分の事務所を始めた70年代は社会から閉じたかたちで建築を考えるしかなかった」とおっしゃっていました。やはり篠原さんの影響をあらためて感じます。山本さんご自身は、篠原さんや磯崎さんからの影響をどのように感じていたのでしょうか?

山本　篠原さんの作品には、非常に魅了されましたね。ただ僕は一方で、篠原さん、磯崎さんにはかなり批判的でした。建築は一つの社会の中、環境の中に存在しているわけだから、いくら個人の感性といったって、その環境との関係を考え、その周辺に住んでいる人にその存在を認めてもらわない限り、建築は実現できないだろうと考えていました。実際に認めてもらうかどうかではなくて、自分の中でその理論ができているかどうかが僕にとっては問題でした。

大西　そこには原先生の影響もあるのですか?

山本　原先生と一緒に集落調査に行ったことの影響が大きいですし、もちろん原さんの影響も大きいです。原さんは言語が大風呂敷じゃないですか。社会に貢献するという意識はすごく強いのですが、その社会に対する風呂敷がものすごく大きい(笑)。

大西　時間のスパンもスケールも、常人よりもすごく大きそうですね。

山本　そういう夢を見るような原さんの姿勢にはすごく影響されましたね。建築家は夢を実現していく存在なのだ、いくら大風呂敷でもいいんだ、ってね。僕も大風呂敷な方なんだけれど、原さんに比べれば相当小さいです(笑)。

大西　違う方向に大きいんだと思います(笑)。

原広司から学んだこと

大西　竹山先生も大学で教えるにあたって、原研の影響が大きかったんだと思っています。たとえば、言葉で語ることと、ものをつくることの双方をやることの大切さについてよくおっしゃっていたり。たぶん原研にいらした方々は、それぞれ違うかたちで原研を受け止めているのかなと思うのですが、山本さんにとってはどんな場所でしたか?

山本　理解するということはどういうことなのか、そういうことをはじめて勉強した、という感じがしました。原研に行って。それまで一体何をしていたんだろうと思うくらい。僕は多くの人から影響を受けていて、たとえば家族と住宅の関係については黒沢隆さんとかですね。それでも原研に行って、はじめて勉強をしている、という感じがしましたね。

大西　原研からたくさんの建築家が育っていったのは、「あなたはこんなところがすごいのだ」と、一人ひとりが原先生から背中を押されて、自信をもてたからだと伺ったことがあります。だからもしかすると竹山先生も、自分の教え子にそうありたいと、思われていたのかなと。学生ってみんなミトコンドリアみたいな感じで、何がなんだかよくわからない感じだと思うのです。それを見て、「おまえは行ける」とか、そういう言葉をかけてくださっていたので。

山本　原さんは、人に対して、その人の優れたところをきちんと言語で伝えるというのができる人なので、それで学生は力づけられるのでしょうね。それと何が伝えるべき本質かということをつねに考えている。

僕は今でも鮮明に覚えているのですが、あるとき原さんが世界地図の話をしてくれたことがあって。ルネサンス以前の世界地図は、TO図といって、聖なる東をOの上にして描かれているんです。そのOの中に描かれたTの横棒がナイル川とドン川、縦棒が地中海を表している。地図というのは、最初はこういう生活世界を表象するイコンだった。それが大航海時代になって、だんだん実際の地中海やその外側の海の形がわかって、その外もわかってきて、そのうちに放射状に方位線を描く図法による地図が現れる。徐々に正確な地図になっていくんです。それで原さんは「そのときからわからないことは描かなくなった」と言ったんです。

イコンは、世界のすべてがわかっていることを前提に描く。でも正確な地図をつくるためには、わからないことは描かない。わからないことは描かなくてもいいという思想が、そこから始まったわけです。と同時に、いずれそれはわかる、という思想がそれを支えているわけですよね。それは近代のはじまりだと思うんです。その話は、僕にとってはすごい発見でした。

大西　しかしTO図はシンプルだから、むしろ描かれていないことの方が多いようにも感じます。

山本　いや、つまり、TO図というのは世界の模写なんですよ。そこにはすべてが描かれているのです。放射図法によって描くというのは、カントの言う理性ですよね。理性に基づいて私たちは考えているのだということが、そこではじめて発見されたわけです。そういうことを言ってくれる人はそれまで誰もいませんでした。だから、はじめて勉強しているという感じがしたのでしょうね。

大西　対話によって思考が展開していくわけですね。

山本 そうそう。原研にいると、自分で考える。原さんはなにか重要なことを言ったあとはいなくなっちゃうから。そういう日々でしたね。

大西 自分で考えるというのは、竹山研究室も同じだと思います。研究室の先輩と後輩が一緒になって自主的に課題を組み立てたり。先生はそこにときどきいらして、自然と会話が始まったりする。原研から引き継いでいるところかもしれませんね。

建築家がそなえるべき感性

山本 さっきの話に戻ると、篠原さんや磯崎さんのように自分の感性を大事にするような建築のつくり方に対して、僕は社会との関係が大事だと思っていたけど、そういう考え方を、竹山さんももっていたと思いますね。竹山さんの世代は篠原さん、磯崎さんの影響をすごく受けていると思うけれど、それは被害を被ったような感じだと思う。そこから脱出するのは、大変だったでしょうね。

大西 竹山先生もやはり感性で考えておられるところがあると思います。閉じているかどうかわからないのですが。

山本 でも、そこから自分なりに脱出しようとしたはずです。それが竹山さんの倫理観みたいなものをつくっていったような感じがする。原さんはすごく倫理的な人ですから、それも受け継いでいるし、篠原と磯崎、この二人を一緒にしてはいけませんが、その感性的なものから、どうやって自分の倫理観をつくっていくかということを、竹山さんは深刻に考えたのではないかと思いますね。

大西 そこから脱出する感覚というのは、今の私たちからは想像しづらいのですが、どのような感じなのでしょうか。

山本 竹山さんはいろいろ大きなプロジェクトにチャレンジしていましたよね。震災の後もそうだし、自分なりの倫理観に基づく建築をどうつくれるのかというのを考えていた気がします。それはやっぱり原さんから学んだことでもあると思います。原さんは自分の夢は実現するというすごく強い意志をもっていましたが、倫理観とはその夢のことです。竹山さんはそれを信じて活動していたのではないかな。

大西 どんなところに感じますか?

山本 曲がったことをしないというか。

大西 それはそうですね。まず人の悪口をおっしゃらないですね。それに政治に巻き込まれないところもあると思います。

山本 そう。注意深いのかもしれない。だけど、学生たちはそうした竹山さんから教わることは多かったんじゃないですか?

大西　そうですね。生き方というか、たしかに倫理観というものを学んでいるかもしれません。自分の道をまっすぐ歩めと。あと、以前先生の還暦をお祝いするパーティをしたときに、学生一人ひとりに対して、「あなたはこういうところが良かった」と、些細なことまでよく覚えていて、それを言葉にしてくださったことがありました。その様子を見て、自分もこうありたいな、と思いました。

山本　すごいね。

大西　話が変わりますが、あるときに竹山先生が「結局、建築は感性でしか判断できない」とおっしゃって、自分がつくりたいものをつくってもいいのだということを、私ははじめて知ったんです。だから、私にとっては感性と竹山先生がすごく結びつくのですが、山本さんは感性、あるいは人間のもつ感覚的なものについて、どのように評価しておられますか?

山本　感性というのはセンス（sence）ですよね。センスって英語で言うと、ちょっと「えっ?」という感じがするじゃない?

大西　たしかに。「センスがいい」とかいうと。

山本　そうそう、センスなんですよね。センスの対義語が理性。これを英語で言うとreasonですよね。それも、「えっ?」という感じしない?

大西　理由みたいな。

山本　そう、理由です。存在には理由がある、その存在の理由は必ず実証することができると考えることが理性です。感性というのは、他者には伝達できません。「痛い」と思っても、他人は痛くないわけです。理由があるということは、必ずその存在を他者に伝達できる。それが感性と理性の大きな違いだと思います。たぶん竹山さんは、誰かに説明できなくたっていいんだと、まずは感性で感じたことをかたちにしていけばいいんだと、言ったのかもしれませんね。

一方で、われわれは考えるときに、それが必ず説明可能だと思っている。それはやっぱり、われわれが共同体的存在だからなのです。共同体のメンバーに対しては、自分の感性を伝達できるんじゃないかと。たとえば、この建築がかっこいいとか、流行っているとかという、その感覚を信じられるのは、いわば「建築業界共同体」みたいなものの中に自分がいるからですよね。

つまりそれが、カントの言う「コモンセンス=共同体感覚」です。これを「常識」と訳してしまうとわからなくなってしまうけれど、「共同体感覚」というとわかりますよね。同じ共同体の内側にいる人に対して、「あなたも同じこと感じているでしょう?」と問いかけることです。自分たちの仲間にそれを伝達したい気持ちのことです。

大西　たとえばセンスという言葉も、センサー、つまり感じ取る力という意味もありますよね。見えないけれど、感じ取ることができる。敷地に行って、「このほうがここにはあっているな」とか、「こういうものをつくるべきだな」と感じ取ったり、聴いたりする力があって、そういうものが感性なのかなと。

山本　センサーが働くことは大切ですよね。動物でも誰が仲間かを発見できないと死んじゃうものね。それは建築をつくるときも同じで、自分がいま誰に向かってつくっているのかを考える能力というか。僕はね、大西さんはそういうセンサーがすごく働いていると思う。建築家はまったく見知らぬ土地に行って建築をつくらなくちゃいけないので、その感覚を研ぎすませていないといけないと思います。

マイペースさから生まれる個性

大西　最後に、これまで京大から山本さんの事務所に行ったスタッフのことについてお聞きしたいと思います。竹山研ではないのですが、山本麻子さん（1997年修了）についてお伺いできますか?

山本　麻子さんは布野修司が送り込んできたのです。はじめは全然設計ができなくて（笑）。《埼玉県立大学》の現場にすぐ行かせたのです。そのとき「コンセントの位置を展開図に書け」と言ったら、図面を描かないで、テーブルが床から70センチ、そこから計算してコンセントは何センチって、紙に数字を書いて持ってきたの。ちゃんと描けよと（笑）。

大西　でもたしかに、京大では図面をしっかり描く機会はほとんどなかったです。

山本　そうかもしれない。それで麻子さんはいきなり現場に行ったから、相当戸惑っただろうね。設計はすごく苦労しながら覚えたのだと思うけれど、彼女たち（アルファヴィルとして竹口健太郎と協働）が最近つくっているものはすごくいいですね。ごく最近のものを見せてもらって、カプセルホテルのような宿泊施設だったけど、今までのカプセルホテルのようには全然閉じていない。上手になったなと思った。このところ突然よくなったけど、やっぱり急にジャンプするんだね。

大西　次に山本基輝さん（2004年修了）についてはいかがですか?

山本　静かな人でしたね。でも模型がすごくうまくて、黙々とつくっていた印象があります。あの頃はあまり実現したプロジェクトがなくて、だからコンペをたくさんやっていたんですが、彼は波打った山を発泡スチロールで凹凸両方削り出しながら、すごく薄くつくった。その頃そういう機械がなかったから、そんなことできるのは彼だけだったんじゃないかな。継ぎ目なしでできちゃう。あれはすごい技だったな。

大西　小池美香子さん（2003年修了）はいかがでしたか？

山本　小池は京大で僕が非常勤をしていたときに、TAをやってくれていたのです。そのときに小池の手際がすごくよくて、「事務所に来ないか？」と誘ったんです。彼女は《福生市庁舎》を担当しました。そのコンペはほとんど僕と彼女の二人でやったようなものでしたね。コンペに勝って、図面もずっと彼女が描いて、現場に入ったくらいで結婚することになって辞めてしまいました。隈研吾さんの事務所に結婚の相手さんがいて。僕としては隈事務所の方が辞めればいいじゃないかと思ったんだけどね（笑）。小池がとられちゃったような感じで、僕としては残念だったんだけど。

大西　非常勤をされていて、京大のイメージはいかがですか？

山本　京大生はね、どこかおっとりしているところがあるね。まあそれがいいのかもしれないけどね。でも、いま建築家業界の倫理感覚は最悪だと思う。竹山研出身者たちが頑張ってください。

2019年12月6日、山本理顕設計工場にて

山本理顕（やまもと・りけん）
建築家。1945年中国・北京生まれ。1968年日本大学理工学部建築学科卒業。1971年東京芸術大学大学院美術研究科建築専攻修了後、東京大学生産技術研究所原研究室研究生。1973年山本理顕設計工場を設立。工学院大学、横浜国立大学大学院、日本大学大学院で教鞭をとり、2018年より名古屋造形大学学長。作品に《公立はこだて未来大学》《横須賀美術館》《福生市庁舎》《天津図書館》などがある。著書は『地域社会圏主義』ほか多数。

Interview
Takeyama Lab. through the eyes of architects

建築家からの証言

05. 内藤廣 / *Hiroshi Naito*

富山県美術館の設計において、内藤さんは当時スタッフだった橋本くんに、様々な言葉だけを投げかけ続けたのだという。まるで手紙のような、あるいは詩のような言葉と、それを空間に置き換え、応答していくプロセス。「本来建築というものは、一篇の詩さえあれば、そこから生まれてくるというようなものなんだよ」。その深い師弟関係に、まるで古代からつくられ続けてきた建築の時間の一端を垣間みたような気がした。［聞き手＝大西麻貴・橋本尚樹・山雄和真］

錯綜する時代に生まれた素直さ

内藤　1983年頃の話ですが、竹山さんの奥さんである由美さんが、西洋環境開発で僕の担当だったんです。きれいで素敵な女性で、しばらくしたら「建築家と結婚するんです。竹山と言います」と言うから、当時、「竹山」といえば竹山実だったので、それはかなりの年の差婚だな、なんて思ったりして（笑）。だからそのときまで竹山聖という名前を知らなかったはずです。

最初に会ったのがいつかは覚えていませんが、第一印象はとても頭のいいやつだということ。もう一つは、なにか言い知れぬルサンチマンを抱えていて、「何かを成し遂げたい」というような感じが強くありましたよね。竹山さんは、大江匡さんや隈研吾さんと同年ですが、あの世代はみんなそうでした。僕が年上なので、竹山さんは当時いろいろ相談には来てくれたのですが、別に僕の言うことを聞くわけじゃないし、ただやりたいことを言い放つだけで、かなり生意気な若者でしたよ（笑）。

スペインから帰ってきたばかりの僕は、ほとんどメディアに関心がなかったので、アモルフとかいう名前で若い人が評論を書いていていることは知っていたけれど、読んではいなかった。でも竹山さんが僕らを「失われた世代」なんて書いているのは知っていました。僕らの世代をスキップしたかったんでしょうね。されてたまるか（笑）。

大西　内藤さんの世代は建築家になった人が少ないと聞いたことがあります。

内藤　基本的にそうですね。僕は早稲田出身ですけど、160人ぐらいの中で建築家を目指そうとしていたのは5人ぐらいかもしれない。ほとんどが大手のゼネコンに就職しました。別の学校だけど、岸和郎とか北山恒は同い年にいますけどね。

大西　そうすると、やっぱり世代が違うという印象ですか？

内藤　はっきりとした違いがありますね。僕らの世代が学生の頃は、70年代の安保闘争の最後でした。竹山さんたちはその5年くらい後ですが、実はこの5年の差が大きいんですよ。たとえば、戦中世代と戦後世代がかなり違うように、僕らと彼らは年齢の差は少しでも、時代が違う。われわれには、何をやろうとしてもすんなりとはいかない、という印象がある。建築家になるなんて、学生運動をやっているような同級生には全否定されていた。少なからず社会の仕組みや資本の論理をなぞるわけですから。それに対して、彼らは自由ですよね。素直に建築に向かっていけたんだろうな。

「近代の呪縛」にどう向き合うか

大西　山本理顕さんが、70年代は磯崎新さんと篠原一男さんの影響が大きくて、竹山さんや隈さんの世代にはそれが直撃したんじゃないか、とおっしゃっていました。

内藤　そうかもしれないね。70年代から80年代前半までは「磯崎新の時代」というぐらい、磯崎さんの影響が圧倒的で、それに対抗するあり方として篠原さんがいた。その時代的な状況を彼らの世代は直接受けているかもしれないね。だから、メタフィジカルに建築を考えたり、ポストモダニズム的な思考回路が竹山聖や隈研吾にもあったはず。隈さんだって最初は《M2》のようにコリント式の柱なんかつくっていたんだからね。みんな忘れているけど（笑）。いまや鮮やかに衣替えして、素材とかいってメタフィジカルな部分を消そうとしているからね。

そういう意味では、竹山聖は変わりきらなかった。でも僕はそういう人のほうが信用できるし、好きですね。やっぱり彼は建築というきわめてハードルの高い価値に対して愚直で正直という気がします。

大西　少し話がそれますが、内藤さんが建築に行き詰まってやめようとしたときに、ルイス・カーンの建築を見て思いとどまった、と聞いたことがありますが、本当でしょうか？

内藤　本当です。36か7の頃ですね。《海の博物館》の設計をしていたとき、施主やコストで難題が山のようにあって、一方で事務所はいつも金欠で明日潰れるかという感じで、こんなにまでして建築をやる意味があるのか、と思っていた。ちょうどペンシルバニア大学に同級生が留学していたので、気晴らしに遊びに行ったんです。そのとき、ヴェンチューリの《母の家》を見に行くついでに、途中にある《エシェリック邸》に寄ったんです。そこで衝撃を受けて……。僕はカーンに、モダニティの最果てにある成熟を見た気がしたんです。

僕らが設計で使う99％の材料は、資本主義社会やモダニティから生まれてきたものです。だから基本的にはその原理を受け入れざるを得ない。伊東さんらが「近代の呪縛に放て」（『近代建築』での連載、1975〜77年）をやったときも、苦しいんだろうなと思いました。磯崎さんはすべてわかりきった上で、形而上学的な観念の世界から建築の原理を再構築してみようとしましたが、そんなふうに建築の限界みたいなものが、80年代前半までの一つの共通認識としてあったと思う。僕も、近代建築には出口がないと思っていたけれど、カーンを見て、モダニティが成熟するということがあるんだと驚いた。でも日本にそれがあるかと考えたら、ない。それならやる価値があるなと。

山雄　そういう意味では、内藤さんは竹山先生の建築をどういうふうに見ておられますか？

内藤　概念的な話でいえば、磯崎さんがやり尽くしてしまっているなかで、もがいてきたのが竹山聖ですね。彼は頭がいいけれど、それは建築家としては必ずしも良い意味ではない。竹山さんはともするとものが見えすぎるきらいがある。普通の人ではもち得ないパースペクティブをもつことができるわけで、それは素晴らしいことなのですが、いざつくるとなれば、それがマイナスに作用する場合もある。そこで苦しんできたはずです。建築家は「ほどよく頭が悪い」のが僕はいいと思う。僕はほどよく頭が悪い（笑）。そういう意味では、（竹山研から内藤事務所にきた）橋本尚樹くん（２００８年卒業）はちょっと頭が良すぎますね。

未知なる世界をめぐり、学びながらつくる

大西　橋本くんは頭がいいし、すごく手が動く人ですね。それゆえに何をやるべきかを悩んだり、人と違うことをやろうとして、ジャン・ヌーベルのところに行ったり、お花屋さんで仕事をしたり、彼なりに自分の道を模索してきたように感じ

ます。内藤さんは、橋本くんにどんな印象をおもちでしょうか？

内藤　最初はなんて嫌なやつだろうと思いました（笑）。学生の頃は生徒会をやっていたり、テニス部ではキャプテンで、卒業設計は全部のコンペで一番ですからね。でもそういう人が建築をやるのは大変です。つまり、建築は本質的に勝ち負けではなく、少し違う次元の勝負です。そこでは彼の身体に染みついている成功体験が不利に働いてしまう気がする。「不可能なるもの」を創造することは秀才は苦手です。問題が解けると思っているから、説明できないものを創造したり、そもそも「問題」を設定すること自体が苦手なはず。

大西　事務所で橋本くんはどのように仕事をしていたのでしょうか？

内藤　うちの事務所では、僕が答えをはっきり言わないタイプなので、スタッフがいろいろと提案してくれるんですよ。（元スタッフの）湯浅良介くんと橋本くんの二人で《富山県美術館》を担当してくれたときは、二人とも優秀だったから、できるだけ手を動かさずに言葉だけで設計しようとしたんです。だから僕のスケッチなんかほとんど残っていませんね。口先設計（笑）。

僕がもし西行みたいな能力をもっていて、詩を書いて、橋

本くんみたいな優秀なスタッフに預けたら、それで建築ってつくれてしまうんだよね、きっと。そんな完璧な文才は持ち合わせていないところが問題なんだけど、もし実現しようと思うものを美しい文章で書けたら、あとはそれを物質化するだけのプロセスだから。それを設計と呼んでもいい。僕は建築って本質的にはそういうものだと思うんだよね。

大西　橋本くんは、内藤さんとのやりとりで印象的だったことはありますか？

橋本　言葉の問いかけに対して、僕たちは図面で答えるんですが、内藤さんはあえて正解らしいものを選ばないことがよくありました（笑）。そんなやりとりが思い出深いですね。そのやりとりが、この建築をどこまでも面白くしていくんだろうなと。建築の手触りや、音、まわりの人の様子、小説に出てくるような場面みたいな話をたくさんしました。あるいはもっと抽象的なものもありました。「一円玉みたいな感じ」のように。現場に行っても変わらずに、「普通はこうだろうけど、今回はこうしようか」と。面白かったですね。

内藤　最初は、「この建物に君が彼女を連れて行ったら」みたいな一日の物語を書かせたんですね。季節と時間も特定して、まず富山駅で会って、どこを歩いて、どう帰るかまで。それはまだ手元に残してあります。彼が巨匠になったら公開する（笑）。今までは僕とスタッフの能力差がものすごくあったから、そういう手法でやったことはなかったんです。でも湯浅くんと橋本くんだったら、やらせてみても面白いんじゃないかと。出来上がった建築も、この二人とじゃなければ、まったく違ったものになっていたでしょうね。

橋本　《富山》の時は、これが建築になっているのかどうかという不安があったんです。内藤さんも悩まれていました。わからないものに踏み出していくことを、一緒に悩みながらやらせてもらった、貴重な経験でした。そして出来上がったものを見て一緒に安心する、と。

大西　今のお話を聞いていて、竹山研に近いものがあるなと思いました。私が4回生のときのスタジオ課題は、あるとき一編の詩が与えられて、そこから建築をつくる課題自体をみんなで組み立てていくというものでした。詩や小説を書いて、学生同士で交換してみたり。そのようなプロセスを実際のプロジェクトでも取り組まれているというのはすごいですね。

内藤　竹山研が詩を起点に建築を組み立てていこうとしていたというのは、とても興味深いね。それが建築の本質をさらけ出させるには正解だろうと思います。大学で勉強することなんて大したことじゃないんだから、もっとどう考えるかとか、どう生きるかとか、そういうことが中心であるべきだよね。

僕は東大で教えていたけれど、東大では、いい点取らないと建築学科に入れないし、希望の研究室にも行けないし、大学院に入っても1年経たないうちに就活しはじめる。どこまでいっても成績に追いまくられている。「君たち何やってるの?」って言ったことがある。京大のいいところは、そういう競争があまりないところだよね。それは、本来あるべき大学の姿に近いんじゃないかな。

師匠から弟子へと受け継がれる生き方

大西　内藤さん自身が大学で教え、学ぶことを考えるときに、吉阪隆正さんの影響はありますか?

内藤　それはすごく大きい。建築家としては菊竹清訓さんや、クリエイションという意味ではイゲーラスの影響も受けていますが、「人としてどう生きるか」ということについては、吉阪さんに会わなかったら違っていた。もっと売れ線の建築家になってたんじゃないかな（笑）。あの人に会ったがために、人生が難しくなってしまった。僕は当時超多忙だった吉阪さんからほとんど何も教わっていないんです。でも、そのわずかな隙間であの人からもらった言葉が大きい。だから東大で教えていて、吉阪さんだったらこういうことを言うのかな、と頭に浮かぶこともよくありました。大学の先生というのは、人の人生を変えちゃうんですよね。吉阪隆正は戦争に行っている人なので、悲惨な戦争の後に何を考えるのかというのを背負っていた。僕はその荷物を受け渡された感じがしています。人の尊厳みたいなものですね。それを建築のフィールドで考えたときにどうなるのか。

山雄　われわれも竹山先生に何かを教えてもらった覚えはないのですが、先生が折りに触れておっしゃった言葉は覚えているんです。

大西　竹山研で「もっと自由に生きろ」と学んだ橋本くんが、内藤さんの事務所に行って、そこで吉阪さんから内藤さんにつながってきたものが、今度は橋本くんにもつながっていったのかもしれませんね。

内藤　橋本くんにも、吉阪さんの血が入ってるかもしれないね。吉阪さんはコルビュジエが死ぬ数か月前に会っていて、そのときに「君はいくつだね?」と聞かれたらしい。「30いくつです」と答えたら、「いいな、君はまだやり直せるから」と、そんなやり取りがあったことを教えてくれました。コルビュジエ自身も自分がやってきたことに対して葛藤があって、でももうやり直せないところまできてしまっている。吉阪さんはそのボールを受け止めたんですね。だから、その気分が僕にも残っ

ているし、橋本くんにも伝染しているのかもしれない。ひょっとしたら君はコルビュジエのひ孫かもね（笑）

大西　生き方から学ぶ、というのはありますよね。

内藤　生き方なんて授業では学べないからね。竹山研の話を聞いて、本当に大学らしい師弟のあり方だと思いました。お世辞ではなく。東大は国を支えるという不幸なミッションをもっているから。

山雄　僕は京大から東大に行ったのですが、同級生がみんなすごく勉強していて驚いたんです。教科書的なことを全部押さえていて、一つひとつ説明できる。だから僕は京都で本当に自由にものを考えていたんだなと実感しました。

内藤　竹山研がよかったんでしょうね。僕の中では、京大は増田友也と西山夘三のイメージなんです。すごく観念的な増田さんと、一方ですごく社会的な西山さん。でも二人ともいきすぎているところがある。武田五一や藤井厚二のように、建築を中心に据えて、そこにほかのことを寄せてくるようなやり方が本流であるべきなのに。そう考えると、竹山聖はまったく異色だったんでしょうね。高松伸は計画のマスターとして、竹山聖はもう少しリベラルに、違いはあったけれど、二人とも建築を中心に据えて考えることを、もう一度京大の建築の真ん中に取り入れようとしたんじゃないかな。

プロフェッサーアーキテクトの苦悩

内藤　もう一つ、僕も大学の先生をやりましたけど、教育とつくることはすごく難しいバランスなんです。要するに、真面目に教育をやる人にとっては、若者に向き合うというのはとてもハードルが高いことのはずです。純粋無垢な若い子がいて、それと向き合うとき、僕自身がそうであったように、ある一言がその人の人生を変えてしまうかもしれない。そのときに嘘は言えないから、正しいことを言おうとしてしまう。でもそれは、ものづくりのように、わからないことに向かって何かを生み出そうとすることとは逆の方向なんだよね。バランスを保っているときはいいけれど、気がつくと未知なるものに向かう力というのが目減りしてしまう。これはプロフェッサーアーキテクトにとっては危険な一線です。

竹山聖に関しては、僕は当初からそれをとっても心配していました。彼は不良に見えるけど（笑）、実はとても純粋だから。この28年間それに苦しんだんじゃないかな。だからこそ、これからどうするかをもう一度考えていくんでしょうね。解き放たれてどうするか、期待したいですね。

大西　内藤さんご自身が教えることをやめて、なにか変わったことはありますか？

内藤　楽にはなりました。ただ僕の場合はちょっと違って、建築ではなく土木学科だったからね。空気がまったく違います。僕の講義には、土木、都市工学、建築の学生がそれぞれ三分の一ずついるような感じだったから、建築に真正面に向き合うのとはちょっと違った。その分、僕は助かっていたかもしれない。大学では土木や都市、事務所では建築、というようにある程度切り替えることができた。建築学科で教えていたらもっとダメになっていたかもしれない。大学なんて、ほどほど不誠実に教えるのがちょうどいいかも（笑）。

山雄　僕は竹山研で先生に、「俺はお前らに教えるつもりはない、ただ議論したいだけだから」と言われたことがあって。当時はなんて変な人なんだろうと思いましたが、端から教育的に「こうしなさい」と言わないようにしていたんだろうなと思います。

内藤　彼は学生を学生として見ないんですね。ひとりの人として見ている。それは素晴らしいことです。ものづくりは歳も経験も関係ないんだから、同じ土俵で一緒にやりたいんだ、ということでしょう。詩から考えさせたり、文章を書かせたりするのはその現れだと思う。これはなかなかできそうでできないことです。

その昔、竹山さんに「大学に行く話があるんだけど、どう思いますか？」と聞かれたんですよ。でも見るからに行きたそうな顔してるわけ（笑）。だから、「それはそれで人生だから、行ってみたら」と、止めなかった。もう28年とは早いですね。教師の竹山聖は終わって、建築家の竹山聖はこれからです。

2019年12月10日、内藤廣建築設計事務所にて

内藤 廣（ないとう・ひろし）
建築家。1950年横浜生まれ。1976年早稲田大学大学院修士課程修了。フェルナンド・イゲーラス建築設計事務所（スペイン）、菊竹清訓建築設計事務所を経て、1981年内藤廣建築設計事務所を設立。2001〜2011年東京大学大学院にて、教授・副学長を歴任。2011年同大学名誉教授。主な作品に《海の博物館》《島根県芸術文化センター》《日向市駅》《静岡県草薙総合運動場体育館》《高田松原復興祈念公園 国営追悼・祈念施設》《銀座線渋谷駅》など。

Letter
Messages from friends overseas

海外からの手紙

01. *Yann Nussaume*
02. *Nadine Schütz*
03. *Pierre Marietin*
04. *Claude Gagnon*
05. *Yiorgos Hadjichristou*
06. *Fernando Vegas*

Letter 01

Yann Nussaume

France

ヤーン・ヌソム

フランス

透過する光は
空間に木霊し
空っぽの憧れに
長距離は満ちる
想像力の引鉄を引くために
——竹山聖、2010年8月

京都大学とパリ・ラ・ヴィレット建築大学との交流の絆は深い。多くのフランス人学生が日本で研究をはじめ、日本人学生がフランス文化に馴染んだ。彼らは長年にわたって教育の大使であり社会の変化の証人でもある。おかげで日本建築の専門家となり教師となって日本とのパートナーシップを強める多くの人材が育った。

私はまず京都大学の加藤邦男の、そして退官後は布野修司の研究室で学び、1994年に竹山聖に出会った。彼は2年前に助教授となったばかり。幾多の受賞や出版物によって日本の建築界で広く知られた彼は、新世代の若きカリスマ教師の地位を確立した一人だった。京都大学には変化の風が吹いた。建築家であり「哲学者」であり「ミュージシャン」であり、学生たちの間でも人気の高かった彼はごく自然なりゆきで加藤教授の跡を継いでパリ・ラ・ヴィレット建築大学との交流を担当するようになる。1999年11月から12月にかけ、竹山聖がはじめて学生たちを連れてワークショップのためフランスを訪れた際にこの使命は確固としたものとなった。ピエール・マリエタン、ルイ=ピエール・グロボワ、フィリップ・ニスなどとの友情の始まりでもあった。滞在中、彼はフランスの学生たちに彼の建築の精緻さを伝え、私たちは彼に本場のフランス文化を伝えた。

10年そしてまた10年、私たちの交流の軌跡は強化され、フランスのみならず海外（ロンドン、テヘラン、等々）の様々な場所や機会で再会を続けた。変化する世界を議論し、仕事の進捗を報告し、関心を共有する人を紹介しあった。卓越したミュージシャン竹山は、作曲家ピエール・マリエタンがスイスで開催する一連のシンポジウムにその詩的な建築によって花を添えている。

日本訪問の折に彼の新しい作品を訪れ、時にそこに滞在するのはこの上ない喜びだ。豊かな身体的経験と形而上学的な経験……。彼の建築は長年にわたって進化してきたが、つねに内なる静寂の探求がある。初期の超越性や表現性は時を経て、建物の奏でる音楽は柔らかくなり、訪れる者を内省と瞑想の姿勢へと導く。強いリズムが空白と沈黙へと移行する。ベートーベンがドビュッシーへと変貌する。強力な形態の重なりはミニマリズムへと単純化され、周囲の風景、空、光へと向かい、光がその輪郭、線、点、空間を照らし出す……。日本の建築は無限のインスピレーションの源なのだ。竹山との長い議論を通して私はそれをより理解するようになった。

建築家は目的地に向かって実験を押し進め、住み手を啓発する能力をもっている。勇気あるクライアントに出会い、つねにより遠くまで創造的なボールを放り、新しい領域へ踏み出すことが建築家にとって重要性だ。浅井了意（1612～1691）のイメージに通じる。すなわち、〈独り今を生き／思いに耽る／月、雪、桜／そして紅葉（…）、瓢箪のように川を漂う：これが浮世〉。私は竹山の多くの作品を訪れ、その驚くべき空間的、詩的な特質には感銘を受けているが、とりわけ人間的な資質に感嘆する。たしかに思い切った作品群だが、つねに顧客のためのベストを追求し彼らがモルモットになるような革新に陥ることはない。彼の設計した住宅で生まれた赤ん坊、すなわち明日の世界のプレーヤーたちは、ちょうど彼の研究室がそうであったように、そこが肥沃な土壌であることを目撃し証明もするだろう。

研究室出身の学生たちの多くはすでに建築の未来を拓いている。竹山との冒険の旅はとても素晴らしく、20年以上の友情を要約することは難しい。大学を退いても、私はこの冒険の旅を、彼とともに、彼のかつての教え子たちとともに、そして京都大学の新たな世代の教師たちとともに、続けられることを願っている。

ヤーン・ヌソム
パリ・ラ・ヴィレット建築大学の教授であり建築家。90年代半ばに京都大学に留学。1999年のパリでのワークショップ指導に学生たちと参加して以来、パリでそして日本で、長い交流が続いている。スキーがとてもうまい。モンブランを望むゲレンデにロッジを持ち、山を超え新雪を一気に1500メートルも滑り降りる。ついていくのが精一杯である。［竹山聖］

Letter 02

Nadine Schütz

Switzerland

ナディヌ・シュッツ

スイス

このテキストは、聡明な人、世界旅行者、文化の翻訳者、熟練した建築家、並外れた教師に捧げられています。

ランドスケープは単に音響を容れる器なのではありません。ランドスケープ・サウンド。そして、建築はこの音と響きの環境に置かれた楽器と考えられるのではないでしょうか。これこそ私が研究と芸術作品を共に推し進める際に中心をなす思想です。そしてそれが私を京都へと導いたのです。伝統的な日本庭園と詩のサウンドを通して、自然を芸術的に加工し育まれた経験を調査するために、京都には２０１４年から年に一度のペースで通っています。このような短いテキストでは、この道のりの当初から受けた竹山聖教授による素晴らしいもてなしとかけがえのない知的指導について、とても報告しつくせません。２０１７年にチューリヒ工科大学に提出された、クリストフ・ジロー教授の指導による「加工し育まれた音—ランドスケープ・アーキテクチュアの音響的次元」と題する私の博士論文の副査として、竹山教授はまず、京都での私の研究の中心となる庭園を選ぶ手助けをし、さらにコンタクトの労をとってくれました。詩仙堂の庭園は、その設計にはじめて鹿おどしを取り入れたものと言われています。それは今日まで元の形と場所に存在し、竹のひび割れが音を鈍らせるので、クリアな音を保つため毎月交換されています。石川丈山の詩のひとつから、詩仙堂を執筆の隠れ家としてつくったこの元武士が、農家が収穫の実りを守るため畑の傍に置く季節、つまり秋の、鹿おどしの音を聞くのを好んでいたことがわかります。彼の詩的な隠れ家のために、丈山はこのそれまでは機能的で季節的だった装置を、美的な庭の特別作品に変え、その場所の静けさを強調しました、それも一年中。

私の研究が進むと、竹山教授は関連する理論研究と必要な翻訳をサポートしてくれました（ありがとう、ルイ・ハミルトン）。そして最も重要なことは、その場でしか味わえない庭の音の次元について、私の観察のより直観的な部分を概念的に組み立てるという挑戦的な仕事に直面したとき、彼は貴重な議論の時間を私に提供してくれたのです。私たちは一緒に、日本庭園の音のランドスケープの中の極端なまでに局所的なデザインの詳細を指し示すため「感覚的マイクロジオオグラフィー」という用語をつくり出しました。そして私は待つことと期待することの美的価値について多くを学んだのでした。こうしたやりとりを通して、私たちはデザインプロジェクトの構想や、日本建築設計学会の仕事も一緒に進めました。また、京都大学竹山スタジオ招待審査員として呼んでもらう機会もありました。研究室にはじめて入ったとき、私は驚き、感動し、触発されたものです。大きなテーブルのまわりに座っている学生と一緒になって、ソクラテスやドゥルーズのような西洋の哲学者からの重要な文章の分析を通して日本の空間的ボキャブラリーについて議論したのですから。西洋建築と東洋建築の構造的および形式的な違いを議論するよりむしろ、基礎となる思考の関連性を探求するよう、竹山は学生たちに勧めました。彼の並外れた異文化の専門知識と、京都大学の彼の研究室で開発された発見的な教育アプローチは、学生に応答的思考を感覚的に受容しうる能力をもたらすのです。この思考は、建築の伝統、現代性、アバンギャルドの枠を超え、概念重視あるいは経験重視に傾きがちな設計アプローチの見かけ上正反対の領域に和解をもたらします。そしてどういうわけか、私もこれらの幸せな学生の一人であるかのように感じるのです。

ナディヌ・シュッツ
スイス工科大学チューリヒ校（ETHZ）出身のランドスケープ・サウンドアーティスト。環境の音を採取し再現するシステムを開発、京都（詩仙堂）、ローマ、パリの公園を対象とし学位論文（その副査を務めた）にまとめた。RAME会議で知り合う。パリとチューリヒを拠点に世界中を飛び回って活躍している。文中のルイ・ハミルトンは当時竹山研究室に留学していた日本語英語バイリンガルの学生。［竹山聖］

Letter 03

Pierre Mariétan

Switzerland

ピエール・マリエタン

スイス

君との出会いは格別だった。言葉ではうまく説明できないが、なにかしら親密で、広く深い沈黙の中、とりわけ力強い行動の中に表現されるようなものだ。それは私が真の友情と呼び、それによって私たちの人生が世界と調和しているものだ。

パリ・ラ・ヴィレット建築大学で知り合ってすぐに、私はこの友情を感じた。建築と音楽を私たちは共有していた。君は音楽家であり、フランスの歌の信じられないほどのレパートリーを素晴らしく歌い、合唱団の演奏会にも参加する。一方私はといえば、実は建築家になりたかった。出会いは、したがって、決して偶然ではない。様々な分野の仲間とともに思考するのは思索のひとつのあり方で、そんな会議を幾度も重ねたものだ。

友情を超え、親密な協働の機会も多かった。ラ・ヴィレット校の「都市環境音楽研究所（ＬＡＭＵ）」のディレクターとして、パリでも京都でもセミナーを共にした。私がスイスで立ち上げた「建築音楽環境会議」に君が参加するようになり、私たちは君の非常に美しい発表を楽しみ、機関誌SONORITÉSにも掲載された。２００８年、音楽から宇宙へ―中之島新駅：大阪の４つの鉄道駅への音環境プロポーザル。２０１２年、声明：仏教における経典の朗唱。２０１５年、コーラス／コーラ：竹山スタジオ２０１５。２０１８年、俳句、そして／あるいは、宇宙の静寂。

日本への旅を終えて帰国しては、私たちのパリでの出会いに感謝を捧げた。その後も出会いは続いたが、君の設計課題のエスキスに私を京都大学に招待してくれたことを覚えている。この経験は私に、国の違いなどなく、建築という領域で何が共有され何が美しいのかを教えてくれた。空間に響く音を制作する作曲家である私にとって、建築家は音楽家の共犯者だ。音が響き渡る空間のボリュームに責任を取るのは建築家だからだ。

君は私が知っている最高の建築家の一人だと思う。君の作品は素晴らしい。素材は適切なスケールをもちながら、贅沢な次元を獲得している。

東京の白蓮華堂の「空の間」のために作曲した作品は、大切なインスピレーションを与えてくれた。立ち上がりゆく建築現場を見よ。天と地のはざまに！

もうひとつの協働作業は、実現されなかったが、大阪の4つの新しいステーションの計画だった。パリに戻る直前に、このプロジェクトについて少し言葉を交わしただけだったが、君からのこれらの言葉はとても強かったので、アイデアはまるでそうした言葉からやって来たかのようだった。旅が終わる頃には構想はまとまっていた。

君は素晴らしい教師でもあった。SONORITÉSに掲載されたコーラス・プロジェクトは、学生たちが君の教えを通して創造的で解放された資質を開花させた、そんな成果をあきらかに見せてくれている。

二人が共有した幾多の瞬間、すべてのことに、感謝の意を表せずにはいられない。思いやりに満ちた君のおかげだ。

様々な出来事のあった2011年のある記憶：東京からある海岸への小旅行、バッハのチェロのための作品を聴きに行く。そこは水際にある素晴らしい別荘、福島の津波からさほどの時は経っていない。家の主人は、私たちが最後の客ということもあって、私がフランスで見たこともないほど素晴らしいボルドーワインを出してくれた！　この瞬間、日本の人たちが決してくじけない前向きな気持ちをもっていることを、私は知った。

J・S・バッハ　雨降る日とて　海待つや

句会の美しい一夜もあった。大阪の、神主と美しい詩人の友の集う、赤い月の宴の宵、君の親切に甘えて私は稚拙な俳句をつくった。そんな私の作品に、君と友人たちは賞をくれた。

親愛なる友よ、新宿の白蓮華堂のために私の音楽作品を依頼してくれた住職とのとても美しい出会いには特に感謝している。桜の時期は私にとって一年で最も幸せな季節の一つだ。

ああ！　引退が、君にとって美しく終わりなき祝福でありますよう！　もちろん、満ち溢れる創造とさらなる教えも伝え続けられますように！

ピエール・マリエタン

現代音楽作曲家。環境と呼応した音楽を創造、自身も声でパフォーマンスを行う。シュトックハウゼンに師事。スイス出身でパリ在住。1999年のパリ・ワークショップ指導以来の交流。当時はラ・ヴィレット建築大学のLAMU (Labratoire d' Acoustique et Musique Urbaine) 所長。RAME (Rencontres Architecture Musique Écologie) 主宰。瑠璃光院白蓮華堂の空の間に「Entre Ciel et Terre」を作曲。［竹山聖］

Letter 04

Claude Gagnon

Canada

クロード・ガニオン

カナダ

いつ、そしてどこか、正確に思い出すことはできませんが、友人の奥田瑛二と飲みながら、次の映画プロジェクトである『KAMATAKI（窯焚）』にふさわしい美術監督を見つけるのにどれだけ悩んでいるか話したことがあります。瑛二はすぐに友人の竹山聖の名前を口にしました。

映画業界で働いたことはないが、彼は私の映画、特に『Keiko』の大ファンだと瑛二に言われて、私は飲み物をこぼしそうになりました。私をからかっているのだと思ったのです。映画業界で働いたことのない男が、どうやっていきなり美術監督の役割なんかこなせるって言うんだ!?……瑛二は、まず彼に会って自分の目で確かめるんだな、と言ったのでした……。

私にはこの役割ができるほかの名前も思いつかなかったので、京都まで竹山聖に会いに行きました。

聖がまさにこの仕事にうってつけの男だと気づくのにほんの数分しかかかりませんでした。竹山先生は、京都大学でもよく知られているのでしょうが、素晴らしく、謙虚で、よく人の話を聞き、分析して理解することができ、……そしてすべてにわたって魅力的でした。彼はすべての質問に対する解決策をもっていて、限られた予算を考慮した魅力的な提案を思いつきました。さらに、彼は優れた英語を話し、フランス語をよくあやつることにも驚かされました。たった数分で、竹山聖は、優れた美術監督としての要件を満たす能力について私が抱いていたすべての疑問を消し去ったのです。

しかしそれだけではありません！　彼の建築作品は驚くほど素晴らしいものでした。彼のデザインや日常生活の中の「空っぽの空間」の意味と重さを私に教えてくれたのです。いくつかの作品を見せてもらって、私は完全かつ絶対的な畏敬の念に囚われてしまいました。

こんな素晴らしい男と一緒に働きたくない人間なんているでしょうか？　すぐに私たちは友達になり、私はこの穏やかな魂との会話の一瞬一瞬を心から楽しみました。あらゆる話題について、私たちは何時間でも話すことができました。それはいつも刺激的で挑戦的な時間でした。

彼が三人の学生に撮影中のすべての美術と小道具を監修させるというアイデアを思いついたとき、当初私にはあまり確信がありませんでした。しかし、この男を信頼しなければならないことはわかっていました。そう、彼は約束を果たさぬ人間を送ってはこないはずです。そして再び、彼は正しかった。若く経験がなかったにもかかわらず、宇都宮崇行、木村佐知子、元木俊弘は挑戦者に値したのです。その後、私はいつも彼らが彼らの経験をどのように感じていたのか本当のところを知りたいと思ってきました。とりわけ私の映画のつくり方は、あまりオーソドックスではない方なので……。

それ以来、長い年月、会う機会があまりないにも関わらず、私は竹山聖を最も大切な友人の一人と考えています。ケベックでも、日本でも、どこでも、会うたびに、芸術や人生全般に対する繊細な感性と独自の視点をもつ人と交流するという、あのいつもの爽快な喜びを感じるのです。

ありがとう竹山聖、ユニークで素晴らしい竹山聖でいてくれて！

クロード・ガニオン

映画監督。70年万博で日本を訪れて以来日本に縁が深い。処女作は日本で製作された『Keiko』。奥さんは日本人のユリ・ヨシムラ・ガニオン。信楽で撮影された映画『KAMATAKI』で美術監督を務めて以来の交流。映画監督は建築家のようだと実感させてくれた。シナリオを書き、演出をし、そしてなにより現場を鼓舞する。日々気功を実践している。［竹山聖］

Letter 05

Yiorgos Hadjichristou

Cyprus

ヨルゴス・ハジクリストゥ

キプロス

私の運命は、なんらかのかたちで日本と結びついている。私は生まれたときからいつか日本を訪れるという説明しえぬ衝動をもっていた。それには長い時間……そう、28年を要した。

12歳の時、「ゴーストシティ」と化したファマグスタからの難民になった。学生最初の7年を旧ソビエト連邦で過ごし、そして1990年、ついに日本に上陸。まるで「家に帰った」感覚に浸った。日本の人々、文化、風景、物語に恋をした。2年間の研究生活の間に日本のすべてを吸収しようとした。

竹山が近々京都大学に着任することを知らぬまま東京のアモルフを訪れた。竹山は私を歓迎してくれ、ついに日本が私を迎えてくれたように感じた！　だが帰国の時は近づいていた。私が日本を出発する直前に竹山は京都大学で私が所属していた研究室に参加した。複雑な気持ちだった。彼が身近に来てくれて嬉しい、しかし離れなければならないのは悲しい。

28年前に帰国したが、思いは日本に残っている。竹山は「私の日本」への最強の絆だ。その年、1992年、彼は私のクラスメイト三人とともにキプロスを訪問した。この旅行は私の「旅行」ともなり、新鮮な眼差しで島を見るようになって、あらためて自分のいる場所を愛する気持ちを育ててくれた。彼の訪問がきっかけとなって日本の40歳以下の若手建築家の展覧会が開かれた。彼が参加していたからだ。展覧会の記憶はキプロスに留まり続けている。ここキプロスで私が日本とともにあるように。

竹山の影響もあるのだろう、たまたま私も同じ道をたどり、最初に実務の道に入り、それからニコシア大学で教えることになる。遺棄された靴工場を私の設計でコンバージョンして建築学部を立ち上げたのだが、そのお披露目に竹山を再びキプロスに招いた。彼の講演会、展覧会、学生とのワークショップは、アテネの日本大使館と共同で開催したキプロス日本月間の集大成となった。私の人生と建築の実践に大きなインスピレーションを与えてくれた人への敬意のしるしだ。

「建築家であることは思想であり人生だ」と私は教わり学

生にも教えてきた。ただ設計し建てることだけでなく「人間」であることが重要なのだ、と。竹山の人間的な側面は彼の最もきわだった特徴の一つだ。日本を出てから28年で4回日本を訪れることができた。竹山はいつも、大阪、京都、東京、彼の自宅、オフィス、研究室、そしてプロジェクトの数々に私を（私の家族も一緒に）温かく迎えてくれた。それが毎回日本に「帰国」する一番の動機だった。

生涯にわたる日本との絆は、竹山の存在によってはっきりした形をもつことになった。彼は私の人生、創造性、思想と存在に消えない痕跡を残した。私はいまキプロス島を分断するグリーンライン、国境線、境界線とともに暮らしている。地中海の天気はくっきりと影を落とし黒と白をはっきりさせるが、この分離という観念が私の島に、隣人や人々の経験に、重い影を落としている。日本の天気や文化のおぼろげなさまは私に世界を理解する別のやり方を教えてくれた。「間にある」状況を許容する不明瞭な領域を通して。非物質的な世界の美点を敬い信じる日本は、構築されたものと構築されていないもの、自然なものと人工的なもの、内と外には明確な違いがないことを私に理解させてくれた。それは私の国と人々を分割する北と南と呼ばれるものに明確な区別などないことを私に理解させ、そんな生き方へと導いてくれた。文化的な知恵と非物質的な美質を建築の領域に翻訳する「日本らしさ」は、私自身の「キプロスらしさ」を創り出すのに役立ったのだ。私自身の文化的豊かさ、分割というものの「多孔性」、そして私のゴーストシティーを建築的道行きという同時代的な実験へと展開させながら。

ヨルゴス・ハジクリストゥ
ニコシア大学の教授であり建築家。90年代初頭に京都大学川崎研究室に留学。姪のヴェロニカ・アントニオゥも京大に留学し竹山研究室に在籍した。京大着任前に東京のアモルフを突然訪ねて来て以来の交流。2010年、ニコシア大学に建築学部を立ち上げる際には招待されて展覧会と講演会を行った。日本を離れて時が経つが日本語を忘れていない。［竹山聖］

Letter 06

Fernando Vegas

Spain

フェルナンド・ベガス

スペイン

日本を長く旅したのは１９９６年、父が神話のように語ってくれていた日本文化への憧れに導かれてのことでした。その後、１９９８年の初頭に再びカミラ・ミレトと一緒に訪れる機会がありましたが、このときに現代日本建築の世界、とりわけ当時ヨーロッパではほとんど知られていなかった最新の世代へと目を開かされました。これらの革新的な建築を紹介するため、「新しい日本現代建築の構図」と名づけた連続レクチュアを企画し、いまだ知られざる4人の若い建築家たちを招待したのです。それが、竹山聖、團紀彦、妹島和世、隈研吾でした。

１９９８年の春に、アストリアスの建築家、ビセンテ・ディアス・ファイシャットを通して建築家竹山聖氏にコンタクトを取り、バレンシア市でのレクチュアとプロジェクト・ワークショップの企画を進めたのですが、それが連続レクチュアの第一回でした。マヌエル・リヨ先生と私の指導の下で、１９９８年10月に一週間にわたって開催され、約20人の熱心な建築学生が参加しました。「京都―バレンシア、エル・カバニャル・プロジェクト」と命名されたこのワークショップが取り上げたのは、バレンシア市内のモデルニスモ（アールヌーボー）風の街並みが残る漁師町で、その保存と再生のための創造的な提案を目指すものでした。そしてそこは、かつてバレンシア市議会が海岸沿いまで大きな通りを切り開こうとしていた場所でした。とりわけこのワークショップで重視したのは、エル・カバニャルのモデルニスモ風都市住居と京都の伝統的町家の類似性で、土地の区画割り、二層の建築構成、都市的断面などが共通していたのです。エル・カバニャルの住戸一区画の間口が7バレンシア・バラ（1バラが90センチ）で、兵舎のようなパターンに従っており、京町家が90センチの畳モデュールに基づいているという点にもこの類似は由来しています。しかし類似はここまで。京町家がよく保存され、文化遺産として高い評価を受けているのに対して、エル・カバニャルは市当局によって壊されようとしていたからです。

ワークショップでは、オビエド大学の川村やよい先生が通訳として私たちを助けてくれました。彼女はなんと竹山氏の幼稚園の同級生でもありました。この日本から来た先生（竹山氏）はエル・カバニャルの住居の前に静かでささやかな空間を、「間」――空間と時間を結びつける日本の概念――に満ちた場所として、そして「無為」のための象徴的な場所として、構想しました。やがて「無為」は、ムイ・ビエン（スペイン語で「とっても素晴らしい」）というように褒めるときのジョークになりました。参加した学生たちは、説明や、図面や、殴り書きされた漢字の意味の啓示をたどりつつ、建築の勉強に加わった新たな見方に興奮しました。このワークショップは良心を揺さぶり、論争を引き起こし、閉ざされた目を開き、よそからの目をひきつけたのでした。メッセージは極めて明快でした。エル・カバニャル地区を十分に理解するためには、これ以上言葉はもう必要ではなくなりました（このワークショップの後、20年に渡る奮闘と多くの住民の移動を経て、エル・カバニャル地区は予定された取り壊しをまぬがれることとなりました）。学生たちは、竹山先生の献身とインスピレーションのおかげで、忘れられない経験を生きたのです。彼は作業にもパーティーにも――とりわけフェアウェルパーティーのギターコンサートにも――参加して、とうとう夜が明けて帰国の飛行機に搭乗する直前まで、学生たちと時間を共有したのでした。その一年ののち、参加した学生の多くはマヌエル・リヨ先生に引率されて、京都を訪れ竹山先生に再開し、日本各地を旅するワークショップで田舎（淡路島など）を訪れたのでした。

それ以来、私たちは何度も再会を果たしてきました。たとえば2001年の冬、日本の大学とわれわれのバレンシア工科大学との公式の交流協定を結ぼうと京都を訪れた際には、彼の魅力的な作品のいくつか（大阪の自邸や名古屋近郊の安城のスタジオなど）を訪れました。2001年の7月にはヴェローナで私たちの結婚を祝う大きなパーティーが開かれ、彼も参加してピアニストとヴォーカリストとしての才能を見せてくれました。弾き語りの曲はお気に入りのビリー・ジョエルの「オネスティー」。さらに一年後に再びバレンシアでのワークショップがあって、お祭り騒ぎは尽きなかったのですが、同行したまだ小学生の彼の娘が細かいディテールにわたる写真を撮りまくり、良い記録になりました。2002年にはヒホン市で、オビエド大学から招かれて産業工学部でレクチャーがあったときに彼の紹介者として、2015年8月には川村やよい先生のオビエドの自宅で、そして2018年には京都の彼の事務所で。

この間ずっとクリスマスカードのやり取りの途切れることはなく、カードにはいつも彼のすばらしい作品の建設中の姿がありました。彼の作品は純粋なアートとしての魅力があり、数学の対数のような、あるいは無理数のような複合的な美を有しており、建築を単純に秩序だった道筋で受け止める人たちには理解しにくいこともあるでしょう。理解がたかだか二次方程式を超えることはない人には難しいのです。竹山氏と一緒に、今は名の知れた陶芸家、エンリク・メストレのアトリエをバレンシア近郊のアルボラーヤに訪ねたことをよく覚えています。1998年でした。日本の建築家竹山氏は、彼の彫刻作品のずば抜けてアーティスティックな質を褒め称えたのでした。当時メストレは、ある人には賞賛され、また他の人からは無理解にされていたアーティストでした。時とともに竹山氏の評価の正しさが証明されたと言えるでしょう。メストレと同じく、1980年代竹山氏のキャリアが始まったときから、いかに彼が21世紀の建築への道を切り拓いてきたか、それが今日多くの建築家たちがめざしている道でもあるか、が明らかとなったといえるでしょう。

スペイン語翻訳協力=川村やよい

フェルナンド・ベガス
バレンシア工科大学の教授であり建築家。1998年に交流協定を結ぶため来日、その秋にバレンシアでのワークショップ指導に招聘された。その後バレンシア工科大学とは長く交流が続いた。文中のカミラ・ミレトは奥さんで、彼女の故郷ヴェローナでの結婚式にも招かれた。親日家で、幾度も日本を訪れている。ギターがとてもうまい。ワークショップの打ち上げでは二人で弾き語りの共演となった。［竹山聖］

留学生からのメッセージ

サチ・ホシカワ（ドミニカ）

はじめて京都に来たとき、うろたえたことが二つあります。一つは春のピリッとした冷気——生まれ育ったカリブ海の暖かさと比べて——、そしてもう一つは、街路に溢れるさっぱり意味がわからない漢字。そしてどこを歩いても、１９５０年代に故郷を離れた日本人移民の父が、私に語りかけてくれたあの牧歌的な物語の響きが聞こえたのです。私は23歳で、一人ぼっちで、寒くて、そして突然文盲状況に置かれたのです。感覚に注がれたショックが警告を発しました。この留学はたいへんな実験だ、可能性に満ちてはいるが失敗も成功もありうるぞと。

竹山先生に会った驚きはよく覚えています。家族に教わった紋切り型の日本のイメージは、年老いたよそよそしいダークスーツに身を包んだ権威的なプロフェッサー。でも竹山先生はそんなイメージからはるかに遠く、若くてクールだったのです。その洗練された雰囲気と思いやりに私はホッとし、クラスメイトたちに紹介されたときはさらに安心したものでした。ますます安らぎを感じた私の目に飛び込んできたのは、窓の外の、もうすぐ咲きそうな桜の樹でした。京都のとてつもない美しさ、そして人々の暖かさは、私の心配をすっかり消し去ってしまいました。

私はこれまでずっと竹山先生をミ・マエストロ（私の師）だと思ってきました。その道の巨匠であり他者の人格形成に影響力のある人物で、一人の学生にとっても、信じられる師であり知恵と知識の泉でした。卒業後も私のキャリアの向上を支えてくれました。記憶に生き生きと蘇るのは１９９５年、震災後の神戸の現地視察のこと。私の心に深く刻み込まれたのは、自然災害に出会っても命を失うことなく、建物の損傷も最小限にする、そのために個々人が考えなければならない責任、ということでした。それからは、ともすれば安全基準の甘い仕事が多い、私を取り巻く環境の中で、私自身に対して、そしてほかの人たちに対しても、より厳しい基準を求めるようになったのです。

日本での数年間は私の大学をめぐる旅にとって、もっとも意義深い時間でした。かつて在籍した他の大学と違って——それらはみな硬直したカリキュラムと、各々それ自体の論理で動く授業で構成されるものでしたから——竹山研は真の理論・技術・方法などを学ぶ実験の場でした。そこでは、私のクラスメイトも私も、現実の生活を取り扱うプロジェクトを経験し、今日的な課題を議論しそれに応答し、クライアントとの打ち合わせにも同席し、まさに現実のフィールドに出たのです。極端な個人主義——私の故国でよく経験したような——は一人で行うプロジェクトや個人的な読書のためにとっておかれました。それ以上に私はつねに仲間たちと影響を及ぼし合ったのです。今でも私は大きな決定を下すときに、京大の仲間たちや私の先生を通して行います。いまや彼らは私の生涯の友人たちです。

斉奇（アメリカ）

京大で過ごした日々は、素敵な人たちと言い争ったりした懐かしい思い出に満ちています。竹山先生の記憶はとりわけ大切なものです。研究室総出で取り組んだ震災後の神戸新首都計画に示された先生の巧みなリーダーシップをよく覚えています。私たちを忘れがたい連日の共同作業へと引き込んだのです。プロフェッショナルとして誇りうる仕事ともなり、また個人的な経験の底にも深く届くものでした。

冬はツキーツアー、夏は海の家での合宿、と、愛すべき竹山ファミリーも一緒に出かけました。先生は学生たちを自宅に招いて、なんでも開けっぴろげに見せてくれる、そんなパーソナルな側面を皆驚きをもって眺めたものです。デザイナーであり、師であり、ストーリーテラーであり、ミュージシャンであり、醸造酒だろうと蒸留酒だろうと、良かろうが悪かろうがお構いなしの大酒呑みである、など。

研究室に入ったときには、竹山先生が有名な建築家でありとても評価されているプロフェッサーであることはわかっていました。でも時が経ち、京都を遠く離れてしまった今は、竹山さんは親しい友のように思えてきて、彼の才能、情熱、そして暖かさをずっと大切に心に留めていたいと思っています。

ジェイソン・ヘイター（イギリス）

1993年に開かれたギリシア、テサロニキのアリストテレス大学での展覧会で見た竹山聖の仕事が、私にとってターニングポイントになった。D-Hotel、OXY乃木坂、そしてTerrezza、そのすべてが、わくわくするような、まごつかせるような、そしてもっと知りたいと思わせる作品ばかり。竹山研にたどり着くと、そこは暖かく建築的詩情と哲学的探求心にあふれた場所。竹山先生のおかげで私の滞在は長引き、密やかな研究に没頭する時間を楽しみ、彼の作品への洞察を磨くことができて、今日にいたるまで私の思想にまごうかたなき影響を与えてくれている。

ブノワ・ジャケ（フランス）

竹山先生は、優しく明るく振る舞いながらごくくつろいだ雰囲気のなか、私を日本へと導いてくれた。20年が経ちそのありがたみがよくわかる。良い雰囲気を醸し出す態度こそ、建築の創造にとって最も重要なことなのだ。制約のまったくない純粋な自由さの中で、外の世界を再びつくりあげるために、どのようにして自分自身の内なる声に耳をかたむけるのかを、竹山先生に教えられた。そんなふうに感じている。

ヨラ・グロアゲン（フランス）

研究室に私を受け入れてくれた先生に心からの感謝を捧げたい。研究室とそこで出会った学生たちが与えてくれた、親密でしかも知的な刺激に満ちた環境は、ただ日本の建築の歴史やデザインを学ぶだけでなく、日本の生活や文化そのものを実感させてくれるものでした。竹山研で過ごした日々は、個人としても仕事においても、人生に色褪せることのない印象を残してくれていて、一日たりともこの素晴らしい経験を思わない日はありません。

ルバ・シャルール（スペイン）

人生という旅において、運命は様々な出来事や人々を用意しています。個人として、あるいは仕事の上での成長をもたらすために。私にとっての運命とは一人の日本人の先生であり師でした。見守り、苦境の中で最善を示唆し、覚悟を要求し、他者に目を開かせる、そういう師です。出自、文化、ジェンダーを超え、自立した人格として認める眼差し。竹山先生はかつても今も、私にとっての「牽引車」であり、成長し自分自身を発見する道を開き続けてくれています。宇宙が私たちを引き合わせてくれたのですから。地中海育ちの小さな「緑の丘 Ruba」は、日本人の「竹の山 Takeyama」から、さらに学び、そして育ちますよう、祈っているのです。

セシル・メスカム（フランス）

私の女性としての成長にとって、そして建築家として仕事を進めるのに、日本はとても重要な意味をもっています。だから、竹山先生、私を研究室に受け入れてくれてありがとう。机上の膨大なファイルの山から私のものを見出してくれて、私の未来の夫への道筋をつけてくれて、大学に閉じこもらずに旅に出て日本を見て回るようアドバイスをくれて、妹島先生の事務所でのインターンシップを応援してくれて、ありがとう。霧に隠れた神秘的な富士山をめぐる旅の宿で１００人の留学生たちを前に浴衣でエルビス・プレスリーを歌ってくれたことは忘れません。人生がロックンロールみたいに山あり谷ありなのは当たり前ですものね。

クリスチャン・シェーリング（オーストリア）

親愛なる竹山先生、今回は先生の成し遂げてきたこと、そして出会った人々や触れ合った魂たちのことを、ゆっくり振り返るのにちょうど良い機会だと思います。私は幸運にもその一人になることができ、おかげで人生が変わったのです。研究室に、そして事務所に迎え入れてくださって、限りない感謝の念を抱いています。そこで得た経験は、いまだに私のものの考え方や世界の見方に影響を及ぼしています。はてしない好奇心と到達しえぬ完璧さの探求は、先生の作品が私に与えてくれたインパクトの一例にすぎません。心からの感謝を捧げます。

ヴェロニカ・アントニオゥ（キプロス）

2年間竹山研にお世話になることができました。私の人生を一番変えてくれたのが京大でのこの2年の経験でした。竹山先生の示してくれた私の作品への深い洞察、開放的な精神、そして私にも研究室の学生たちすべてにも気を配りつつ、惜しみなく注がれた激励と親切に心からの感謝を捧げます。

アタナシオス・ザゴリシオス（ギリシア）

竹山研で過ごした日々から15年ほど経ちましたが、記憶は今も鮮やかです。建築教育への竹山先生のアプローチは理想的なものです。建築的に霊感を与え、領域横断的な思考を促し、自己啓発の限界を突破する引き金を引き、それがいつもさりげなくしかも実り多いやり方で行われるのです。今は私自身が建築の教授なのでなおさら先生の指導の下で勉強する機会に恵まれたことをありがたく思います。先生の方法論はまさに本質的なのですから！

王隽斉（中国）

はじめて竹山先生の講義を聞いたのが昨日のことのようです。当時私は京大に入ったばかりでした。最初は専門的知識や難しい授業に驚きました。でも信じられないことに、この学識ある人物は学生たちと古いバーに行き、ギターを弾いて歌ったりするのです。私はそんな竹山研で3年を過ごしたラッキーな学生でした。建築だけでなく、様々に異なる視点から物事を考えること、そして人生をとことん楽しむことを学んだのです。竹山先生は卓越した指導者であり、親切な友人であり、人生の師でもあります。竹山先生の引退を祝福いたします。

千田記可（ブラジル）

竹山先生お疲れ様、そして引退おめでとうございます。竹山研に受け入れていただいたことを心から感謝します。講義を通して数えきれぬほどの刺激に満ちた創造性を、そして建築の奥深さを、教えていただきました。とらわれない思考の鼓舞と建築創造の自由。重ねてお祝い申し上げます。

セリーヌ・ジャマン（マリ）

先生は、京都大学で研究する能力を認めて私を信じてくれた初めての方です。竹山研で研究生として受け入れていただいたおかげで博士課程のスタートを切ることができました。竹山研での時間をいつまでも感謝とともに思い出すことでしょう。これから楽しくリラックスした時間を過ごされますよう、感謝とともに。

竹山先生と竹山研究室が京都大学に残したもの　小見山陽介

「竹山研ってなんだろう?」と題された、28年間を卒業生たちが振り返る会から、早くも半年以上が経った。それは卒業生ではない自分にとって、さながら草創期から現在までをたどるタイムトラベルのような経験だった。あのときはまだ遠い先のことに思えていた2020年3月末はすぐそこに迫っている。

研究室の記録を整理する中で、28年間の多様な活動をあらためて知ることとなった。国際コンペ、読書会、展覧会……。特に第0・第1世代の方々が振り返ったような初期の活動については、スケッチやネガを丁寧に収めたファイルボックスが研究室の書棚の奥から大量に発見され、それらを竹山先生や現役の学生たちと一緒に開封し、当時の息づかいを感じながら振り返ることもできた。

1992年の着任時に竹山先生が持ち込まれたと思われる「不連続都市」展（TOTOギャラリー・間、1989）のパネルや、震災復興プロジェクトとして研究室一丸となり取り組んだ「神戸新首都計画」（1995）の模型、多くの人の手で重ね書きされたスケッチ、テープで貼り重ねられた名簿、研究室メンバーが撮影した無数の写真。28年間の歴史は状態よく保存され、研究室に堆積し、いつも僕らとともにあったのである。吉田キャンパスから桂キャンパスへの大移動を経ても残ったそれら貴重な資料の一部は、本書籍にも図版として掲載されている。

僕が助教として研究室に加わった2017年10月は、研究室が一体となるスタジオ課題「脱色する空間」や『Traverse 18』発刊の興奮と余韻が徐々に収まり、修士論文と卒業設計という個人の戦いに一人ひとりが赴いていく時期だった。

修士論文もまとめに向けてアクセルがかかるなか、僕の仕事はまず提出を控えた修士の学生たちの相談に乗ることだった。事前に「ウィトゲンシュタインは詳しいですか?」と先生に問われ、必死に勉強してゼミに臨んだが、その年6人いた学生たちのテーマは、近世芝居空間をめぐる絵図の読み解きから車中泊コミュニティのエスノグラフィ調査まで多岐にわたり、学生たちの興味の幅、研究室の懐の広さにまずは驚いた。東京の調査先まで同行し、何度も街を歩いた学生とは一緒に論文をつくったような感覚もあり、毎週のゼミでは竹山先生がどうコメントされるだろう?と、学生本人以上に僕がドキドキしていたかもしれない。2年半の間に提出された15本の多様な修士論文を通して、僕自身も竹山研らしさの一端に触れることができたのだった。

卒業設計に関しても竹山先生は4回生たちの自主性を尊重し、本人たちの強みが生かされるアプローチを自らに気づかせるような指導をされていた。本来の力を出し切れていない学生には煽り発破をかけ、考えすぎて直感を信じ切れない学生には背中を押す。毎週のゼミの時間外でも彼らのことを気にかけていた先生からは、ふとした時に短い言葉でアドバイスされることも多かった。迷いの晴れた様子の4回生から「昨日竹山先生がデザインラボ（4回生の製図室）に来てくださって……」とよく聞いたものだ。結果的に、僕が研究室にいた3年間だけでも、竹山研究室は武田五一賞（学内の最優秀賞）受賞者を二度も輩出した。

僕が京都大学らしいと思うことのひとつは卒業設計における提出要領の簡潔さである。僕の出身大学では展示会場の制約から、図面の「上限」枚数が決められ模型の大きさも「水平投影面積」で制限されていた。それに比べると、京大では「提出せよ。以上」と聞こえるくらいに学生が信頼され、任されているように思えた。それも、いわずもがな彼らがものすごい熱量をもってそれに取り組むことがわかっているからである。

だから建築学専攻が入居する京都大学桂キャンパスC2棟の1階から4階までを占拠して行われる卒業設計審査会は毎年熱気に包まれる。学生たちは思い思いのかたちで表現するプレゼンテーションボードの中身だけではなく、いかにして短い時間の中で先生方を自分の提案する世界観に引き込むか、展示自体の空間設計にも力を入れる。常勤・非常勤の全教員が、たくさんの4回生、手伝いの後輩たち、見守る先輩たちを引き連れ、廊下を埋め尽くしながら一つひとつ講評していく審査会の様子は圧巻である。いや、一方的な講評ではなく、ここでは学生たちとの蝶々発止のやりとりが見ものである。先生方はその学生が過ごしてきた4年間を思い浮かべながら、その集大成として卒業設計を受け止める。

すべての審査が終わると、当事者の4回生だけでなく応援に駆けつけた先輩・後輩たち皆の前で結果が伝えられ、悲喜交交の中、最後に一人ひとりの先生から労いの言葉が与えられる。祭りの終わった会場では、煮えたぎった思いを吐きだしきれない学生が、同級生や先輩、帰り際の先生方を引き止めて延長戦を行っている。こうした光景も、28年前に竹山先生が卒業設計を改革しなければ起こらなかったことだ。

4年間の大きな流れをもった設計演習カリキュラム、計画系教員がそれぞれ主宰し学生たちが自由に選べるスタジオ課題、常勤・非常勤の教員が集結し時間をかけてすべての作品を講評する卒業設計審査会。竹山先生が京都大学建築学科の設計教育に導入されたことは、今ではそれらが無い状態は想像できないくらいに根付いている。竹山先生は、3回生までの設計演習でも担当外の教員が講評会に参加することを強く呼びかけ、自身もすべての講評会に参加されていた。学生一人ひとりに十分な応答の時間が与えられているか、多様な先生を招いて評価を受ける機会が与えられているかを教員に求める先生の顔は毎回真剣だった。講評会での竹山先生は、下階から上階へ図面をじっと見つめてから、姿勢をぐっと落として顔を近づけ模型を真横から見る。学生の設計案の中を一部屋一部屋歩き回る竹山先生の姿が見えるようだ。動線の不備や、図面の不整合は瞬く間にばれてしまうのは当たり前。建築の萌芽を鋭い目で見極めようとされる。コメントにも値しない案ということか、竹山先生が沈黙されていると司会をする助教の僕らにも緊張が走る。一方で魅力ある空間に対しては、竹山先生がその生き生きとした情景を朗々と語り、学生本人も自分がつくろうとしたものの可能性にあらためて気づくのだ。

「竹山研ってなんだろう?」僕が思い浮かべるのは、いつも人を招くように扉が開け放たれ、夜中まで明かりがともる216号室（竹山研究室）そのもの。竹山先生や先生が招く客人たちとの高度な建築的議論を明るく楽しく行うことができたのは、先生の厳しくも明るい人柄が現れたようなこの部屋の雰囲気もあったからだろう。自分はいま竹山先生が28年前に着任したときと同じ37歳であり、この216号室を引き継がせていただくことになった。竹山先生の傍で過ごした2年半で学んだことを道標として、未来へバトンをつないでいけたらと考えている。

悦楽の建築術辞典

Architectural Dictionary for Pleasure

by Kiyoshi Sey Takeyama

アイオーン／aeon

現在この刹那にこめられた永遠の時間。

宇宙の時間。

有為転変の中に永遠を見いだそうとする思いは人類の思想的な営みの底をつねに流れている。建築もまたそうした思想的営みの一環と見なすことができる。

アイオーンとはそうした永遠の時間、宇宙の時間であって、ヘウヘーニオ・ドールスが『バロック論』で「歴史の常数」を意味するものとして引っ張り出したネオ・プラトニズムの概念だ。われわれが日常経験している過去から未来へ向かって淡々と流れていく時間、つまり体験の時間としてのクロノスに対立する、いわば理念の時間。

この時間観念が、遠く隔たった現象を結びつけてくれる。

ジル・ドゥルーズは時間を第一の現在（転倒の現在／脱臼した時間）、第二の現在（実現の現在／形式としての時間）、第三の現在（微分的現在／純粋な倒錯の瞬間）に分ける。

第一と第二がクロノスであり、第三がアイオーンである。

クロノスは日々の脈絡のない出来事を体験させる「脱臼した時間」とこれを整理してまとまりをもたせた「形式としての時間」を与えるが、創造とはあまり関係がない。それはいってみれば生活の時間である。

これに対してアイオーン、それは物と言葉が腑分けされる瞬間であり、この二つを切断しつつ移行する瞬間であり、この位相こそが創造を支え、「建築的瞬間」を導いてくれる。

建築を志し、建築を制作し、建築を味わい、建築を悦楽する人間は、アイオーンの時間を生きなければならない。

アレゴリー／allegory

移行する時間を紡ぎ出すシニフィアン。

意識を導くシニフィアンとして、シンボルとアレゴリーを対比させよう。

シンボルがアポロンの領域にあるとするなら、アレゴリーはディオニソスの哄笑の響き渡る領域にある。

シンボルが収束する思考であるとするなら、アレゴリーは逸脱してゆく思考の断片である。シンボルはモニュメントを志向し、アレゴリーは廃墟を志向する。

これは、タナトスの風景を形成するモニュメント、廃墟、ニルヴァーナという三つの位相のうちの二つである。ではニルヴァーナは何を志向するか？　何も志向しない。

アレゴリーは死の瞑想をともない、メランコリーと連動している。沈黙の建築の多くは、アレゴリーの資質を有している。

シンボル系の建築はあっけらかんとして明るくわかりやすく、アレゴリー系の建築は深く沈鬱で冥界を彷徨う傾向をもつ。

イオン／ion

未完結なこと。

世の中には、イオン化傾向の高い金属というものがある。これは電子を一つ二つ欠いて不安定な状態になりやすい。つまり他の分子とくっつきやすい。他者と親和性が高い。

人生にたとえていうなら、いつも身を開いておく。チャンスは前髪を掴め、後ろは禿げている。関係の触手を伸ばしておけ。

建築も同じだ。シンメトリーは固苦しい。隣と連帯しない。完結した建築は、まちなみをつくらない。

しなやかな身のこなしが建築にも求められる。来るものは拒まず去るものは追わず。

イメージ／image

言語と身体を結ぶもの。

建築とは空間加工のイメージである。

身体の運動感覚を介して頭の中に構築さ

れるイメージであり、流動したり静謐であったりする。世界は加工可能な空間であり、秩序のイメージが埋蔵されている。建築はARCHITECTUREの訳語として選ばれた。そもそもは美的な構成といった意味合いである。

そして物理的存在でなく、脳内に構築されるイメージだ。物を加工可能な空間の生成装置として捉える。

物は空洞を宿している。建築は空洞通過の体験である。自身が流動する身体となりそこを貫く。切れ込みがあれば光が流れ込み、風が通っていくかもしれない。イメージはいつも途上にあり、出会うものによって変形し、出会うものを変形させる。そして出会うものそのものを生み出したりもする。

インヴィテーション / invitation

世界は誘惑に満ちる。これを神秘という。建築空間は人をどこか他の場所に誘う。どこか遠いところに憧れる気持ちを誰もがもっている。青い鳥の物語。

山のあなたの空遠く、幸い住むと人の言う。古来この情熱が人類を進歩させてきた。

人類は移動し、世界を広げていく。

男は自ら故郷を発って放浪の旅に出る。女は故郷から連れ出してくれる誰かを待つ。白馬の王子様だ。

私をどこかへ連れてって。

これは女の台詞でしかありえない。男が言ったら気持ち悪い。だから女は憑かれやすい。他者に感応しやすい。

ユタ、ノロ、巫女、女性の神秘性。女性は誘惑に応じやすくできている。建築は誘いの場だ。

実際に旅に出ることができない人々に、ヴァーチャルな旅を経験させる機能を持つ。建築とは一つの世界を創ること、それも誘惑の世界を創ること。

エクスタシー / ecstasy

言語は共同体のものだが、悦楽は個人のものだ。

建築も文学も演劇も映画も音楽も、コミュニケーションのメディアであって、考え方や想いを伝えることができる。それは個人の裁量を越えるコードに支えられている。

コードとは、異なる個人同士に共有される規則だ。

日本語には日本語の規則がある。生まれたときから勝手に声を発してコミュニケーションの成り立つわけがない。そもそも生まれた時から話せるわけがないし、個人が独自の言語を生み出しえたはずもない。

言語は個人と個人の間、共同体の中で育まれた。言語は個人を超えている。

気持ちはお互いに共有されるものに乗って伝えられる。これを構造と呼ぶ。心や文化には、あらかじめ定められた構造がある。個人の気分を超える構造がある。

ぼくらは構造に頼って気持ちを通じ合わせている。建築も文学も演劇も映画も音楽も、共有される構造に支えられている。コードに支えられている。

にもかかわらず、ぼくらが感動を覚えるのは、ぼくらの個人の感覚によってであって、共有される構造が感動するわけではない。法令を理解する能力と言葉を味わう能力は別だ。ぼくらは共同体の論理によってでなく、個人個人の感性に応じて、感動もし、悦びもする。

言語は共同体のものだが、悦楽は個人のものだ。

悦びは個人の領域にある。ひたすら個人の感性の領域内にある。

たとえ、メッセージがコードに則っていようと、人間の文化が構造に支えられていようと、悦びは個人の内に宿る。それは言語を超えている。

建築の喜びもまた個の悦びに宿る。

文化の悦楽は個人のものだ。誰にも譲り渡されることはない。

なぜならこの世に生を受けているのは個々の人間にほかならず、悦楽はかれらのものだからだ。個々の人間のみがエクスタシーを感じることができる。

歴史や文化はぼくらの社会を理解するのに有効な観念だ。コミュニケーションもまた。しかし、現実に生き、悦び、死んでいったのは個々の人間だ。

この世に生を受けた限り、悦楽を得て死するのが個人の定め。そのこと以外に人生の意味はない。

建築の悦楽があなたの個としての人生の悦楽を開いてくれる。

エティカ / ethica

欲望は禁忌をばねにしている。タブーをばねにしている。欲望を生み出すのは抵抗だ。壁があって欲望が見える。

禁忌が聖なるものを生み出し、聖なるものがエティカ、すなわち倫理を生みだす。行っていいことといけないことを決める。

しかしこの禁じられたものの側に人間の欲望は誘われる。聖なるものの側に喜びはある。閉ざされた空間にぽっかり明いた窓から垣間見えた青空。

重い扉を押す時の期待と不安。格子の向こうの人影。

壁の向こうのささやき。

遥か遠い塔の頂で奏でられる音楽。長い階段の彼方の場所。

川向こうの賑わい。

タブーは空間化され、禁断の場所を生む。壁により、列柱廊により、階段により、塔により、橋により、聖なる場所が俗なる場所から隔てられることにより。

そこに期待と不安と憧れが、欲望が喚起される。

エロス / erōs

建築はエロスとタナトスの狭間をさまよう。

エロスは生命体が個としての充足を求める欲動である。個としての自己の欲望を追求する。

タナトスは生命体が共同体としての充足に自らを解消する欲動である。生命の大きな流れに自己を接続する。

エロスは生の欲動、タナトスは死の欲動。

生は多様性に向かい、死は均質に向かう。

生は逸脱に向かい、死は形式に向かう。

芸術はすべからくこの緊張関係の中にある。

生は不安定であり、死は安定し、評価が定まる。エロスはアフロディテの息子。美の女神の息子だ。

美という観念の体現者として、プシュケという魂の体現者の娘と結婚する。そして「喜び」という名の娘が生まれる。

プシュケは「心」、エロスは「愛」。

「心」が「愛」を通して「喜び」を手に入れる。エロスは生命の躍動、タナトスは完結の美。

ル・コルビュジエは住宅を住むための機械といった。

アドルフ・ロースは真の建築が墓とモニュメントの内にしかないといった。ル・コルビュジエは個として建築制作の悦楽に向かい、アドルフ・ロースは永遠の形式に連なる作品に向かった。ル・コルビュジエは歌い、アドルフ・ロースは沈黙する。ル・コルビュジエのエロス、アドルフ・ロースのタナトス。

建築は悠久の時を生きると同時に、人々の刹那の快楽に奉仕する。建築家も個々の作業の悦楽の時を生きつつ、永遠に想いを馳せる。

人間はエロスに絡めとられつつ現世を生きて、なおタナトスの結晶化を夢見る。体験の目くるめく多様に心を奪われながら、形式の純粋に存在を賭ける。

建築は死の形式の内に、生の現象を宿している。建築家は、生の現象の彼方に、死の形式を想う。

エロスの向こうのタナトスを思い描きつつ、現実という形のない魔物に向かい合う。

エントロピー / entropy

自然はエントロピー増加に向かい、生命体はエントロピーを下降させる。建築もまた自然に抗してエントロピーの下降をもたらす人間の活動である。生命は運動しつつ秩序を生成する。

ひょっとすると秩序という言葉自体が、生命体の運動の方向を指すために生み出された言葉なのかもしれない。遺伝子に組み込まれた方向性。

では美、というのも同じか。だから秩序に美を見る。あるいは秩序に美という名を与える。長い目で見るならば、建築＝美＝秩序なる図式が成立する。

カオス / khaos

生命はカオスの縁に誕生する。

生命は自身の中にカオスを妊んでいる。

したがって生命の秩序はカオスの中の秩序だ。人工的な秩序はついつい均質空間に向かう。近代の空間表現の主題は均質な空間であった。

太古から人類を突き動かしてきた建築の欲望、すなわち世界を収容する欲望は、すべてのものを分類して並べることのできるエクスポジションの空間を実現した。

たとえば１８５１年ロンドン万国博、パクストンのクリスタルパレス。

この表象の空間を、ミシェル・フーコーはマテシスとタクシノミアによるタブローと見た。科学が目指した理想状態。等方均質な空間。

ただし均質は死であり不活性である。

生命は不均質に向かう。不均質こそが空間を活性化する。

生命はカオスの縁に誕生する。無秩序と秩序のあわいに。動きつづける循環の中に。

建築の課題は生命のないものに生命を吹き込むこと。動かぬものに動きをもたらすこと。

あくまでも死の形式と不動の事物を彫琢しながら、そこに流れのもたらされるのを待つ。生命の輝きを待つ。

コミュニケーション / communication

建築は古来コミュニケーションの装置であった。交流を司る場。人とものと情報が出会う場。

人と人が交流するパブリックな場所の形成が、建築の使命であった。コミュニケーションのためにこそ、建築の諸形態は工夫された。

古代ギリシアにおいて、アクロポロスは神と神の交歓の場、アンフィシアター（円形野外劇場）は神と人との交歓の場、アゴラ（広場）は人と人との交歓の場である。

やがてギムナジオン（体育場）が生まれ、交流が育ち、教育の場ともなった。プラトンのアカデメイアやアリストテレスのリュケイオンもそこから生まれたのだった。

アゴラのストア（倉庫）からは美術館が生まれ、神殿の書記たちの記録庫からは図書館が生まれた。社交の欲望は古代ローマにいたって巨大な浴場を生んだ。

中世の教会は情報の発信装置であり、人々はそこで世界の成り立ちを学び、当時のニュース・キャスターたる司祭によって解釈された世界情勢を聞いた。ゴシックのカテドラルは、神の世界の似姿であり、『神学大全』の空間的な翻訳だった。

近代のさまざまなプログラムも、建築がコミュニケーションの装置であること雄弁に物語る。大規模工場、大規模集合住宅、大規模オフィスはその反面教師として。

今日、テレビやコンピュータによってコミュニケーション・メディアの大きな部分は取って代わられているとしても、建築はなおその存在理由をコミュニケーション誘発空間の提供媒体であることに置いている。

身体全体を包み込み、直接五感に働きかけるコミュニケーション・メディアとして。

コンビニエンス / convenience

効率は決して生の充実には結びつかない。

コンビニエントであることは、個人の感動とは無関係だ。日本はとりわけ建築の合理性をコンビニエンスに求める。

便利さが思想に優先する。いや便利さこそが日本人の究極の思想だ。文明は便利の追求であり、文化は不便の洗練だ。

便利は普遍的な価値であり、個人は個別の価値を求めるようにできているから。集団は均質に向かい、個は不均質に向かう。

文明は集団に支えられ、文化は個人にささえられる。

サウンド / sound

空間は同時存在の調和だ。

建築の空間は音楽のサウンドに喩えられる。

スケールやプロポーションがピッチ（音程）やハーモニーなら、素材は楽器の音色だ。

空間の文節はリズムにあたる。

建築の構想者は空間の響きを聴き取る耳を持たなければならない。世の中はなんと空間的音痴に満ちていることだろう。

サプライズ / surprise

驚きや裏切りのない建築は貧しい。

人間は表裏のない人間の方がいいが、建築は表裏があったほうがいい。建築は外と隔絶された一つの世界を創る。

だから、中に入ったとたん、外とまったく異なる世界が展開していると、印象もひときわ新鮮だ。よい建築は驚きを与える。

裏切りの構図に満ちている。

世界が反転して、日常から離れる感覚を持つことができれば申し分ない。

西洋建築の様式を決定するファサードは、内外を反転する仮面であって、まさしくそのような意図を持って磨き上げられてきた。

もともと建築空間の発生は、人々に夢と驚きを与えるところにあった。

食べて、寝て、排泄するという、生物的な繰り返しの連続を離れるところにあった。

人間が人間たりうるのは、生理的欲求のみでない生活を手に入れたからだ。

建築空間の発生こそが、人類の精神世界を開いたのだった。嘘をつくこと、これが人間のみにあたられた能力だ。

そうでない可能性を考えることができる能力と言い換えてもいい。裏を読む、あるいは誤解する、勝手に空想する。

欺くことは他の動物もおこなうが、欺かれることを楽しみ、しかもそこに新たな価値を見出すのは人間だけだ。

そこに表われる感情は、新鮮な驚きだ。

人間は騙されたがっている。建築は人を騙すための壮大なしかけでもある。

だから表と裏がある。パブリックとプライベートがある。ハレとケがある。非日常と日常がある。

言語によって、人間は〈存在〉するものだけでなく、〈不在〉と〈虚構〉を知ることができた。建築はこれを具現化する。〈不在〉と〈虚構〉を具現化する。

可能性の空間を具現化する。サプライズを具現化する。人々が建築に魅せられた理由はそこにある。

シンボル / symbol

建築はシンボルの体系である。

人間は世界をシンボルの体系に置き換えてきた。

言葉はその代表であり、言語という離散的な構造に、世界を圧縮してきた。世界を部分に分けて、単語に置き換え、これをつなぎ合わせて意味を紡ぐ。ただそこに謎が出現する。

言語世界を精緻に紡ぎあげればあげるほど、語りえぬものが存在する。それは神秘である、とヴィトゲンシュタインは語った。語りえぬものについては沈黙すること。徹底して言葉による世界の構築を考えつめたヴィトゲンシュタインの教えである。ちなみにヴィトゲンシュタインは建築フリークであった。

言葉の限界に建築を見ていたかも知れない。

人間は意識の上では言葉で世界を認識するしかない。そして無意識もまた言葉だと精神分析は教える。

フロイトは言葉の転置や不連続に注目し、ラカンは意味から切断された言葉の縁たるシニフィアンを注視し、ユングは彼方に潜むはずの原型的象徴を分析する。

無意識の海には、言葉が捉えそこなったものが浮いている。

建築もまた、意識のレベルではひとつの言語として捉えられよう。

とりわけ現実のしがらみや重力に晒されているから、理性的な把握が肝要でもある。ただしその根っこは無意識につながってて、建築を構想する個人の無意識がそこに表出される。力の流れは意識でなければ捉えられないが、空間の流れは無意識に働きかけている。

建築もまたシンボルの体系である。ただし個々の無意識が投影される。語りえぬもの、沈黙の領域が、たまさか出現するときもある。

スクリーン／screen

邪魔するもの、垣間見せるもの、際立たせるもの。

バスケットボールは、ゴールに玉をほうり込む、きわめてシンプルなゲームだ。

ボールを持ったら、まず自分で打つ、だめなら次に抜いて打つ、それでもだめなら最後にパスをする。この順番が個々のプレイの鉄則である。

ただしフォーメーションやプレイの流れで判断は変わる。大切なのはタイミングだ。

5人で攻め、5人で守るから、そこに連携プレイが生まれる。

攻撃の連携プレイの代表がスクリーンである。マン・ツー・マン・ディフェンスだとする。ゴールに向かってカットインするプレーヤーを助けるために、そのプレーヤーをディフェンスする相手に対して、味方のプレーヤーがスクリーンをかける。つまり敵の動く位置にからだをもっていってブロックする。プレーヤーは味方のブロックしてくれている方向に向かって、カットインする。敵は動きが阻まれて、抜ける。これがスクリーン。

スクリーンがかかるとディフェンス同士でスイッチをしたり、うまく体をかわしてやり過ごしたりする。敵と味方でだましあい、邪魔しあう。

ボールを持つプレーヤーは、敵と味方の交錯の彼方、つまりはスクリーンの彼方にゴールを垣間見る。憧れはスクリーンの彼方にある。ゴールはスクリーンによって際立つ。かけがえのなさが高まる。

遠くからのスリーポイント・シュートよりも、ゴール下のポスト・プレイよりも、マイケル・ジョーダンのカットイン・プレイが賞賛を浴びるのはこのためだ。ワン・ゴールの価値が違う。味方は意気上がり、敵は意気消沈する。

スクリーンの向こう、壁の向こうに大切な何かがある。ぼくはこんな風に空間を感じてきた。建築の壁も床も天井も、スクリーンだ。そこに穴が、窓が、開口が穿たれて、光が、風が、景色が、人が、空が、声が、一層かけがえのないものに思えてくる。

スクリーンは邪魔をするものだ。すべてを見せるのではなく垣間見せる。でもだからこそ、かけがえのないものを際立たせる。

そこを通過してくるものが生き生きとしたものになる。

ゼロ / zero

無為の空間、ナッシング

a place belonging to nowhere。何もしない時間を過ごすことができる空間。

管理されない、利益を生むこともない、しかし生の充実を感じさせられるような空間。

たとえば手帳に記されたスケジュール、忙しく生活に追われる日々、その合間にある空白。それが無為の時間だ。

時間に追われる現代の生活を、ふと振り返る瞬間。自分が個人としてかけがえのない存在であるより、組織の中の歯車として個人であることを圧殺されがちな今日。これほど求められながら忘れ去られている瞬間はないのではないか。

何もしない時間が充実したものであること。

この世に生を受けて、悦びをえた、そうした生の記憶を刻み込むことのできる空間。

他者の生を慈しむことのできる空白の時間。

建築の究極の姿は、そんな無為の時間の空間化である。無為の空間は悦楽の空間でありたい。

個としての生の充実を味わう空間でありたい。

一見無駄であり、無意味であるような空間にこそ、かけがえのない意味が潜んでいる。人生もまた、そういうものだ。

タナトス / thanatos

死の欲動。エロスの生の欲動に対立している。

あるいはエロスのつなぎ込まれる器官なき身体。ジル・ドゥルーズは器官なき身体こそが死の欲動であると喝破した。エロスは死の欲動につなぎ込まれて初めて発動する。つまりタナトスがエロスを駆動する。タナトスとしての器官なき身体は、エロスのつなぎ込みを待つニルヴァーナである。ニルヴァーナは何もなく、そしてすべてがある。

どこにも属さぬ無為の空間、ゼロの空間でありながら、どこにもつながっている。

フロイトは死の欲動について、強迫神経症と攻撃衝動と涅槃衝動という三つの側面を説いた。これを建築的風景に置き換えてみよう。

強迫神経症は反復であり、モニュメントを志向する。

攻撃衝動はサディズムであり、差異の痕跡であり、廃墟を志向する。涅槃衝動は消滅であり循環であり、ニルヴァーナそのものだ。

タナトスの風景はモニュメント、廃墟、ニルヴァーナという三つの位相によって構成される。モニュメントが収束であり、廃墟が移行であるとするなら、ニルヴァーナは循環である。

モニュメントは山であり、廃墟は川であり、ニルヴァーナは海である。

デジール / desir

欲望。建築的欲望は、ロゴスを分母とし、エロスとタナトスを分子としている。

ちなみに建築的思考はその逆数である。エロス、タナトスを分母とし、ロゴスを分子にもつ。この演算にしたがえば、建築的欲望とロゴスの積は、エロスがタナトスを疎外しタナトスがエロスを生み出す循環の有様に等しい。

ディスタンス / distance

建築は遠い憧れを現象させる装置だ。

遠い憧れまでの距離を、そこに現象させる。

これが空間である。手の届かぬものに、われわれは憧れる。

タナトスの距離が介在してエロスが生み出される。デリダならこれをエクリチュールと呼ぶだろう。

エクリチュールとは死の表象であり、そこを通過して空間はエロスに満ちる。痕跡、死、エクリチュールから生が立ち昇る。

エクリチュールがエロスを立ち昇らせる。

エクリチュールとは距離である。

現実とわれわれの間に、何ものかの通過した痕跡たる差異を与える。開削された道を与える。

この行為をエクリチュールといい、建築という。

それは現実までの距離である。起源としての死の表象である。エロスはそこに産み落とされる。

生きた証としてのエクリチュール、そして建築。

沈黙の痕跡に、すべての生の契機がこめられている。

デザイン / design

空間に漲る意志のこと。

デザインは指示であり方向づけであり、優先順位の付け方の決断だ。

円だの四角だの三角だの、ましてや赤だの黄色だのの恣意的な選択ではない。

物の在り方を決定する時のさまざまな条件を取捨選択して、優先順位をつけ、それらを的確に指示していくことだ。そのさなかに、適切な形や色の決定がなされる。

むしろそれらを貫く意志のことだ。意志の存する空間がよい空間である。

意志のない空間が悪い空間である。

意志のない人間と向かい合うと調子が狂うように、意志のない空間に居ると体調が狂う。意志の漲る空間に対峙すると、生の充実を覚える。

自らの生きる意志がそこで問われるからだ。

のんべんだらりと生きてゆく人間には、意志の希薄な空間がふさわしいのかもしれない。意志の希薄な空間が、のんべんだらりと生きてゆく人間を育てるといっていいのかどうか。

テリトリー / territory

領域と非領域という観点は面白い。男はテリトリーを主張したがる。

女は、そんなもの主張しないでも、座ったところにおのずとテリトリーができる。男は天空を駆け、女は大地に根ざす。

もともと根ざしているから、あえてテリトリーを区画する必要がない。

男は移動しつづけるから、自分の領域を区画しなければ、自分の場所である根拠がない。男はあちこちに種をまく。ただどれが自分の種かを本当に知ることはできない。

女は自分の中から生命を生む。自分の種を間違いようがない。

男は自分の遺伝子を残すためにテリトリーを区画せざるをえない。女はただ自分のいる場所にいるだけでよい。

他者の侵略も、他所への誘拐も、それがそのまま自分の種であり、そこがそのまま自分の場所になるという点で選ぶところがない。

私をどこかに連れてって、というのは女の台詞だ。

男はもとより移動する性だから、そんな事は言わない。

女の土地に根差す本性が、あえて新しい生の形態を求める時の台詞だ。天は雨を降らせ、光りを降り注ぐ。

大地はそれを受けて生命を育む。

古来、どの神話を見ても、天が男で大地が女だ。

父系の社会はテリトリーに厳密であり、母系の社会はテリトリーが曖昧だ。アレグザンダーもチンギスハンもナポレオンも男だ。女の発想に帝国主義はない。長い年月平和な社会は母系だ。

日本の縄文もまた、そうだったのでないか。

ヒストリー / history

歴史は「目的をもった運動」として定義された。19世紀のことだ。

悦楽の観点からは、こうなる。ヘーゲルにとっても、マルクスにとっても。

人類の歴史は秩序を発見する歴史だった。遺伝子に強くそうプログラムされた種が、人類であるということかもしれない。だから秩序とか美は人間の活動と同義である。秩序や美は目の前の具体的な世界から抽象された。人間が本能的に快適だと感じる世界の形を表そうとする観念である。脳と身体に快い。この快感を人類はそう名づけた。

これが時代によって変わるから、芸術も変わる。あるいは芸術が変わって、物の見方も変わる。建築は、その発生以来、人間の世界を加工するための最大の実験場だ。それはただ個人の身体を包み込むどころか、人間集団をすっぽり包み込む空間だ。建築は集団の夢でもある。個人の夢、脳の中のイメージに発して、そこだけにとどまらず、それが集団に共有されるとき、実現の可能性を持つようになる。

ただあくまでも、最初の一滴は個人の想いのひとしずくだ。

ビルディング / building

建築の物理的対応物を建築物、あるいは単に建物という。これがビルディングである。ビルディングは現実に存在するが頭の中には存在しない。

建築は逆である。つまり頭の中にしか存在しない。

フィクション / fiction

人間はフィクションを楽しむ動物だ

二本足歩行して手が自由になって道具を扱えるようになったのが人類のはじまり。道具を加工することを覚えて、技術も進む。工夫すると頭もよくなる。

なるほど世界というのはただ与えられるだけじゃない。そのままに甘んじるものでなく、変えていくこともありだと気づく。これを世界の改変可能性という。これに目覚めた人類が、やがて自分を包み込むほどの大きな空間を加工するようになる。

これが建築のはじまりだ。

ただ目的に向かって道具を加工するだけの、律義な人々が多くいた。かれらのおかげで、獲物を切り裂いたり、木の実をすりつぶしたりしやすい道具の形が工夫されていった。

そのうち道具を加工する間に、道具自体で遊ぶ連中も出てきた。骨に刻み目を入れてあるだけで何に使われたかわからない道具も発掘されている。ことによると楽器かもしれない。刻み目を棒でこすればリズムをもった音が出る。

人間は道具で遊ぶ内に、動物を殺したり、肉を切ったりという物質的な世界の改変可能性だけでなく、脳の中のイメージを加工する可能性に目覚めた。

音を出す工夫と遊びは、のちに音楽と呼ばれることになる。

女の人の形もいっぱい作られた。生命の豊かさのイメージだ。のちに彫刻と呼ばれる。

絵はもっとはじめから描かれていただろう。やがて洞窟に見事な動物の絵を描く連中が現れる。空間のなかに躍動する動物たちが、重なり合うようにして、あたかも空間そのものが響きを発するかのように。

描かれた動物の数と位置を調べて、ひとつの規則を見出す学者もいる。馬と牛が女と男に対応するのだと言う。とすると、洞窟は一つの世界観の表現になる。男的なるものと女的なるもの、降り注ぐものと受けとめるもの、太陽と月、光と影。動物の像を通して、世界の成り立ちの神秘が描かれている。

もともと絵であって、本当の動物ではないから、あくまでもヴァーチュアルだ。洞窟は人類最古のヴァーチュアル空間だ。しかしそこにとどまらず、ある思想を表現していたかもしれない。人間は、このようにして、脳の中のイメージを刺激する物体を生み出した。直接的には役に立たない物体を加工して、フィクションを遊ぶことを覚えていく。精神世界が生まれる。

身体をすっぽり包み込むほどの空間、先史時代最大のフィクションであり、空間芸術であり、つまりは建築空間が、ラスコーやアルタミラの洞窟だ。

フォーム / form

空間は機能を捨て、裸になった時に、その真価が分かる。

何かのための空間でなく、何のためでもない空間、機能を捨て去ったあとの空間が、建築空間の真の価値を見せてくれる。

アクロポリスはかつてギリシアの神々が集う聖域だった。アテネのパルテノンは、トルコ軍の弾薬庫に使われた。いまや屋根は失われ、巨大なアテネ像も失われて、神殿としての機能をはたさない。ギリシアの神々の信仰ももちろん遥か古に失われてしまった。

にもかかわらず、そのたたずまい、均衡の取れた形は、多くの人々の驚嘆と礼賛を集めてきた。国家、民族、宗教の別を問わず、どんな人々にも、それが聖なる空間であることを十分に感じさせてくれる。さらに言うなら、そこに貫かれた古代ギリシアの人々の明晰な秩序の感覚をも存分に伝えてくれる。

パンテオンは古代ローマの万神殿だ。紀元一世紀に建設された。のちにラファエロなどの墓も納められた。ローマの技術と造形をよく表現する巨大なドーム型の空間の頂には、ぽっかりと丸い穴があいている。そこから差し込む光は時々刻々と円天井の表面を移動して、巨大な空洞の大空間の変容は驚きに満ちている。この空間のドラマもまた、万人に伝わる空間的な価値を持っている。ローマ神話を知っている必要はない。

イスタンブールのハギア・ソフィアは、6世紀にユスティニアヌス帝の建立したビザンチンの教会だ。地上50メートルの高みに、周囲から差し込む光に支えられまるで宙に浮いたように見える天蓋は、建立者のユスティニアヌス帝自身が、「我ソロモンを凌駕したり」と神に祈りを捧げたほどの神々しさを湛えている。この地をめぐって攻防を繰り返したキリスト教徒もイスラム教徒も、ともにこの聖なる空間を破壊しようとは思わなかった。

パルテノンもパンテオンもハギア・ソフィアも、その機能のゆえに人々は感動するのではない。その空間のゆえに感動する。

裸の空間、建築の形式そのもの、これをフォームと呼ぶ。

フリーダム / freedom

障害物があって自由が見える。壁があって自由が実感される。だから「建築は自由への壁である」という命題が成立する。壁は自由の導き手だ。建築は自由の道案内だ。

安部公房の小説『壁』に捧げられた石川淳の序文は、矛盾に満ちた自由のありかを鮮やかに浮き彫っている。

壁を行動の限界と見るか、あるいは自由への門と見るかは、人生に対する態度の問題であり、建築に対する想像力の問題でもある。

建築を開くというシュプレヒコールは建築が必然的に境界を形成することを前提としている。すべてに向けて開かれた建築など存在しない。

かりに観念的にありえたとしても、それは不自由しかもたらさないだろう。

プレゼンテーション / presentation

都市はプレゼンテーションの場だ。

人類の意図的な景観プレゼンテーションの努力は都市を創ることに集中された。都市は必ず計画されてできた。計画されずにできた都市はない。

ただその発展に、計画が置き去りにされた都市は数え切れない。

プロセス / process

建築はいつも途上にある。

空間は流れであり、プロセスだ。

建築の構想はいつもプロセスにある。

ものごとを決定していくプロセスでもあるし、空間の中を歩き回って適切なスケールとプロポーションを追い求めるプロセスでもある。

出来上がった建物は一つの完成品だが、建築の体験はプロセスそのものだ。建築空間は時間を埋蔵している。

建築は時々刻々と姿を変えてゆく。

構想の渦中にあっては、あらゆる可能な形や素材やスケールが、瞬時に脳裏を飛び回る。

風向きや地形や光の状態や機能に応じて、最適な解決が次々と構想され、取捨選択され、優先順位が付されて、建築は時々刻々と変化する。

常に渦中にある。プロセスにある。

構想の段階でも、体験の時でも、プロセスを総合して建築的な時間が紡がれていく。建築はそうした時間の流れの余白に姿を表す。流れの整流器だ。

ただまなざしはあくまで、流れに注がれている。

この流れのことを空間と呼ぶ。空間もまたプロセスだ。

マジック / magic

建築は魔術だった。

ヴィトルヴィウスもそこに属していたというディオニソス建築師団。石を組みソロモンの神殿を築き上げた、人知を超えるかに見える技術。アルケーは原理、根本であり、テクトンは技術である。

したがってアーキテクチュアとは、すべての根源にありかつ上位にある技術のことである。ヨーロッパに連綿と流れるフリーメーソンの伝統には「隠された知」という魅力的な概念が潜んでいる。

カバラや錬金術への憧れ。

ニュートンも後半生は一生懸命に錬金術に励んだ。

巨大な空間を作り上げる建築という技術は、魔術とほとんど同義だったろう。石工たちは経験に裏付けられた技術の体系を鍛えた。

力学、幾何学、物性、美学、音楽、雄弁術。しかしそれは純粋な技術であり、世俗的な成功を意味しない。

金をつくりえても、これを世俗的成功を交換したあかつきには技術の喪失が待っている。芥川龍之介の『魔術』を参照せよ。

純粋な技術者は、あるいは魔術師は、欲望を捨てなければならない。欲望は王にあり、建築家は術を磨くことのみに満足を覚えること。

ミュージック / music

建築は凍れる音楽。

シュレーゲルの発言だとヘーゲルは書きつけた。

シラーであったかもしれないしゲーテであったかもしれない。

あるいは遙か古代に遡ってピタゴラスあたりが嘯いていたかも知れない。音楽は現実の音というよりむしろ、音から立ち上る観念である。

マラルメが自分の詩を音楽に近づけたいと願った時の音楽とは、まさしく立ち上る観念だった。それも言葉の不在に立ち上る観念だ。

建築もまた、物質の不在に立ち上る観念を音楽として持つ。空間は響きでできている。

メモリー / memory

建築はメモリー・ファクトリーである。

すべて建築空間は、記憶の保存装置である。

およそ人類の生み出した技術は、時間と空間の〈圧縮・保存・輸送〉の技術だ。

建築はそのもっとも大規模な試みである。建築を通して、人類は時間を保存し、空間を圧縮する試みを続けてきた。思想を未来へ輸送する試みを続けてきた。

輝かしい事蹟の瞬間を記憶し、宇宙をひとつの場所に圧縮する。場所を祝福し、歴史を刻み込む。

時間を刻印し、追憶を喚起する。世界を象徴し、知の形象を示す。

事物を収蔵する空間が、展覧する空間に、検索する空間に、そして生産する空間に。

事物が取り去られたあとの空間が、そのまま時代の世界観と知の有り様を示す。

すなわち〈圧縮・保存・輸送〉の技術の有り様を示してきた。建築物は人々の記憶の引き金をひく契機に満ちている。

失われた時を求めて、失われた宇宙の雛形を求めて。

モーメント / moment

建築的な瞬間。

非物質的な領域と物質的な領域が交差し合う刹那。

建築がもやもやした霧の中から、確たる観念として立ち上る瞬間である。この観念は、言葉ではない。建築でもないかも知れない。

建築生成の現場であり、建築以前の状態である。

ユートピア / utopia

逆説的な理想境。

実現されないこと、失敗することに意義がある。トピアは場所。今ここにある世界だ。

ユートピアはここでない場所。どこにもない場所。中国の理想は不老長寿。

西洋の理想は錬金術。物質的欲望の世界。

中国は桃源郷で仙人となる。

西洋は黄金境、エル・ドラドで億万長者になる。

日本がかつて黄金の国ジパングと紹介されて、西洋の野心家たちは日本を目指した。

フランシスコ・ザビエルは日本を勝手に大天使ミカエルに奉げた。

イスラエルの守護天使もミカエルだ。

古代中国や朝鮮半島から渡ってきた人々の眼にも、日本はユートピアに映ったろう。

水も豊富で緑に溢れている。豊かな自然に恵まれている。

豊葦原の瑞穂の国/トヨハシハラノミズホノクニ。

渡来した人々の驚きが、このネーミングにこもっている。建築はユートピアを常に射程に収めている。

決して到達されないことが分かっていながら、ユートピアの似姿を込める。

政治的にそれが利用されると、イデオロギーの格好のモデルとなる。建築に世俗的な欲望が禁物なのは魔術だからだ。

ただ聖なる欲望のみが建築を駆動してよい。聖なる欲望とは、世界を収容する欲望である。収容される世界は、ユートピアの似姿である。

その時代時代のユートピアが、建築に込められている。たとえばサン・ピエトロ大聖堂。

ルネサンス精神を体現せんとする求心的大空間。ブラマンテ、ラファエロ、ミケランジェロが構想を練り上げ、巨大なクーポラを立ち上げた。

バロックの時代精神を受けて、これにベルニーニが巨大な楕円形の列柱に囲まれた広場を前面に配した。時代のユートピアの精髄が結晶している。

リフレクション / reflection

響き合うこと。

空間とは響きだから。

空のかけら、光のかけら、世界のかけらを、スクリーンは切り取って空間の中に送り込む。空間はそうした世界のかけらたちで満ちる。かけらたちが動き、移ろい、姿を変えて、空間を生き生きとさせる。空間に生命を与える。

かけらたちの交響曲が空間の実体だ。空間を訪れるものたちの響き合い、リフレクション。光と影の饗宴、媒介者たちの歌声が、建築に木霊している。

中世ゴシックのカテドラルは、構造的な大発明によって、リフレクションの空間を飛躍的に発展させた。フライング・バットレス、つまり空を飛ぶ梁をもつ控え壁のよって、大きな窓をとることができるようになった。それまでのロマネスクの厚い壁に守られた暗い空間に比べ、圧倒的に光に満ちた明るい空間が可能になった。

大きな開口にはステンドグラスがはめ込まれる。光は神の国から射してくる神々しさを付与された。神が訪れ、天使が舞う。人々は教会を神の国への門と位置づけたろう。門は異なる世界がそこで交錯し、響き合う境界、すなわちリフレクションの空間そのものだからだ。

境界にリフレクションは響き渡る。

異なる世界からの訪問者を待ち、彼らの声の響きを受けとめ、共鳴させ、増幅するリフレクションの空間。建築は古来そうした役割を果たしてきたのであり、それがひいては共同体の自己確認装置であり、異界への門でもあった。

建築の出現の場所、そこは、他者の声が響き渡り、自身の魂の底に到達する、リフレクションの空間だった。

リレーション / relation

建築で面白いのは、壁、列柱、階段、塔、橋、といった、関係を生み出すエレメントである。

守ったり、遮断したり、邪魔したり、曖昧につないだり、隠したり、導いたり、憧れさせたり、見晴らしたり、架け渡したり、浮かべたり、……。

建築は関係に支えられている。

他者と関係を持つこと、すなわちコミュニケートする欲望に支えられている。

レジスタンス / resistance

建築は他者に対する抵抗の形式だ。抵抗しつつ受け入れることも含めて。他者とは光や音や風や雨、人や物や情報。

流れこむ他者への身振りが建築を決定する。

ただし、他者の眼に映るために振る舞う自分は自分ではない。仮面をかぶり続けてついにその存在そのものが仮面となること。すべて深きものは仮面を愛する。

ニーチェの教えである。

ロゴス ／ logos

古代ギリシア人たちは宇宙と人間との間に働く法則そのものをロゴスと呼んだ。ヘラクレイトスはこれを「存在の声」と呼ぶ。

対抗し合う個物を統合する力であり、建築を成立させる力でもある。建築とはひとつの世界を構成する行為であるからだ。

そこにはしかるべき意図が要請される。組み立て、統合する意志が要請される。これをロゴスと呼ぶ。

ただしこれにも超越的ロゴスと内在的ロゴスがある。

建築は空間を内から開く身体に即した内在的ロゴスに裏打ちされねばならない。あらかじめ措定された身体に即さぬ超越的ロゴスはイデオロギーと化す。

それは建築的行為の地平を開く言葉ではなく、単なるシュプレヒコールである。内在的ロゴスはエロスに伴われている。

建築はエロスの行為だ。

ロゴスに耳を澄ませ、エロスに身を任せる。

そこに建築の萌芽は呼び出される。ロゴスはエロスの運動の内に徐々に姿を現す。

エロスのさなかにロゴスの影を探る。

つまり欲望のさなかに意図を、そして意志を探る。

これが建築という自然に即して自然を読み直し語り直す行為に潜む構造である。

それは自然にロゴスを見いだす行為であると同時に、個の身体の応答と行為的直観を前提としている。

「存在の声」への身体的応答、これがエロスである。

「存在の声」たるロゴスは個の身体にもたらされる。個にもたらされたロゴスは倫理である。

他者との関係―ロゴス―のみが個の欲望―エロス―を作動させる。社会の中にありつつ個人として生きる倫理が、享楽の強度を支えている。

享楽が、個に胚胎される喜びが、自覚された遊戯が、壁に堰き止められてほとばしる自由の可能性が、ともすれば全体主義へと向かう超越的ロゴスの流れを分岐させる。

個のエロスの中から研ぎ澄まされた意志を通して、内在的ロゴスは享楽のロゴスへと鍛えられる。建築という思考の態度はそこに根ざしている。

個のエロスに根ざさぬ建築は貧しい。

個のエロスが享楽のロゴスにまで鍛えられぬ建築はなお貧しい。


初出＝『政策科学』15巻3号、立命館大学政策科学会、2008年3月

Lecture by Takeyama, 2016
on Gilles Deleuze, The Fold: Leibniz and the Baroque

竹山聖の講義

ジル・ドゥルーズ『襞：ライプニッツとバロック』について
（生活空間学特論2016 抄録）

大学院での講義は、2015年度までは建築設計学特論を、2016年度からは生活空間学特論を担当した。基本的には、英語文献を読み、議論するという方法であったが、2016年度はあえて日本語訳のあるテキストを選び、英語訳と原語のフランス語版を比較併読しつつ、議論を進めることにした。

採択したテキストは下記である。

ジル・ドゥルーズ『襞：ライプニッツとバロック』
Gilles Deleuze, *The Fold: Leibniz and the Baroque*
Gilles Deleuze, *Le pli: Leibniz et le baroque*

そして、2017年度には、ライプニッツの『モナドロジー』を、日本語訳、英語訳、そして原語のフランス語版を合わせて読んでいくことになる。

そもそも空間論の観点から見てライプニッツが極めて示唆に富んだ議論を展開したことを教えられたのは、学生時代に原広司先生に薫陶を受けてのことだ。


遡って2014年のスタジオでは〈ダイアグラム〉というテーマを選び、アイゼンマンの『Diagram Diaries』を読みつつ、ラ・ヴィレット公園でアイゼンマンとデリダが協働を試みたプロジェクトを振り返っていた。『Chora L Works』というタイトルの書籍にまとめられたそのプロジェクトは、デリダが精緻に論じるコーラという概念を下敷きにしており、これが長年にわたって関心をもってきたプラトンのコーラ（西田幾多郎も場所論で言及した）を思い起こさせてくれた。そこで2015年には〈コーラス／コーラ〉と題したスタジオを立ち上げ、プラトンの『ティマイオス』に即しつつ、そしてデリダの『コーラ』をも参照しながら、鋳型について、存在と観念の間について、コレスポンデンスやレスポンスについて、皆で議論を繰り返した。

こうした経緯ののちに、ダイアグラムによって思考を展開するドゥルーズの『襞』を採り上げたのだった。描画という行為こそが建築的思考の核心的な位置にあるのではないか、と考えてきたこともあり、ダイアグラム好きのドゥルーズの、しかもその暗示に満ちた描画を眺めつつ、建築的思考の可能性に共振する何かを掴みうるのではないかと考えたからだ。

以下、各講義録からの抄を紹介しよう。実際は学生たちとのより多くの質疑や議論が交わされつつ、進行した。［竹山聖］

第1回

身体があるから思想が明晰になっていく

まず、この『襞』という本を選んだ理由を言っておきます。建築をつくるときも味わうときも物理的メカニズムと心的メカニズムの両方が必要になります。建築学ではもちろん物理的なメカニズムを勉強しますが、それと同時に建築を設計するとき、あるいは建築を経験するときには、我々は心的なメカニズムをもってそれを行うわけです。

建物を使ったり生活をしたりするというのはほぼメンタルです。天井が高くて気持ちがいいとか広々しているというのは心的メカニズムによる。ライプニッツの思想は、身体に根差して心的メカニズムを明らかにしようとしています。モナドという心的メカニズムをなんとか物理的なメカニズムと結びつけようとしている。ドゥルーズはこうしたライプニッツの思想に共感しているのです。人間が世界を構想する心的メカニズムを物理的メカニズムに結びつける。そこで、建築的に、読むに値するテキストだと判断したわけです。

168頁に「ライプニッツの計算は心的なメカニズムに対して十全であり、同じくニュートンの計算は物理的なメカニズムに対して十全である」とあります。ライプニッツとニュートンは17世紀に微分という数学的世界に到達したわけですが、どちらかというとライプニッツは心的なメカニズムにも絡めて、ニュートンは物理学で、微分を語ります。ライプニッツは数学者であり形而上学者、ニュートンは数学者であり物理学者。そしてドゥルーズは心的なメカニズムと物理的なメカニズムを、ライプニッツを通して語ろうとする。これが非常に空間的なイメージ、特にダイアグラムが駆使されているのです。

170頁にこのような言葉がありますね。「私が明晰に表現するもの、それは私の身体にやってくるものである」。この身体というのは直接的には物理的な存在です。ただフィジカルであるけれども密接にメンタルに結びついている。心と体はデカルト的には精神と物質に分かれます。ところがライプニッツは、それらは不可分で、身体があるから私たちの精神が明晰になる、と言っているのです。

この文章のある「第7章：襞における知覚」の冒頭に、私たちの精神には暗いところがあると書かれています。「精神は薄暗く、精神の底は闇に包まれている。そしてこの闇に包まれた本性こそが身体の理由であり、身体を要請するのである」（147頁）と。デカルトは体や物質は捨てていい、我は思う、精神があるから我があると考えたわけです。ライプニッツはそうではなくて、私たちは心の中にはっきりしない曖昧なところがあるが、そこからスッと出てくるものがある。そのスッと出てくるきっかけというのが身体であると言っています。

つまり精神は無限に微分できセパレートできるのに対して、身体は有限で、この有限な身体が思考を押しとどめている。しゃべるという行為は、身体があるから可能であり、まとまった思考として伝えられるわけです。スケッチをしないと空間にならないように、頭の中に素晴らしい何かがあっても、はっきりとした表現にならないとそれは形にならない。これは人間の思考の特徴ですね。人間はそれを一度世界に投げ出して反応をもらい、そしてもう一度自分の思考を形成する。だからこそラスコーやアルタミラに絵を描いた。絵を描いたことによって言語能力が高まったと考えられています。なんらかの行為をし、そのレスポンスによって自分の思考を高めている。

ポール・ヴァレリーの『エウパリノス』に冥界のソクラテスの話があります。パイドロスの語るエウパリノスという建築家の話にソクラテスがコメントをし、ソクラテスの思想が高まっていく。建築的思考を哲学的に解釈していく。冒頭、黄泉の国へ行き思考が高まったけれども残念ながら体を失った、とりとめもなく思考が広がっていくばかりだ、とソクラテスが嘆きます。パイドロスはこの認識を称賛します。もし黄泉の国に魂があって自由に思考していくことができたとしても、身体がないとまとまった思想にならない。ヴァレリーはそう考えたわけです。

心的メカニズムはつねに身体と連携している。むしろ身体があるから思想が明晰になっていく。このことをドゥルーズは特筆します。自身が明晰に表現するものは「私の身体とのかかわり」をもつ、とさえライプニッツは言っているのだ、と（148頁）。身体は明晰な表現と密接に関わっている。

ドゥルーズのスケッチした〈バロックの館〉にしたがうなら、一階が物理的メカニズム。さらにもう一層、窓のない空間がある。天使しか行けないような空間で、そこが理性、人間の思考をつかさどる心的メカニズムとなる。これが全編を貫くテーマを表すダイアグラムです。

第2回

我々が設計しているのは自分の心の形です

ライプニッツを参照しつつドゥルーズが描いたバロック像は、複雑です。この世界はものとしては唯一であるけれど、それを味わう人間の考え方や観念によって感じ方が異なる。無限の襞があって無限に解釈ができる。同時に多数の調和しない世界が共存している。

人間は理性的な部分と非合理な部分で出来ていて、この合理的な部分と非合理的な部分が調和したり反目したりすることによって人間はある種の喜びすら覚えるのです。これは心がより複雑で豊かだということです。ハイデガーは、「石は世界を持たない、動物は世界が貧しい、人間は世界を持つ」と言います。この世界というのは心のことです。精神世界のことです。人間が世界を持つというのは、知覚によって世界を認識し、各々の心によって世界を形づくるということです。建築を設計したり経験したりするのも心です。だから目に見える世界だけ

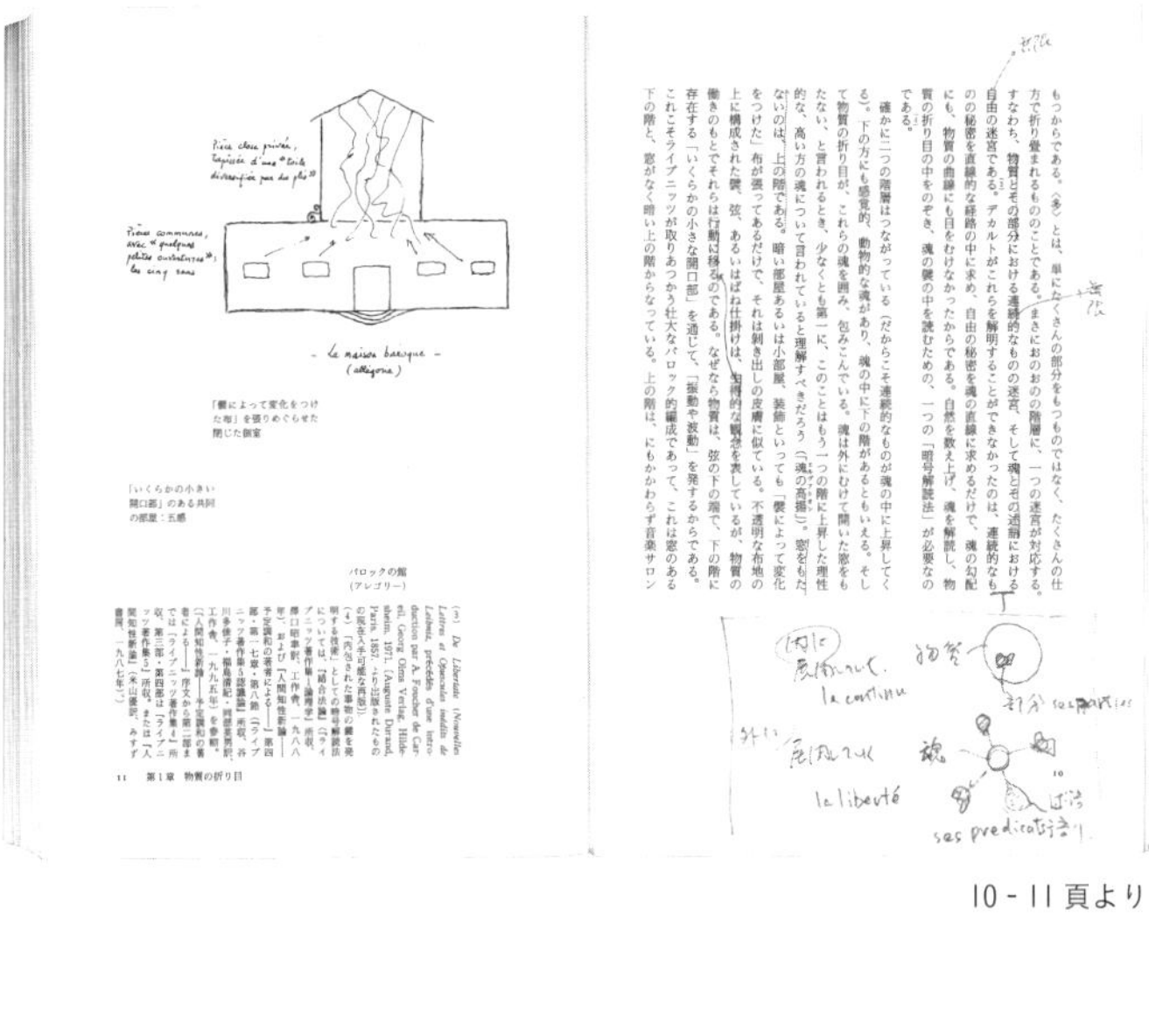
もつからである。〈多〉とは、単にたくさんの部分をもつものではなく、たくさんの仕方で折り畳まれるもののことである。まさにおのおのの階層に、一つの迷宮が対応する。すなわち、物質とその部分における連続的なものの迷宮、そして魂とその述語における自由の迷宮である。(3) デカルトがこれらを解明することができなかったのは、連続的なものの秘密を直線的な経路の中に求め、自由の秘密を魂の直線に求めるだけで、魂の勾配にも、物質の曲線にも目をむけなかったからである。自然を数え上げ、魂を解読し、物質の折り目の中をのぞき、魂の襞の中を読むための、一つの「暗号解読法」が必要なのである。(4)

確かに二つの階層はつながっている（だからこそ連続的なものが魂の中に上昇してくる）。下の方にも感覚的、動物的な魂があり、魂の中に下の階があるともいえる。そして物質の折り目が、これらの魂を囲み、包みこんでいる。魂は外にむけて開いた窓をもたない、と言われるとき、少なくとも第一に、このことはもう一つの階に上昇した理性的な、高い方の魂について言われていると理解すべきだろう（「魂の高揚」）。窓をもたないのは、上の階である。暗い部屋あるいは小部屋、装飾といっても「襞によって変化をつけた」布が張ってあるだけで、それは剥き出しの皮膚に似ている。不透明な布地の上に構成された襞、弦、あるいはばね仕掛けは、生得的な観念を表しているが、物質の働きのもとでそれらは行動に移るのである。なぜなら物質は、弦の下の端で、下の階に存在する「いくらかの小さな開口部」を通じて、「振動や波動」を発するからである。これこそライプニッツが取りあつかう壮大なバロック的編成であって、これは窓のある下の階と、窓がなく暗い上の階からなっている。上の階は、にもかかわらず音楽サロン

10

バロックの館
（アレゴリー）

（3）De Libertate (Nouvelles Lettres et Opuscules inédits de Leibniz, précédés d'une introduction par A. Foucher de Careil, Georg Olms Verlag, Hildesheim, 1971. [Auguste Durand, Paris, 1857. より出版されたものの現在入手可能な再版]).

（4）「内包された事物の襞を発明する技術」としての暗号解読法については、『結合法論』（『ライプニッツ著作集1 論理学』所収、澤口昭聿訳、工作舎、一九八八年）、および『人間知性新論――予定調和の著者による――』第四部・第一七章・第八節（『ライプニッツ著作集5 認識論』所収、谷川多佳子・福島清紀・岡部英男訳、工作舎、一九九五年）を参照。（『人間知性新論――予定調和の著者による――』序文から第二部までは『ライプニッツ著作集4』所収、第三部・第四部は『ライプニッツ著作集5』所収。または『人間知性新論』（米山優訳、みすず書房、一九八七年）。）

11　第1章　物質の折り目

10－11頁より

の形を投影しているからです。

建築物という物質を設計するにあたって、物質と我々の精神世界の間には様々な屈折がある。心の形というものを仮に考えるとすれば、ドゥルーズは〈バロックの館〉の比喩を通して、その形を哲学的に検証しようとしたわけです。我々が設計しているのは自分の心の形です。設計しているものがみな違うのは自分の心の形を投影しているからです。

ミース・ファン・デル・ローエの心の形の結晶の一つがファンズワース邸であり、フィリップ・ジョンソンの心の形の結晶の一つがガラスの家です。設計がいかに客観的でシステマティックであったとしても心の形の投影です。この心の形の投影のときに、心を明快な方にもっていくか、もう少し情感の方にもっていくかはその人のスタンスによる。その方向が世界を決めていきます。工業製品としての住宅に向かうときもあれば、コンピュータを使って複雑な造形に向かうときもあります。ザハ・ハディドの建築があれだけ複雑でコストがかかるにも関わらず評価されるのは、どこか情感に訴えるものがあるからではないでしょうか。

バロックの建築は反宗教改革の様式です。プロテスタントの建築は、建築のパワフルさでバロックに劣ります。プロテスタントは聖書があって神と一対一で向き合えばいいので建築はシンプルでいい。建築の表現としては圧倒的にバロックですね。神と人が一対一でつながっては困る。間にローマ法王といった中間媒体が必要とされます。直接に聖書を読むわけではない。神父が読み聞かせる。そうしたときには神を想像させるようなすごい建築が必要になるわけです。バロックの建築が反宗教改革の様式だからいい悪いという人はもういないですね。そのような時代は過ぎたわけです。プロテスタントとカトリックがどうこうではなく、ある建築としてその空間を論じられるだけの時間が経ったということです。ロマネスクもゴシックもすべてそうですね。我々が建築を論じるときに時代性も重要ですが、それらの底にある人間、そこで喜怒哀楽を演ずる人間とはどういう存在か、ということを知っておく必要があります。

呪われたものから最良のものへ

――〈バロックの館〉について、バロックという一つの連続性の理論の中で、一階、二階という分け方があまりしっくりきません。この一階と二階を分ける床のあり方について考えています。この二つの世界は不可分であるとされていますが、ではなぜ分けるのか。ほかの分け方はないのか。中盤で紐帯という概念が出てきますが、そのニュアンスもわかりません。188頁にあるその紐帯という言葉の原語 *vinculum* は「絆」という意味のラテン語ですが、数学では分子と分母を分ける割線のことらしい。この性質がよくわからない。支配するモナドと支配されるモナドをつなぐ線だと思うのですが、このあり方がよくわからないです。絆 *vinculum* といったこの第三の領域を設定したところにバロックの面白さがあるのかなと思っています。［学生］

191頁の図につながりますね。この図の紐のような縦線が紐帯でしょう。〈バロックの館〉においてこの縦線はどのような意味をもっているのでしょうか。バロック的な都市計画をはじめとして、視覚的、光学的に語られてきたものが、身体経験を通して視覚的なものから聴覚的なものに変わっていますね。「光学的なものから音響的なものに」（192頁）移行する。視覚的なものというのはヒエラルキーがつきますが、

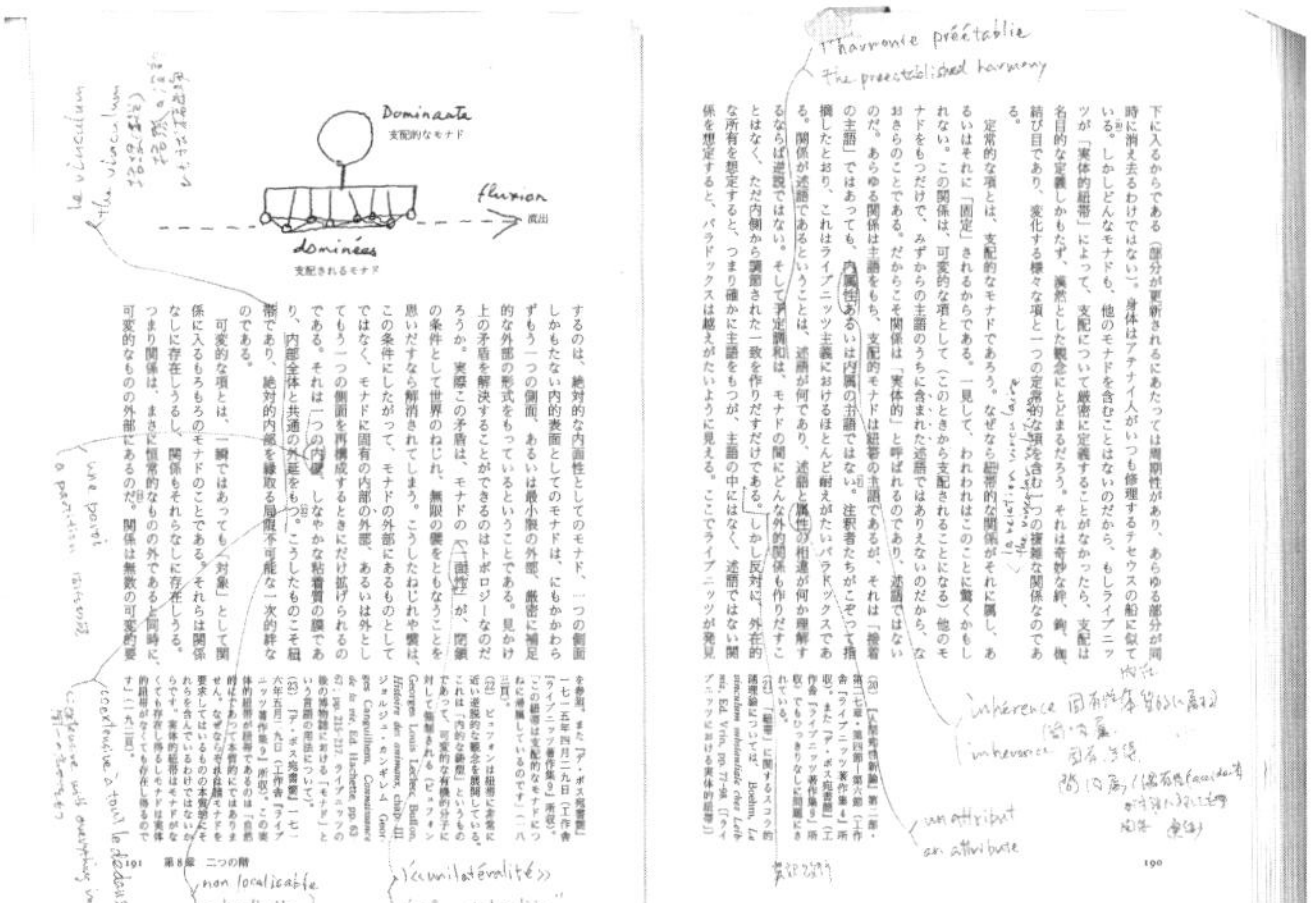

190 - 191 頁より

音響的なものはハーモニーになって同時に聞こえ、お互いを消し合うことはない。このような世界として彼はモナドの関係、〈バロックの館〉の空間を語ろうとしているのではないかと思います。紐帯は「ただ『共通の変容』をとりだし、つまりモナドたちが一つの内壁に反響し、一緒になって響かせる〈反響〉をとりだすのである」（192頁）とあるように。モナドはその時々に外の刺激によって異なった反応をしますね。生理学的な例えでいうならば、ものを見たときには網膜になんらかの刺激があって、その奥にある神経の束を刺激して知覚します。紐帯で結ばれた上が脳で下を身体だとすると、刺激が上昇するときに呪われたものから最良のものへと整理がなされる。盲人が突然回復し光を得ると、思い描いていた世界と異なって混乱するという話がありますが、これは刺激の整理がなされないからです。図と地の区別ができない。この区別が広い意味で支配的なモナドの性質ではないでしょうか。

結局、生き物は一般的に各々の生態的ニッチの下でしか棲息しえないわけです。動物は〈バロックの館〉の一階しかもたないからですが、ライプニッツやドゥルーズが注目するのはこの窓のない二階の部分で、人間の人間たる所以です。

ライプニッツはモナドというモデルを提唱しました。ドゥルーズはこれを時代に合わせて解釈しなおし、バロックという概念をもう一度立ち上げ、20世紀後半にダイアグラムを描きました。紐帯はまさにその個体性を決定する。人によって入ってくるモナドと支配的なモナドの関係が違います。知覚器官と認識作用が違います。その関係も違います。内的構造は変化しないし、入ってくる情報にすべて依存するわけでもない。それはただ共通の何かを取り出し、ある一つのものとして知覚できるまでに人間の体と脳との紐帯が働いているということではないでしょうか。差異性と同一性を同時に語るモデルを提示しているのだと思います。

その二つは互いに関わりながら分かれている

デリダとアイゼンマンのダイアグラムを介在させた協働作業に立ち会ったジェフリー・キプニスがスラッシュを挟んだコンセプトを使いますね。このスラッシュは二つのものを分けますが、完全に分けるのでなく、切り離して、つなぐ。その二つは互いに関わりながら分かれているというスラッシュです。紐帯 *vinculum* というのはそのようなことではないでしょうか。

紐帯によって何が起きるかですが、〈バロックの館〉でドゥルーズが語るのは対応関係です。この対応関係というのは分けることではなく、響きあうことです。これについて、189頁の「所属と所有は支配に関わる」で始まる第二パラグラフに、「ある独自の身体が私のモナドに属しているけれども、それは私のモナドが、私の身体の部分に属する様々なモナドを支配しているかぎりのことである」とあります。「所属」はコントロールされる側、「所有」はコントロールする側。これは紐帯に結ばれた支配的なモナドと支配されるモナド相互の関係のことを言います。

そしてこれが「もろもろの対応関係の総計としての表現は、もろもろの所属関係の総計としての支配へとみずからを乗り越えていく」と説明されます。難しいですね。概念もそうですが、日本語が。

「対応関係の総計」はフランス語では「chiffre des correspondances」、英語では「a code of correspondences」となっています。「chiffre」が「code」と訳されている。フランス語の「chiffre」を辞書で引くと英語の「figure」にあたるとあります。「chiffre」には数字、合計、以外に暗号という意味もあります。そして「所属関係の総計」は、フランス語で「chiffre des appartenance」なのが、英訳では「cipher of appurtenance」となっている。つまり、暗号というニュアンスが強く打ち出されています。謎めかした感じですね。でも、どちらも形象というあたりで理解しておけばいいのではないでしょうか。「コレスポンデンス（照応）の形象」と「帰属の形象」。「対応関係の総計としての表現」というのは、知覚された現象世界がモナドに映し出された形象でしょう。それが暗号的とも言えるような帰属の形象を通して支配的なモナドに統合されることによってまとまった認識となる。それが「所属関係の総計としての支配へと自らを乗り越えていく」ということだと思います。物質から入った知覚を統一させて新しい世界を認識する、たとえば、ばらばらの音に音楽としてのある統一を見る、というようなこと。紐帯を通して世界に秩序が与えられる、というように読むのではないでしょうか。

紐帯というのは対応関係と所属関係を結ぶものですけれども、雑多な世界に輪郭や意味を与え、ある種の世界を構築する。そしてそれを表現することを通してさらに豊かな世界へと誘う働きを有している。〈バロックの館〉のダイアグラムも、191頁のダイアグラムも、そうした関係を表す描画だと言っていいでしょう。

第3回　決定論の中にどれだけ自由の余地があるか

ニュートンは客観の世界に法則を見出しました。すると物体の動きが数式で表され、決定論的に考えることができる。その後の神の介在というのは、今の時代からすると論点がずれているように感じるかもしれませんが、当時はやはり世界がここまで決定論で出来ているとわかって、さすが神様だと思ったわけです。宇宙は楕円軌道で運動しているし、様々な運動は方程式で書ける。これは神様がつくったとしか思えない、と。

では、その中で人間に自由はありうるのか、となるわけです。しかし、自然法則とは関わりなく、局所的に見れば人間は時に仲良くなるし、時に喧嘩もする。不意に死んでしまうこともある。出会いは偶然に満ちている。恋に落ちることもある。たとえば死という重大なハプニングについて神様はどう決定を下しているのか。

ライプニッツは決定論の中にどれだけ自由の余地があるかを考えた人です。〈バロックの館〉では、一階部分は客観世界、物質に応答した世界、です。知覚世界ですね。そうするとこの辺りは決定論にさらされる。そして二階、これはあとで紐帯によって結びついて支配的なモナドと被支配的なモナドに分けられるわけですけれども、人間の精神の世界です。ここには様々な襞のつくられ方があって人によって違う。一階の知覚という窓を通して情報は溜められるが、二階との閾を通してはじめて心の奥に届き、そこに窓はない。そこには襞が形成されて人間が固有に決定することができる。そこに自由があると考えたわけです。デカルトは、精神は自由だ、物質が決定論だ、としたわけですけれども、ライプニッツは精神もある程度物質によって決定されている、とした。上の階に行くときに、すでにある程度下の階によって制限を受けていると。これが〈バロックの館〉の重要な点です。124頁の9行目に「魂の振幅を構成する」とありますが、この言葉が126頁の8行目にもあって、二階において魂が揺れ動く、ここに人間の自由がある、とライプニッツは考えたのです。

外の世界との対応を考えると、自然の動き一つとっても、人間の行動はそれによって決められてしまう。さらに、人知を超えたものをすら感じてしまうように人間はつくられている。大きな自然の運行の中で人間の心の中が決められてしまうことは仕方ないけれども、その中でも一定の振幅を神は許容していてそこに自由があるのではないか、というのがライプニッツの主張です。原則は神が決定しているけれど、その中での心の振幅を見ようとしました。「魂全体をある方向に、ある側面に折り畳ませるなんらかの振幅をみずからに与えるとき、行動は意志的となる」（122頁）、つまり自由を得る。ただ現実は唯一であって、これが統一された物質的な世界です。

この物質的な世界に我々は属している。身体のうちに我々は閉じ込められているから、身体を有している限り津波が来たら死んでしまうわけです。そのような不条理はあるけれども、その中で人間に許されている自由とはどうなのだろう、しかし、人間はそれを想像することができる、想像する限りが世界であるとも考えられる。これが何を意味しているのか。そこでモナドしかない、魂の振幅しかない。そして世界は、自由は、心の襞の豊かさのうちにある、とドゥルーズは解釈するのです。

ライプニッツやドゥルーズのスタンスは唯物論、下の階をベースにしています。ライプニッツは決定論の中に自由を見出そうとした。様々なものが身体に投影され、この投影されたものが物質として私たちの身体を決めて、この身体によって思考が制御される。

人間がこの世界に生きて、世界をある程度改変しながら歴史をつくるのですが、歴史的な時間の流れは一定でなく変化する。それは単に自然環境によってだけではなく、人間の意志によるものもあるではないか。人間の営為によるものがあるとするならば、これは人間に自由があることの証明になりますね。

形が定かでない思考の世界

我々の思考は今こうしてしゃべっている以上に頭の中では複雑なことが行われていて、実際にシナプスが働いて言語中枢がこれを翻訳して時間的な順番としてそれぞれの言語の文法に則ってつないでいって伝え合えるものにしようとする。音声としてこれを空気の振動によって伝え、それを耳で受け取って頭の中で再構成する。同じ言語の人たちはほぼ同じ順序配列を頭の中にもっているから理解できる。これが表現です。

このように、表現することによってしか人間の思考は成長せず、表現しないと動物のように世界は貧しい。人間は言語で表現し、絵で表現する。建築もまた表現です。表現はイコール思考です。言語だけでなく、絵や建築を通して人間は思考しているのです。ドゥルーズのダイアグラムは、その元の思考の運動を図式化しようとしているのです。襞はメタファーですね。

この本において展開される思考的な実験が興味深いのは、そのダイアグラムが建築的であるだけではありません。もっとその奥にある、そもそも思考がどのように可能か、ということを示唆しているからです。物質と精神を一体として、連続的なものとして扱う建築的思考と密接に結びついているからです。建築がある意味で言語でもあるとは言いながら、その言語が純粋に精神的なものでなく、物質に、すなわちここで言われる呪われたものに浸されているからです。呪われたものの最中に輝きを見出す、そのような思考の運動だからです。物質も精神に投影され、精神もまた物質に投影される。建築物という物質を設計しながら、物質に寄り添いながら、運動する精神という心の形を我々は扱っているのです。そんな心の形のイメージの思考の底にある、普遍的な思考の雛形を、ドゥルーズはつくろうとしているのです。

それは建築だけにとどまらず、音楽もです。音楽も時間空間に広がる心の形に統一的な形象を与えるからです。バロック的なるものは、ドゥルーズの考察によると無数の襞によってできている。リズムのようなものですね。この襞が、呪われたものを最良のものに結びつける。ライプニッツが最終的に予定調和になるはずだと主張している最良のものに、です。

〈バロックの館〉の上層階は調和している。これは人間が理性をもっているからです。理性の時代と言われた18世紀の社会に、王様ひとりが自由であとは不自由だというのは問題だろう、とブルジョワ革命が起き、資本主義や社会主義、共産主義が出てくる。理想社会、あるいはユートピアを求める運動です。近代建築運動もまた理性と技術に支えられたユートピアを求める運動でした。理性は理想を求めるのです。

こうした革命や運動は、人間の頭の中の理念や理性をなんとか社会に投影しようとしたものです。しかし結局は、人間が理性のみで生きていないことが証明された。それが20世紀です。理性の国家は欲望の国家に現実的に敗北しました。もし人間が、純粋に理性的な存在であれば、つまり欲望や情念や非合理な側面をもたない存在であったならば、社会はヘーゲルの言う理性の国家へと導かれたでしょう。しかし、人間は呪われたものをもっている。呪われたものというのは不届きなもの、邪悪なもの、欲望や情念といったものですが、これらが〈バロックの館〉の下の階には満ちあふれている。そこが実は面白い。建築も理性と官能のせめぎ合いですね。建築的論理は欲望を、呪われたものを分母としている。下の階と上の階の間、物質世界と精神世界の間にはフィルターがあり、ヴィンキュラム、スラッシュを通した屈折があり、屈折しながら呪われたものが混じってくる。呪われたものが分母にあるが、屈折を経て、やがてそれが浄化され、分子に、つまり上の方に昇って行って、最良のものとなっていく。それは世界と調和しうる魂だ。これが予定調和です。

ライプニッツの時代の理性は神様の存在がこれを保証していると考えられていました。事実、神様がつくった格好の事例である宇宙は調和に満ちているではないか、と。人間同士の争いや病気は理性や自由に到達することを妨げているけれども、最終的には調和的になる。地上から天上へ、このような流れを表すべく〈バロックの館〉の図式は描かれています。

この図式は面白いので、これに対して様々な解釈も可能ですが、一番基本的なところ、つまり空間的な動きや流れをもって折り畳んだり広げたりすることができて、しかしその中には折り畳まれたり広げられない隠された部分もある、意図的に折り畳んで隠してしまう部分もある、これによって理性に到達し、また自由が許される、そうしたイメージをつかんでおいてください。

人間という存在にいかに希望をもたせるかをこの哲学者は考えたのです。人間に希望がないと考える人〈性悪説を唱える人〉は、人間は邪悪なものだからなんとか法律で抑え込んで社会を安定させていこうと考える。いわゆる現実主義者です。ライプニッツという哲学者は、こうしてみると、理想主義者です。人間はそれでも他者と共感しあえるのではないか、お互い調和をもった世界を考えられるのではないかと。建築の世界でも両方ありますね。建築家は、多くの場合、理想主義者です。未来に希望をもっている。

第4回　言葉で語りきれないところ

決定論の話を振り返っておきましょう。ニュートンによって自然法則が発見され、世界は決定されているのではないか、そして決定したのは神だ、と考えられました。これに対して、人間の自由は可能かという問いがあります。デカルトは精神こそが自由だと考えましたが、ライプニッツは物質的な知覚に影響されつつ魂が揺れ動くと考えた。精神は自由でありたいけれども身体によって繋ぎ止められている。身体が死ぬと当然精神もいなくなるわけです。逆にその身体の物質的、そして時間的な制約によって、思考は明快な形をとる。

言葉の話もしました。言葉は時間的な秩序に則って思考を伝達する、という人間の身体的特性をよく表していて、それによって思考を可能にしてきたと言えます。これは重要な観点です。結局、短くもできるし長くもできる、開くこともできるし折り畳むこともできるという襞の空間世界を、言語活動の時間世界に転換しつつ、我々はコミュニケーションを取っているのです。

ここで私が直接聞いて、なるほど、と思った香港大学の建築学科長ナスリン・セラジの話を紹介します。訳の問題ですが、「fold」と「pli」は違う、と彼女は言っています。「fold」は折り畳むことです。襞というのは伸びたり縮んだりする運動すなわち連続性を表していて、折り畳むというのは折り目がつく不連続性を表す。「pli」はしわを寄せるという意味で、連続性を表し、それは伸びたり縮んだりして連続性はずっと保存されている。ドゥルーズの「pli」とは、物質の世界も精神の世界も連続していると捉える。これに対して英語の「fold」は完全に折ってしまっているのでそこで連続性が失われてしまっている。

私たちが知覚する世界は、言葉より広い。言葉は不連続で離散的です。そして我々は言葉にする以上のことを感じ、その一部を言葉にしている。

もちろん言葉によってはじめて開かれる世界もある。言葉もまた世界を豊かに開いてゆくのです。たとえば言葉をさらに凝集していくと詩になったり俳句になったり。そのとき多くのことをそぎ落としますが、それがかえって豊かな意味の世界を開く。

そのようにして人間の行為、知覚、精神は、世界を感じながら、言葉にしたり、し損ねたり、そこに襞を寄せてその襞をさらに折り畳んだり広げたりしながら、世界を把握し伝えようとしている。この連続的なイメージをドゥルーズは追跡する。バロックに注目するのも、連続であるものにどのようにしわを寄せながらまた広げていくのか、そこにどのような可能性があるか、そのことを語ろうとしているからです。

自然科学者は物質の世界をモデル化しました。これに対して哲学者は精神世界をモデル化した。そしてドゥルーズはそんなライプニッツの思想をダイアグラム化したわけです。モデル化や概念化や理論化というのは思考を強靭化します。たとえばミースのユニバーサルスペースというモデルが今日の建築という思考の強靭化へとつながっていますね。均質空間の呪縛ともなりましたが。

瞬間にすべてが流れ込む

瞬間にすべてが流れ込むというのがライプニッツやドゥルーズの考え方です。今この時にすべてが流れ込んでいて、そこにすべての可能性がある。今この現在に過去が流れ込み、未来の展望も睨みつつ決断をする。建築も長い目で見た評価はありますが、設計はその瞬間の決断が重要で、そこにしか建築の設計はないわけです。リノベーションであれ新築であれ、その瞬間に過去を引き受け、未来への展望をもって決断するしかない。このことをドゥルーズもライプニッツもひたすら主張している。だからヘーゲル的な、歴史を俯瞰的に、傍観者的に、予定説的に見る態度を批判した。ヘーゲルは弁証法的に、歴史には原因と結果、目的があると言ったわけですが、それより、その都度微分的に傾斜を捉え、現在をよりよくしていくほうが重要ではないかと考える。表現者の思想です。その思想に理論的背景を与えようとして襞やモナドを提唱したわけです。倫理や行為、クリエイティビティは今この瞬間に何を賭けるかにかかっています。すべてが決まる予定説に対し、個人の行為の意味や重要性を語ろうとしている。

１３５頁あたりからですが、我々が世界を認識して決断するときにまず構成要素としての外延 *extension* がある。我々が認識しうる物質世界と応答しながら我々が感じ考える内包 *comprehension* がある。そしてその三番目に個体ということを言います。これは諸要素の融合で、把握 *préhension*、つまり個体的な統一性と言ってもいい。これによって人間が生きている。把握があるから個体があるから創造性があるとドゥルーズは語っています。つまり外延とか内包をいくら分析しても創造性にはつながらない。コンテクストやプログラムをいくら分析しても建築設計ができないのと同じです。世界をつかまなくてはならない。形が生まれるその間には、飛び越えねばならない深くて暗い谷がある。

設計という行為は極めてクリエイティブなことですが、瞬間瞬間において決定してつくっていかないといけない。外の構成要素を認識し、そしてそれの性質、内包、強度というものを感じ取り、そしてそれを把握するときには自分から主体的に把握しにいくわけですから、その把握、個体化、これは人それぞれ違うものであってその個別の中にこそクリエイティブがある、となるわけです。互いに共感はできますが、完全に一致はし得ない。この一人ひとりの把握の仕方が違うということにおいてこそクリエイティビティがある。つまり建築に一般解はない。特殊解しかない。傑出した特殊解が共振し共感を呼び普遍化するのです。

ドゥルーズが語っているのは連続的な世界を連続的なままに感じ、その中で、ある襞をつくっていって、隠れているところと隠れていないところを自分の責任において決定していくということです。今この時点を生きる方法やモラル、そこに秘められた可能性といったことを人間の行為の根拠として語ろうとしている。現在を生きるという覚悟があることも忘れないでいてください。

第5回　身体を通した感覚的なものを信じる

ドゥルーズは感覚的なものをどうやって位置づけるかを生涯にわたって考えてきた人です。再度ナスリン・セラジの示唆を借りるなら、「pli」であって「fold」ではない。「fold」と言ったときには折り畳んでしまって不連続になる、そうすると言語的になります。

言語というのは純化していくと最終的に理性になりますが、これが哲学です。西欧の考え方ですが。理性的でないものは排除していく。プラトンが典型的です。感覚的なものを排除していき理性的なものだけ取り出す。この系譜はデカルトにつながり、物質を排除して精神になる。感覚的なものは危ういため、それに左右されないということです。ニュートンが理性によって自然が読み取れることを示し、この理性を思想として位置付けたのがカントでした。

この構図に対して、ドゥルーズは感覚的なものを再評価しようとした。人間が純粋に理性的に判断しているだけでないところに人間の面白さがあるのではないかと考えた。ベーコン論では構築的なものを骨組みと言っています。あるいは幾何学と言っている。いわゆる線ですね。これに対して感覚的なものというのは色彩だと言っている。色彩の光を重ね合わせると白くなる。光も重ね合わせることができるし、音も重ね合わせることができ、アナログなものです。要するに揺れているということですね。重ね合わせによってさらに多様なものになる。幾何学的な線というのは意味をもっていて、言葉と同じように非常に論理的なものですね。哲学的にいえば構築的なもの、骨組み、幾何学、デジタル、シンボル、安定、論理的といくべきですが、ドゥルーズは感覚的、官能的なものに重きをおかないと創造性というものを読み解けないのではないかと考えたわけです。

〈バロックの館〉の下の方で感覚的なものを知覚しますね。そして上の階で理性的に整理、包摂します。これ全体で身体です。支配的なモナドと被支配的なモナドが統合されて身体になるわけです。「fold」は折り畳むからデジタルになり、「pli」は折り畳まないからアナログになる。これがナスリン・セラジが言った違いです。二元論はよくないですが、二つに分けて考えると非常にわかりやすくなる。

構築的なものに感覚的なものを入れることが特にバロックの時代に行われた。ニーチェは「神は死んだ」と語りましたが、キリスト教が最も恐れたのはこの感覚的なもの、官能的なものです。キリスト教的な芸術にはそのようなものを排除するという流れがあった。だから楽器や踊りは精神を狂わせると考えたわけですね。声はいい。合唱はいい。グレゴリオ聖歌のように。ところがバロックになって楽器が導入される。それでも教会で使われる楽器というのはオルガンといった音程が決められた楽器です。バイオリンなどは悪魔の楽器と言われ、弦がアナログ的に動くものは人間の精神をおかしくするとして否定されていた。ところがバロックの時代に導入され始めました。彫刻もルネサンスまでは理性的で、幾人かで絡みあったり、空と関係をもったり、世界と感応することもなかった。ところがバロックではそれらがテーマとなった。

それまでは禁欲であって、決して官能性という方向にいかなかった。人間の欲望をいかに抑え込み、秩序ある社会にするかということを考えたわけです。理性と官能を切り離して、理性だけで社会をつくろうとした。デカルトが精神と物質を切り離して精神を優位におき、のちにヘーゲルが理性に導かれた国家という観念を打ち出すという流れです。

これに対してライプニッツはもちろん精神は大切だけれども、身体を通した感覚的なものまで信じていいのではないか、その先には予定調和があるのだから、と主張した。上の階と下の階を両方含めて魂、すなわちモナドの問題を考えようとした。身体まで含めないとクリエイティビティなんてあり得ないのではないか、デジタルやシンボル、コードなどと感覚の間、そのインターフェイスにこそクリエイティビティがある。それを感じ取ることが重要なのだ、と。

ちなみにシンボルという言葉は中心を志向していて、これに対して逸脱に向かうのがアレゴリーです。逸脱するからポエムが生まれる。エラーからポエジーが生まれる。これがクリエイティビティです。このずれが外の世界と感応するわけです。他者と関係をもつ。他者とのレスポンス。そして、外と関係していれば風が吹いたときにはしわができる。

襞はそうした他者との感応のメタファーとしても使われています。だから「pli」なんです。連続で言葉の取りこぼすもの。不連続に折られ言語化につながる「fold」でなく。このニュアンスを理解していたほうがいいでしょう。

ダイアグラムという言葉にドゥルーズは非常にこだわっています。セザンヌならモチーフと言ったでしょう。モチーフというのは題材のことですが、モチーフを正確につかまなければならないとセザンヌは主張しました。これによってモネを批判した。モネは素晴らしい目だ、しかし、目に過ぎない、と。ある素晴らしい瞬間をつかんでいるがそこにモチーフがない、と。ドゥルーズはダイアグラムというものを、セザンヌのモチーフと同じように、感覚的なものを確かなものにしていくものとして捉えています。

この思考の仕組みは我々が建築の設計をしていくにあたって非常に理解しやすいものですね。スケッチというのはなんとなく感覚的に描くかもしれないですが、それを建築にまとめあげていくときにダイアグラムで図式化をする。これによって現実の世界の中に秘められた、ある可能性を描き上げているわけです。ダイアグラムは論理と感覚をともにもっている。構築的なもの、骨組み、幾何学、線、言葉、デジタル、シンボル、安定、論理だけで建築を設計していくとあまりクリエイティブなものができない。感性的なものに根ざさないと感動を与えられない。もちろん、最終的には、建築は、重力に抗する限り構築的なものではありますが。

何もかも受け入れながら連続してつながっていく波打つ世界

バロックの時代が面白いのは、ヨーロッパが自信を得た時代だからです。世界に乗り出して行き、世界が近代のヨーロッパに飲み込まれていった。ヨーロッパが世界のスタンダードをつくっていった。新しいものができたとき、文化は成長していく。豊かになって音楽が発展し、要塞が宮殿になっていった。つまり無駄なことをするようになった。バロックの時代には絢爛豪華な装飾が現れた。新しくできた楽器や建築技術を用いて遊

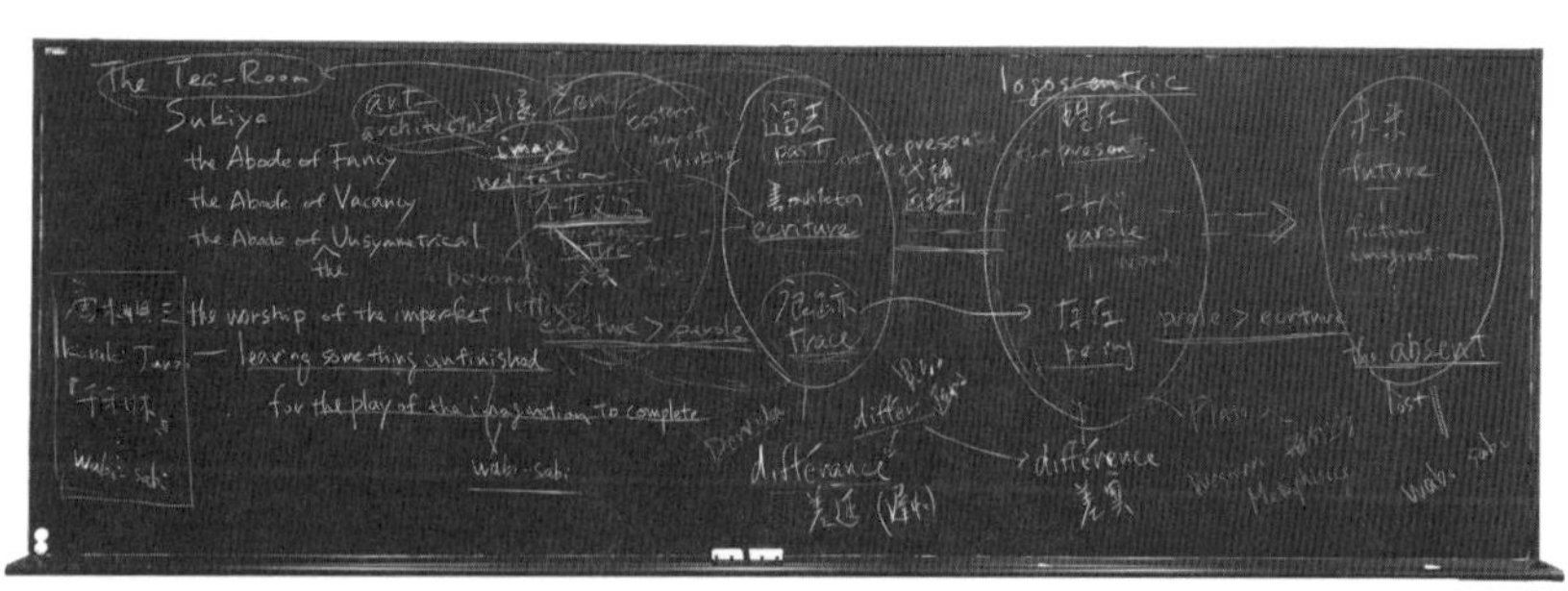

講義の板書

びまくったともいえるでしょう。そのようなことができて文化として圧倒的な力をもった。ルネサンスの単調さが退屈に見えた。世界が広がり、何もかも受け入れながら連続してつながっていく波打つ世界のようなものが結晶化されたものが、バロックの音楽であり、建築であったということでしょう。

ところが、これがまた古典主義に還っていくわけです。歴史は揺れ動き、繰り返されていく。バイオリズムのようなものです。15世紀ルネサンスが古典主義のベースだとして、16世紀のマニエリズムを挟み、バロックが17世紀、理性の時代と呼ばれた18世紀、そして技術的革新の19世紀から20世紀に形式的になり、20世紀中盤に近代建築の完成を見た。そして今はまた豊かさの消費形態としてのバロックの時代が繰り返されている。そのようなことが読めてくる。

人間が本来もっている合理と非合理のアマルガムとか、各時代の世界観が連動して、表現となります。現代ではもはや遺伝子情報さえ操作できるようになっていますが、それは直接ではないにしても思想に影響するでしょう。新しい思想と遅れた思想、ぶっ飛んでいてまだ使えないような思想が混ざっているのが「現在」です。歴史を振り返るのには、そのような面白さがある。そのような目こそが未来の建築を考える手掛かりを与えてくれるのではないでしょうか。

記録＝田中健一郎

［参考］
プラトン 427 - 347BC
デカルト 1596 - 1650
ニュートン 1642 - 1727
ライプニッツ 1646 - 1716
カント 1724 - 1804
ヘーゲル 1770 - 1831
セザンヌ 1839 - 1906
ニーチェ 1844 - 1900
ポール・ヴァレリー 1871 - 1945
ミース・ファン・デル・ローエ 1986 - 1969
フィリップ・ジョンソン 1906 - 2005
ジル・ドゥルーズ 1925 - 1995
ジャック・デリダ 1930 - 2004
ピーター・アイゼンマン 1932 -

建築設計特論

2006
Bernard Tschumi, *Questions of Space*

2007
Michel Foucault, *Of Other Spaces: Utopias and Heterotopias*

2008
Thomas Daniell, *After the Crash : Architecture in Post-Bubble Japan*, Princeton Architectural Press

2009
Andreas Papadakis, *Theory + Experimentation*, On Theory and Architecture, Academy Forum
Jacques Derrida (interview), *Architecture Where the Desire May Live*
竹山聖『臨床建築学:「死の形式」から「生の形式」へ』

2010
Bruno Zevi, *The Modern Language of Architecture*

2011
同時代建築研究会『悲喜劇・１９３０年代の建築と文化』

2012
Claude-Nicolas Ledoux, *Architecture Considerd in Relation to Art, Mores, and Legislation*
Anthony Vidler, *Claude-Nocolas Ledoux*
Dora Jerbic, *Claude-Nicolas Ledoux Saline de Chaux*
澁澤龍彦「幾何学とエロス」

2013
Peter Eisenman, *Diagram Diaries*
Jacques Derrida + Peter Eisenman, *Chora L Works*
プラトン『プラトン全集 12』ティマイオス
Gregory L. Ulmer, *Heuretics:The Logic of Invention*
Eleanor Morgan, *Derrida's Garden*
Rowan Wilken, *Diagrammatology*

2014
Jeffrey Kipnis, *Forms of Irrationality*
Jeffrey Kipnis, *Twisting Separatrix*

2015
Colin Rowe + Fred Koetter, *Collage City*
コーリン・ロウ + フレッド・コッター『コラージュ・シティ』
The Museum of Modern Art, *Deconstructivist Architecture*

生活空間学特論

2016
ジル・ドゥルーズ ,『襞：ライプニッツとバロック』
Gilles Deleuze, *Le pli: Leibniz et le baroque*
Gilles Deleuze, *The Fold: Leibniz and the Baroque*

2017
ライプニッツ『モナドロジー』
Leibniz, *Monad*
ホルスト・ブレーデカンプ『モナドの窓』(「V 数学的計算」、「VIII 素描と下絵」)
ジル・ドゥルーズ『襞：ライプニッツとバロック』
Gilles Deleuze, *Le pli: Leibniz et le baroque*
Gilles Deleuze, *The Fold: Leibniz and the Baroque*

2018
Robert Venturi, *Complexity and Contradiction in Architecture*
Robert Venturi, *Learning from Las Vegas*
Colin Rowe, *Robert Venturi and the Yale Mathematics Building*
Charles Moore, *Conclusion*
Vincent Scully, *The Yale Mathematics Building: Some Remarks on Siting*, From OPPOSITIONS, 1976
Sudipto Ghosh, *Poché Pariseinne:The Interior Urbanity of Nineteenth Century Paris*

2019
Kakuzo Okakura, *Book of Tea*
岡倉覚三『茶の本』
Daisetsu Suzuki, *Zen and Japanese Culture*
鈴木大拙『禅と日本文化』

The Studio of Takeyama Lab.
on Architectural practice with "diagram", 2014

竹山研究室のスタジオ

ダイアグラムによる建築の構想（2014）

竹山研究室のスタジオでは、毎年まったく異なるテーマが設定され、それをめぐって4回生から大学院生・研究生・留学生がフラットに議論しながら、建築を設計するためのプロセスをつくり上げていく。特に2005年の「ポエジーと建築」以降は、言葉や異なるジャンルの表現領域との出会いとともに、プロセスにおける他者との応答を通して、個人の無意識をくぐろうとする実験的な性質が強くなった。そんな中、2014年の「ダイアグラムによる建築の構想」は、あらゆる一般的な設計の与条件を排し、新しく定義される「ダイアグラム」のみによって生成される建築の展開可能性を検証しようとするもので、翌年の「コーラス／コーラ」から、2019年の「オブジェクト・アイコン・モニュメント」にいたるまでの、抽象概念を出発点とするスタジオの流れをつくったテーマだった。ここでは、そのプロセスを振り返るとともに、竹山聖によるテキストと、参加した９名の学生作品を紹介する。以下に課題文を掲げる。

ダイアグラムによる建築の構想

イメージ・形・言葉・プログラムを結び、暗示／示唆するダイアグラムを通して建築の構想を具現化する。

Diagrammatology（*Rowan Wilken* の示唆に導かれつつ）

ダイアグラムの作用は、その機能は、ベーコンが言うように、「暗示」だ。（ドゥルーズ）

「脱構築」は、創意あふれる不連続的飛躍に満ちた発明であるか、あるいは何物でもないか、だ。

つまり、それは連続的な手順（方法）にのっとった道行きではなくて、思いがけない通り道を切り開き、どんどん前に進んでいってあとに、ある種の痕跡を残してゆく。

Methodical、つまり整然とした、組織立った、几帳面な、方法に導かれる *procedure* 手続き、ではない。

不連続な、波乱に満ちた、どきどきわくわくする、どこに連れて行かれるかわからない、体験だ。

デリダは、建築にとって新たなるものを生み出す構想の概略を描き出すことを拒否し、（新たなるものはすでに脱構築のなかで *invention* として呈示されているから）脱構築を建築的形態に変換する明快な道筋を建築家たちに示すことも拒否した。

そこで建築家たちは失望し、脱構築への関心は失せ、代わって台頭してきたのがダイアグラムだ。

グラマトロジーや創意に満ちた発見に対するデリダの関心とともに、今日の建築家のダイアグラムへの関心を描き出すことを通して、「ダイアグラマトロジー」という *notion* 考え方を提案したい。

『Diagram Diaries』

ステップ1．
テキストの講読と議論

2014年4月8日、新年度早々に行われたゼミで、竹山研のスタジオ課題説明が行われた。その日のメモには、これから学生たちが取り組む実験の最初の指針が次のように記してある。「必ずしもプログラムからダイアグラムは生成されない。だからまずはダイアグラムを前提に考えよう。機能やコンテクストは後になって現れる、くらいがいい」。つまり、現実の建築を考える上では最初に考慮すべき条件を一旦脇において建築を構想してみようというわけである。そして、コンテクストに代替する唯一の手がかりとして、ダイアグラムを用いることがルールとなった。配属されたばかりの4回生は戸惑ったであろうが、竹山研のスタジオはいつも行く先のわからないところから始まる。

翌週のゼミからは、まずピーター・アイゼンマンの『Diagram Diaries』の講読と和訳が進められた。アイゼンマンが定義するダイアグラムのあり方を読み取ることで、設計者が曖昧に、しかし日常的に用いている道具の展開可能性を導き出そうとしたのである。ある概念についての認識を共有しようとすることも、スタジオの重要なプロセスだ。

アイゼンマンはダイアグラムを次のように定義している。「ダイアグラムとは図像的な省略表現である。それは表意記号であるが、必ずしも抽象形態とは限らない。それは、それ自体の姿ではないような形での、何かの代理表象なのである」と。ここまでであれば、通常の理解と相違ないかもしれない。

しかしアイゼンマンはさらに、ダイアグラムの役割を次のように説明している。「……ダイアグラムは歴史的に言って、以下の二つのように理解されている。一つは、説明的あるいは分析装置として、もう一つは、生成装置として」。生成装置としてのダイアグラム。それこそが古典的ダイアグラムとの決定的な違いである。それに続く説明がある。「……設計の過程における生成的な装置としても、ダイアグラムはまた表象の形態である。しかし伝統的な表象形態とは異なって、生成装置としてのダイアグラムは、触知可能な対象つまり実際の建築物と、建築にこめられた固有性（固有の価値）*interiority* とでも呼ばれるべきものとのあいだの、媒介者なのである」。ダイアグラムが実在の建築を、そこに秘められた構造を引き出すことで雄弁に説明するだけでなく、実体としての建築とそこに内在する *interiority* とのあいだを結ぶ「媒介者」となって、建築を「生成」する存在になりうるのだと分析する。固有性を抱いた「ダイアグラム」を用意することができれば、コンテクストがなくとも、そこから建築を生成することができるというわけだ。

ステップ２．　イメージの探索と交換

そこで学生たちは実際にダイアグラムをつくってみることになった。しかし最初に持ち寄られたのは、手描きのスケッチや、作画ソフトで描かれた図式だった。多くの学生はそれまでの経験から、建築の形態や、関係性を表すダイアグラムを描き出すことに慣れていた。しかしそうしたダイアグラムは描かれた時点で、それが実体化した建築のイメージを表象しており、そのダイアグラムからどのような建築がつくられうるかは予測可能なものだった。5月13日のメモにこうある。「これまでに描いてきたような恣意的なダイアグラムではいけない。手の記憶を放棄し、手で線を描くことをやめ、不自由な方法によって記述することを試みるべき。その方法を考える。たとえば、『左手で描く』」。

恣意的に描かれたダイアグラム

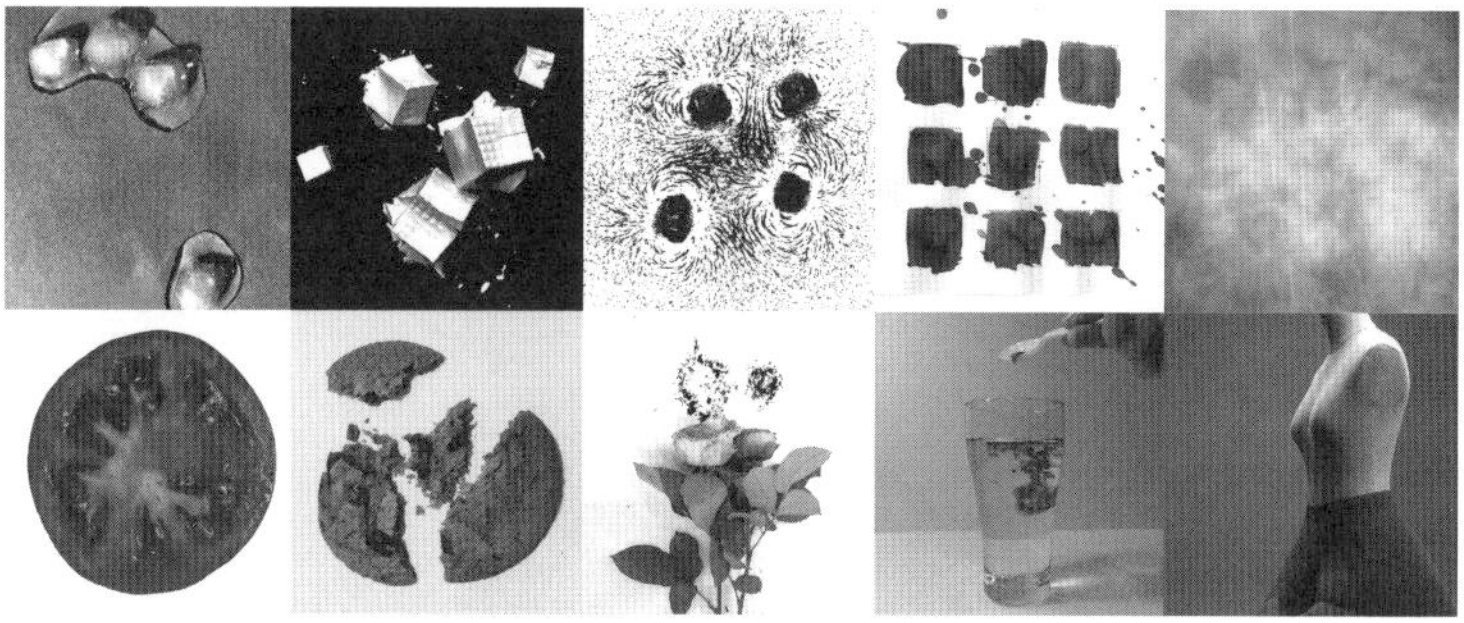
持ち寄られたイメージ

自分の手によって描いてはならない。恣意的につくろうとしてはならない。使い慣れた武器を奪われた学生たちは途方に暮れることになる。ダイアグラムを新たなかたちで展開させるにはどうすればいいのか。その頃、一人の学生が日記に次のように書いている。「……ダイアグラムは抽象と具象を行き来するための装置ではないか、という考えがひとつ浮かんできました。実際に建った『建築物』のように固定化されたイメージから遊離したものが、ダイアグラムとして昇華するのではないでしょうか。あるいは、漂っているイメージをダイアグラムによって形而下に固定化させたものが、建築となるのかもしれません（山田）」。実体として固定化されたものにはない「漂っている」状態こそがダイアグラムであり、それを表現してみようという意識が彼の中に芽生えたのだ。

その翌週、5月19日にその学生がもってきた実験の結果が、思わぬ方向にスタジオを展開させることになる。彼は氷を板の上に載せて溶かしたり、刻んだ豆腐を板の上に落下させた結果を記録することで、自分がコントロールできないかたちで半ば自動的に生み出されたイメージを持参した。だからといって、崩壊の偶然性をそのまま建築の形に置き換えようというわけではない。「……そういうのもダイアグラムって呼べるのだったら、また新しいダイアグラムの可能性がある。アイゼンマンの思想とは違う道筋ができるかもしれない。もはやダイアグラムと呼んでいいのかわからないくらいの〝何か〟」。たしかに当初の認識からはズレが生じている。しかしそこにいた誰もが新たなダイアグラムのあり方を予感した。

ささやかな実験がもたらした大きな発見を手がかりに、学生たちが取り組むべく次の課題が決まった。「物質の形、あるいはある操作によって表れる自然の性質にリファレンスし、潜在する図式的関係を取り出すのはどうか。次回までに全員がこの試行を試み、二次元の画像にして持ち寄ることにする。ビジュアルにならないと形にはならない」。恣意性を排した方法に

ゼミの風景

よってダイアグラムを描く。そんな共通認識のもとで、様々な実験が行われることになる。トマトや紫キャベツを切って断面を観察してみる、ある映画のキャプチャ画像を重ね合わせてみる、衣服とその元になる型紙の関係性を分析してみる、ある枠を無作為に絵の具で塗りつぶしてみる……。ほかにも20以上の試みがなされ、二次元の画像へと変換された。

ステップ3．プロセスの構築と建築の生成

5月26日、持ち寄られたたくさんのイメージが、机いっぱいに広げられた。落下や溶解、様々なパターンを生成する無造作な操作、野菜の断面に表れた個体ごとの差異の観察といった行為によって生まれたイメージの数々は、そのどれもが偶然性や動的な状態を孕み、漂っているように見えた。そこで、特に建築の芽生えが予感されるものを、各々が一つずつ選ぶことになる。そのとき、自分が持参したものは選んではならないというルールが提案された。これもまた恣意性を排するための手続きとなった。こうして各々が設計に用いるダイアグラムが決まった。また一つのダイアグラムは二人の学生によって共有され、そこから生まれくる建築が相対化されるような仕掛けが設定された。さらにこの日には、それぞれが別途持ち寄った敷地（現実の場所）の候補についても、同様の手続きによって学生間で交換された。

いよいよ条件が整い、建築の設計が始まる。しかしいざ取り掛かってみると、ダイアグラムをもとに建築化するその手続きにはどうしても恣意性が介在してしまう。ダイアグラムから一義的に建築が自動生成されるわけではないのだ。その日のメモにこうある。「恣意性を含む手続きと、そうでない手続きを明確にしながら進めること。つねにある程度の恣意性が入りうる

ことを自覚する」。完全に恣意的でも、完全に非恣意的でもない手続きを探求することが次の課題となった。

翌週の6月3日、いくつかの試行錯誤をめぐるエスキスの記録には、「『物・素材の持っている特性的に攻める』『分布や抽象的な関数をいれて自分で勝手に作った○○に向けて操作してしまう』『時間的経過で考える』……いろんなアプローチがある。それぞれ違っていたほうがいい。トマトとして何ができるか」とある。ダイアグラムを建築に変換するときに無限の選択肢がありうる。その中で、設計者がイメージと向き合い、その面白さ、あるいはその根源となっている性質を生かす方法を考え出さなければならない。スタジオも終盤に差し掛かり、プログラムは原初的なものとして「住宅」とすることが決まった。

4回生の講評会の1週間前、6月9日に行われた緊張感のあるゼミのメモには、いくつかの示唆に富んだ発言が記録されている。「（建築が）ある程度長持ちするためには構造体がいる。その構造体は決して雲とか氷とかではつくれない。「雲みたいな」「氷みたいな」といっても、鉄骨入れてモルタル塗って、と雲みたいな形をつくっている。結局、建築は昔からずっとそう」。ダイアグラムは漂っていたとしても、また動的特性をもっていたとしても、現実の世界では宙に浮いた建築などありえない。

またこうも記されている。「それぞれのアイデアを簡単な言葉にしておく。『言葉にならないもの』をダイアグラムで表しているのだから、言葉がないとその差がわからない。それをちゃんと記録しておく」。最後に手がかりなるのは、結局言葉なのだと。

ある学生の苦悩と展望がよく表れた発言もある。「……自分でも思いもよらなかった形が出てきて興奮しているが、実はそれはほとんど予測がついていたものじゃないか。頭の中で出来ているものを模型でつくっている。なんとかして予想がつかない形をつくって、それを〝予測のつくように〟うまくやる」。完全に恣意性を排することはできない。しかし可能な限りは排するという「志」をもちながら、自らの手によって絶対につくりえない空間を「予測」する。ダイアグラムという建築の孵化器にそれぞれの直観に基づいた空間のイメージが重なり、ついには建築が生成されるのだった。［西尾圭悟］

形を決定する論理

竹山聖

作品とは何か? 可能性が能力となり、無限定なもののみに充ちた空虚な法則であり形式（フォルム）である精神が、現実化された形態（フォルム）の持つ確かさとなり、形態である物体、一個の美しい物体であるあの美しい形態となるような、例外的瞬間である。

——モーリス・ブランショ*1

*1 モーリス・ブランショ『文学空間』粟津則雄・出口裕弘訳、現代思想社、1962、p.11.

形

つまるところ建築の課題はいかに形を決定するかに尽きる。建築は形態ではない、状態を設計する、さらには形を消す、というシュプレヒコールも十分踏まえた上で、あえてこう言い切ってみる。霧のような、雲のような、静かな雨のような、五月の風のような、木漏れ日のような、透明な空気のような、緑陰のような、手触りのような、忍び寄る影のような、漏れ来る香りのような、……建築。そうした建築を語る言葉をわれわれは持っている。しかしそれはメタフォアであって、現実に物体が存在するとき、それは形を持つ。

すべてが建築である、という言い方が成立するにせよ、そして建築とは方法であり思想であり美学であり、つまりはものではない、という本質的な議論に目配りを失せぬ必要はあるにせよ、現実にわれわれを取り巻く建築物は主として人間の身体と行為に応え、これを導く形として現象する。人間の知覚が世界を形として捉えてしまうからである。逆の言い方をするなら、形として捉えられる世界が人間の意識や行動に影響を及ぼすからである。

機能

それではいかにして形を決定するのか。それは機能である、とするのが近代建築のテーゼであった。形は機能に従う、というわけである。さて、では機能で形が決まるか、といえばそれはノーであった、というのが近代建築をふりかえれば容易に了解される事実である。機能は形を導くことはあっても、決定することはない。機能で形がすべて決定されればこれほど楽なことはない。そうでないから、延々と異なる回答が提出され続けるのであって、そこに近代建築の栄光も悲惨もあるのであり、遥かに続く建築の歴史の豊かさも、日々の設計の喜びもある。

行為

機能という言葉は、工業製品としての機能、性能という含みと、生活の行為の系という含みを併せ持つ。このうち行為の系に注目してみよう。たとえば、お茶を飲む、本を読む、といった日常の行為から、学ぶ、語る、聞く、歌う、祈る、といった根本的な姿勢や態度を現す行為に至るまで。本を読む行為は今日にあっては個人的な行為であり、本来は思い思いになされるものであっても、それが集合する場合、ある種の規律の上に成立する。図書館のように。

学ぶという行為も思い思いになされて然るべきものだが、特に教師と生徒という関係を例にとるなら、メタフォアとしてはルイス・カーンが語るように一本の木の下で語る人間とそのまわりに集まりその人間の言葉に耳を傾ける人間たちの空間的な形がイメージされ、牧歌的かつ原初的な初々しさが残るものの、そこに教育のシステムが導入されれば、規律の上に成立する空間形態となる。学校のように。

かくして施設計画という括り方を通して、行為の系をいったん用途として捉え、そこに何らかの建築の形を決定する蓋然的な規則性を見ようとする考え方も生まれた。

歴史的に見ても、行為に社会的なシステムを導入し、これを空間化するのが建築の役割でもあった。建築は基本的に共同体の意志と合意によって築かれるものであったからだ。

ただしこれは社会の形（在りよう）によって変化する行為の系の捉え方であって、かつて宗教施設が学校であり病院であり美術館であり図書館でありコンサートホールであり農場であり工場であった時代もあったのであって、近代国家が国民を統合し規律を与える形（在りよう）をとったから、そして近代国家は基本的に宗教とは一線を画したから、それらは基本的にパブリックな施設によって提供されることとなった。

すなわち、行為がそのまま建築の形を決定するというわけではない。行為の系をある程度の荒いタイプに分類すれば、その方向づけをすることができるにせよ。

円形

そうした行為の中には現実の空間形態を現すような言葉を伴うものもある。車座、というのはそもそも車輪をメタフォアとするが、円くなっ

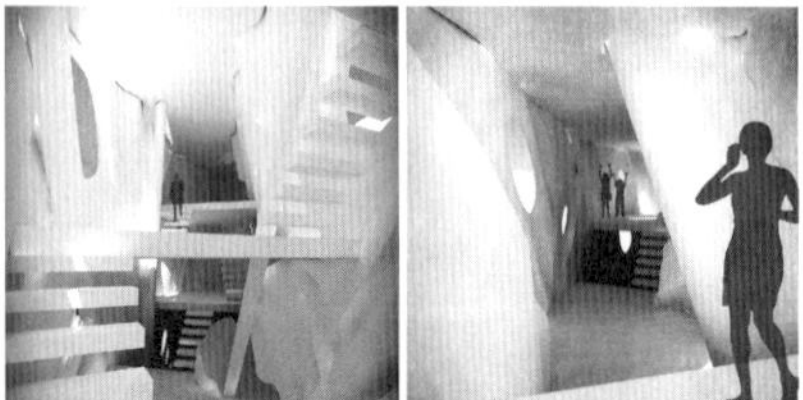

1．今村はるか　TOMATO
［トマトの断面］

トマトは様々な要素をもっている。たとえば成長に伴う葉のつき方には規則性があったり、果実にも皮の部分、壁の部分、ゼリー状の部分、種の部分などがある。ここでは多様な様相を呈するトマトの断面に着目。種類によって、切り方によって、あるいは個体によって異なる断面の形状をダイアグラムとして用い、建築をつくることを試みた。

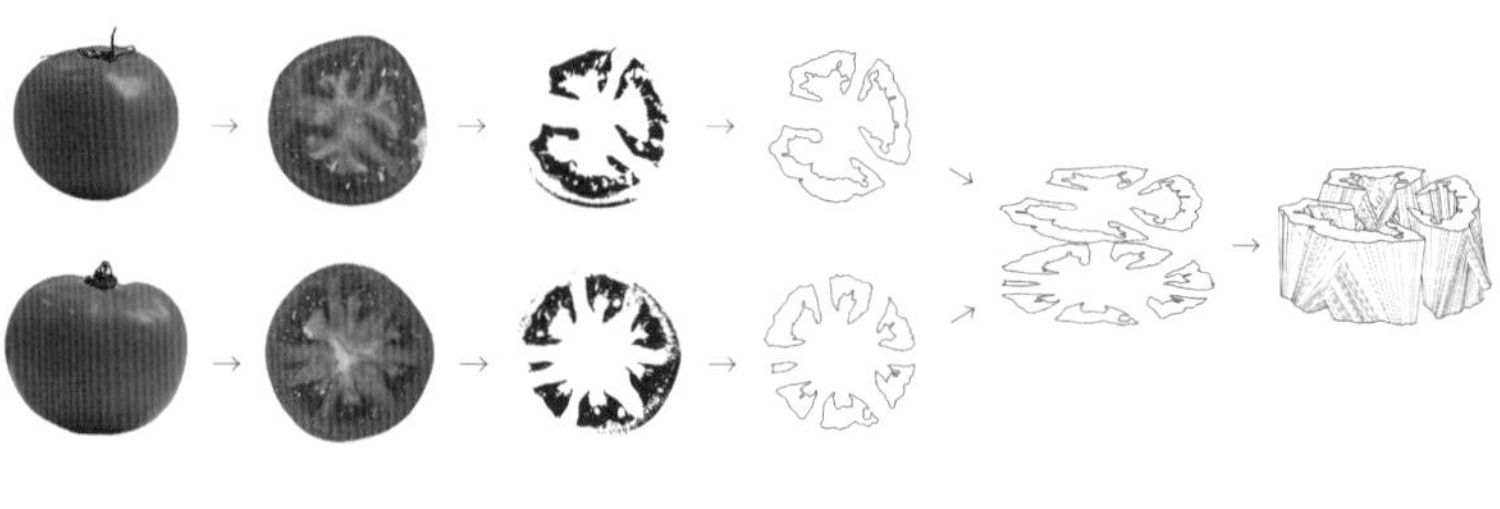

て座り、ある共同の場を形成する人間の行為の在り方を指している。そこでは言葉のうちにすでに形が示唆されている。つまり、円形へ。

もちろんこれは完全な円形である必要はない。車座になって、というのは整列してスタジアムで群舞を行うような幾何学としての完全な円形を意味しない。しないが、「まるくなって座りましょう」といえば誰しもわかる程度には形についての暗黙の示唆と了解がある。

ではさて仮に車座が予定される空間である場合、空間が円くなければならないかと言えば、これもおのずとそうではないという回答が得られるだろう。円くて悪いわけではないが、四角い空間に円く座ればいいだけである。あくまでもたとえ話で車座という行為を示唆する言葉を出したわけだが、つねに車座のみが期待され、それに限定される空間が要望されるということも、実は考えにくい。建築空間にはおのずとフレキシビリティーが求められもする。空間の効率の問題である。

空間は、わかりやすく言い換えるならこの場合、部屋は、連続して作られることが期待されることが多い。構造的にも機能的にも経済的にも合理的であるからだ。その場合、円形より矩形が選ばれるだろう。矩形は容易に連続し無駄を残さないが、円形を連続させると余りが出るからだ。

アフリカのサバンナに展開する集落の中にはあくまで円形の連続で住居を構成する例があるが、これは世界観や施工方法や空間的ヒエラルキーや順序などによって、原初的な空間構造が保存されているからであり、

2．高野香織　Cube T
［トマトの断面］

トマトの色や形、におい、食感、その内部の構造からダイアグラムを考える。様々な要素がある中で、トマトの断面形状からダイアグラムとなりうるパターンを抽出する。さらにそのパターンに立体的な操作を加え、パターンという２次元のものから３次元のものへと変化させ、トマトの気配を残しながらも、新しい tomato を再構成していく。

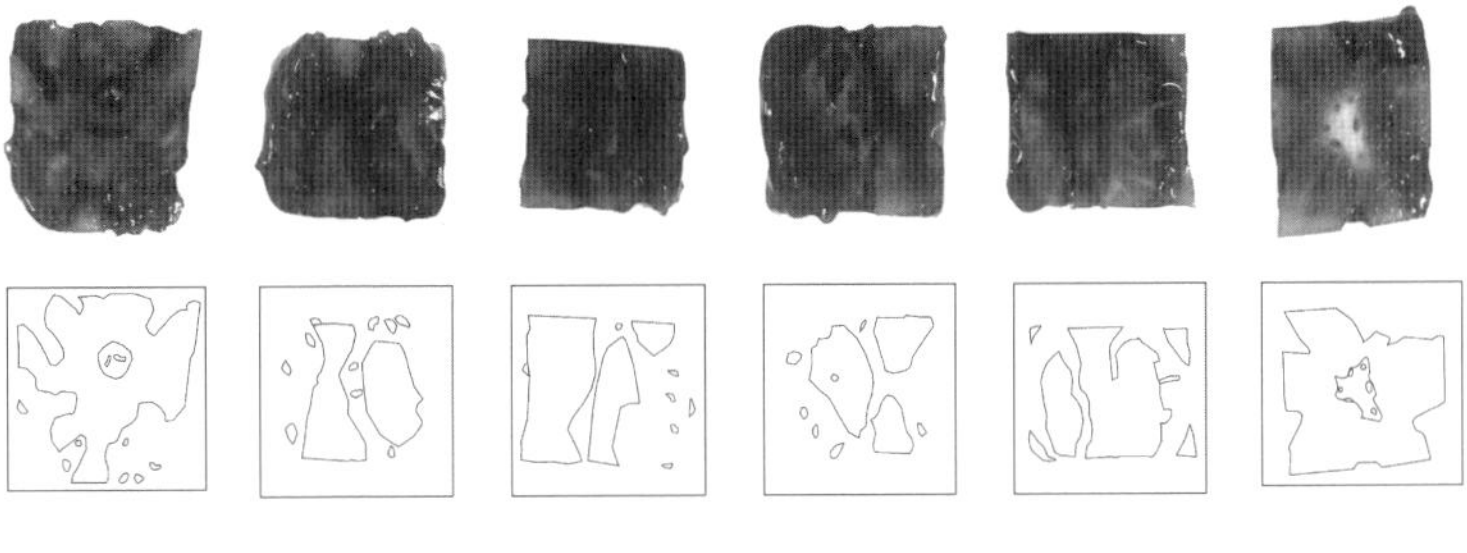

諸々の機能をもつ空間の複合体として全体を計画される建築物の場合、円形より矩形が選ばれるようになるのは、これは建築の歴史を通覧しても明らかだ。とりわけ組積でなく線材で構造体が構成される建築の場合はなおのこと。

とはいえ、確たる意志や狙いや象徴性やコンテクストの読みから、あえて円形が選ばれることもある。ミシェル・フーコーが論じて空間構造と制度の一致の典型的ダイアグラムとされたベンサムのパノプティコンは、監獄などとの機能的適合のゆえに、ある種の社会の在りようを論ずる有効な形のイメージを与えてくれる。監獄が、病院や学校と近しいシステムをもつことに気づくなら、ここにも機能から形への道筋を見出すことができる。先に触れた施設計画の観点からも、規律を促し監視を徹底する必要のある施設には、このパノプティコン＝一望監視空間が望まれる場合もある。これが社会全体のシステムへと敷衍されれば、建築の形がそのまま社会の在りようのメタフォアとなる。

幾何学

機能から形が一義的に導き出されない、つまり形が決定できないときに、あるワンクッション、すなわちある仮説というかドグマが必要となる。

そもそも文化的にすでにある種の様式が確立していたり、素材の性質や生産手段が限られていたりする場合には、形の決定は比較的容易であ

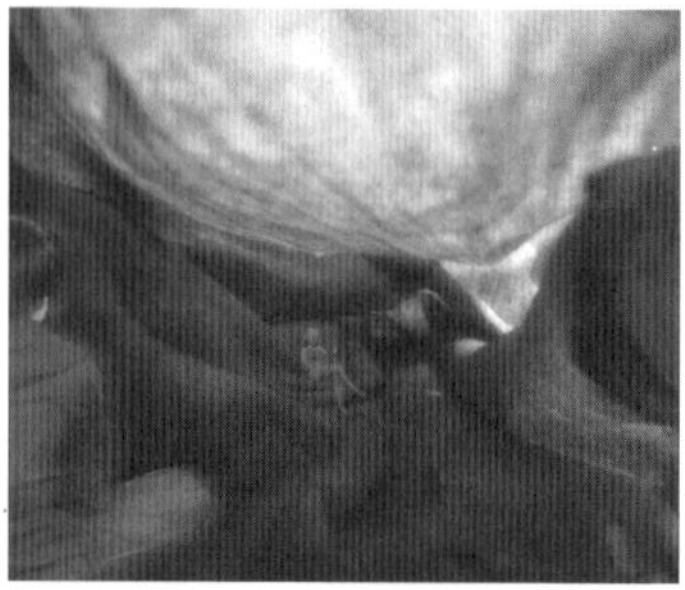

3．西川平祐　Katagami Magic Labyrinth
［衣服の型紙］

衣服を創作するための道具である「型紙」をダイアグラムとする。まず家型ボリュームの表層を布で覆う。これを任意の形に分割したあとで、得られたたくさんの布の断片を、針と糸を用いて再構築した。鉛筆と定規ではなく、設計者にとって不慣れ且つ不確実な道具である糸と針を用いて建築を思考する過程で得られたのは、ゆらぎや不安定さを内包する空間であった。

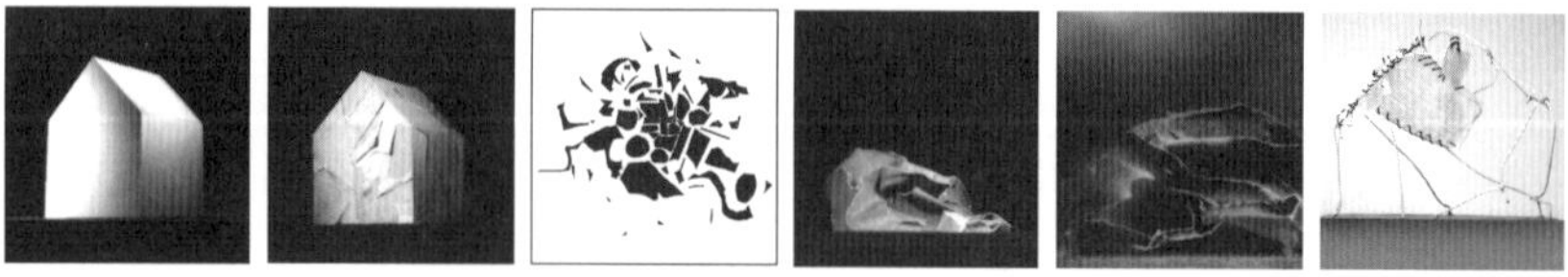

る。その様式や生産手段が、ある程度形を決定するガイドラインとなる。

石には石の積み方があり、そこにオーダーを配するということならば、そしてそこに古典主義的なルール、つまりシンメトリーや軸性などが基準としてあるならば、あとは選択と個々のディテールの問題である。

木割が工法の基準としてあり、ほぼプレファブリケートされた部材のアセンブルで建築全体が構成されて、そこに都市的な文脈に応じたヴォキャブラリーが配され、部材の交換のマーケットも成立し、維持管理や修復も行われる京町家のようなシステムが完成されていれば、これもあとは選択とディテールの問題である。

そうした文化の基準や生産手段に応じたシステムの有効性が崩れたとき、それが近代建築成立の事情であったわけだが、形の決定において頼るべきものが失われる。すなわち、石でなく木でなく、鉄とコンクリートであり、手仕事でなく工業生産である、となった場合に。

このとき持ち出されるのが幾何学である。幾何学はつねに様式が崩壊するときに参照されてきた。しかしそれはえてしてある種の理念であって、文字通り本当にプラトン立体そのものがめざされ構築されるのは近代建築の胎動期からである。近代建築がエティエンヌ・ルイ・ブレーやクロード・ニコラ・ルドゥーにまで遡って論じられるのはそのためだ。かれらが純粋幾何学形態を用いて建築を構成しようとしたからである。

もちろん当時、まだ鉄やコンクリートの時代でなく産業革命も黎明期にあった。しかし原理的に形を、そして世界を思考しようとする意志は、

4．鈴木綾　ドレスとバレリーナ
［バレエの動き］

Don Quixote "kitri's variation" を踊るバレリーナの身体の動きをトレースし、そこで得た8つの図形を楕円形の中に等間隔・放射状に並べる。頭部と接地部分に該当する箇所を各々つなぎ、与えられた空間に内外の境界を定義する皮膜で覆うことで、身体と連動する動きから空間を描こうとした。

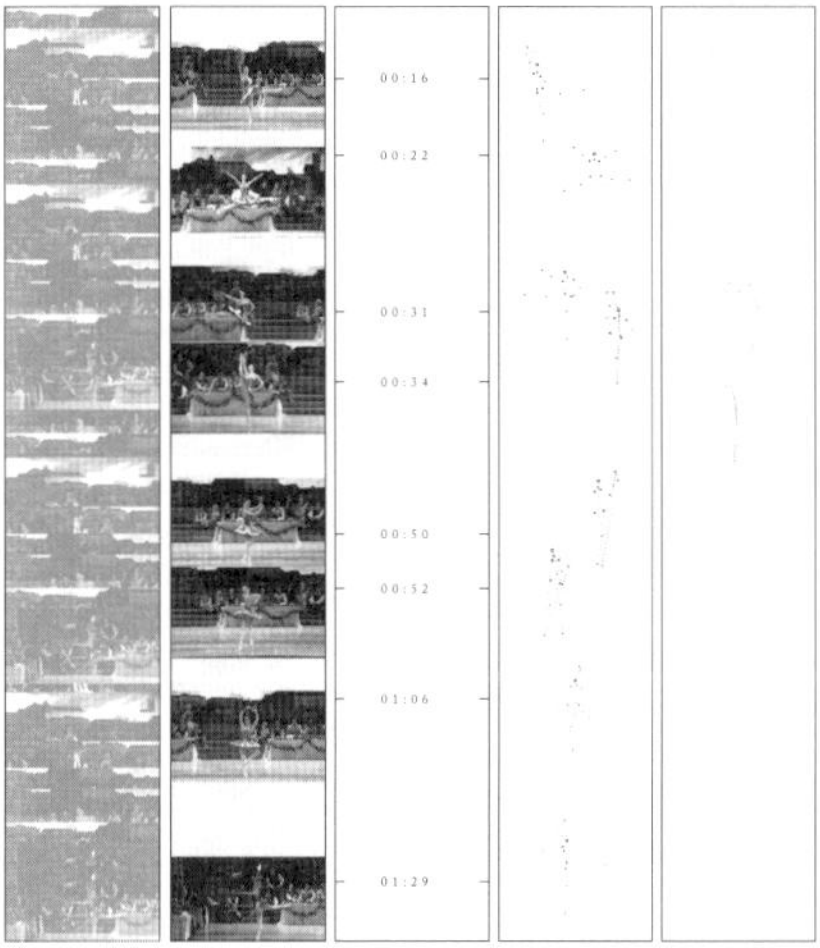

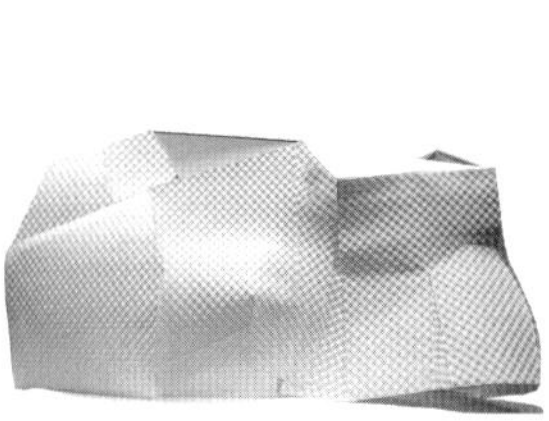

ニュートンらの科学革命によって、あるいはロックらの自由思想によって、その種はまかれていた。

「建築は光の下に集められたヴォリュームたちの精妙、精確、壮麗な戯れ」であり、その光の下でくっきり浮かび上がる形こそが「立方体、円錐、球体、円筒形、ピラミッド型」などの初源的な形であって、それは万人に理解される美を持つ、とル・コルビュジエが『建築をめざして』において宣言したとき*2、彼は、時代の変化の底に現れる幾何学、という図式を直観的に掴んでいた。

ル・コルビュジエによって宣言されたこのドグマこそが、近代建築の形を決定する導きの糸となったのであり、これはさまざまな形で変奏されつつも、多くの人々の心に、建築の底を流れる美学に触れる何かを感じ取らせる役割を果たし続けてきた。

近代建築批判はその意味性の欠如や歴史的文脈の切断をついてきたものだが、建築が形として現象する限り、本来的にはこの形のドグマをこそつくべきである。

たとえばザハ・ハディドのパートナーであり理論的支柱でもあるパトリック・シューマッハは、その点に十分自覚的な挑戦者である。彼の提唱するパラメトリシズムは、ル・コルビュジエのドグマに対抗する新たなドグマと位置づけられている。プラトン立体の組み合わせ、というリジッドな構成的方法に対して、連続的で流れるようなフォルムのオートポイエーシス（自己生成）的方法を対比させる。*3

これを幾何学批判と受けとめることもできるが、むしろ新たな幾何学の提唱と捉えることもできる。既存のプラトン立体の併置や構成でなく、流れるような自己生成的形態とその分岐、合流、交錯に新たな美と社会システムを見ようとする。ただそれもまた新たな幾何学でもある。すなわち、新たな形への問題提起はつねに、それが具体的な形を問題とする限り、新たな幾何学の提案という構えをとるのである。ただ少なくとも形のドグマには形のドグマをもって対峙しなければならない、という自覚がある。

*2 Le Corbusier, Vers une architecture, 1923. "L' architecture est le jeu, savant, correct et magnifique des volumes sous la lumière. Nos yeux sont faits pour voir les formes sous la lumière ; les ombres et les clairs révèlent les formes ; les cubes, les cônes, les sphères, les cylindres ou les pyramides sont les grandes formes primaires que la lumière révèle bien ; l' image nous en est nette et tangible, sans ambiguïté. C' est pour cela que ce sont de belles formes, les plus belles formes. Tout le monde est d' accord en cela, l' enfant, le sauvage et le métaphysicien."

*3 複雑系の思考からの問題提起、生命科学の進歩からもたらされた形のイメージやコンピュータによる形態生成の理論、あるいはたとえばエイドリアン・ベジャンのコンストラクタル法則などに見られる「流れと形」の関係への関心などとも問題意識が通底していよう。

メタフォア

ゴシックのカテドラルは、フライングバットレスや交叉ヴォールト、重力から解放された壁面への大々的なステンドグラス、すなわち光の導入、天空へと向かう垂直方向の伸び、など、構造形式や工法、技術的試みの組み合わされた賜物であったが、神の国の在りよう、天空への憧れなど、現世に別世界を具現する、神の国のメタフォアとしての空間でもあった。

このゴシックにピリオドを打ったのがルネサンスのヒューマニズム建築であった、と考えられている。その名も『ヒューマニズム建築の源流』と邦題に銘打たれたルドルフ・ウィットカウアーの Architectural Principles in the Age of Humanism は、アルベルティやパッラディオの建築原理を論じているが、その表紙にはレオナルド・ダ・ヴィンチによる人体図が配され、つまりはヒューマニズムが人体比例にもとづく円形と正方形の幾何学原理に還元され、建築がたとえばパッラディオのそれに見られるように、正方形の九分割図というダイアグラムによって読み解かれることが示されている。このダイアグラムについてはあとで論じることとして、ここで人体というメタフォアが現れることに注目していい。神の国から人間へ、しかもそれが文字通り人体の比例へと、建築が天から地上へとおりてくる。天空もまた、垂直の上昇運動としてではなく、完全な球体の一部を用いた天蓋によって、天空のメタフォアがそのまま建築に導入される。古典古代があらためて参照されたことは言うまでもないが、人体が建築と、比例というワンクッションがあるにせよ、関係を取り結ぶのである。人間のまなざしが透視図法として自覚され、人体、として視線が、ヒューマニズムという言葉にメタフォアとして与えられた。

このことを揶揄しながら語るのがフランク・ゲーリーであって、彼は自らの建築が魚をモチーフとしていることを語って憚らない。神戸にはフィッシュダンスと題されたそのものズバリの建築物も建っているが、彼の建築はつねに魚の、あるいは運動する魚のメタフォアであった。それの何が悪い、とフランク・ゲーリーは語っている。人体をメタフォアとした時代もあったじゃないか。人間でOKだったのに、魚で何が悪い、というわけである。思えばギュンター・ドメニクも、彼の建築はすべて鳥の物語であり、営巣し卵を孵し飛び立ち飛行する。ウィーン中央銀行ファヴォリーテン支店などは、巨大な鳥が突っ込んだ痕跡であるとの説明がなされている。鳥で何が悪い。

形の決定が幾何学に即してでなく、魚や鳥になっている。古代ギリシアのエレクティウムでは女神が柱となり、ウィーンの楽友会館では女神たちが誇らしげに内部空間を荘厳し、素晴らしい響きと称されるその音響にもどうやら一役買っているようである。近代建築がプラトン立体のコンポジションや均質なグリッドを偏愛したとはいえ、そこにはつねに機械のメタフォアがあったのも確かだ。

白井晟一の作品にも見られるし、福岡のキャナルシティ、なんばパークス、六本木ヒルズなどで知られるジョン・ジャーディーの設計手法はつねにそうだと囁かれている男女交合のメタフォアは、クロード・ニコラ・ルドゥーのそのものずばりのオイケマを例に引くまでもなく、古来、そもそも想像力と創造力を宿した人類の頭脳が生み出されて以来、決まって用いられて来た世界の秘密を開く扉としての空間的メタフォアである。

冒頭に記した霧や雲や木漏れ日などもメタフォアだが、これは形を持たない。しかし建築はいくら形を消しても姿を消しても気配を消しても、消したというサインを送っても、消えはしないし、重力に抗し、形をもってしまうものである。そして人類は形に誘惑され、形を欲望する。闇をつくるにも虚をつくるにも空をつくるにも無をつくるにも、形は出てくる。形を消すには目をつぶるしかない。しかしそれでも頭の中には形が乱舞することだろう。

そして建築は形を持つ。形の決定因はない。あるいは自由だ。と論理的にはこうなる。もちろんそうした諸々の論理に優先順位をつけるのが建

5．長谷川睦乃　ambiguity
［画像の不均質さ］

自然が持つ曖昧さや不均質さを、点描や疎密であらわしダイアグラムへと昇華する。木々に囲まれた敷地前の大きな木を出発点に、ダイアグラムを通じて樹木の持つあいまいな空間を建築化することを試みた。樹木のイメージを疎密に還元し、水平と垂直な要素によって再構築する。

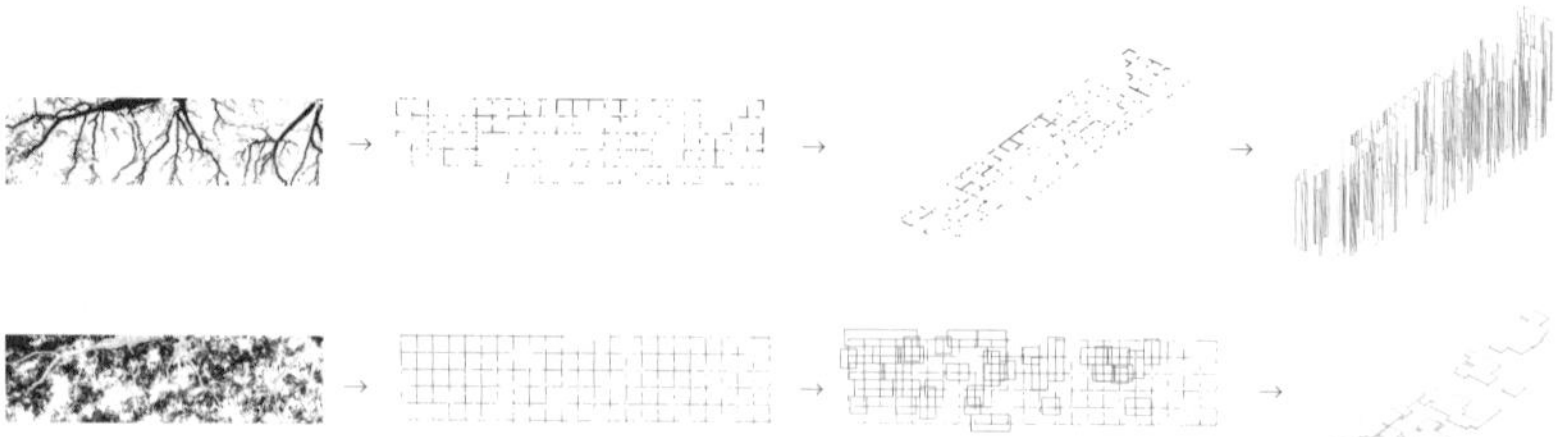

築の設計であって、形の優先順位を低く設定するのは勝手である。しかし決して消去することは、できない。

均質空間

近代建築が機能を標榜し、機械をメタフォアとし、幾何学（プラトン立体の戯れ、あるいはユークリッド幾何学）をその形態決定の根拠とした、という共通認識をあらためて確認して来たわけだが、近代建築の究極の姿はガラスの箱にあった。その最もシンプルな事例はフィリップ・ジョンソンのガラスの家やミース・ファン・デル・ローエのファンズワース邸であるが、理念的にはこれを拡張して行けば、どのような機能も収容することのできるガラスの高層ビルとなり、今日の都市の中心部がこれに占められていることの意味については、原広司の「均質空間論」に詳しい。

完全に空調され照明され自由な間仕切りの施されるガラスの箱は、ミース・ファン・デル・ローエがユニヴァーサルスペースとしていち早く構想し、実現した。CIAMが主張したようなゾーニングによる機能主義都市、そしてその中心にガラスのスカイスクレーパーとしての均質空間が君臨する、これが近代の姿だ。しかしそこに形の決定因は、論理的にも倫理的にも存在しなかった。均質空間は形ではなく、たとえガラスの箱というメタフォアはあっても、決して形ではなく、理念である。機能主義都市も形ではなく、つまりは美学を持つわけではない。だからダイナミックな渾沌かも

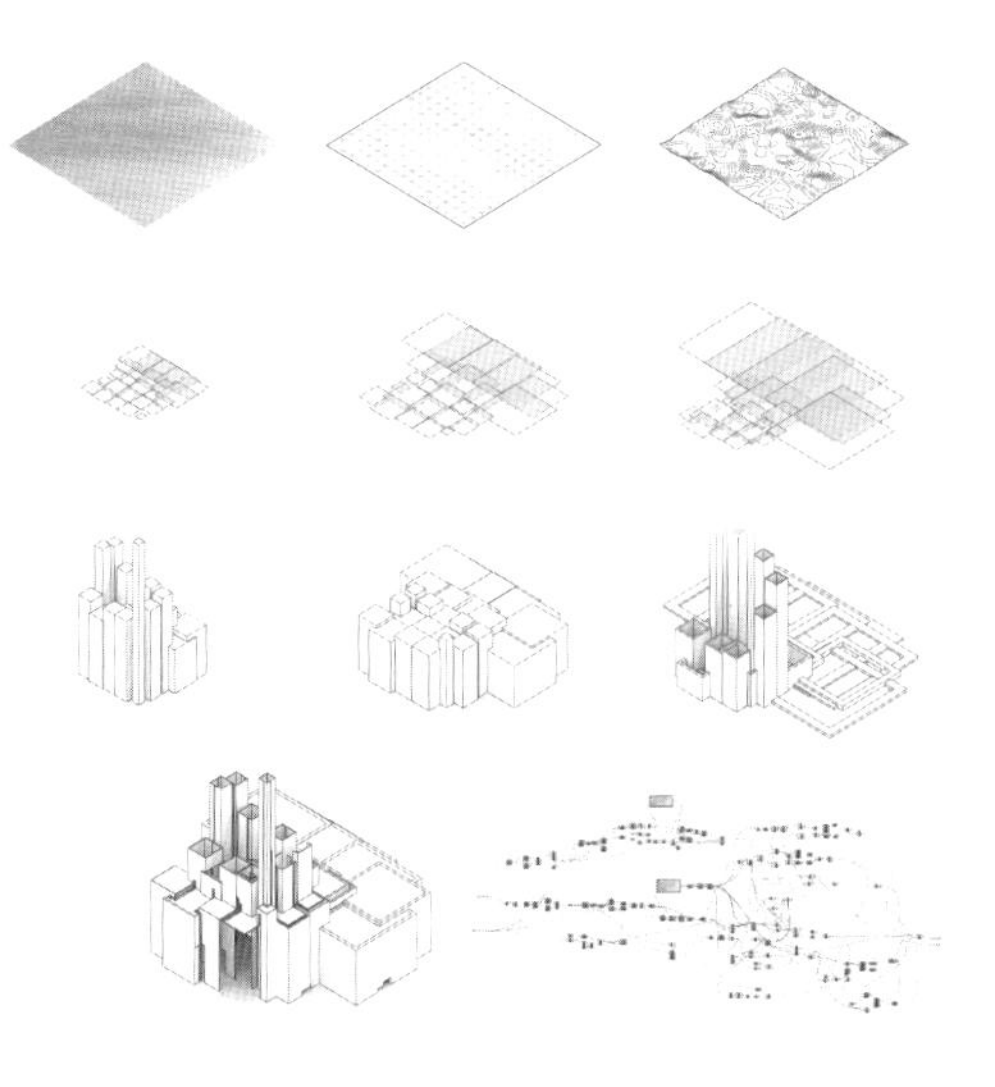

6．阿波野太朗
Amplified Inhomogeneity
[画像の不均質さ]

均質な黒を目指して紙を塗りつぶそうとも、決して完全な黒には成り得ない。必ず不均質なムラが生じてしまう。この無意識の内に生じる不均一性を用い、かつ極力恣意性を排除した操作を反復させ不均質さを増幅させていくことによって、設計者の意図を超えた、ムラを伴った空間を創れないだろうか。ここでは画像の中に潜む濃淡を、建築の形態を決定するダイアグラムとして捉えた。自分の手の中に潜んでいる、手を使うことで否応なく現れる不均質さを形態生成の根拠とし、建築空間を構想することを試みた。

しれないが、無秩序な都市風景が連続する結果しか生まなかった。資本の論理？　もちろん形を決定する論理ではない。そのなかで、建築家は形を決定せねばならない。論理的に、そして倫理的に。倫理学と美学は同じである。ヴィトゲンシュタインに倣うならば。

美学

20世紀は近代建築の展開と同時に構成の美学をもった。たとえばデ・スティルはモンドリアンを、ロシア構成主義はマレヴィッチをその美学的バックボーンにおいた。前者は平面的な、そして後者は空間的な、構成すなわちコンポジションをその美学の根底においたのである。

グリッド上に規則正しく配された柱、そしてそこを自由かつ厳格に伸び走る壁を構想したのがミース・ファン・デル・ローエであり、そこに逸脱したユーモラスな形態を重ね合わせたのがル・コルビュジエであった。構成の美学はさらなる展開を見せた。

しかしやがて時代はこうした部分と全体のバランスにもとづく美学から、部分の自立、あるいはさらに増殖を許す微分的美学に向かって行く。古典的な建築がつねに全体を志向し前提とする美学であるとするなら、20世紀後半からは部分、さらには断片の自由な浮遊を許す即興と変奏の美学となったといえるだろう。

これは絵画も然り、彫刻も然り、文学も然り、音楽も、フレーズやリ

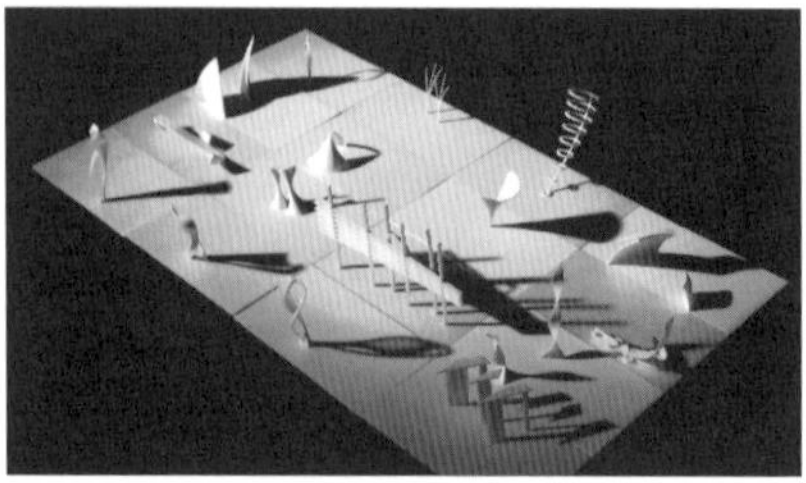

7．山田鉄馬　filmalismic bouquet
［映画のシーンの重ね合わせ］

ある映画のラストシーンから16枚のキャプチャ画像を抽出し、それを重ね合わせイメージをダイアグラムとして用いる。まず各画像を構成する要素（人の唇や腕の動き）を一旦抽象化し、平面の図形に置き換える。そしてそこに表れた直線や曲線を平面図と立面図に写し取り、立体的な形象をつくり出す。16の形象を三次元的に重ね合わせることで、映画の連続するシーンを建築化した。

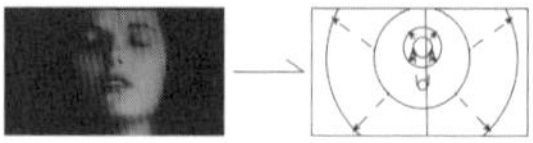

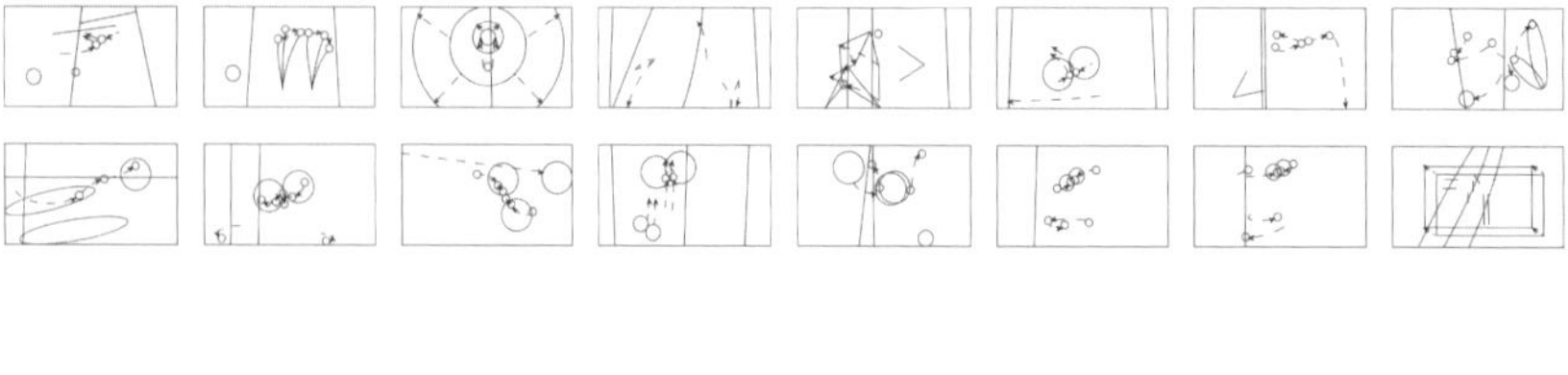

フなどの部分あるいは断片が重要性を増した。もはや全体の構成を味わう時間のゆとりもなくなって来た、のかもしれない。ともあれ微分的状況はますます力を増して、不連続で未完結な世界が創造の領域を覆い尽くして行く。人間もまたそうした状況に慣れ、順応し、そこにまた美の種を見出してゆく。

ダイアグラム

さていよいよダイアグラムである。ダイアグラムとは平たく言えば図式のことだ。具体的な事物や現象を抽象化して単純な図式として捉える。先に触れたパノプティコンも、フーコーはこれをダイアグラムと捉えた。人間関係の在り方を暗示する図式である。

このダイアグラムと言う言葉を「抽象的な機械」と捉え、フーコーの仕事に重ねて自身の世界認識の展開に接続したのがジル・ドゥルーズである。

この、無形の新しい次元を何とよべばいいのだろうか。フーコーは、一度これに、実に厳密な名前を与えたことがある。それは「ダイアグラム」である。＊4

「この無形の次元」とドゥルーズが言うのは「いまだ形にならず組織化も

8．西尾圭悟　モンタージュの家
［映画のシーンの重ね合わせ］

映画『ニュー・シネマ・パラダイス』のエンディングシーンに映し出される映像を重ね合わせ、そこに浮かび上がるイメージをダイアグラムとして用いる。ここではカットごとの特質を抽出し、柱に変換することで自動的に生成される構造体をつくり出し、その間に住まう空間を構想した。

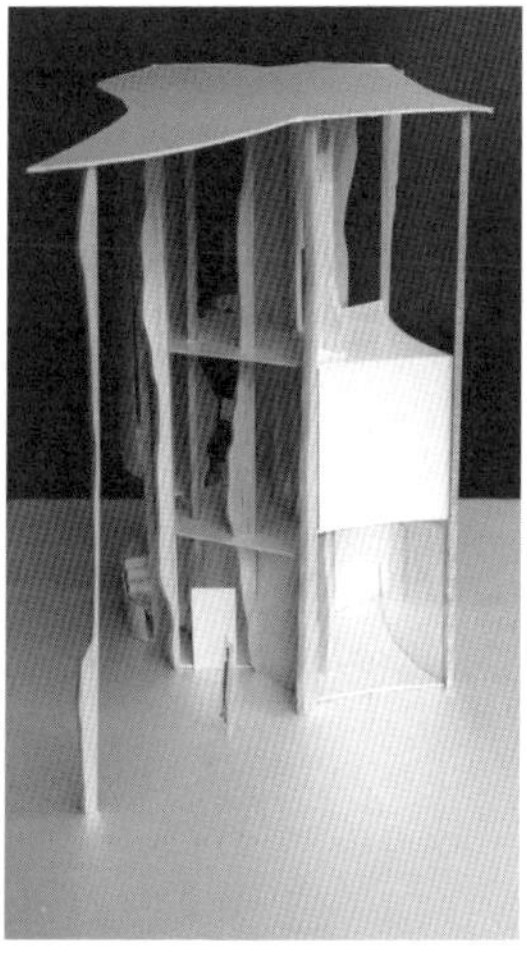

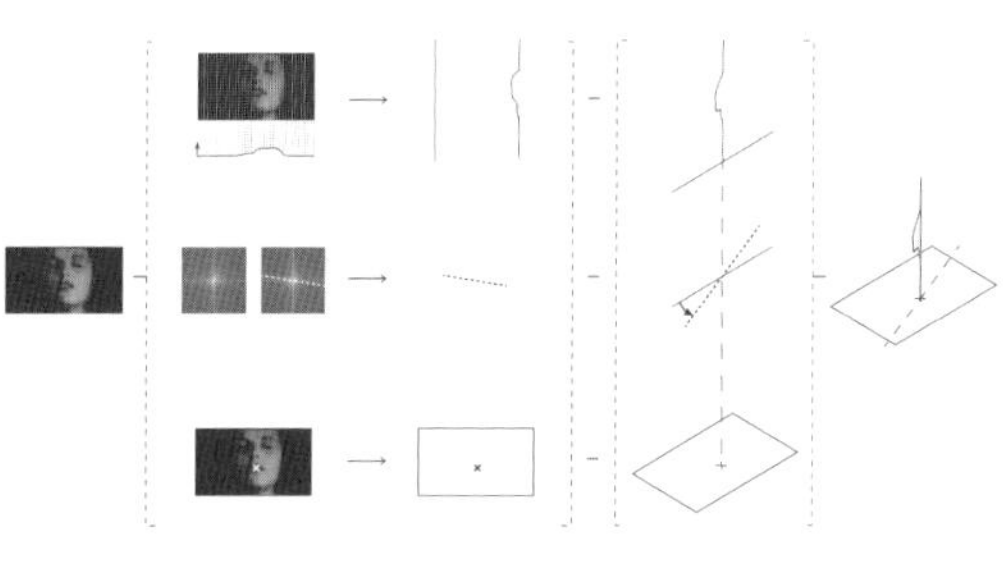

されていない素材」と、「いまだ形式化も目的化もされていない機能」という二つの次元、いまだ形にならざる次元の、いわば発ち現れつつある形が暗示として揺蕩う、そんな次元である。無形の素材と機能によって定義され、形と実体、表現と内容、言葉にできたことと言葉にできなかったこと、のそんな区別にも先んじている、それこそがダイアグラムだ、と言うのである。
ドゥルーズのダイアグラム概念は、フーコーへの先の言及に続いてこう述べられる。

それは「ダイアグラム」である。つまり「あらゆる障害や摩擦から抽象された機能である…。そしてわれわれは、あらゆる特別な用途から、これを切り離さなければならない」。＊5

それは純粋な関係を、運動を、表現と内容を横断し接続する働きを、ドゥルーズは「機能 *fonctionnement*」という言葉に込めている。これを描写する試み、それがダイアグラムなのであり、それはすでに1980年の *MILLE PLATEAUX : Capitalisme et schizophrenie* においてこうも書き記されていたのである。

ダイアグラムあるいは抽象的マシンは、対象をそのまま再現する機能などもっていない。ましてや現実など。むしろいまだ来らざるもうひとつの現実、新しいタイプのリアリティをつくりだすのだ。＊6

ピーター・アイゼンマンがその著作である *Diagram Diaries: An Original Scene of Writing* において試みているのは、そうしたダイアグラム概念の建築への展開である。それも、もともと建築の世界で馴染まれていた「説明の手法としてのダイアグラム」＊7でなく、「創造の契機としてのダイアグラム」として、ダイアグラムを位置づけ直そうとする。

＊4　ジル・ドゥルーズ『フーコー』宇野邦一訳、河出書房新社、p.57.

＊5　Gilles Deleuze, *FOUCAULT, Les Éditions de Minuit*, 1986, p.42.
:c' est un ⟨diagram⟩ , c' est-à-dire un ⟨fonctionnement abstrait de tout obstacle ou frottement… et qu' on doit détacher de tout usage spécifique⟩ .

＊6　"The diagrammatic or abstract machine does not function to represent, even something real, but rather constructs a real that is yet to come, a new type of reality." (Thousand Plateaus, p.142)

ジャック・デリダとのラヴィレット公園でのプロジェクト、コーラル・ワークスにおいてデリダがコーラなる概念を生成の場を司るキーワードとしてプラトンから引き、これをダイアグラムに重ね合わせたところからアイゼンマンのダイアグラム概念の急展開がはじまったと言っていいだろう。

フロイトが無意識を説くときに用いた比喩のミスティーク・ライティング・パッド（裏のインクが転写されて字や図形が現れるが表面をはがせば再び消えてしまう装置）をデリダは引用するだが、アイゼンマンもまたこの比喩を用いてダイアグラム概念を拡張する。つまりそこにあるのは、言葉になりそこねた痕跡、だ。実はこれこそがエクリチュールであるとデリダは内心思っているわけだが、アイゼンマンはこれこそがダイアグラムである、言葉になる以前、形になる以前の、いわばアイディアの源泉である、と位置づける。すなわち、建築の形を暗示し、誘導するダイアグラム概念へと鍛え上げようとする。

アイゼンマンはこのように書く。

> およそダイアグラムという概念にとって重要なのは、痕跡という考え方である。なぜなら平面図と違って、痕跡は十分に構造づけられた現前 *structural presences* でもなければ、動機づけられた記号 *motivated signs* でもないからである。むしろ痕跡は、潜在的な関係性を暗示しており、そしてそれは、あらかじめ抑圧されていたり、いまだ言葉になっていない形象 *unarticulated figures* から生成し、発現するであろう関係性なのである。＊8

アイゼンマンはダイアグラム概念をデリダのエクリチュール概念へと重ね合わせ、あらためて建築へ導入しようとしている。形の決定に先立ち、しかも形を暗示し誘導する、そのコンテクストやプログラムに刻み込まれた「痕跡」のようなものとして。

＊7　先に触れたルドルフ・ウィットカウアーのパッラディオを説明する九分割図も、1940年代にハーバード大学を席巻したバウハウス機能主義に由来する「バブル・ダイアグラム」（機能連関図）も、こうした「説明の手段としてのダイアグラム」の例である、とアイゼンマンは述べている。

＊8　Peter Eisenman, *Diagram Diaries*, Universe Architecture Series, 1999. Diagram: An Original Scene of Writing, p.32.

＊9　デリダの『グラマトロジーについて』（足立和浩訳）では、immotivée は「根拠がない」と訳されている。ちなみに devenir-immotivé は「無根拠化」。

スタジオ

根拠のない（immotivated）痕跡から、さらに言うなら、何処へと連れ出されるかわからない（immotivated）痕跡から、新しい世界を紡ぎ出すこと。＊9

ふりかえってみれば、おそらくはこれが2014年度の竹山スタジオのテーマとなった。それはそのまま建築の形を決定する論理をめぐる試行錯誤のプロセスでもある。

2014年度の竹山スタジオの課題はダイアグラムである。2013年度の大学院の授業、建築設計特論でのデリダとアイゼンマンのコーラル・ワークスをめぐる議論を受け、アイゼンマンのダイアグラム概念の再考察からスタートした。ただ、ダイアグラムを広く捉えるなら、その抽象化された図式のすべてに内在する、変容可能性、接続可能性、創造可能性へと開かれていることに気づきはじめた。それは暗示される運動の図式化であって、およそこの世に存在する形の生成につながっている。しかもそれが意図された恣意的な形態をあらかじめ前提とせず、プロセスにおいてもこれを極力は維持するやり方を通して、純粋な形の生成の場面に立ち会う努力を続けることによって、思いがけない形に出会う経験を味わった。

われわれが建築の設計のプロセスとしてごく当然のように考えて来た機能の分析やコンテクストの把握、プログラムの組み立てや提案、さらには構造的、設備的、環境的、技術的検討、それらをあえて脇において、形

9．蔦岡耕平　puddle
　［氷の溶解］

氷が溶けるという現象から、氷が水へと変わっていく振る舞いをダイアグラムとして抽出する。秩序から無秩序へ、不自由から自由へ。整列された点が外方向へとランダムに発散していく動きをProcessing©によってプログラム化することで、一回性をもつゆらぎのある形態を建築へと組み込んでいく。内部から外部へと、周囲に対して緩々と溶けだしていく建築を構想した。

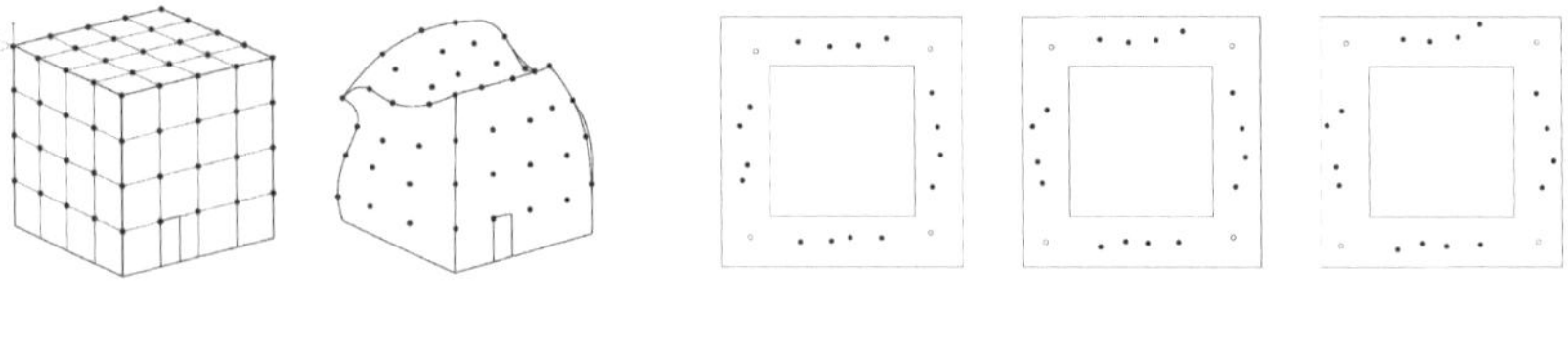

の生成のみの論理を問う試みであったと言っていいだろう。

そこで明らかになったのは、形を決定する論理の無根拠さだ。あるいはそのドグマ性だ。

近未来の準備のためには今日のドグマを書き換える作業で事足りるだろう。だが遥かな未来に向け形を決定する論理に思いを馳せるなら、幾何学を超えて、メタフォアを超えて、そして制度を超えて、政治や経済の枠組みを超えて、われわれの空間加工のイメージを鍛え上げて行かなければならないだろう。

しかもやはり、あらためて身体に即した(人間の身体の能力やスケールが大幅に変わらない限り)居場所の形成が必要であるし、地球環境的な(あるいは宇宙に出て行った場合でもいいのだが)視野に立った生態学的なニッチの観点、開かれた平和な人間社会の形成のためにもあえてオープンなだけでない隠れ家の観点、そして遠い距離と憧れを限られた空間に込める構造力、などなどがそこで問われることになるだろう。

「精神が、あの美しい形態となるような、例外的瞬間」としての「作品 *œuvre*」、すなわち、喜びと驚きとの出会いの場に、われわれがいつまでも立ち続けられるように。

初出=『traverse—新建築学研究』15号、2014

スタジオコース歴代課題

——［　］内は参加者を示す

1995　UNITÉ D’ HABITATION 1995

20世紀も世紀末を迎え、世紀初頭に生み出された機能主義都市という概念、そして都市居住の在り方そのものが大きな変容を遂げている現在、住居集合についても新たな問いかけが必要であろう。これまでどおりのいわゆるマンション、団地といったビルディングタイプが、果たして未来の住居集合たりうるのだろうか。

中高層居住に対して、低層居住が、あるいは超高層居住が想定されたり、コミュニティーの形成手法が問われたり、伝統的な集落に範を求めたり、はたまた超スケールの未来的仮想空間が描かれたり、さまざまな提案がなされてきている。とはいえ多くの提案は現状追認型の計画であり、新しい身体と意識を持った生活者のまなざしを欠いている。

新しい未来の都市居住者のためのヴィジョンを持った住居集合の形態を提案してみてほしい。交通手段の発達と通信手段の変容、すなわちコミュニケーション形態の変化は我々をどのような世界に導くのだろうか。

未来の人類のための、居住単位——Unité d’ Habitation——の構想を求める。

［岩崎泰、菊池憲一、中筋正浩、難波（赤尾）美絵、藤尾健太郎、星秀樹、長村英俊、萬田隆］

1996　ビル・ゲイツの家

マイクロソフト社の社長ビル・ゲイツは、アメリカで最もリッチな人物であるとされている。彼が今、シアトルに自邸を建設中だ。

コンピュータ・ビジネスの最先端にいる彼のために、君ならどんな家を建ててあげられるだろう。彼が建てようとしている家についての彼のコメントやデータを読みとり、彼の求める空間を想像し、そして彼のために最もふさわしいと君が考える家を提案してほしい。

彼の要望を満たす限り、敷地の選定や規模、構造は自由である。予算？もちろん自由である。

好きなだけの予算と思いどおりの敷地をえて、さてどのようなライフスタイルを描くのか。すべては君の判断にかかっている。

“I think that’ s pretty interesting,” he says, “…but it’ s not really a lifestyle.”

［岡本一真、北濱亨、小畑（藤野）敦子、濱崎秀和、穂積輝明］

1997　ゼロの建築

われわれは言葉からはじめた。言葉が空間的想像力を喚起し、導いてくれる過程をたどってみよう。言葉が何を意味するかでなく、言葉がわれわれの意識と無意識の地層から、何を掘り起こしてくれるか。言葉が思考を触発し、誘導し、時に裏切りさえする過程のただなかに身を置きながら。

われわれが選び取った言葉は「ゼロ」であった。

手続き0　テクストを読む

はじまりのテクストはブライアン・ロトマンの「ゼロの記号論—無が意味するもの」。提起されているのは、近代を導いた思考の枠組の背景において、ゼロの果たした役割である。

第一に文字どおりの数学的なゼロ。次に透視図法の発見による消失点というゼロ。最後に貨幣経済における信用貨幣（ペーパーマネー）というゼロ。すなわち、中立媒介者としてのゼロ、超越的主体としてのゼロ、純粋交換可能性としてのゼロ。

手続き1　ゼロ現象を見出す

空間を構想する運動感覚の位相に据えられた建築という思考において、ゼロなる言葉はいかに作用するのか。ゼロの働きと考えられる現象を見出していく。

それは詩であるかもしれず、音楽、文学、映画、演劇であるかもしれず、一葉の写真であるかもしれない。それは、課題に参加する個々人の生の切断面において意味を持ち作動するメタ記号であり、代入と置換の可能性であり、かつて主体と名づけられた社会化された欠落の生成であり転位であり、そしてまた消失の契機ですらあろう。

手続き2 現象を生成する建築的仕掛けを考案する　CONCEPT

2'もしくは言葉を誘導する

ゼロは自らを忘れ去り、またそれが消え去ることで立ち現れる何者かを指し示す。そのような現象を生成する建築的な仕掛け、あるいは言葉を見出し、立ち現れる何者かを見定めてみよう。空虚が何を引き寄せるのか。空は嵐を、谷は木霊を、水は生命を予告するのだろうか。

手続き3 仕掛け・言葉が有効な現実的状況を探索し挿入する　CONTEXT

ゼロを生成するコンテクストを与えてみよう。それはゼロ現象の地（グラウンド）であり、文脈である。抽象的な場から具体的な場へ。ここではさしあたり、京都という場所からコンテクストを抽出すること。

手続き4 建築的シナリオを構成する。

ゼロに導かれて、ないことの意味、その転位の可能性に触発されつつ、ないことそのことが引き寄せる何者かの描き出す痕跡に目を凝らしてきた。ないことが有する力、出来事を誘起する場の力が、さまざまな場面を展開する。その場面の展開のシナリオを描こう。流れる絵コンテの連続が、シークエンスを決定する。しかも重層的に。ゼロという移行・転位・消滅の場のイメージを手がかりに、絵コンテはやがて場へと写像され、人々の振る舞いを待つステージとなる。

[加藤（石田）恭子、高橋ありす、高塚章夫、仁科（吉岡）有美、林仁、平田延明、吉村理、宗本晋作、泉勝彦]

1998 エコ・ロード・プロジェクト

コミュナル・ヴィヒークル（自動運転の小型乗合電気自動車）による交通路（エコ・ロード）の設定を手掛かりに、新しいまちのあり方を考えよう。東海道本線の守山駅から琵琶湖岸に至るエコ・ロードを設定し、新たな交通手段が生み出し新しい都市の姿を考えてみたい。

[前博之、間瀬彰光、山下雅絵、吉岡陽介]

1999 KYOTO MEDIA STATION

旧京阪三条駅跡地に新しい京都の情報文化拠点を計画する。

メディア・ステーションとは、映画、書籍、AVメディア、等、情報の乗り物を提供する施設である。カフェその他、施設をより魅力的にする機能を適宜加えてよい。

かつて駅であったことに配慮して、パブリックな場所、多くの人が集まる空間（たとえばコンコースのような）を用意すること。

[坂本英史、中川潤一、工藤宏二、中村祐記]

＊『traverse—新建築学研究』1号に掲載（以降号番号のみ）

2000 THE SCHOOL OF ARCHITECTURE

京都大学の吉田キャンパスにある建築学教室中庭に、あらたな建築の学びの場所を計画しよう。建築学は実践と理論の応答の中にある。社会に開かれたギャラリーを持つ建築の活動と学びの拠点を構想してみよう。

[小池美香子、山雄和真、田中大稔、陳海傑]

＊2号に掲載

——ここから大学院生、研究生も一緒に

2001 独身者の住まい2001

日本の住まいを考えなおそう。

現代日本の住宅のオールタナティヴズ（選択肢）は著しく貧しい。ほとんどの人々にとって住宅とは、プレファブの一戸建てか「マンション」かの二者択一でありつづけている。住宅供給を取り巻く環境が、マーケットの仕組みや土地供給のシステム、税制、企業の論理などに縛られていて、おのおのの経済事情が許す現実的な住居像を値踏みするなら、まあこんなものだろうとあきらめてしまうような社会的な構図ができてしまっているからだ。

日本人の建築的欲望は世界史的に見てきわめて簡素かつ質実であった。なにしろ住まいへの欲望を切り捨て方丈にこもることを潔しとする美的感性を磨いてきた民族である。諦念が美徳ともてはやされもする。ただ見方を変えれば、方丈という特異な住居像を構想しえたと見ることも可能だ。それはひとつの強靭な思想である。やがては茶室の構想につながる。現世をわびてさびて、抵抗し、否定し去ってしまう。貧者の中に高貴を見る思想である。虚しうすることに美を見る思想。古代ローマや中国の酒池肉林とは根本的に異質である。

とはいうものの、現代の日本人はハドリアヌスのヴィッラも方丈も構想しえないでいる。本当にわれわれは定食屋かコンビニ弁当かの二者択一で一生を送ってしまっていいのだろうか。部屋にデジタルテレビとパソコン端末さえあればいいのだろうか。ケータイを持ち歩けばそれで現実の生活空間の貧しさを超越してしまえるからいいとでも言うのだろうか。グローバルなネットワークが形成されつつある現代という時代にもっと豊かな生の場面を持つことは、はたして許されないことなのだろうか。

日本の住宅が魅力に満ちたラインナップを提供しているとは誰も考えていない。おそらくこうした閉塞状況をもたらしている原因は、建築に携わる者の構想力が枯渇し、磨耗しているからであり、時代の要求を的確に汲み上げきれないでいるためである。

独身者という言葉を切り口に、新しい住居像を描いてみよう。

[原祥子、山本基揮、上田昌弘、竹田美奈子、坂本英史、中川潤一、長野良亮、小池美香子、田中（木上）理恵、ブノワ・ジャケ、ヨラ・グロアゲン、フェデリコ・ソモリノス、山雄和真]

＊3号に掲載

2002　独身者の住まい2002

前年度の課題を踏まえ、さらにバージョンアップを図る。

[川西敦、高濱史子、元木俊広、谷口千春、岡賢俊、井関武彦、ながたにまり、山本基揮、中川潤一、前博之、長野良亮、蔡鋼、ヨラ・グロアゲン、ガエル・ペリ]

＊イムラアートギャラリー（京都）、スピカミュージアム（東京）、アートプランニングルーム青山（東京）の三か所で展覧会

＊4号に掲載

2003　フローティング・シアター

琵琶湖にフローティング・シアターを浮かべる。

琵琶湖は淡水であり、つまり塩害がなくまた潮の満ち干もない。しかもほど近い距離に人口が集中している。湖畔に連なる諸都市はそれぞれに特徴を持ち、東海道、中山道、北国街道などが湖畔を巡って、近畿、東海、北陸を結ぶ交通の要となっている。滋賀県の県都が西の端に寄っていることのデメリットを、都市のプログラムを移動させることによって補うことも可能である。考えようによっては、都市のプログラムをすべて琵琶湖に浮かべてしまうことすらできる。しかしさしあたりはシアターからはじめてみよう。シアターが移動することのメリットは舞台装置の作りこみが一度ですみ異なる客層を集客することができる点である。しかもこれが湖上を移動するなら話題性も高まって人々の好奇心を一層かきたてる。また琵琶湖畔の風景に新しい風物詩を加えることにもなるはずである。

ただし琵琶湖の環境を悪化させぬために、小規模の劇場となることだろう。水質浄化装置を組み込めればなお望ましいが、今回は建築空間の構想を問う課題であるから、設備的な検討については機会を改めたい。

劇場は基本的にパフォーミングアートであればよく、演劇、ダンス、コンサート、などさまざまの催しが考えられるだろう。コンパクトでありながらインパクトの高い空間が演者を刺激する、そんな劇場であって欲しい。

[齋藤全弘、矢野雅規、川西敦、元木俊広、井関武彦、上田昌弘、ヌノ・ダ モタ ベイガ、エフロシニ・サヴィドゥ]

＊5号に掲載

2004　マンガミュージアム京都

日本のマンガは独自の進化を遂げて、いまや世界の注目を浴びる存在となった。

もともと人類のコミュニケーションの発達にとって、ヴィジュアル・イメージの果たす割合はとても大きかった。すでにアルタミラの洞窟には神話文字とも称されるほどの象徴的なヴィジュアル・イメージが現れている。

ヴィジュアル・イメージは人間の情感にそのまま働きかけるという強みがある。これに

文字を重ねたマンガという表現手段は、その源流はさまざまあるにせよおそらく20世紀日本に流れ込み大河となった表現ジャンルといってもいい。鳥獣戯画に見るカリカチュア精神の末裔は、これを笑いや皮肉のみならず喜怒哀楽、人生観、世界観、宇宙観にいたるまでを表現しつくすジャンルへと鍛え上げたのである。

日本マンガはとりわけ戦後に著しい発展を遂げ、いまや質量ともに世界に冠たるマンガ文化を形成するにいたっている。これは多くのマンガ家がしのぎを削り、表現の世界を広げ、多くの読者がこれに快哉を叫んだ結果である。かつての偏見は消え読者層は広がり、いまや単に子供の読み物でなく、大人の鑑賞にも耐えるものとなった。

世界に目を向けても、東南アジアでは日本マンガの海賊版があふれ、ヨーロッパでは街のキオスクに並ぶのみならずアニメは日本製と知られぬままにテレビで放映され、アメリカでは日本のマンガやアニメに触発されて映画がつくられている。ハリウッドの映画監督は黒沢の映画と同時に日本のマンガやアニメの表現力を語るのである。今や日本マンガの影響力をぬきにして日本の文化発信を語るわけには行かず、アニメを抜きにして世界の中の日本文化を語るわけには行かない。マンガは日本にとってクルマと同じく、もはや世界戦略商品なのである。

こうしたマンガ文化をきっかけに新たな国際交流もまた生れつつあるのであって、現在世界の多くの国々の研究者がマンガを通して日本文化の特性を読み取ろうとしている。マンガを介した文化交流を行う時代がすでに来ている。ここに、マンガを新たな表現ジャンルとして認知するとともに、失われつつある草創期の記憶を取り集めその歴史を刻みこむ場所のありかたを考えてみたい。

19世紀に写真が、20世紀に映画が生れ、日本ではマンガが生れた。われわれは日本の20世紀が生んだこの豊かな果実を未来に向けてさらに育てていくべきであろう。19世紀末に世界が浮世絵に浮かれたように、20世紀末には世界がマンガに酔い、日本文化に強い眼差しを向けはじめた。そしてわれわれは21世紀にそれが世界をマーケットとする機会に立ち会っている。

世界の日本文化研究者の集まる京都にこの新しい日本文化の研究センターをつくりあげよう。〈マンガミュージアム京都〉はそのような背景をもって構想される。

［赤堀彰彦、安藤英樹、木村佐知子、高山広野、中谷真、齋藤全弘、矢野雅規］

＊6号に掲載

2005 ポエジーと建築

建築的瞬間における合理を超えた決定を導くものを「ポエジー」と呼ぼう。その「ポエジー」の発動に導かれつつ建築構想のプロセスを辿ってみたい。

［大西麻貴、下山祥晴、木村左知子、齋藤全弘、ウォジツキ・シモン、真崎鉄也、矢野雅規、宇都宮崇行、長野良亮、ザゴリシオス・アタナシオス、ディエゴ・コサ・フェルナンデス］

＊イムラアートギャラリー（京都）で展覧会

＊セミナーイベント1／小川英晴×徳山喜雄×竹山聖＠ART COMPLEX1928

セミナーイベント2／伊東豊雄×布野修司×竹山聖＠京都国立近代美術館

＊7号に掲載

2006 シネマ＋アーキテクチュア

映画と建築には共通点が多くあります。視覚と聴覚の融合であり、ともに空間を扱うこと。場面の連続であること。ひとつの(あるいは、いくつかの)世界がこめられること。製作が、さまざまな人々の協働作業であること。そして統括者（監督・建築家）がいること。映画をとおして建築の可能性を広げていきたい、と考えています。

［枚木陽一、夏目奈央子、藤田桃子、松原周平、木村佐知子、齋藤全弘、真崎鉄也］

＊8号に掲載

2007 パフォーマンスの空間

身体表現を伴うパフォーマンスの空間を考える。演じる側の使いやすさと観客の側の動線や楽しみには各々の論理があり、そして観る側と観られる側との関係には緊張と融合への欲求があるだろう。これらを建築へとまとめあげていきたい。

［亀田学、多田涼、橋本尚樹、三宅智子、夏目奈央子、枚木陽一、下山祥晴］

＊9号に掲載

2008　学びのミュージアム

ゲストクリティック：上田信行（同志社女子大学教授）

空間というもっともパワフルな教育のメディアを通して、ただ与えられるのでなく、参加し、体験し、作り上げることを通して学ぶ、新しいタイプの美術館を構想する。それは学ぶことを触発する空間となるはずであり、空間的想像力が問われることとなろう。

《プロセス》

「学び」においては次のような流れが重要であると考えられている。①まず、傍観者の立場から学んでいる様子がチラっと見え、学びの空間で起こる出来事に対する期待感を抱き、学びへの意欲を高める。②そして、ものをつくる、といったように実際の行為をする。③次に、この行為をちがう視点で客観視してみる。④それとともに行為のことを1人になって考えてみる。⑤その後、行為を振り返りながら言語化する。

学びが人間の身体感覚と非常に密接に関わっていることから、これらの段階を人体の一部に例え、目の空間、手の空間、足の空間、頭の空間、口の空間と名づけることにし、この5つの空間的要素を含む建築が学びのミュージアムといえるのではないかと考えた。

目の空間：学びへの意欲を高める場所。

手の空間：実際に行為をする場所。

足の空間：行為を一度客観視してみる場所。

頭の空間：1人になって考える場所。

口の空間：行為を言語化する場所。

この5つの空間的要素もとに、「人が学ぶという行為がどのような行為であるのか」を空間的に提案し、それにより新しい学びを誘発する場を構想する。

なお、具体的なプログラム（幼稚園、小学校など）は個人にゆだねられている。

[国松えり、黒田弘毅、枚木陽一、夏目奈央子、多田涼、平井雅、昌川明鎬、村田昌浩]

＊10号に掲載

2009　空間の音楽化

建築は凍れる音楽である。ではそれが溶けたらどうなるのだろう。

1．Conceptualization

以下の文章を読み、「空間の音楽化」という概念を各自定義する。

ただし、ここで出てくる「水」とは、流れる空間のメタフォアであり、必ずしも実際の水に関連づける必要はない。

音楽、それは不連続な音形の連続にすぎない。この不連続な音形の時間的な変容を人は楽しむ。刹那ごと、異なる波形で戯れる音たち。その流れを読み、まとまりを読み、繰り返しを読み、破調を楽しむ。分断された空気の震えを、人は記憶の中で編み上げていくのだ。

移動する人の出会う空間たち。驚きの経験もまた、そのようにして編み上げられる。不連続な断面の連続が、体験される時間の中で形をなしてゆく。たとえば不連続な断面は音の広がり。たとえば断面の連続は音の流れ。たとえば亀裂から漏れ来る光はシンバルの一撃。たとえばそよぎわたる風は弦のトレモロ。空間を音楽のように味わう。移行する空間の体験。

人は移行する。過去と未来を往還しながら。空間に刻み込まれた出来事の記憶に、人は耳そばだたせる。人はそこに都を開いた人々の営みを聴き、はるかな山々からもたらされた水の旅の物語を聴く。都市の未来のにぎわいを聴く。物語にそっと耳傾ける都市の余白。メタフォアとしての水の回廊。

空間は形と色と大きさを持っている。そこを光と音と香りが訪れる。空間に形と色と大きさを与えよう。そこに光と音と香りが木霊するように。光と音と香りは水とともにもたらされるだろう。水のきらめき、ゆらぎ、さざめき、つぶやき。光る風、波の音、満ちてくる潮、そして香り。

形と色と大きさの譜面＝スコアが、光と音と香りの音楽を奏でてくれる。水は瞑想の媒介者＝メディエーターだ。生命を宿した水。文物をもたらした水。自然を潤す水。水の惑星の奇跡。

水辺は人を詩人にする。都市の余白に生まれるポエジー。どこにも属さない時間と空間。無為の時間の空間化。

人はそこでそっと、耳を澄ませる。

2. Image
以下の音楽からひとつを選び、連続するシーン・イメージを構想する。
1）エリック・サティ、ジムノペディ
2）バッハ、ゴールドベルク変奏曲アリア
3）チック・コリア、Noon Song（Piano Improvisation Vol.1より）
3. Composition
具体的な京都の敷地を選び取り、この連続するシーン・イメージを重ね合わせつつ、サウンドとしての建築空間構成をおこなう。
[歌代純平、袖山暁、西川昌志、安倉萌、中井茂樹、西澤隼平、国松えり、黒田弘毅、多田涼、平井雅、昌川明鎬、斧澤美知子]
*11号に掲載

2010 ランドスケープ／ユートピア

どこにもない場所を求めて、歴史上人類はさまざまな試みを繰り返してきた。建築はひとつの宇宙を展く。どこにもない場所へと誘う建築を構想してみよう。計画敷地は、4回生は大阪万博エキスポイランド跡地、大学院生は伊丹空港
[小川沙也香、千藤恭裕、常光郁江、宮田祐次、中井茂樹、小澤瑞穂、黒田弘毅、友廣祐理、西澤隼平、歌代純平、冨田直希、梅木知、猪野雄介、袖山暁、平井良佑]
*中之島デザインミュージアム de sign de（大阪）で展覧会
*11号にプロジェクトとして掲載

2011 ブックス／サードプレイス

読むという行為は「意識としての人間」に関わるが、建築空間としての図書館は「身体としての人間」に関わる。
電子書籍の普及で図書館はどう変わるか。
ベンヤミンの都市の遊歩者という観点を、図書館の設計に生かす。
The Third Place: Oldenburg／カフェ的な家と仕事場の間の場所
The Third Space: Soja／現実と想像の間、下からの視線と上からの視線の間
[江川知里、小西（池田）貴子、玉井康晴、小川沙也香、常光郁江、宮田祐次、三苫歩、中井茂樹、小澤瑞穂、黒田弘毅、歌代純平、袖山暁、平井良佑]
*12号に掲載

2012 世界を望む家／ネパールのホテル

世界の屋根、ヒマラヤを望む丘の上にホテルを設計する。限られた技術と材料と輸送手段によっていかに豊かな空間を獲得できるだろうか。
[キム・テボム、高野香織、西尾圭悟、小西貴子、玉井康晴、小川沙也香、常光郁江、千藤恭裕、酒谷粋将、日野陽太]
*13号に掲載

2013 アートと空間

現代アートのマーケットが芸術に投機的価値を賦与し、ある種の神話を生み出していることは興味深い現象である。いまや現代アートの価値観は世界を巻き込んで動いており、人間もアートをめざして動いている。名だたる美術館を有する都市に人はわざわざ足を運び、グッゲンハイムやルーヴルの展開は都市活性化の起爆剤となり、瀬戸内国際芸術祭や越後妻有アートトリエンナーレといった地域に根ざしたアートイベントもまた日本国内で脚光を浴びている。

2015年に開催される『PARASOPHIA: 京都国際現代芸術祭』は、文化・芸術において歴史と伝統を持つ京都という場所に現代アートという新たな文脈を位置づけるためのきわめて創造的な試みであるとともに、人の動きを京都へと向ける都市戦略的な試みとも言える。

京都の都市戦略としての現代アートという視点を共有しつつ、京都という都市にアーティストのための個人美術館を構想する。アーティストの選択は学生の自主性にまかされる。アーティストへのインタビュー取材などを通して、作品だけでなく、それらを取り巻くコンテクストや、アーティストの人となりを読解しつつ、そこから展開されるべき建築空間の可能性を探る。

[嵩岡耕平、吉川青、阿波野太郎、西尾圭悟、鈴木綾、江川知里、玉井康晴、夏目寛子、

宮本翔平、三浦星史、吉田絢子、上村康人]
＊イムラアートギャラリー（京都）で展覧会
＊京都国立近代美術館でシンポジウム
＊14号にプロジェクトとして掲載

2014　ダイアグラムによる建築の構想 （課題文はp.398に掲載）

[今村はるか、西川平祐、長谷川睦乃、山田鉄馬、蔦岡耕平、阿波野太郎、西尾圭悟、鈴木綾、高野香織]
＊15号にプロジェクトとして掲載

2015　コーラス／コーラ

プラトンのコーラはコーラスと語源を等しくする。アンフィシアターの中心にあるコロスも同じである。同時に存在する事物のハーモニーを考えたい。
CHORUS：古代ギリシアのコロスχορός, korosに由来する。
円形野外劇場の中心に位置を占め、ギリシア悲劇の進行を司るコーラス。
多数の声の重ね合わせを通して、場を生み出し、その場に集まる人々の身体を包み込む世界をつくり出す。
鳥もまた歌いながら自らのテリトリーを主張する。
原初的な場を主張する表現としてのchorus。
cf. chora (Plato, Derrida), chorography (Ulmer)
Chora receives everything or gives place to everything (Derrida, in Kipnis Choral Work, from Ulmer Heuretics, 65)
chora as “sorting machine” (Ulmer Heuratics, 221)
Chorography is a way to learn from the chorus. (Ulmer Heuratics, 221)
[王 隽斉、加藤彩季、川本稜、田原迫はるか、今村はるか、山田鉄馬、キム・テボン、蔦岡耕平、高野香織、ハミルトン塁]
＊16号にプロジェクトとして掲載

2016　無何有の郷

「荘子」の「逍遙遊」に「無何有の郷」という一節がある。役に立たない木だからこそ、切られず大きく育って緑蔭を提供する、という話だ。「無何有（むかゆう）——なにものもあることなし」。この言葉の意味を味わいつつ、無為の時間の空間化に思いを馳せたい。具体的には、嵐山の麓に小規模を宿を計画する。

[伊藤拓也、沖林拓実、小林章太、山口大樹、王隽斉、加藤慶、川本稜、田中健一郎、田原迫はるか、ハミルトン塁]
＊17号にプロジェクトとして掲載

2017　シュプレマティズム／脱色する空間

「直観とは意識的に形態を創りだそうとする新しい理性のことだ」とマレーヴィチは語る。因襲的思考を脱し新たな美学を築こうとした100年前の試みに思いを馳せつつ、諸々の柵から離れた建築のあり方を考えていきたい。

近代建築の課題は、意味（装飾／様式）からの脱却、すなわち形式への還元であった。それは芸術のすべての分野に共通した課題であり、デスティル、ロシアコンストラクティヴィズム、キュビズム、シュールレアリズムの課題であり、標題音楽から離れて12音階による無調音楽に至るプロセスを生み、抽象絵画を生んだ。それは因襲的な価値観からの徹底的な離反であった。

プログラムやコンテクストという建築を成立させる与件と考えられてきたものたちからも一旦距離を取り、建築という精神的秩序を求める行為の根源を見つめ、自身の無意識をもくぐり抜け、パルテノンやパンテオンやハギアソフィアの意味を突き抜けた形式の高みをも見据えつつ、空間の始原に遡ってみたい。

コンテクストの読解、プログラムの分析、そして建築的なプロブレムソルヴィングの十分なトレーニングを行ったいまだからこそ、それらをすべて括弧に入れて、自身の建築観を見つめ直す機会を持ってみよう。

そうした作業は一体自身をどのような地平へと導くのか。目的や展望を持たぬ旅の果てに辿り着く世界を、ともに経験してみよう。こうした作業——これを「脱色」と名づける——もまた、建築を問い直す機会となるはずであるから。

参考文献：
「キュービズム、未来主義からシュプレマティズムへ」カジミール・マレーヴィチ
「シュプレマティズム」カジミール・マレーヴィチ
「形式化への意志と醒めた爽やかな楽観」竹山聖（『現代建築を担う海外の建築家101人』より抜粋）
『騎士団長殺し』村上春樹
『脳は美をいかに感じるか』セミール・ゼキ、河内十郎 監訳
[加藤英理、菱田吾朗、三浦健、沖林拓実、小林章太、高橋一稀、千田記可、山口大樹、王隽斉、加藤慶、川本稜、田中健一郎、田原迫 はるか、ハミルトン塁、セリーヌ・ジャマン]
＊18号にプロジェクトとして掲載

2018　驚きと喜びの場の構想

ともすれば殺風景とも評されることの多い桂キャンパスに、驚きと喜びに満ちた魅力的な場所を構想する。
Wonder and Joy ＝何／虚構
Absence and Presence
無と有／不在と存在
無が、不在が、虚構の想像力をかきたてる
存在に込められた不在／無＝空
空即是色の物のありよう――さび：唐木順三
cf. さび：世阿弥、芭蕉／わび：利休
Wonder　〈名〉 驚き、驚嘆の念、不思議 (surprise)
不思議な［驚くべき］物、［出来事、人］
[the wonder] 素晴らしい物、奇観
〈動｜自〉 [be wondering]（人が）［人・物・事について］あれこれ思いめぐらす、本当のところを知りたいと自問する (be curious)〔about〕
Joy　〈名〉 喜び、うれしさ、歓喜（の表現［表情］）《happiness より堅い語、delight より大きな喜び》
〈動｜自〉〔…を〕喜ぶ、うれしがる〔at〕

[岩崎すみれ、谷重飛洋子、西村佳穂、石井一貴、大橋茉利奈、沖林拓実、小林章太、高橋一稀、千田記可、山口大樹]
＊19号にプロジェクトとして掲載

2019　オブジェ／アイコン／モニュメント

かつてアドルフ・ロースは「真の建築は墓とモニュメントのうちにしかない」と書いた。ネアンデルタール人が死者に花を手向け、現生人類が音の出る楽器を作り、洞窟に絵を描いた時から、人間は空間に目覚め、過去と現在と未来の概念を知り、共同体の結束を意識した。やがて身体を超えるスケールを持つ建築という空間芸術の力を磨き上げるようになった。都市が築かれ、都市の要には常に建築があった。建築という行為の根元には記憶を刻み込むという営為がある。時間と空間を畳み込むという思考がある。建築の有する力を再確認し、その上でこの力を強め、歪め、弱め、消し、きらめかせ、輝かせ、……そうした空間加工のイメージをのびのびと広げていきたい。
〈空間加工のイメージ〉：天と地の対位法／意味論、未完結なオブジェ／統辞論、不連続都市／隠喩論、超領域／計画論
[斉藤風結、瀬端優人、太井康喜、谷重飛洋子、松原元実、宮原陸、石井一貴、河合容子、濱田叶帆]
＊20号にプロジェクトとして掲載

MODUROL

竹山研究室で学んだこと

大西麻貴

もしも竹山研究室と出会っていなかったら、私の人生はまったく異なるものになっていたでしょう。竹山先生からは、自由を、前向きに生きることの大切さを、そして建築というものが一生をかけて取り組むに値する素晴らしいものだということを学びました。竹山先生のことを考えるとき、いつもその大きな明るい声を思い出します。すごいと思ったことやおもしろいと思ったこと、怒っていることを、体全体を使って、抑揚のある大きな声で話され、私たちはみんなそれを聞いて一緒に笑ったり、背中を押されたり、奮い立たせられたりしてきたのだと思います。

忘れられない出来事があります。竹山先生の還暦のお祝いを、教え子で秘密に企画した時のことです。大学のレストランから溢れてしまいそうなほどの大勢の教え子やアモルフのメンバーが集まって、その興奮の覚めやらぬまま、二次会の会場へと移動しました。二次会は鴨川の近くの天井の高いカフェで、みんなが自由にいろんな場所に立ったり座ったりしながら談笑するなか、自然と一人ひとりの教え子が、マイクをとって竹山先生にお祝いのメッセージを伝えるという運びになりました。誰かが立ち上がって、当時の思い出や竹山先生へのお祝いの言葉を述べる。そうするとそれに続いて竹山先生が立ち上がり、あの大きな朗々とした声で、「彼が学生の時にはこんなところがすごくてね……」と、それぞれの素晴らしいところを伝えて下さったのです。言われた本人も忘れていたようなことで、みんな恥ずかしいやら嬉しいやら。一体あの場に何人の教え子がいたのでしょう。その一人ひとりに、丁寧に言葉をかけておられる竹山先生の姿を見て、その場に不思議なくらいあたたかく親密な心のつながりが湧き上がってくるのを感じました。大学というのはこういう場なのだ、師とはこういう存在なのだ、とあらためて感動した瞬間でした。

竹山先生が京都大学を退職されるにあたって、みんなでどのようにお祝いしようかと相談したときに、先生から「本をつくろう」というお話がありました。その中で、竹山研究室の教え子が様々な建築家のところに働きに行っているから、それぞれどんなふうに働いていたか、建築家本人に伺ってみてはどうか?ということで企画されたのが、この本のインタビューシリーズ（建築家からの証言）です。伊東豊雄さん、山本理顕さん、内藤廣さん、妹島和世さん、西沢立衛さん、赤松佳珠子さんに時間をいただき、竹山先生のことや、竹山研究室出身者の働き方について、様々な話を伺うことができました。インタビューをしていると、竹山先生がもし一緒にこの場にいらしたら、一体どんなことをおっしゃっただろうと想像します。きっとそれぞれの教え子への建築家からのコメントに対して「彼はこんなところもおもしろくてね」とどんどん言葉が重なっていったに違いありません。建築家として生きる傍ら、私も大学で教える身となりましたが、竹山先生のように一人ひとりの素晴らしさを讃え、その背中を自然に後押しできるような人になりたいと心から思います。

最後に、竹山研究室で心に残っている出来事について書きたいと思います。竹山研究室に入った4回生の春のことです。まず先生から、ポエジーと建築、というテーマと詩が一篇与えられ、研究室のメンバー皆でそれをどのように建築の課題へと置き換えていくかを議論することになりました。学部の私たちから、修士、博士課程のメンバー、留学生も交えて議論は遅くまで続き、みんなで朝まで木屋町で飲み明かしたり、アイディアの種のような模型を持ち寄ったり、物語を書いてみたりしながら、互いに応答しあうプロセスそのものが、段々と建築になっていきました。そのエスキスで竹山先生がおっしゃったのが「建築は結局のところ、感性でしか判断できない」という言葉です。

大学で建築を学び始めたとき、敷地にあったボリュームの大きさや、使い勝手、構法や構造の合理性といった、様々な要件を踏まえて設計をする必要があり、そのように解決すべき課題が多岐にわたっていることに対してどのようにアプローチしてよいかがわからず、途方にくれていました。その時に竹山先生から「感性」という言葉をいただき、なにか一気に肩の荷が下りたような、自分が一番大切にすべきことがわかったような気持ちがしたのです。

感性というと、一見理性の対極となる言葉として、恣意的で自分勝手に物事を判断してしまうことのような印象もあります。しかし一方で、なにか美しいものや、驚くべきことに出会ったときに、わあー！と心が動くやわらかさとのびやかさを常に持つことでもあるのではないでしょうか。敷地を訪れたときに、この場所にふさわしい建築は何かと感じ取る力、その土地で育まれてきた風景の素晴らしさに驚く力、人々の営みの豊かさや、それと同時に抱えている課題を、心で感じ取って寄り添う力とも言えるかもしれません。同じ京都大学で自らの思想を育み展開した西田幾多郎は、理性と感性は異なるものとして対立するのではなく、むしろ一つのものであると説きます。つまり、私たちが客観的、理性的だと考えていることにも実は一人一人の主観、すなわち感性が関わっているのだと。社会に出て建築の仕事に携わるようになってからは、機能性や合理性、構法や構造、予算や法律といった、たくさんの課題に向き合いつつ建築をつくることが当たり前となりましたが、たとえば機能的であるということは、本来人間が本能的に快適だと感じる感性とつながっているはずですし、構造の合理性についても、単純な架構で大きな空間が生まれたときに「おお！」と驚くものづくりの感動とつながっているはずです。法律も、元は人間がともによりよく生きるために生まれてきたもので、人間同士の心の動きと切り離すことはできないでしょう。そのように、私たちをとりまく世界を、つねにやわらかい心で捉え、のびやかな感性とともに考えていくことを通して、これからも建築をつくり続けていきたいと思います。

ほうき星の庭

平田晃久

ほうき星のように京大に現れ、ほうき星のように去っていく竹山聖。

まさかそれを大学から見送り、こんな文章を書くことになろうとは。28年という歳月は、想像だにしなかったことが起こるほど長い。僕は、ほうき星の頭と尾の先しか知らない。星のたなびきはとても長く、誰もその全体を見たことがない。それぞれの話を聞けば、時々で随分と違う光景が広がっていたようだ。しかしそれでも、僕たちは同じほうき星を見、たなびく空気を吸った仲間たちなのだ。

正論をかざすより、詩的知性で突きぬけたことを言った方が勝ち。漂っているようでいて、根っこにある空間的想像力への信頼は揺るがない。竹山研の仲間には、そういう価値観が共有されていると個人的には感じている。「建築家」ならみんなそうだ、と学生の頃は思っていた。でも建築には実に多様なアプローチがあって、必ずしもそうではない。「詩」（もしくは「笑い」）と「空間」に育まれた仲間たちは、何かキラキラしている。だから、集まると素直に楽しい。

「ほんとうに、ささやかな会をやれれば良い、と思ってるんだ」――退官記念の行事のイメージをうかがったとき、笑いながらそんな答えが返ってきた。僕たちは、それをどのようなものにするか、少人数で集まって話し合いをはじめた。そうするうちに、次第にいろんな竹山研世代の人々が、互いを呼び合い、集まりはじめた。日曜とか夜に、時間を見つけて。そして（時には数時間続く）割と真面目な話し合いが終わったら、ワインでも飲んで。そんなふうに、みんなが自然に集まり、盛り上がりが継続したのも無論、竹山先生に恩義を感じているからだが、その根底に楽しさがなければ、このようなことは起こらない。

かくして、もっとたくさんのOBを集めてトークイベントをしようとか、かっこいいグラフィックの、じっくり読める本をつくろうとか、時計台をジャックして前庭にテントを建て、記憶に残る会にしようとか、先生と交流のある文学者や画家やグラフィックデザイナーを呼んで対談シリーズをやろうとか、たくさんのアイデアが芽吹いてきた。そして、それらのほぼすべてが、実現に向けて動いている。

ささやかなきっかけが、盛大な事件へと自発的に成長したのだ。わずかな物質を核に、生命が生まれるように。

パンスペルミア説というものがある。地球上の生命の素は、他の天体からもたらされたという説。科学界で割と真面目に議論されているそうだ。してみると、ほうき星というのは単に天体的な存在ではない。地上にミクロな種を撒く存在。小さな種たちは、やがて地球全体に広がる生態系を成すだろう。地球という庭。ほうき星は、天体と生命、望遠鏡的知性と顕微鏡的知性を架橋する。

巻頭の鼎談で、原広司さんが、「丹下先生」の思い出を語りはじめたのは、新鮮な驚きだった。「建築家になるには建築家のそばにいれば良い」という原先生の言葉がある。しかし、その「建築家」が「誰」だったのか、考えたことはなかった。一神教と多神教くらいに違うようにも見える建築家の間の継承。何かが引き継がれるとき、そこにはネガとポジの鋳型が入り混じっているのではないだろうか。順方向にせよ、逆方向にせよ、何かが強く転写されていく。

竹山聖がほうき星のように京大に現れたころ。ほうき星の頭はとにかく眩しかった。この本の座談会を読めば、その頃京大の建築学科にいた人なら思い出すだろう。それまでの京大にはなかったものが、強烈なエネルギーを放っていた。憧れるにせよ、挑むにせよ、とにかく無視することなどできないような眩しさ。

僕はそれに限りない魅力を感じて竹山研に入った。しかしその眩しさを少しは相対化しないと、まともに竹山先生から学べないような気がしていた。僕たちは何人かで自主ゼミを組んで、原広司を読みはじめた。あるいは原先生がときに依拠していたヤンマーの『空間の概念』を読んだ。ほうき星の源流を遡ること。「そのゼミ一度観に行こうか？」という竹山先生からのお誘いを、なぜかお断りすらした。「大丈夫です」。そのくらい切実に、眩しさの源を見極めないといけなかったのだ。

ライプニッツの不思議な空間の概念に出会ったのも、その頃である。曰く「空間とは同時存在の秩序である」。同じ17世紀に活躍したニュートンとは正反対の考え方。ニュートンは事物に先立って存在する絶対不動の空間＝「絶対空間」を提唱した。しかしライプニッツは、空間とは同時に存在する事物の関係性であって、事物に先立って存在するものではない、と言う。空間は実体ではなく関係である。すなわち、空間の「関係説」だ。

原先生によれば、20世紀の近代建築は、絶対空間の理念に漸近するミースの建築において完成を見た。17世紀と20世紀のタイムラグは建築が遅れてやってくるという宿命を示している。ガウス、リーマン、ポアンカレといった人々が切り開いた展開はこれから建築化される、というわけだ。巻頭の対談の折、原先生から、自分は今もずっと数学の勉強を続けていて、そういう思考の建築化を試みている、と聞いたとき、あらためて深い感銘を受けた。

しかし、原先生によって示されていた補助線と立体交差するように、あの頃の自分は17世紀に舞い戻るライプニッツの言葉に最も心惹かれたのだった。それには多分、当時竹山研に漂っていた空気が関係している。近代の科学がはじまった頃、ニュートンですら錬金術師であったという。僕たちが確たるものだと思っている近代の思考。そのはじまりには、意外にも神学的、あるいは魔術的な思考が介在している。ニュートンの絶対空間の源流には、ユダヤ神秘主義のカバラがある。そんな話を、竹山先生と僕たちは好んでしていた。先生に強烈に勧められて読んだ、フーコーの『言葉と物』の影響も大きかった。近代のはじまりを、近代の終わりに見つめ直すこと。知の深層構造は、時代ごとの空間の構造（広い意味での）と関係しながら変化する。そしてそれはある種の神学／哲学と絡み合っている。そんな考えを、竹山研での会話を通して抱くようになった。

自分にとってライプニッツの空間の定義が鮮烈だったのは、それが、これまでのどの神学／哲学とも異なるビジョンを示しているように思えたからだ。「同時存在（共存）の秩序」＝〝order of coexistence〟──それは、そのまま「生態系」とも解釈できるような今日的な言葉ではないか。環境の世紀の神学。

しかし、そもそも事物の関係をすべる空間をつくるのが建築なのだとしたら、関係説の建築など可能なのだろうか。これは自分にとってその後もずっと問い続ける問題となった。〈からまりしろ〉というのが、現時点での自分なりの答えだ。何かがからまる余地。海底の岩に海藻が、海藻に魚卵がからまるとき、そこには［［魚卵／海藻］／岩］という、互いに異質なものがからまる階層構造がある。海藻は魚卵の、岩は海藻の〈からまりしろ〉である。しかしそのいずれも、絶対的なものではない。建築をそんな秩序の一部として捉えること。是非はさておき、自分は今、確かにこのような考えを原動力として、建築をつくっている。

これを書いていて、自分の中にある竹山先生の言葉たちの残響を、あらためて感じている。曰く「イオンの建築」「強度を持った未完結な形象（の干渉体）」「微分的」「不連続の連続」……。自己完結せず、常に何かを求め続ける存在でありながら、同時にある強度とか自律性を持った存在でもある建築への指向。姿はわからない、しかし強くイメージを喚起する言葉の庭。そういえば「無為の時間の空間化」という言葉を聞いたときは、ライプニッツならそんなふうに空間を実体化して捉えないのではないか、などと思ったことも思い出す。学生たちは自由だ。そんな僕たちの、ほとんど誤解に基づく解釈すらも、笑ってそれを許容し、むしろ楽しんでいるような雰囲気が、竹山先生にはあった。そういう、理解も誤解も共感も挑戦も、すべてが渾然一体となったまだら模様の織物を、僕たちは誰かから引き継いでいくのだろう。

長々と自分の話を書いてしまった。しかしそれは、「ほうき星の庭」がどのように一人の学生を育んだか、できるだけ具体的に書いておきたかったからだ。この本を手にされた方は、竹山研OB達の会話を読みながら、想像してみて欲しい、この28年間に竹山研に関わった多くの学生達が、どれだけ自由に、それぞれの仕方でほうき星の庭で遊び、自分の考えを育んでいったかを。

京大での28年間。こんなにも長い間、ひとりの建築家が大学と関わるのは、かけがえのない価値をもつと共に、様々な困難も伴うものだったに違いない。しかし、学生達にとっては常に、自由で、詩と空間を喜ぶ、かっこいい竹山聖であり続けてこられた。僕も、昨日のことのように思い出すことができる。学生を、一人のつくり手であると認め、それぞれが展開する、建築になるともしれないような思考と併走して、楽しそうに語る竹山聖を。そうやって認められ、建築を巡る時間を共有したことが、僕たちにとってどんなに励みになったか、計り知れない。

ここにあらためて、偉大な教育者、竹山聖に最上級の賛辞と感謝を捧げたい。そして、京大から解放されて今後さらに旺盛に活動されるであろう建築家、竹山聖のご活躍を、心からお祈りしたい。

執筆者プロフィール

＊２０２０年３月現在。
＊「卒業」「修了」は、特記なき場合、京都大学での最終学歴を示す。

——第０世代

小幡剛也（おばた・たけや）
１９６９年生・１９９３年修了
竹中工務店勤務、神戸大学非常勤講師。作品に竹中大工道具館、サントリーワールドリサーチセンターなどがある。

河井敏明（かわい・としあき）
１９６７年生・１９９３年修了
１９９４～１９９５年ロンドンＡＡスクールに留学。１９９５～１９９９年、有限会社建築少年共同代表。１９９９年一級建築士事務所河井事務所代表。２０１８～２０１９年メキシコ・モンテレイ工科大学プエブラ校客員教授。

植南草一郎（うえなみ・そういちろう）
１９６６年生・１９９７年博士課程修了
在学中の１９９４年、河井敏明・中村潔・馬場徹らと共に建築少年を設立。２０００年、田岡佳江子と共に「ケンチクイロハ」設立。京都造形芸術大学環境デザイン学科教授。

辻芳人（つじ・よしと）
１９６９年生・１９９４年修了
２００２年ハーバード大学ＧＳＤ修了、大林組設計本部勤務、現在オープンイノベーション推進部門も兼務。作品にオーク表参道、Ａ社Ｒ＆Ｄセンターなどがある。

中村潔（なかむら・きよし）
１９６８年生・１９９７年修了（博士課程）
１９９７年建築少年を共同主宰、現在京都工芸繊維大学助教、中村潔建築設計事務所を主宰。

吉田晋（よしだ・すすむ）
１９６７年生・１９９３年修了。
京都大学助手、高知工科大学設立準備財団専門員を経て、同大学准教授。

——第１世代

森吉直剛（もりよし・なおたけ）
１９６７年生・１９９５年修了（１９９１年工学部合成化学科卒業）
大成建設設計部を経て、現在一級建築士事務所森吉直剛アトリエを主宰。作品に小松島の家、Villa Boomerang などがある。

山内彩子（やまうち・あやこ）
１９６７年生・１９９３年卒業
１９９６年東京大学大学院修了。造園会社勤務を経て、２０００年東風意匠計画 共同設立。ランドスケープデザインと建築設計を手がける。２０１６年千葉大学客員准教授、現在、同非常勤講師、武蔵野美術大学非常勤講師、庭園と景観デザインの研究を行う。

吉田周一郎（よしだ・しゅういちろう）
１９６８年生・１９９５年修了
鹿島建設建築設計部、RCR Arquitectes 勤務を経て、現在 shushi architects を主宰。作品に下館・時の蔵トイレ、森のサウナなどがある。

大影佳史（おおかげ・よしふみ）
１９６９年生・１９９５年修了
博士後期課程進学後、京都大学助手、名城大学講師、准教授を経て、現在関西大学教授。作品に京都大学総合博物館（南館）、愛知万博瀬戸会場竹の日よけプロジェクト、てんぱくプレーパークプレーパウスなどがある。

亀井暁子（かめい・あきこ）
１９７１年生・１９９６年修了
日本設計勤務を経て、現在静岡文化芸術大学准教授。作品に南山高等学校・中学校女子部、長崎日大中高武道場などがある。２０１９年「動物が介在する教育空間に関する研究」で京都大学博士（工学）。

桑田豪（くわた・ごう）
１９７０年生・１９９７年修了、SANAA勤務を経て、現在桑田豪建築設計事務所を主宰。作品にサンカクヤネノイエ、ビルノタニマノイエ。２０２０年日本設計学会賞受賞ほか。

小平弥史（こだいら・やすし）
１９７１年生・１９９７年修了
昭和設計勤務。作品に青垣住民センター、大槌学園小中一貫教育校などがある。

近藤秀和（こんどう・ひでかず）
１９７１年生・１９９７年修了
清水建設勤務を経て、現在日産自動車勤務。

丹羽哲矢（にわ・てつや）
１９７２年生・１９９６年修了
久米設計勤務を経て、現在clublab.代表。作品に愛知産業大学工業高等学校、稲沢の住宅などがある。

平田晃久（ひらた・あきひさ）
１９７１年生・１９９７年修了。伊東豊雄建築設計事務所勤務を経て、２００５年平田晃久建築設計事務所を設立。２０１５年より京都大学准教授。現在、京都大学教授。

吉原美比古（よしはら・よしひこ）
１９７１年生・１９９７年修了
原広司＋アトリエ・ファイ建築研究所勤務を経て、現在吉原美比古建築設計事務所を主宰。明治大学兼任講師、京都造形芸術大学非常勤講師。作品にniwamadoなどがある。

森田一弥（もりた・かずや）
１９７１年生・１９９７年修了。
京都「しっくい浅原」にて左官職人としての修行し、２０００年森田一弥建築工房設立。エンリック・ミラージェスの事務所に在籍、カタロニア工科大学バルセロナ建築学校客員研究員を経て、現在、森田一弥建築設計事務所代表。

竹口健太郎（たけぐち・けんたろう）
１９７１年生・１９９８年修了（１９９５年〜１９９６年ＡＡスクールに留学）
１９９８年アルファヴィル設立。現在、神戸大学客員教授、立命館大学非常勤講師。

山本麻子（やまもと・あさこ）
１９７１年生・１９９７年修了（１９９５年〜１９９６年パリ・ラ・ヴィレット建築大学に留学）
山本理顕設計工場勤務を経て、１９９８年アルファヴィル設立。現在、京都大学、大阪工業大学非常勤講師。

鈴木健一郎（すずき・けんいちろう）
１９７２年生・１９９８年修了
大成建設勤務の後、ハーバードＧＳＤにてMaster of Architecture in Urban Design取得。２００９年よりSkidmore, Owings, and Merrill LLPサンフランシスコ・オフィス、アーバンデザイン・スタジオ勤務。

トーマス・ダニエル　*Thomas Daniell*
ニュージーランド生まれ。１９９８年京都大学修了。２００９年ＲＭＩＴ（ロイヤルメルボルン工科大学）建築学科博士課程修。現在京都大学教授。

斉奇　*Qi Qi Joyce*
１９９３年〜１９９６年在籍。
中国生まれ。１９９６年京都大学大学院修士課程修了。現在ワシントンＤＣに建築設計事務所を主宰。

サチ・ホシカワ　*Sachi Hoshikawa*
１９９４年〜１９９６年在籍。
ドミニカ生まれ。ニューヨークを拠点とする投資コンサルタント会社、Milii創業者。UNPHU（ナシオナル・ペドロ・エンリケス・ウレーニャ大学）卒業、京都大学修了、ハーバード大学修士課程修了。２０１４年、ヴェネチア・ビエンナーレ国際建築展でドミニカ共和国のナショナルパビリオンのコミッショナーを務めた。

――第2世代

宮原賢次（みやはら・けんじ）
1973年生・1999年修了
隈研吾建築都市設計事務所勤務。

高塚章夫（たかつか・あきお）
1972年生・1998年卒業（1999年〜2000年パリ、ラ・ビレット建築学校留学）
伊東豊雄建築設計事務所勤務を経て、2010年よりaaat高塚章夫建築設計事務所を主宰。作品にAisle、堀口珈琲横浜ロースタリー、Auroraなどがある。東日本大震災復興支援活動（女川ゆめハウス）にも従事。

勝矢武之（かつや・たけゆき）
1976年生・2000年修了
日建設計、日建スペースデザインを経て、2010年に日建設計に復帰。担当作品に木材会館、有明体操競技場などがあるほか、2015年にFCバルセロナのカンプ・ノウスタジアムのコンペに勝ち、現在建設中。

中川潤一（なかがわ・じゅんいち）
1976年生・2002年修了
2004年中川潤一建築設計事務所設立。2014年に有限会社老人介護情報センターと統合し株式会社かいごデザイン代表。作品に印西の住宅、H-Houseがあるほか、現在自社で運営する有料老人ホームの建設を計画中。

森重幸子（もりしげ・さちこ）
1978年生・2002年修了
設計組織アモルフ勤務、京都大学研究員、武庫川女子大学講師を経て、現在、京都美術工芸大学准教授。町家と路地に関する研究に取り組む。

小池美香子（こいけ・みかこ）
1978年生・2003年修了
山本理顕設計工場を経て、2007年小池美香子建築設計事務所設立。2013年より小池坂本建築設計事務所主宰。2008年〜2020年東京大学共同研究員。

山雄和真（やまお・かずま）
1978年生・2001年卒業
東京大学大学院修了後、CAtを経て、2013年に独立。2018年東京とドバイを拠点とする設計事務所waiwaiを設立、同パートナー。日本をはじめとするアジアから中東地域まで様々なエリアで設計活動を行う。

井関武彦（いせき・たけひこ）
1978年生・2004年修了
ロンドン大学バートレット校ディプロマ修了。フォスター・アンド・パートナーズを経て、現在はザハ・ハディド・アーキテクツにてリードアーキテクトを務める。ザハ事務所での作品にムンバイ新国際空港、新国立競技場案、サウスビーチ複合施設、ヘルミタージタワー、クイーンアリア国際空港などがある。

高濱史子（たかはま・ふみこ）
1979年生・2003年卒業
東京大学大学院に進学、スイス連邦工科大学チューリヒ校留学、Christian Kerez、HHF Architectsでのインターンシップを経て2007年同大学院修了。Herzog & de Meuron勤務を経て、2012年 +ft+／高濱史子建築設計事務所設立。主な作品にChristian Dada Singapore、大磯の大きな住宅などがある。

ジェイソン・ヘイター　*Jason Hayter*
1997年〜2000年在籍
イギリス生まれ。ポーツマス大学卒業。2000年、京都大学大学院修士課程修了。現在、Cooley Architects、シェフィールドオフィスにてAssociate Directorを務める。

ブノア・ジャケ　*Benoit Jacquet*
1999年〜2002年在籍
フランス生まれ。1998年、パリ・ラ・ヴィレット建築学校卒業。京都大学大学院博士課程修了。2008年〜2019年、フランス極東学院講師、京都大学客員研究員。

ヨラ・グロアゲン　*Yola Gloaguen*
2000年〜2003年在籍
フランス生まれ。ラ・ヴィレット建築学校卒業。2年間の研究員を経て京都大学大学院修士課程修了。現在、パリのコレージュ・ド・フランス、日本社会学の分野にて研究員を務める。

クリスチャン・シェーリング
Christian Scherling
2002年〜2005年在籍
オーストリア生まれ。グラーツ工科大学、ウィーン工科大学、パリ・ラ・ヴィレット国立建築学校で建築を学び、2001年、ウィーン工科大学卒業。2004年より設計組織アモルフ所属。2009年、モバイルソフトウェア会社であるIKANGAIを設立、同ディレクターを務める。2014年、建築およびインテリアデザインを手掛けるcerridan | designを設立。

ルバ・シャルール　*Ruba Shahrour*
2003年〜2004年在籍
バレンシア工科大学卒業。2012年、カタルーニャ工科大学修士課程修了。スペインにて、ランドスケープ、都市、環境デザインを手掛けるFILO Studioを設立。現在、サウジアラビアのGreen Riyadh Programのランドスケープコンサルタントを務める。

セシル・メスカム　*Cecile Mescam*
2003年〜2005年在籍
フランス生まれ。2002年、パリ・ラ・ヴィレット国立建築学校卒業。2008年、レンヌにてONZIEME ETAGE architetcsを設立。

ヴェロニカ・アントニオゥ　*Veronika Antoniou*
2003年〜2005年在籍
キプロス生まれ。ニューヨーク、プラット・インスティテュート卒業。キプロスのニコシアを拠点とする都市・建築に関するNGO、Urban Golliras共同設立者。建築家、都市計画家。現在、東京に在住しながらキプロスとの間で継続的な活動を行っている。

アタナシオス・ザゴリシオス
Athanasios Zagorisios
2004年〜2006年在籍
ギリシャ生まれ。2003年、テッサロニキ・アリストテレス大学卒業。2004年アテネ工科大学大学院修士課程修了。同校で博士課程修了。現在、ギリシャ・パトラス大学で非常勤講師を務めながら、芸術と建築の間の領域での活動を行っている。

──第3世代

矢野雅規（やの・まさのり）
1980年生・2006年修了
日建設計勤務、同設計部門ダイレクター。担当作品として、ミュージアムタワー京橋／アーティゾン美術館、ホキ美術館、京都造形芸術大学外苑キャンパス（東京藝術学舎）などがある。

木村佐知子（きむら・さちこ）
1982年生・2007年修了
NTTファシリティーズ勤務。

大西麻貴（おおにし・まき）
1983年生・2006年卒業
大西麻貴＋百田有希 /o+h 共同主宰。作品に二重螺旋の家、Good Job! Center KASHIBA、多賀町中央公民館多賀結いの森などがある。

下山祥靖（しもやま・よしのぶ）
1983年生まれ・2008年修了
CAt、渡邉健介建築設計事務所勤務を経て、現在indigo。CAtでの担当作品に流山おおたかの森小中学校、渋谷ストリームなどがある。

──第4世代

河野桃子（こうの・ももこ）
1983年生・2010年修了
在学中に2b architectes（スイス）でのインターンシップ。現在、つみき設計施工社を主宰。著書に『ともにつくるDIYワークショップ』がある。

夏目奈央子（なつめ・なおこ）
1985年生まれ・2009年修了
プロダクトデザイン製造業を経て、2012年よりなつめ縫製所を主宰。衣服デザインと縫製、内装デザイン等を行っている。

橋本尚樹（はしもと・なおき）
１９８５年生・２００８年卒業
２０１１年東京大学大学院修士課程修了、Ateliers Jean Nouvel、内藤廣建築設計事務所を経て、２０１８年より橋本尚樹建築設計事務所主宰。

常光郁江（つねみつ・いくえ）
１９８７年生・２０１３年修了
日建設計勤務。主に教育・医療分野の設計を行っている。

池田貴子（いけだ・たかこ）
１９８９年生・２０１４年修了
坂茂建築設計勤務を経て、２０１９年より design it 主宰。坂茂建築設計での担当作品に台南市美術館、House Vision 2016 がある。

——第５世代

阿波野太朗（あわの・たろう）
１９９０年生・２０１６年修了（２０１５年 OMA Rotterdam）
隈研吾建築都市設計事務所勤務。担当作品に Starbucks Reserve® Roastery Tokyo, FABRIC / CLOUD がある。

西尾圭悟（にしお・けいご）
１９９０年生・２０１５年修了

uug 共同主宰。建築に関わる展覧会企画・編集・写真などの分野で活動。

川本稜（かわもと・りょう）
１９９４年生・２０１９年修了
中山英之建築設計事務所勤務。

田原迫はるか（たはらさこ・はるか）
１９９３年生・２０１８年修了
竹中工務店勤務。

山口大樹（やまぐち・だいき）
１９９４年生・２０１９年修了
平田晃久建築設計事務所勤務。

松原元実（まつばら・もとみ）
１９９５年生・現役修士学生（２０１９年慶應義塾大学卒業）

王雋斉　*Junqi Wang*
２０１８年修了
中国生まれ。戸田建設勤務。

千田記可　*Kiyoshi Chida*
２０１６年〜２０１９年在籍
ブラジル・サンパウロ生まれ。２０１６年、サンパウロ大学卒業。２０１９年京都大学大学院修士課程修了。現在、サンパウロにて Chida Arquitetura e Planejamento 主宰。

セリーヌ・ジャーミン　*Celine Jamin*
２０１７年〜現在まで在籍
フランス生まれ。フランスおよびマリ国籍を持つ。２０１５年、ダブリン工科大学卒業。ダブリンの Ceardean Architects を経て、２０２０年修了。現在、博士課程在籍。

——助手・助教

平尾和洋（ひらお・かずひろ）
１９６６年生・１９９１年修了
川崎・竹山研究室助手を経て、現在立命館大学建築都市デザイン学科教授。著書に『テキスト建築意匠』『沈黙と光 ルイス・カーンの建築精神』『建築デザイン発想法』などがある。

小見山陽介（こみやま・ようすけ）
１９８２年生・２００７年東京大学大学院修了。Horden Cherry Lee Architects、エムロード環境造形研究所、東京大学大学院博士課程を経て、２０１７年より京都大学竹山研究室助教。２０２０年より同大学講師。

竹山聖（たけやま・せい）　*Kiyoshi Sey TAKEYAMA*

1954年12月24日大阪で生まれる。クリスマスイブなので「聖しこの夜」にちなみキヨシと名づけられる。自宅は大阪の豊中だったが幼稚園に入る前に父が関電から日本原電に出向で東京に引っ越し。東京の幼稚園で東京弁を覚え、大阪に転居して大阪弁もマスター。

豊中市立大池小学校ではマンガ、豊中二中ではエレキバンド、北野高校ではバスケットボールに明け暮れつつ、やがて建築を志す。京大時代はオーケストラでコントラバス。関西日仏学館でフランス語を学ぶ。1977年東京大学大学院に進み原広司研究室に入る。1978年から79年にかけてアフリカ集落調査を経験。

大学院在学中に『SD』誌でグルッポ・スペッキオとして批評活動を開始、どこにも就職することなく仲間と「設計組織アモルフ」を開設して設計活動を始める。処女作の本所の家が1980年暮れに完成。1982年、83年の第1回、第2回SDレビュー入賞。1983年に株式会社に改組、代表取締役就任、とほぼ同時に大倉由美と結婚。1986年から87年にかけ、湘南台文化センター、第二国立劇場、愛知県文化会館コンペで入賞や佳作入選を果たす。吉岡賞、アンドレア・パラディオ賞などを受賞。1989年ギャラリー間で個展「不連続都市」を開催。聖をなかなかキヨシと呼んでもらえずヒジリと言われるので、設計や批評などではセイで通す。ところが1983年にイェール大学のパースペクタに書いた安藤忠雄論がケネス・フランプトンなどに頻繁に引用されるので、海外向けにKIYOSHIも入れ、ミドルネームにSEYと入れることにする。1985年、87年、88年と立て続けに二男一女を授かる。生来の楽天的な性格もあってか、バブル経済の進展とクライアントとの出会いに恵まれ、潜在的失業者のモラトリアム・ニート状態も一息つく。学習院下、神南、道玄坂上から代官山のビルの最上階を占める事務所に成り上がる。鎌倉に住んで代官山にマセラーティで通う。京大に行くかどうか、逡巡の時期である。

でも結局、1992年初めての就職で京都大学助教授となり、関西に戻る。京大では学生たちと古代都市遺構を訪れ、都市の原型を探る旅を続けるとともに、現代都市ビジョンを構想し提案を重ねた。居住形態論、建築空間論、応答的建築設計論といったテーマで学生たちと議論し、天と地の対位法、未完結な出来事の不連続な連続、超領域、ゼロ・スペース、無為の時間の空間化、不在の想像力、などの言葉を手掛かりに理論と実践を融合しつつ、臨床的建築論を展開。設計はアモルフと協働しつつ多くの作品を生み出す。2006年東京大学博士（工学）、2007年准教授、2015年教授。

作品に箱根強羅花壇（1989）、自邸のブルースクリーン・ハウス（1993）、岩国市周東パストラルホール（1994）、山代温泉べにや無何有（1996以来数期に渡るクリエーションを重ねる）、大阪府立北野高校（2003）、新宿瑠璃光院白蓮華堂（2014）など多数。子供たちは3人とも北野高校の父の設計した校舎で学んだ。これは人生最高の喜びのひとつ。

著書に『独身者の住まい』（廣済堂出版）、『ぼんやり空でも眺めてみようか』（彰国社）など。奥田瑛二の『るにん』の美術協力に始まり、クロード・ガニオン監督の映画『KAMATAKI』では美術監督を務めた。

2014年から自ら創設した一般社団法人日本建築設計学会初代会長をつとめ、建築を文化として広く社会とその喜びや楽しみを共有することを目指し、また若い世代の活躍のバックアップに努めている。

還暦ごろから中学時代のバンドを復活、月一の練習、年に一度はライブ。同じく還暦を過ぎてからゴルフも始め、上手くなりたいと努力している。2020年3月をもって京都大学を退職、名誉教授。再び設計組織アモルフでひたすら設計に専念。素晴らしい弟子たちが育ってくれたので、ぼちぼちと人生の第三ステージ。

海外での活動

1990

—グループ展「*Emerging Japanese Architects of the 1990s*」に参加

参加建築家　北川原温、竹山聖、團紀彦、原尚

ワークショップ　若林広幸

キュレーター　ジャッキー・ケステンバウム

展覧会は、1990年9月ニューヨーク、コロンビア大学を皮切りに、1991年1月ハーバード大学カーペンターセンター、モントリオールのCCA、ヨーロッパに渡り、1991年11月にスペインのヒホン文化センター、1992年1月にマドリード大学、同年11月にバルセロナ大学、1993年12月にギリシアのテサロニキ大学、そしてキプロスのニコシアのファマグスタ門文化センターギャラリーにて巡回を終え日本に戻る。

出品作品はOXY乃木坂、D-Hotel大阪、緑ヶ丘の棲処。

9月　・ニューヨーク、コロンビア大学にてシンポジウムと講演会

1991

1月　・ハーバード大学にてシンポジウムと講演会

11月　・スペイン、ヒホン市文化センターにてシンポジウムと講演会

1992〜5

—京都大学の学生たちと古代都市調査

第1回　ギリシア、キプロス、トルコ　1992年9月

第2回　ヨルダン、シリア　1993年9月

第3回　イタリア　1994年9〜10月

第4回　スペイン　1995年9〜10月

1992

1月　・マドリード大学にてシンポジウムと講演会

5月　・台北にて、隈研吾、團紀彦とともに、シンポジウムと講演会

1993

11月　・ニューヨークMIMAでのフランク・ロイド・ライト展のため、京大から帝国ホテルの模型を搬入、クーリエとして同行

・コロンビア大学にて講演会

「*A PLACE BELONGING TO NOWHERE*」

MOMAディレクターのテレンス・ライリー、レム・コールハースとグリニッジビレッジにて夕食

12月　・ギリシア、テサロニキ大学にてシンポジウムと講演会

1995

6月　・旧満州にてステーションホテル調査、対象はヤマトホテル（旅順、大連、瀋陽、長春、ハルビン）

7月　・英国、ミッド・ウェールズ・センター・フォー・ジ・アーツ（MWCA）コンペ、ウェールズのウェルシュプールにて最終審査インタビュー

9月　・マドリードにてアルベルト・カンポ・バエザ訪問

・スペイン、サンチャゴ・デ・コンポステーラにて講演会

・ラ・コルーニャ、バルセロナを経てミラノにてミラノトリエンナーレ打ち合わせ

・ロンドンを経て、リールにてレム・コールハース展視察

本人と面会後ロンドンに戻る

1996

1月　・ミラノトリエンナーレ・オープニング

日本パビリオン・コミッショナーとして出展者の選考、会場計画、テーマ策定（パブリック・ボディ・イン・クライシス）を行うとともに、京都大学チームで出展（アーバンスキン・プロジェクト）。

5月　・ミラノトリエンナーレ・シンポジウム

1997

8月　・モンゴル、ウランバートルにて浅葉克己展の展示構成

1998

10月　・バレンシア工科大学にてワークショップと講演会
テーマは「無為の時間 *Tiempo de MUI*」
・バレンシア建築家協会にて講演会

1999

11～12月　・パリ・ラ・ヴィレット建築大学にてワークショップと講演会
テーマは「無為の時間 *Le Temp de MUI*」

11月　・ナント大学にて講演会

2000

3月　・バレンシア工科大学にてワークショップと講演会
・アリカンテ大学にて講演会
・パリ日本文化会館にてラ・ヴィレット建築大学と京都大学交流３０周年記念シンポジウム、都市音響研究所所長ＬＡＭＵのピエール・マリエタンとジョイント講演

12月　・ロンドンにてステーションホテル調査

2001

3月　・大邱、*JISAN Architectural Student Competition* 単独審査員
・大邱、慶北大学にて講演会

10月　・ロンドンのＲＩＢＡにて展覧会とシンポジウム「*Japanese Avant-Garde: Reality/Projection, 16 Young Japanese Architects*」
出品作品は「ブルースクリーン・ハウス」と「安城のスタジオ」
・ロンドンユニバーシティ・カレッジ・ロンドン・バートレット校にて講演会
・ブリストルにて講演会

12月　・パリ・ラ・ヴィレット建築大学にて研究滞在
・ギリシア、アテネにて講演会
・ギリシア、ヴェリアにて講演会

2002

4月　・スペイン、オビエド大学ヒホンキャンパスにて講演会

5月　・ベルリンフィルハーモニーにて三枝成彰作曲「天蓋」合唱参加

9月　・ニューヨークにてメトロポリタンオペラ、ガラコンサート視察

2003

9月　・ウィーン、グラーツ、ベルリンにて六本木男声合唱団コンサート参加

12月　・タイ、チェンマイ大学、ワークショップと講演会
テーマは「無為の時間 *Time of Mui*」

2004

―展覧会「*New Trends of Architecture in Europe and Asia-Pacific 2004-2005*」に参加
展覧会は下記都市を巡回、２００４年、リール（フランス）、２００５年、香港、東京、コーク（アイルランド）、メルボルン（オーストラリア）、
出品作品は「北野高校六稜会館」

10月　・フランス、リールにて
「*New Trends*」展覧会オープニングシンポジウム
・ワイナリー計画のためボルドー視察

2005

1月　・香港にて「*New Trends*」展覧会シンポジウム

5月　・キューバ、ハバナにて六本木男声合唱団コンサート参加
・コークにて「*New Trends*」展覧会シンポジウム

2006

2月　・バンコク、「無何有／方林円庭」計画のため温浴施設視察

6月　・台南、「億載金城公園」コンペ、最終審査インタビュー

2007

3月　・高雄、「高雄国家芸術中心」コンペ、最終審査インタビュー

9月　・北京、「エンジン01中国日本文化フォーラム２００７」建築展

に参加、出品作品は「高雄国家芸術中心」（オペラハウスを中心とする文化複合施設）コンペ案

8月 ・スイス、マルティニ「建築音楽環境会議 *RAME(Rencontre Architecture Musique Ecologie)*」にて展覧会と講演会、出品作品は「明野三澤ワイナリー」

11月 ・パリ・ラ・ヴィレット建築大学「ランドスケープと建築」会議にて講演「宇宙の庭／高雄コンペプロジェクト」

・ルーアン大学にて講演会「*EROS AND THANATOS*」

2008

3月 ・バリ島視察

10〜11月 ・島田雅彦企画の「極小彼岸」展に参加（隈研吾、團紀彦、千宗屋）、ニューヨークおよびワシントン DC の日本大使館にて「極小彼岸」展示と講演、モントリオールにクロード・ガニオンを訪ねる

2009

5月 ・プリンストン大学講評会とペンシルバニア大学講評会に審査員として参加

11月 ・台南、成功大学にて講演会「*EROS AND THANATOS*」

2010

3月 ・ポルトガル視察、アルヴァロ・シザを訪ねる

6月 ・上海、アジアグラフ2010上海、研究発表「*ARCHITECTURE AT THE EDGE OF CHAOS*」

10月 ・キプロス、ニコシア大学にてキプロス日本外交50周年記念展覧会＋ワークショップ＋講演会「*EROS AND LOGOS*」「*IN THE DARK IN THE DISTANCE UNDER THE SHADE*」、

・帰路、ドバイ視察

11月 ・ソウル、文化空間学会と延世大学にて講演会

2011

3月 ・パリ、第8大学にて「図書館をめぐる哲学と建築」会議にて講演「*CHANTIER / Architecture at The Edge of Chaos*」

4月 ・ソウル、イコールブックスよりモノグラフ出版

・台湾、嘉義にてパブリックアート「悠久星林」現場訪問

・台北、新店ツインタワーパブリックゾーン計画

5月 ・バヤドリード大学「スペイン日本研究会学会」にて講演「*TRANSITION / In The Dark, In The Distance, Under The Shade*（移行／夜目遠目笠の内）」

6月 ・台湾、嘉義、パブリックアート「悠久星林」設置確認

・ソウル、空間ギャラリーにて KANSAI 6建築展、仁荷大学にてシンポジウム（テーマは「オノマトペ」）と講演「*ZIGZAG / Architecture at The Edge of Chaos*」

10月 ・新店ツインタワーパブリックゾーン計画プレゼンテーション

2012

3月 ・イラン、テヘラン「*The City, Pedestrian Life*」会議にて講演「*DIVERGENCE AND CONVERGENCE:Slowly Walking Human Figures*」

・イスファハン大学にて講演会

3〜4月 ・ネパール、ポカラ訪問、ホテル・アンナプルナビュー計画

8月 ・フランス、アルケスナンでオープンしスイス、サイヨンに移動して開催された「建築音楽環境会議 RAME」にて講演「*POESY ARCHITECTURE AND MUSIC: Shomyo / La récitation du Sutra dans le Bouddhisme*」

10〜11月 ・アルケスナンのルドゥー建築訪問、ピエール・マリエタンとのコラボレーション計画（実現せず）

11月 ・ソウル、「第1回建築新人戦アジア大会」審査員

・バヤドリード大学にてワークショップと講演「*TIME OF MUI/SPACE OF MUI*」

2013

1月 ・ネパール、ポカラ訪問、ホテル・アンナプルナビュー計画

8月 ・スイス、サイヨン「建築音楽環境会議RAME」にて講演「*TEMPLE IN SHINJUKU / Sound Environment of Byakurenge-d (White Lotus Temple)*」

2014

3〜4月 ・ネパール、ポカラ訪問、ホテル・アンナプルナビュー計画

7月 ・ネパール、ポカラ訪問、ホテル・アンナプルナビュー計画

8月 ・台北、新店ツインタワーパブリックゾーン計画、五十嵐威暢とコラボレーション

9月 ・ソウル、イコールブックスからの新たなモノグラフ出版計画（実現せず）

12月 ・シンガポール、ネパール、インド訪問、シャンディガール視察

2015

8月 ・スペイン、バスク地方視察、ビルバオ、サンセバスチャン、オビエド、マドリード

・スイス、サイヨン「建築音楽環境会議RAME」にて講演「*CHORUS/CHORA PROJECT*」

10月 ・ベトナム、ホーチミン「アジア建築法規調査（国土交通省より日本建築設計学会に委嘱）」に参加

2016

1月 ・ネパール、ポカラ訪問、ホテル・アンナプルナビュー計画

9〜12月 ・香港大学客員教授

竹山スタジオ「無何有 *NOTHING/ANYTHING/SOMETHIN*」

10月 ・UCLA、原広司スタジオ・セミナーに参加

講演「*EROS AND LOGOS*」

12月 ・ラオス、ビエンチャン「アジア建築法規調査（国土交通省より日本建築設計学会に委嘱）」に参加

2017

3〜4月 ・中国、北京、延慶ホテル計画

4〜5月 ・ジャン＝ジャック・テラン企画の「はじまりの5分 *Les cinq première minutes*」展に参加

5月 ・マルセイユ国立高等建築学校にて講演会「*IMAGINATION OF ABSENCE*」

9月 ・フランス、ブルゴーニュ視察

10月 ・ETHチューリヒにてナディヌ・シュッツの博士論文副査を務める

2018

4月 ・コロラド大学デンバーにてワークショップ指導と講演会「*IMAGINING ABSENCE*」

・ユタ大学にて講演会「*PRESENCE AND ABSENCE*」

8月 ・スイス、ル・シャーブル「建築音楽環境会議RAME」にて講演「*LE HAIKU ET/OU LE SILENCE DE L'UNIVERS*」

9月 ・ベネチア・ビエンナーレ、香港チームの一員として参加会場視察、作品名「*Windows toward Space of Mui*」

・四川大学にて講演会「不在の想像力」

10月 ・メキシコ、プエブラ、モンテレイ工科大学にて講演会「*IMAGINING ABSENCE*」

2019

4月 ・フランス、日本建築設計学会のアジール・フロッタン再生計画に参加、パリ、リヨン、マルセイユ、カップ・マルタンなど南フランス、ボルドーを視察

12月 ・フィリピン、マニラ、ボホール島視察

竹山先生の退職をみんなでお祝いする会

幹事

池田貴子　大西麻貴　川本稜　木村佐知子　桑田豪　河野桃子　小見山陽介

髙濱史子　竹山香奈　田原迫はるか　西尾圭悟　橋本尚樹　平田晃久　山雄和真

図版収集協力・年表製作

2019年度竹山研究室所属学生一同

（石井一貴、河合容子、濱田叶帆、谷重飛洋子、松原元実、宮原陸、齊藤風結、瀬端優人、太井康喜）

活動記録

〈トークセッション〉竹山研ってなんだろう？

2019年8月10日　会場：ASJ TOKYO CELL

〈対談シリーズ〉異領域とのレスポンス

2019年10月12日　原研哉　会場：長江家住宅　※台風により中止（2月2日に非公開で収録）

2019年11月2日　島田雅彦　会場：長江家住宅

2019年11月9日　三木健　会場：北大路ハウス

2019年12月7日　松井冬子　会場：長江家住宅

〈展覧会〉庭／竹山研究室

2020年4月17日～5月7日　会場：ASJ TOKYO CELL　※新型コロナウイルス禍により延期

〈最終講義＋記念パーティー〉大収穫祭

2020年5月2日　会場：京都大学百周年記念ホール（百周年時計台記念館内）　※同上

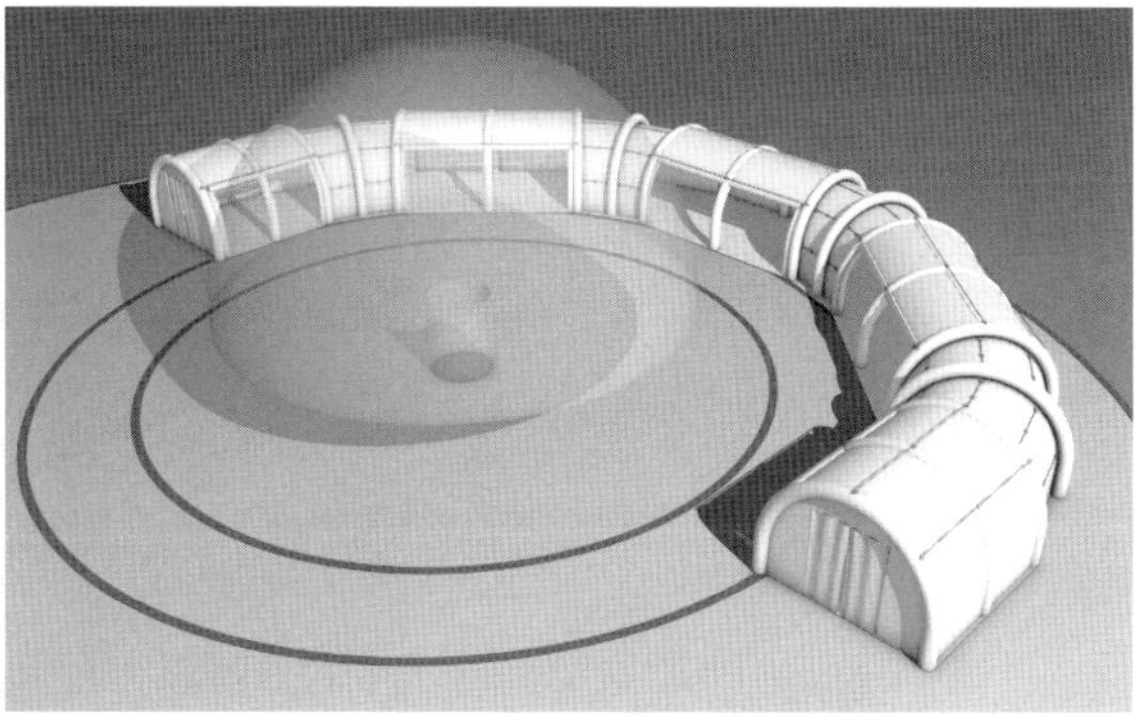

庭／のびやかな建築の思考

2020年6月10日　初版発行

編著　竹山聖＋京都大学竹山研究室

発行者　赤津孝夫

発行所　株式会社 エイアンドエフ
〒160-0022　東京都新宿区新宿6-27-56 新宿スクエア
出版部 電話 03-4578-8885

書籍デザイン　竹山香奈
装幀監修　芦澤泰偉
編集　西尾圭悟

印刷・製本　株式会社 シナノパブリッシングプレス

Published by A&F Corporation. Printed in Japan. ISBN978-4-909355-17-1

—

Veronika Antoniou, Cyprus, 2003-2005

I had the chance to be in Takeyama's sensei laboratory for two years. These two years and the experience in Kyoto University was the most transformative time of my life. I would like to express my gratitude to Takeyama sensei for his thorough insights on my work, openness of spirit, and unlimited doses of encouragement and kindness that he so meticulously pass onto me and all his students at the laboratory.

—

Athanasios Zagorisios, Greece, 2004-2006

It is almost 15 years since I was a research student at the Takeyama Lab; yet, the memory is still vivid. Professor Takeyama's approach to architectural education is ex-emplary. He has been architecturally inspiring, promoting interdisciplinary thinking and triggering the limits of self development, always in a subtle and beneficent way. Now I am a Professor of Architecture myself and I feel grateful that I had the opportunity to study under his supervision. His paradigm is quintessential !

—

Junqi Wang, China, 2015-2018

The first time I listened to Professor Takeyama's lecture was just like yesterday, when I was a freshman at Kyoto University. You may be impressed by his academic level and the difficulty of the courses, but it may hard to believe that this scholarly man once took his students to an old bar he often goes to and then played guitar and sang on his own. I was one of those lucky students joining Takeyama Lab for three years, during which I learned not only about architecture, but also about thinking in different point of views, and enjoying your life, absolutely. Professor Takeyama is an outstanding su-pervisor, a kindly friend, and my life mentor as well. Congratulations on Professor Takeyama's retirement and all the best.

—

Kiyoshi Chida, Brazil, 2016-2019

Dear Takeyama sensei, Congratulations on years of teaching and best wishes for your retirement! I want to express my deepest gratitude for your kindness for accepting me as your student at Takeyama Lab. Thank you for sharing countless inspiring creativity through your lectures and showing the immensity of architecture. Encouraging the unrestrained way of thinking and giving liberty to creating architecture. Once again, congratulations on your retirement!

—

Celine Jamin, France / Mali, 2017

Sensei was the first to accept and believe in my potential to studies in Kyoto University. It was thanks to his support and acceptance into his laboratory as a research student that I am now proud to start my Doctor course as a Kyoto university member. I shall always be thankful and remember my time there. Many thanks to you sensei and hope you can enjoy a very good and relaxing time from now.

and intellectually stimulating environment, in which I was given the chance not only to learn and study about Japanese architec-tural history and design, but also experience Japanese life and culture. My stay at Takeyama Laboratory and in Japan made a long lasting impression on my personal and professional life, and not a day goes by when I do not think about this remarkable experience.

—

Christian Scherling, Austria, 2002-2005

Dear Takeyama-Sensei, this seems the right moment to look back on all you have achieved, the people you have met and the souls you have touched. I was one of those fortunate, whose life you have changed. I am forever grateful for the opportunities you provided me with by accepting me into your lab and your office. That experience still influences my way of thinking and of seeing the world. My ever-growing curiosity and my search for an unachievable perfection are just some examples of how your work has impacted me. Thank you for this! Yours, Christian.

—

Cécile Mescam, France, 2003-2005

Japan is an important part of my culture as a woman, and my work as an architect. For that, dear Takeyama Sensei, thank you for having welcomed me in your lab in Kyoto from 2003 to 2005, after having found my application file in extremis under the pile on your desk, to have opened the door to my future husband, for advising me to travel around Japan rather than staying locked up in university, for supporting my application for an internship at Sejima Sensei in Tôkyô, and especially for this song by Elvis Presley sung in a yukata in front of 100 foreign students in a hotel during a trip around the mysterious Mount Fuji, constantly hidden behind the mist.
Because what would life be like without rock and roll ?!

—

Ruba Shahrour, Spain, 2003-2004

In this journey called life, destiny put events and people in your way to make you grow personally and professionally. The destiny put in my way a Japanese teacher that was a mentor for me, someone who cares of you, sees the best on you even though you don´t, gives you challenges, and opens your eyes to other understandings. Anyone that can see through you, as a person, independent of your origin, culture, gender, is an inspiration for anyone. Mr.takeyama was and is the "train" in my way that made me grow and discover myself. The universe wanted us to meet, so the small Mediterranean "Green Hill" (Ruba) will always be thanked with the Japanese "Bamboo Mountain" (Takeyama) to allow her to learn and grow. Thank you.

—

Qi Qi Joyce (known as 斉奇 in Japan) , USA, 1993-1996

During the time I spent at Kyoto University, I countered many fine people and gathered many fond memories. My recollections of Professor Takeyama are among my most cherished.
I remember his deft leadership of our entire laboratory of students as we threw ourselves into his New Kobe City Center urban planning project in the wake of the devastating earthquake. He engaged us through such an unforgettable interactive work journal. It was a professionally rewarding accomplishment rolled up in a deeply personal expe-rience.
I enjoyed our group's ski trips in the winter and beach trips in the summer with Takeyama's lovely family. He opened his house to all of his students, and we watched in admiration as he disclosed to us the many facets of his personality: designer, mentor, story teller, musician, and consumer of beverages whether fermented or distilled, good or not.
When I first entered his laboratory, I knew that Professor Takeyama was a renowned architect and an esteemed professor. But by the time I graduated and left Kyoto behind, Takeyama had become a dear friend, one whose talent, passions and warmth I will forever cherish.

—

Jason Hayter, UK, 1997-2000

Aristotle University of Thessaloniki, Greece. 1993. A presentation of latest works by Kiyoshi Sey Takeyama is a turning point for me. D-Hotel, Oxy Nogizaka and Terrazza all thrilled and perplexed and begged more questions. Cut to Takeyama lab five years later, a place of warmth, laughter, architectural poetics and philosophical enquiry. Takeyama sensei had intervened to extend my stay, gave me time to indulge my esoteric studies, and allowed privileged insight into his oeuvre that genuinely influences my thinking to this day.

—

Benoit Jacquet, France, 1999-2002

Professor Takeyama guided my first steps in Japan, in a gentle, pleasant manner, al-ways trying to make us feel at ease. After 20 years, I understand the benefits of this attitude, as a way to generate a good atmosphere, one of the most important things for the creation of architecture. I feel like Prof. Takeyama has shown us how to follow our interior flow, in order to recreate the exterior world, without limitation, as a pure feeling of laisser faire.

—

Yola Gloaguen, France, 2000-2003

I would like to express my deepest gratitude to Professor Takeyama for welcoming me in his laboratory at the architectural department of Kyoto University. The laboratory and the students I met there provided a friendly

p.350

—

Sachi Hoshikawa, Dominica, 1994-1996

When I first came to Kyoto, two things flustered me - the brisk spring weather, a jux-taposition to my native Caribbean's warm temperatures, and the incomprehensible kanji splashed across the streets. Wherever I walked, I heard echoes of the idyllic stories that my Japanese immigrant father, who left the country in the 1950s, had told me. I was twenty-three, alone, cold and suddenly illiterate. The sensory shock warned me that this move was an ambitious experiment, full of possibility - for both mistakes and successes.

I still recall my surprise when meeting Takeyama-sensei. The bits of Japan that my family had conveyed to me had been characterized by aged, aloof, and authoritarian professors perpetually dressed in dark suits. Young and cool, Takeyama-sensei was kilometers away from that image. His sophistication and sympathy set me at ease, more so as I was introduced to my classmates. My comfort grew, and I noticed through a nearby window that the sakura trees were blooming. Kyoto's extravagant beauty and the warmth of the people I had met mastered my apprehension.

I have always regarded Takeyama-sensei as mi Maestro: a master in his trade and a person who shapes another. As a student, he was my trusted mentor and source of wisdom and expertise. After I graduated, he supported my career's development in countless ways. One vivid moment that arises to memory is our class field trip to Kobe to conduct field observations after the 1995 earthquake. The trip profoundly ingrained in me a personal responsibility to prevent loss of life and minimize damage to buildings in the event of natural disasters. Since then, I have worked within the context of lax safety regulations, but I have always pushed myself and others to meet a higher standard.

My years in Japan were the most significant part of my academic journey. Unlike the other schools I have attended, which were structured around rigid curriculums and autonomous classes, Takeyama kenkyushitsu was a true laboratory. There, my class-mates and I experimented with real life projects, discussed and responded to current events, attended meetings with clients, and went on field trips. Extreme individualism, like I had experienced in my home country, was reserved to solo projects or personal reading lists. Besides that, I constantly interacted with my peers. To this day I run major decisions by my Kyodai colleagues or my sensei, now lifelong friends.

A buen entendedor, sobran las palabras. (Después del taller, tras veinte años de lucha y movilización de gran parte de los habitantes, el barrio de El Cabanyal se conseguiría salvar de la demolición prevista). Los alumnos vivieron una experiencia inolvidable gracias a la entrega y la inspiración del profesor Takeyama, que compartió trabajo y fiesta con ellos -incluido un concierto de guitarra de despedida- hasta el minuto en que cogió el avión de vuelta a casa. Un año más tarde muchos de estos alumnos, acompa-ñados del profesor Manuel Lillo, se encontraron con el profesor Takeyama en Japón en un taller itinerante que les llevó a visitar varios lugares repartidos por el país nipón.

Desde entonces, nos hemos encontrado en varias ocasiones de nuevo: en invierno de 2001 en Kyoto, cuando conseguimos abrir relaciones oficiales de intercambio entre nuestras universidades, y visitamos algunas de sus obras más fascinantes; en julio de 2001 para una gran fiesta en Verona, donde nos demostró su capacidad como pianista y vocalista tocando una de sus canciones favoritas, Honesty, de Billy Joel; un año más tarde en Valencia de nuevo, en una visita a un taller cuya celebración se terminó frus-trando, acompañado de su hija pequeña que fotografiaba cada detalle para exponerlo posteriormente en su escuela; en 2002, en Gijón, invitado por la Universidad de Oviedo para presentarle en una conferencia que dictaba en la Escuela Superior de Ingeniería Industrial; en agosto de 2015, en Oviedo, en casa de la profesora Yayoi Kawamura; en mayo de 2018, en su estudio de Kyoto.
Todos estos años, nunca ha faltado por Navidades una postal natalicia con alguna de sus estupendas obras en construcción. Su obra es atractiva como una obra de arte en estado puro y posee compleja belleza de un logaritmo matemático o de un número irracional, de modo que en ocasiones es difícil de hacer comprender para quien solo entiende la ar-quitectura de manera simple y ordenada y no va más allá de una ecuación de segundo grado. Recuerdo haber visitado con el profesor Takeyama el taller del mítico ceramista Enric Mestre en la ciudad de Alboraya en 1998, donde el arquitecto japonés admiró la extraordinaria calidad artística de las esculturas del maestro valenciano, también igualmente admirado como a veces incomprendido. Al igual que con Enric Mestre, el tiempo ha dado la razón al profesor Takeyama, y ahora se demuestra que, desde el principio de su carrera, en la década de 1980, estaba abriendo el paso a la arquitectura del siglo XXI, que intentan practicar muchos arquitectos en la actualidad.

—

Fernando Vegas, Spain

Kiyoshi Sey Takeyama en Valencia

Había realizado un largo viaje por Japón en 1996, arrastrado por una fascinación por su cultura que había heredado de los mitos personales de mi padre. Este viaje, repetido a principios de 1998 junto con Camilla Mileto, nos abrió al mundo de la arquitectura ja-ponesa contemporánea, especialmente la de la última generación, que apenas era conocida en Europa por entonces. Con el fin de dar a conocer esta arquitectura novedosa, organizamos un ciclo que denominamos "La composición en la nueva arquitectura con-temporánea japonesa", durante el cual invitamos a cuatro entonces desconocidos jóvenes arquitectos: Kiyoshi Sey Takeyama, Norihiko Dan, Kazuyo Sejima y Kengo Kuma.

En la primavera de 1998, a través del arquitecto asturiano Vicente Díez Faixat, con-tactamos con el arquitecto Kiyoshi Sey Takeyama para organizar una conferencia y taller de proyectos en la ciudad de Valencia, que fue la primera del ciclo. Estas tuvieron lugar durante una semana en octubre de 1998, con la dirección del profesor Manuel Lillo y yo, y la participación entusiasta de una veintena de estudiantes de arquitectura. El taller denominado "Kyoto-Valencia. Proyectos en El Cabanyal" planteaba realizar pro-puestas creativas de conservación y reutilización de un barrio modernista de casitas de pescadores de la ciudad de Valencia, que antaño el mismo Ayuntamiento de Valencia pretendía desventrar para abrir una gran avenida que llegara al mar. El taller pretendía destacar la similitud del parcelario, la estructura compositiva en dos plantas y la sección urbana entre las casas modernistas adosadas de El Cabanyal y las machiya o tradi-cionales casas urbanas adosadas de Kyoto. Este parecido deriva de la anchura de la parcela de las casas de El Cabanyal que sigue el patrón de las barracas de 7 varas va-lencianas (90 cm), mientras que la de las machiya responden al módulo del tatami ja-ponés (90 cm). El parecido terminaba aquí, puesto que las machiya japonesas poseen un alto grado de protección patrimonial, mientras que las casas de El Cabanyal estaban a punto de ser demolidas por el propio ayuntamiento.

En el taller nos ayudó con la traducción la profesora Yayoi Kawamura, de la Universidad de Oviedo, que resultó ser además una compañera de parvulario del propio Takeyama. El profesor japonés concebía el espacio recoleto y de pequeña escala frente a las casas de El Cabanyal como un lugar impregnado de ma, un concepto japonés que reunía al espacio y tiempo, y simbolizado por el mui, compuesto de mu (nada) y de i (acción artificial e in-natural), que terminó por convertirse en la broma del taller, cuando se afirmaba "mui bien". Los alumnos participantes seguían sus explicaciones, sus dibujos y la revelación del significado de los garabatos en kanji entusiasmados por la nueva perspectiva que se añadía a su formación arquitectónica. El taller sacudió conciencias, despertó polémicas, abrió ojos a algunos ciegos y crispó la mirada de otros. El mensaje era bastante claro.

my island with new fresh eyes. It facilitate my path to love, again, my own place. His visit led to bringing the exhibition of young Japanese architects under forty, where his par-ticipation was of a great importance. The exhibition never moved from Cyprus; it mys-teriously vanished, as if it was intended to accompany me teeming with 'Japan' in the years to come, here in 'Cyprus'.

It could have been also accidental, but it also could be Takeyama's influence. I followed similar paths, first creating my own practice and later teaching at the University of Nicosia. At the moment when I was co-heading the Architecture Programme of my university, and we happily had to inaugurate the conversion of a derelict shoe factory into the Architecture Research Center, designed by my office, I did not think of any better way doing that, than inviting Takeyama again to Cyprus. Takeyama's lecture, exhibition and workshops with the students acted as the culmination of a series of events of the Japanese month in Cyprus, which I co organized with the Japanese Embassy in Athens. This was just a small indication of the deep respect to the person that inspired me greatly in life and architectural practice.

'Being an architect is way of thinking and living every day' is what I was taught and teach my students. It is not just about designing and building, but also about being a 'human'. Takeyama human aspect is one of his strongest traits; in the 28 years since my departure from Japan, I managed to visit it 4 times. In all the occasions Takeyama never failed to welcome me warmly (and my family) to Osaka, Kyoto, Tokyo, Japan, to his house, office, lab and projects. That was the greatest way to 'return home' to Japan each time.

This lifetime link to Japan, punctuated by the presence(s) of Takeyama left an indelible trace to my life, my creativity, my way of thinking and being. Now, I live along the Green Line(s), borders and divisions of the island of Cyprus. The Mediterranean weather, through the distinct casting of shadows, separating the black and white aggravates the notion of separation as my island, neighborhood and people experience. The haziness of Japanese weather and culture showed me other ways of understanding the world: through blurring zones that allow the abundance of the 'inbetween' conditions to emerge. Japan with all its references and devotion to the merits of the immaterial world, helped me to understand that there may not be a distinct difference of what is built and unbuilt, natural or artificial, in and out. It helped me understand and lead a life where there is not a clear distinction of what is called north and south in the division of my country and people. The 'Japan-ness' of divinely translating cultural wisdoms and immaterial merits into the architectural realm helped me create my own 'Cyprus-ness': evolving my own cultural richness and the 'porosities' of the divisions and my ghost city into a contem-porary experimentation of an architectural path. Notions of 'ephemeral and spontaneous urbanism' (1), 'malleable courtyards' (2), 'Reverberations in the DormantLands' (3), 'The urban Glenti/ Feast' (4), 'Living Where the Immaterial Matters'(5), 'Crisis In & Out_ Emerging and adaptive' (6), rise up in the 'Human Topographies_ Emerging Identities'(7) and the 'I Am Where You Are' (8).

I would like to devote two of my projects, my 'house in Kaimakli' (9) and the recent project 'Smalto Dental Clinic' (10) to my Sensei and friend Kiyoshi Sey Takeyama.

But not only that!... His architectural work was absolutely stunning, making me discover the meaning and weight of « the empty space » in his designs, and in life in gen-eral... He took me to see some of his accomplishments and I was held in total and ab-solute awe.
Who wouldn't want to work with such a great guy? We soon became friends and I en-joyed every single minute in the company of this gentle soul. We could talk for hours and hours on all sort of subjects. It was always stimulating, challenging...
When he came up with the idea of having three of his students to supervise all the ar-tistic activities and props during the shoot, I wasn't too sure at first. Yet, I knew that I had to trust this man: he wouldn't send me people who couldn't deliver. And once again, he was right. Despite their young age and lack of experience, Takayuki Utsunomiya, Sachiko Kimura and Toshihiro Motoki were up to the challenge. Afterwards, I always wondered how they had perceived their experience, especially since I have a rather unorthodox way of making movies...
Since that time, I have considered Sey Takeyama as one of my most precious friends, even though we don't have the chance to meet that often over the years. Every time we do, either in
Québec, in Japan or anywhere else, it's always the same refreshing pleasure of ex-changing with a man of exquisite sensibility, an original point of view over art and life in general.
Thank you, Kiyoshi Sey Takeyama for being the unique and wonderful Kiyoshi Sey Takeyama!...
March 2020

p.346

—

Yiorgos Hadjichristou, Cyprus

28 years before, 28 years after and the in BETWEEN

My destiny in one or other way is linked to Japan. I still do not know why and how...
I was born with an inherent but inexplicable urge to visit Japan. I remember this thought since my early childhood, feeling sure that I would manage it. It took long...28 years.
I run as a refugee from Famagusta, the 'ghost city', at the age of 12. I spent the first seven years of my studies in ex-soviet Union waiting... A year later, I landed in Japan in 1990, immersed into the feeling of 'arriving home'. I immediately fell in love with its people, culture, landscape, stories. I tried to absorb all of what might be Japan as much as I could for the two-year length of my studies.
Without really knowing anything about the Takeyama's move to Kyoto University, my path led me to the projects and the Tokyo office Amorphe. I knocked at the door. Takeyama welcomed me. It felt that finally Japan was welcoming me! My return time was nearing. Just a short time before my departure from Japan, Takeyama started running the lab in which I was registered in Kyoto University. The feelings were intermixed: glad to experience his presence and sad to have to go away.
28 years ago, I returned home, with my thoughts and feelings remaining in Japan. Takeyama was the strongest link to ...'my Japan'. Together with three classmates of mine, he visited Cyprus the same year. This trip became my 'trip' helped me see

compatriotes.

Jean-Sébastien Bach
La pluie tombait dru ce jour
La mer attendait

Il y eut aussi cette belle soirée de concours de Haïkus le soir de la fête de la lune rouge à Osaka avec le prêtre shintoïste et notre si belle amie poète, où ton amabilité a eu raison de mon incompétence. Avec tes amis vous m'aviez accordé le Prix sans que je le méri-tasse.
Je te dois surtout, cher Ami, la très belle rencontre avec le prêtre du temple commanditaire de mon œuvre musicale installée dans le temple du Lotus Blanc à Shinjuku.

Le temps des cerisiers en fleurs a été pour moi l'une des années la plus heureuse.
Ah ! si la retraite pouvait être pour toi cette belle fête, sans fin !
Bien sûr pleine de créations et encore d'enseignement à transmettre !

p.344

—

Claude Gagnon, Canada

I can't remember exactly when or where, but I was having a few drinks with my friend, Eiji Okuda, telling him about how worried I was to find the right artistic director for my next film project, Kamataki. Eiji was quick to suggest the name of a friend of his, Kiyoshi Sei Takeyama.
I nearly spilled out my drink when Eiji told me that Sey had never worked in the film industry before, but that he was a big fan of my movies, and especially Keiko. I first thought that Eiji was making fun of me. How could a guy who had never worked in the film industry before improvise himself into the role of an artistic director?!... Eiji told me to simply meet him and see for myself...
Since I had no other name to potentially fill up the role, I went to meet SeyTakeyama in Kyoto.
It took me just a few minutes to realize that Sey was the man for the job. Takeyama Sensei, as he is better known at Kyoto University, was simply brilliant, humble, capable of listening, analyzing and understanding... and totally charming. He had solutions for every question, coming up with fascinating proposals that took into consideration our limited budget. Furthermore, he spoke an excellent English, surprised me with a very good control of French, and a few others languages as I was told. In just a few minutes, Sey Takeyama had dissipated all the doubts that I could have had about his capacity to meet the requirements as an excellent artistic director.

Acoustique Musique Urbaine" à l'ENSAPLV que nous nous sommes retrouvés dans des séminaires à Paris et à Kyoto

C'est dans le cadre des Rencontres ARCHITECTURE MUSIQUE ÉCOLOGIE que j'avais créées en Suisse que tu es venu rejoindre le Collectif Environnement Sonore plusieurs fois, où nous avons pu apprécier tes très belles interventions, publiées par la suite dans la Revus SONORITÉS (éditions Lucie, Nîmes) :
2008 De la musique à l'espace – La station nouvelle de Nakanoshina
Quatre stations ferroviaires à Osaka, propositions coordonnées d'interventions sonores
2012 Shomyo. La récitation du Sutra dans le Bouddhisme
2015 CHORUS/CHORA Takeyama Studio Design Project 2015
2018 Le haïku et/ou le silence de l'univers

Après quelques premiers voyages au Japon j'y suis retourné grâce à notre rencontre à Paris. Beaucoup de choses se sont alors passées. Je me souviens de l'invitation que tu m'avais faite d'intervenir dans ton cours à l'Université de Kyoto. Grâce à cette expérience j'ai pu constater ce qu'il y a de commun et de beau dans la profession d'architecte quel que soit le pays où l'on se trouve. Pour moi, compositeur, l'architecte est responsable d'une partie de la musique. Le volume dans laquelle elle se propage c'est lui qui en a la responsabilité.
Je te considère parmi les meilleurs architectes que je connaisse : tes œuvres sont mag-nifiques. Les matériaux que tu utilises deviennent des habits taillés à notre dimension tout en acquérant une dimension somptueuse.
La coopération que nous avons eue pour l'installation d'une œuvre musicale dans la salle KU-no -MA à l'intérieur du Byakurenge-dô temple à Tokyo a été pour une part importante inspiratrice de mon travail. Voir le chantier s'élever : Entre ciel et terre !
Une autre expérience collaborative, et cela même si la réalisation n'a pas suivi, a été la réflexion sur les quatre stations nouvelles projetées à OSAKA. Nous avons échangé quelques mots sur le projet juste avant de prendre l'avion pour le retour à Paris. Durant le voyage, ces quelques mots de toi étaient forts au point où les idées sont venues comme par elles-mêmes. Avant le terme du voyage un projet avait émergé.
Je suis certain que tu as été un excellent professeur. Le projet CHORUS dont nous avons publié quelques extraits dans SONORITÉS laisse bien apercevoir ce dont tes étudiants ont pu bénéficier, par ton enseignement, en qualités créatrices et libératrices.

Je ne peux m'empêcher de t'exprimer ma reconnaissance pour tout ce qui s'est fait dans les moments d'entre-deux, grâce à ton amabilité.
Un souvenir parmi beaucoup d'autres en 2011 : ce petit voyage de Tokyo jusque sur la côte, aller écouter une suite de Bach pour violoncelle, dans une magnifique villa au raz de l'eau, alors que le tsunami de Fukushima était juste passé. Le maître de maison nous avait offert, à nous seuls ses derniers invités, de boire un vin de Bordeaux comme jamais je n'en avais connu en France ! Ce moment me fit prendre la mesure de l'optimisme indomptable de tes

through the analysis of key writings from western philosophers like Socrates and Deleuze. Rather than debating structural and formal differences between occidental and oriental architecture, Takeyama invited his student to explore the relatedness of underlying thought. His exceptional cross-cultural expertise and the investigative teaching approach developed at his laboratory at Kyoto University conveys to his stu-dents a sensible capacity in relational thinking. This thinking goes beyond the confines of architectural tradition, modernity and avant-garde, and reconciles the seemingly opposite realms of concept- and experience-driven design approaches. Somehow, I feel as if I were also one of these happy students.

p.342

—

Pierre Mariétan, Switzerland

mot à Kiyoshi

Très cher ami,

La rencontre avec toi a été exceptionnelle. Ce ne sont pas des mots qui peuvent en faire état, mais quelque chose d'intime, qui s'exprime dans de grandes plages de silences et surtout dans des actions fortes. C'est ce que je nomme l'amitié vraie, c'est-à-dire celle par qui notre vie s'harmonise avec le monde.

Dès que nous nous sommes connus à l'ÉCOLE NATIONALE SUPÉRIEURE D'ARCHITECTURE DE PARIS LA VILLETTE j'ai ressenti cette amitié-là. Architecture et Musique étaient pour nous des disciplines partagées : Kyioshi tu es musicien, tu chante merveilleusement un répertoire invraisemblable de chansons françaises et tu participe à de grandes manifestations chorales, quant à moi j'aurais voulu être architecte. La rencontre n'était donc pas seulement due à un hasard.

C'est un mode de penser que nous partageons, avec de grands pans de réflexion com-mune, qui a fait qu'une première rencontre a été suivie de bien d'autres.
Au-delà de l'amitié, il y a eu, tout naturellement, de multiples situations où nous nous sommes retrouvés pour une étroite collaboration.

C'est en tant que dirigeant du "Laboratoire

p.340

—

Nadine Schütz, Switzerland

LANDSCAPE SOUNDS
– or: message from a happy student

This text is dedicated to a wise man, a world traveller and cultural translator, a skilful architect and extraordinary teacher, whose devoted students – I have experienced it myself – will continue to follow with affection, admiration, respect and gratitude.

Landscape is not just an acoustic container. Landscape sounds. And architecture can be conceived like an instrument within this sonorous (Oto) and resounding (Hibiki) envi-ronment. These are central thoughts which drive both my research and artistic work, and have also oriented my path towards Kyoto, where I returned since 2014 in a yearly rhythm, for investigating the artfully cultivated experience of nature through sound in traditional Japanese gardens and poetry. A short text like this instant message will never suffice to report adequately on the great hospitality and invaluable intellectual guidance by Prof. Kiyoshi Sey Takeyama I received on this path from the very beginning. As a co-advisor for my PhD research entitled Cultivating Sound - The Acoustic Dimension of Landscape Architecture submitted at ETH Zurich in 2017 and supervised by Prof. Christophe Girot, Prof. Takeyama first helped me to choose and access the main garden for my research in Kyoto. It is said that the garden of Shisen-do was, in fact, the first one to incorporate a Shishi-odoshi in its design. It exists in its original form and location until today and is replaced every month, to make sure the sound remains clear, as cracks on the bamboo dull the sound. From one of Ishikawa Jôzan's poems, we learn that this former samurai who created Shisen-do as his writing retreat liked to hear the Shi-shi-odoshi's sound in autumn when farmers put it at the edge of their fields to protect their maturing harvest. For his poetical retreat, Jôzan turned this once functional and seasonal device into an aesthetic garden feature, to emphasize the calm of the place – all year long.

When my research advanced, Prof. Takeyama provided support for the related theoret-ical research and necessary translations (thanks to Louie Hamilton). And most im-portantly, he offered me his time for precious discussions when I confronted the chal-lenging work to conceptually frame the more intuitive part of my observations about the sonic dimension of the garden made in situ. Together we coined the term sensory mi-crogeography for referring to the extremely local design detail in the sonic landscape of Japanese gardens, and I learned a lot about the aesthetic value of waiting and antici-pation. Through these conversations, we also started to develop together ideas for design projects, contributions to the work of ADAN, and I also had the chance collaborate as an invited design jury for the Takeyama Laboratory at Kyoto University. I was surprised, impressed and inspired, when I entered the classroom for the first time and found myself together with his students sitting around a big table and discussing Japanese spatial vocabulary persiste. Transcendant et expressif au début, les années passant, la musique de ses bâtiments est devenue plus douce, laissant les visiteurs dans une attitude d'immanence et de con-templation. Les blanches, les silences ont remplacé les croches dans ses partitions ar-chitecturales. Debussy s'est substitué à Beethoven. Les imbrications de formes puis-santes se sont simplifiées pour tendre vers un minimalisme laissant au paysage envi-ronnant, au ciel, à la lumière d'éclairer ses traits, ses lignes, ses points, ses espaces... L'architecture japonaise est une source d'inspiration illimitée. Mes longues discussions avec Kiyoshi m'ont permis de mieux la comprendre. Les architectes y ont la capacité de pousser les expérimentations à des extrémités jamais atteintes, à élever la pensée des habitants. Kiyoshi m'a appris l'importance en tant qu'architecte de trouver des clients aventureux, d'envoyer la balle créative toujours plus loin, de chercher à conquérir des nouveaux territoires : observer attentivement le monde pour le comprendre à l'image d'Asai Ryôi (1612-1691) : « Vivre uniquement le moment présent / se livrer tout entier à la contemplation/ de la lune, de la neige, de la fleur de cerisier / et de la feuille d'érable (...), dériver comme une calebasse sur la rivière : c'est ce qui s'appelle ukiyo ». Pour autant, j'ai visité de nombreuses œuvres de Kiyoshi et j'ai toujours été impressionné par leurs incroyables qualités spatiales, poétiques mais surtout humaines. Expérimenter oui, mais en cherchant toujours le meilleur pour ses clients et sans tomber dans des innovations dont ils seraient les cobayes. Les nombreux bébés nés dans « ses » maisons, futurs acteurs du monde de demain, en sont les témoignages et prouvent que celles-ci sont des terreaux fertiles comme l'aura été son laboratoire. Déjà nombreux de ses an-ciens étudiants ont percé et préfigurent le devenir de l'architecture. Il est difficile de résumer plus de 20 ans d'amitié tellement les aventures furent belles. Malgré la retraite pédagogique de Kiyoshi, j'espère qu'elles continueront avec lui, avec les anciens mem-bres de son laboratoire mais aussi avec la nouvelle génération d'enseignants de Kyôto Université.

*1 Citation tirée de la présentation des projets de l'agence Kiyoshi Sey Takeyama + amorphe. Buildings & Projets, éditeur Kano Takeyama, août 2010.

*2 http://expositions.bnf.fr/japonaises/expo/flottant/01.htm

p.338

—

Yann Nussaume, France

20 ans d'amitié...
« Through screen is light
Coming into my reverberant space
Of anticipatory emptiness
Where shows a long distance
To evoke the imaginary »
Kiyoshi Sey Takeyama, août 2010

Des racines profondes ancrent les échanges entre l'Université de Kyôto et l'Ecole Nationale Supérieure d'Architecture de Paris la Villette. Ces liens ont permis à de nombreux étudiants français de débuter des recherches au Japon et inversement à de nombreux étudiants japonais de venir se familiariser avec la culture française. Ils ont été, année après année, les ambassadeurs de nos institutions et aussi les témoins des changements de nos sociétés. Grâce à ces échanges, certains étudiants français se sont spécialisés sur l'architecture japonaise au point d'en faire leur métier, certains sont devenus pro-fesseurs et ont cherché à renforcer les partenariats avec le Japon.
Pour ma part, au sein de l'Université de Kyôto, j'ai eu l'immense honneur de pouvoir travailler dans le laboratoire du Professeur Katô Kunio, puis à son départ à la retraite dans celui de Funo Shûji et plus tard lorsque j'ai été enseignant d'avoir été invité dans celui de Monnai Teruyuki et de Iyori Tsutomu. Tous ces séjours ont été pour moi des expériences formidables et c'est grâce à celles-ci que j'ai eu la chance de rencontrer Ki-yoshi Sey Takeyama en 1994, il avait été nommé deux ans auparavant Professeur as-socié. Reconnu dans le milieu de l'architecture japonaise par des prix et des publications, il faisait partie de la nouvelle génération des jeunes enseignants charismatiques de l'établissement. Avec eux, un vent de changement soufflait à l'Université de Kyôto. Architecte, « philosophe », « musicien », très apprécié des étudiants, c'est très naturel-lement qu'il a pris la responsabilité de l'échange avec l'Ecole Nationale Supérieure d'Architecture de Paris la Villette après le Professeur Katô. Cette mission sera scellée par un premier voyage workshop en France de Kiyoshi avec des étudiants en novem-bre-décembre 1999. Avec plusieurs de mes collègues français Pierre Mariétan, Lou-is-Pierre Grosbois, Philippe Nys... ce sera le début d'une amitié. Lors de ce premier séjour, il initia nos étudiants aux subtilités de son architecture et en retour nous l'avons familiarisé à la culture française in situ.
Décennie après décennie, nos carrières se sont poursuivies mais nous avons continué à essayer de promouvoir régulièrement ce lien privilégié et de nous rencontrer dans divers lieux et occasions en France mais aussi à l'étranger (Londres, Téhéran...) Discourir sur notre monde en transformation, observer l'évolution de nos travaux, se présenter mu-tuellement des personnes sensibles à nos préoccupations... Musicien expérimenté, Ki-yoshi a nourri de son architecture poétique les colloques organisés en Suisse par notre collègue Pierre Mariétan. A chaque fois que je suis retourné au Japon, j'ai eu la chance de pouvoir visiter ses nouvelles œuvres et parfois d'y demeurer pour mon plus grand plaisir. Autant d'expériences corporelles et métaphysiques... Son architecture a évolué au cours des années. Pour autant, la recherche d'un silence intérieur y

dynamic equilibrium of a forest? Does the garden have a fence? Has it grown in area over the years? Has it shrunk?

If it seems to have shrunk, the truth is that it has only become more self-sufficient. When Takeyama began teaching, he was only a few years older than some of his stu-dents, permitting an unusual degree of intensity, aggression, and enthusiasm in their discussions and collaborations. As the decades passed, he inevitably attained a more avuncular – if not grandfatherly – warmth and detachment.
As for fences, Takeyama's arrival at Kyoto University immediately broke open its self-imposed, pride-based institutional barriers, allowing the entry of many foreign in-fluences and, not incidentally, many foreign students – so many that at one point he was advised by the other professors to impose a temporary moratorium on accepting more. Indeed, this is a garden without fences, but with a soft, ambiguous boundary that allows it to sprout feelers into its surroundings and embrace infestations from the wider world.

What is the essence of the appeal and influence of the Takeyama School? Unlike most of the other famous "schools" within the family tree of modern Japanese architecture (from Tange, Shinohara, and Hara onward to Ito, Kuma, and Sejima, and so forth), the Takeyama School cannot be defined in terms of morphology or methodology. Rather, it is an attitude: a balancing of rational and irrational, prosaic and poetic, and a willingness to defer judgement on whether each new plant deserves to be nurtured or uprooted. It is also about the use of language, fueled by the ways in which Takeyama would constantly provide his students with fragments of literature, poetry, philosophy, parables, and song lyrics, in many languages – he is fluent in English, not bad at French, and has a deep knowledge of the literary heritages of Japan and China. None of these words need be "correctly" understood by the students. Their value lies in the potential to provoke, to stimulate inchoate impressions and emotions, to suggest the presence of an ev-er-widening world.

Takeyama makes it all seem easy. If we were to take him at his word, teaching is merely the task of doing (almost) nothing more than giving students a room in which to work and play. Of course, if that were true anyone could be a brilliant teacher. But that is obviously not the case. Takeyama leads by indirect example and the bare minimum of direct attention. He acts as a catalyst for architectural creativity, and his teaching is a kind of tropism: the biological phenomenon in which plants turn or grow toward an environmental stimulus, such as sunlight. The sun continues in its oblivious path, di-rectly and indirectly providing the energy that allows the plants to grow, nurturing them to their full height while shaping their own emergent stances. And when the sun sets in the evening, we know it will always be reborn in the morning.

(Doubting) Thomas Daniell

Original Text

p.41

—

Thomas Daniell

Tropism

What stance should a teacher take with regard to their students? To stand behind them, pushing (or whipping) them forward? To walk in front of them, coaxing (or goading) them to catch up? To stand beside them (perhaps with an arm around their shoulders) and point the way? To move ahead (occasionally glancing backward) and assume they will follow? To guide with precise and pedantic instructions, or to lead by inspirational example?

For 28 years, Kiyoshi Sey Takeyama ran a lab at Kyoto University that consistently received national acclaim, accumulated numerous prizes from the Sendai Design League (Japan's foremost architecture student competition), and produced some of the leading Japanese architects of today, including internationally recognized figures such as Aki-hisa Hirata and Maki Onishi. Nonetheless, Takeyama expresses bafflement at his success as a teacher. He denies he has a systematic pedagogy, insisting that he does not really teach so much as create an environment in which to learn.

Takeyama began teaching at Kyoto University in 1992, when he joined the lab of Pro-fessor Kiyoshi Kawasaki. Though such labs are intended to be cotaught by their pro-fessors, the students quickly self-organized into two factions: those who preferred the rational, orthodox approach of Kawasaki and those attracted to the intuitive, lyrical freedom represented by Takeyama. The lab joke was that Takeyama's appearance sig-nified an epochal division, separating BC from AD. We should note that he was born on Christmas Eve and his given name means "Saint." Some of the early students kept their original faith and denounced Saint Takeyama as a False Prophet, while others saw the Light on the Road to Damascus; later students had already heard the Word before they met its Incarnation. In any case, there was never a Scourge or Crucifixion. The two streams coexisted harmoniously for the next few years, until Kawasaki's retirement in 1996. As a young heretic, Takeyama endured skepticism and doubt from outside the lab, yet he survived to see his teachings ultimately prevail and be passed on to his disciples.

But "disciples" is the wrong word. Takeyama describes his lab metaphorically as a garden, and himself as its gardener: he provides fertile soil, maintained with adequate water, sunshine, and shade. The seeds that drift into its atmosphere and land on its ground will sprout and blossom as their inherent potential permits. Certainly, Takeyama will occasionally trim or prod the plants, though mainly he provides sufficient space for them to grow. But in this metaphor, what exactly are the soil, water, sunshine, and shade? And are there weeds that need to be plucked, pollutants to be filtered, excess growth to be culled? Is it closer to cultivated agriculture or wild nature? Is it sustained by the annual cycles of a farm or the